Einführung in die medizintechnische Informatik

von
Professor Dr. Dr. Hans-Gerd Lipinski
Fachhochschule Dortmund

R. Oldenbourg Verlag München Wien 1999

Die Deutsche Bibliothek - CIP-Einheitsaufnahme

Lipinski, Hans-Gerd:
Einführung in die medizintechnische Informatik / von Hans-Gerd
Lipinski. – München ; Wien : Oldenbourg, 1999
  ISBN 3-486-23879-5

© 1999 R. Oldenbourg Verlag
Rosenheimer Straße 145, D-81671 München
Telefon: (089) 45051-0, Internet: http://www.oldenbourg.de

Lektorat: Margarete Metzger
Herstellung: Rainer Hartl
Umschlagkonzeption: Kraxenberger Kommunikationshaus, München
Gedruckt auf säure- und chlorfreiem Papier
Gesamtherstellung: R. Oldenbourg Graphische Betriebe GmbH, München

Inhalt

Vorwort

Der Einsatz moderner technischer Systeme und Verfahren in der humanmedizinischen Diagnostik und Therapie ist ohne die Anwendung von informatischen Methoden undenkbar. Aus diesem Grunde ist die medizintechnische Informatik ein wesentlicher Bestandteil der Ausbildung im Fach Medizinische Informatik. Dieses Teilgebiet der Medizinischen Informatik umfaßt traditionell die digitale Biosignalverarbeitung, die digitale Bildverarbeitung sowie die Modellierung und Simulation biomedizinischer Prozesse.

Der steigende Bedarf an ausgebildeten Medizininformatikern und das wachsende Interesse der Studierenden an diesem Fach hat, sowohl im Haupt- als auch im Nebenfach, zu einem kontinuierlichen Zuwachs der Studentenzahlen an den Universitäten und Fachhochschulen geführt. Aber auch Mediziner und in der Medizin tätige Naturwissenschaftler benötigen in zunehmendem Umfang Kenntnisse auf diesem Gebiet der medizinischen Datenverarbeitung. Wegen der Komplexität des Fachgebietes ist es allerdings oft schwierig, den richtigen Einstieg zu finden. Einerseits verfügt insbesondere der Studienanfänger nur über geringe mathematische und informatische Kenntnisse. Andererseits sind viele spezifische Methoden zur Bearbeitung medizintechnischer Probleme, die in der Regel aus vielen verschiedenen Fachdisziplinen stammen, weitgehend unbekannt. Daher ist gerade zu Beginn des Studiums aufgrund nur geringer Methodikkenntnisse (die erst im Verlaufe des Studiums vertiefend erworben werden) die Beschäftigung mit dem Teilgebiet der medizintechnischen Informatik schwierig, weil dieses Gebiet wiederum jene Methoden benötigt.

Dieses Lehrbuch hat eine Brückenfunktion, indem es auf elementarem Niveau methodische Ansätze aus vielen verschiedenen Disziplinen mit typischen medizintechnischen Fragestellungen zusammenführt. Dieses ermöglicht dem Studienanfänger einen Einstieg in und einen Überblick über die Teildisziplin der medizintechnischen Informatik. Dabei wurde bewußt auf moderne Programmiertechniken, wie etwa die objektorientierte Programmierungsansätze, verzichtet, um das Hauptaugenmerk auf die medizintechnische Problematik zu lenken und die Methoden vorzustellen, welche die Grundlage dieser Fachrichtung darstellen. Zudem soll der Blick für typische Abstraktionsansätze, die in dieser Disziplin üblich sind, geschärft werden.

Die hier benötigten mathematischen Methoden basieren auf einfacher Schulma-
thematik und sollten daher auch für den Studienanfänger nachvollziehbar sein. Die
medizinischen Beispiele sind so ausgewählt worden, daß kein medizinisches Spe-
zialwissen zum Verständnis notwendig ist, aber in charakteristischer Weise gezeigt
werden kann, in welcher Form Abstraktionen der zugrundeliegenden Prozesse
notwendig und möglich sind.

Im ersten Kapitel werden zunächst einige einfache Begriffe der elektronischen
Datenverarbeitung vorgestellt, die für das Verständnis der folgenden Abschnitte
des Buches wichtig sind. Insbesondere wird ein *Pascal*-ähnlicher Pseudocode eingeführt, mit dem die zumeist numerischen Programmierprobleme behandelt werden. Im zweiten Kapitel werden wichtige humanbiologische Vorgänge besprochen,
die für die folgenden Buchabschnitte von Bedeutung sind. Das dritte Kapitel gibt
einen Einblick in einfache Methoden der Modellierung und Simulation humanbiologischer Prozesse. Diese Verfahren bilden die theoretische Grundlage für die Anwendung von physikalischen und chemischen Meßverfahren beim Menschen, die
für die moderne Diagnostik und Therapie bedeutsam sind. Das vierte Kapitel zeigt
typische Auswerteverfahren diskreter Daten, wie sie standardmäßig in der Medizintechnik angewendet werden. Im fünften Kapitel werden einige einfache Methoden zur Gewinnung und Verarbeitung von Biosignalen vorgestellt. Das sechste
Kapitel zeigt einige elementare Bildverarbeitungsverfahren und ihre Anwendung in
der Medizin. Im siebten und letzten Kapitel werden wichtige Anwendungssysteme
vorgestellt. Zu ihnen gehören das Monitoring, das funktionelle Mapping, die rechnergestützte Operation sowie eine kurze Einführung in die medizinischen Informationssysteme.

Zum Abschluß eines jeden Kapitels sind Übungsaufgaben angegeben, deren Bearbeitung eine Lernkontrolle erlaubt. Eine Auswahl verschiedener Lehrbücher und
Zeitschriftenartikel ermöglicht ein Vertiefen des dargebotenen Stoffes, bietet aber
auch Hinweise für ein weiterführendes Studium bis hin zu aktuellen Forschungs-
problemen. Lösungsvorschläge zu den Übungsaufgaben sind im Internet zu finden
unter http://www.oldenbourg.de/cgi-bin/rotitel?T=23879.

Möge dieses Lehrbuch den Studierenden einen Einstieg in das Fachgebiet ermöglichen sowie Interesse und Verständnis für die Informationsverarbeitung in der Medizintechnik wecken und fördern.

Dortmund, im Juli 1998

                                        Prof. Dr. Dr. med. habil. Hans-Gerd Lipinski

1 Grundbegriffe der elektronischen Datenverarbeitung

Die Verarbeitung medizintechnischer Informationen basiert in zunehmendem Maße auf den Methoden und Verfahren der elektronischen Datenverarbeitung. Aufgabe dieser elektronischen Datenverarbeitung ist die schnelle und präzise maschinelle Verarbeitung von Daten. Unter Daten versteht man in diesem Zusammenhang diskrete Zeichen (Text, Zahlen) oder kontinuierliche Funktionen, welche die zu verarbeitenden biomedizinischen Informationen enthalten, die durch biomedizinische Prozesse entstehen und mit entsprechenden Geräten ausgetauscht werden. Diese Daten müssen in einer bestimmten Form vorliegen, damit sie mit einer elektronischen Rechenmaschine (Computer) verarbeitet werden können. Der folgende Abschnitt geht darauf ein.

1.1 Zeichen und ihre Darstellung

Zeichen sind die Grundbestandteile von Text und Zahlen. Sie lassen sich zu Zeichenmengen zusammenfassen. Bekannte Zeichenmengen sind etwa die „Menge der lateinischen Buchstaben" und die „Menge der Ziffern". So besteht der Name *Erwin Meier* aus Buchstaben und damit im Sinne der Datenverarbeitung aus Zeichen, nämlich „E", „M", „e", „i", „n", „r", „w". Zeichen lassen sich zu Zeichenketten oder Zeichenfolgen verknüpfen. Beispiele solcher Zeichenketten sind die aus Buchstaben zusammengesetzten Wörter unserer Sprache. Zusätzlich zu den Buchstaben, aus denen wir die Wörter formen, benötigen wir noch ein spezielles Zeichen, mit dessen Hilfe aneinander gereihte Wörter getrennt werden können. Dieses ermöglicht das sogenannte „Leerzeichen".

Für die Darstellung der Zahlen werden Ziffern verwendet. Die Menge der Ziffern 0,...,9 ermöglicht die Darstellung von Dezimalzahlen, wobei eine Dezimalzahl eine Zeichenkette darstellt, bestehend aus Ziffern und Dezimalzeichen (z.B. "," oder "."). Man faßt i.a. die Zeichenmengen für die Darstellung von Dezimalzahlen und Wörtern zu einer Menge zusammen, der Menge der alphanumerischen Zeichen. Streng genommen beinhaltet diese Menge neben den Groß- und Kleinbuchstaben und den Ziffern sowohl das erwähnte Leerzeichen als auch die bekannten Interpunktionszeichen und Sonderzeichen.

Um diese Zeichen in einem Computer verarbeiten zu können, müssen sie codiert werden. Da ein konventioneller Computer ausschließlich binäre Darstellungen zuläßt, müssen die Zeichen in binäre Codes umgewandelt werden. Ein solcher binärer Code besteht nur aus zwei (binären) Zeichen, die üblicherweise mit „0" und „1" angegeben werden. Diese Zeichen dürfen nicht mit den dezimalen Ziffern gleichgesetzt werden, da sie grundsätzlich eine andere Form der Information darstellen. Die binäre Darstellung von Zeichen hat den Vorteil, daß sie durch einfache physikalische Prozesse, wie etwa „es fließt ein elektrischer Strom" = „1" oder „es fließt kein elektrischer Strom" =„0" realisiert werden können.

Ein solches binäres Zeichen, das genau zwei verschiedene Zustände annehmen kann („0" oder „1", „ja" oder „nein"), benötigt genau eine physikalische Repräsentation im Computer und stellt damit die kleinste Einheit der Information dar. Diese wird als 1 Bit bezeichnet, wobei sich die Bezeichnung BIT aus dem Englischen Kunstwort BInary digiT („binäres Zeichen") ableiten läßt. n zusammenhängende binäre Stellen lassen sich also mit n Bit im Rechner repräsentieren. Aus technischen Gründen werden 8 zusammenhängende binäre Stellen, also 8 Bit, zu 1 Byte zusammengefaßt; 4 Bit entsprechen demnach ½ Byte. Bytes lassen sich zu sogenannten „Wörtern" zusammenfassen, wobei eine Wortlänge z.B. 2 Bytes, 4 Bytes, 8 Bytes oder 16 Bytes annehmen kann.

Da diese Grundeinheiten der Information meist großzahlig auftreten, wird die aus dem Alltagsleben bekannte Größe „Kilo" auch für entsprechend große Informationsmengen verwendet. Während i.a. „Kilo" eine Abkürzung von $1000 = 10^3$ ist, hat diese Einheit in der Informationstechnologie eine Größe von 2^{10}. Da $2^{10} = 1024 \neq 10^3$ ist, muß man besonders auf die unterschiedliche Bedeutung der Größe „Kilo" achten. Analog zu 1 Kilo lassen sich die Größen „Mega" und „Giga" definieren. Hier gilt: 1 Mega = 2^{10} Kilo = 2^{20} bzw. 1 Giga = 2^{10} Mega = 2^{20} Kilo = 2^{30}. Die genannten Informationseinheiten lassen sich mit diesen Größen beschreiben; so bedeutet z.B. für die Informationsmenge 1 KByte = 1024 Bit, daß sie mit 1024 binären Stellen im Computer repräsentiert werden kann.

Wenden wir uns nun der Zeichenkodierung zu. Die Verschlüsselung von alphanumerischen Zeichen als binäre Zeichenfolge ermöglicht der weit verbreitete „American Standard Code of Information Interchange", kurz ASCII-Code genannt. Dieser Code ordnet sowohl alphanumerischen Zeichen, einschließlich Interpunktions- und Sonderzeichen, als auch sogenannten „Steuerzeichen" jeweils eine eindeutige 7stellige binäre Zeichenfolge zu (siehe Tabelle 1.1). Insgesamt $2^7=128$ verschiedene Zeichen lassen sich auf diese Weise verschlüsseln; daher handelt es sich um einen 7 Bit-Code. Allerdings wird er trotz der redundanten ersten binären Stelle durchweg als 8bit = 1 Byte-Code verwendet, wie die Tabelle 1.1 zeigt. Um die in Bit bzw. Byte gemessenen Informationsmengen im Computer verarbeiten zu können, sind entsprechend große Speicherbereiche notwendig. Diese legen den Speicherbedarf fest. So hat ein nach ASCII verschlüsselter Text von der Länge einer Schreibmaschinenseite, die aus 32 Zeilen und 64 Zeichen pro Zeile bestehen möge, einen Speicherbedarf von 32·64·1 Byte = 2048 Byte = 2 KByte = 16 KBit.

Tabelle 1.1: Auszug aus dem American Standard Code of Information Interchange (ASCII)

Nr.	binär	Zeichen	Nr.	binär	Zeichen
48	0011 0000	0	49	0011 0001	1
50	0011 0010	2	51	0011 0011	3
52	0011 0100	4	53	0011 0101	5
54	0011 0110	6	55	0011 0111	7
56	0011 1000	8	57	0011 1001	9
58	0011 1010	:	59	0011 1011	;
60	0011 1100	<	61	0011 1101	=
62	0011 1110	>	63	0011 1111	?
64	0100 0000	@,§	65	0100 1001	A
66	0100 0010	B	67	0100 0011	C
68	0100 0100	D	69	0100 0101	E
70	0100 0110	F	71	0100 0111	G
72	0100 1000	H	73	0100 1001	I
72	0100 1010	J	75	0100 1011	K

Zusammenfassend läßt sich sagen: Für die Darstellung von Textinformationen (Buchstabenketten) und Zahlen (Ziffernketten) im Computer werden die entsprechenden Zeichenketten zunächst in ihre Grundbestandteile (Zeichen) zerlegt. Jedes einzelne Zeichen wird dann mit Hilfe eines bestimmten Codes in eine binäre Zeichenkette umgewandelt. Jedes Zeichen dieser binären Zeichenkette wird dann im Computer durch eine entsprechende physikalische Darstellung („ja" bzw. „nein") im Rechner repräsentiert.

1.2   Zahlen und ihre Darstellung

Zahlen lassen sich, wie im ersten Abschnitt gezeigt, als Ziffernfolgen darstellen. Werden sie z.B. mit Hilfe des ASCII-Codes verschlüsselt, können sie im Computer verarbeitet werden. Die Dezimalzahl „12" hätte dann die Darstellung „00110001 00110010 ". Für diese rechnerinterne Darstellung benötigt man 16 Bit oder 2 Byte. Allerdings läßt diese Form der Verschlüsselung kein Rechnen mit diesen Zahlen zu. Um dieses zu ermöglichen, müssen die Zahlen als Binärzahlen vorliegen. Das ist jedoch eine andere Form als die zwar binäre, aber ASCII-codierte Darstellung. Wenden wir uns also zunächst den binären Zahlen zu.

Ausgehend von einer dezimalen Zahl Z, z.B. Z=12, die sich auch als Summe ihrer Zehnerpotenzen darstellen läßt:

$$Z = 12 = 1 \cdot 10^1 + 2 \cdot 10^0,$$

kann man anschaulich den allgemeinen Aufbau einer n-stelligen Zahl ablesen, aus der eine Dezimalzahl Z bestimmt werden soll. Sie besteht aus einer Summe von Gliedern, die sich aus einer Zahlenbasis b (bei Dezimalzahl:10), den Exponenten i (hier: 1 und 0); die Zahlen selbst nehmen an der Stelle i den Zahlenwert a_i (hier: 1 und 2) an. Dieses läßt sich formal durch den Ausdruck

$$Z = \sum_{i=0}^{n-1} a_i \cdot b^i$$

darstellen. Prinzipiell kann man auf diese Weise jede Zahl eines bestimmten Zahlensystems in eine Dezimalzahl umrechnen. Wenn b=2 ist, so haben wir es mit einer Dualzahl- (oder Binärzahl-)Darstellung zu tun. Hier nehmen die Koeffizienten a_i die Werte der jeweiligen i-ten Dualzahlstelle an. Die Dezimalzahl 12 ließe sich demnach aus der vierstellige Dualzahl 1100 gewinnen, da

$$Z = 12 = 1 \cdot 2^3 + 1 \cdot 2^2 + 0 \cdot 2^1 + 0 \cdot 2^0$$

mit n=4 sowie $a_0=a_1=0$, $a_2=a_3=1$ und $b = 2$.

Analog läßt sich auch jede (endlich lange) Dezimalzahl in eine Dualzahl umwandeln. Dazu muß sie nur so oft durch zwei dividiert werden, bis das Ergebnis der letzten Rechnung gleich Null ist; im Falle der Zahl 12 bedeutet dieses:

$$12 : 2 = 6 \text{ Rest } 0$$
$$6 : 2 = 3 \text{ Rest } 0$$
$$3 : 2 = 1 \text{ Rest } 1$$
$$1 : 2 = 0 \text{ Rest } 1.$$

Die zugehörige Dualzahl ergibt sich durch die Aneinanderreihung der „Restwerte" zu

$$1\ 1\ 0\ 0.$$

Analog zu den arithmetischen Operationen, die sich mit Dezimalzahlen durchführen lassen, können diese auch mit Binärzahlen durchgeführt werden. Wir betrachten dazu die Operationen „Addition" und „Multiplikation". Die Addition zweier einstelliger Dualzahlen wird vollständig durch

$$0 + 0 = 0$$
$$1 + 0 = 1$$
$$0 + 1 = 0$$
$$1 + 1 = 10$$

beschrieben.

Die letztgenannte Dualzahl „10" entspricht dabei nicht der dezimalen „Zehn", sondern einer zweistelligen Dualzahl mit dem Dezimalzahlwert $1 \cdot 2^1 + 0 \cdot 2^0$. Die Addition mehrstelliger Dualzahlen ist analog zur Addition im Dezimalzahlensystem durchzuführen, indem man von rechts nach links jede Stelle für sich addiert und einen in einer Stelle entstehenden Übertrag mit in die nächste Stelle übernimmt. Als Beispiel soll die Addition der Dezimalzahlen 78 und 67 ausgeführt werden:

dezimal:		78	*dual:*	1 0 0 1 1 1 0
	+	67	+	1 0 0 0 0 1 1
	=	145	=	1 0 0 1 0 0 0 1
		↑↑		↑ ↑↑↑

Die Stellen, an denen ein Übertrag entsteht, sind mit dem Symbol ↑ versehen. Wie man leicht überprüfen kann, entspricht die Dualzahl 10010001 der Dezimalzahl 145.

Die Multiplikation zweier einstelliger Dualzahlen wird vollständig durch

$$0 * 0 = 0$$
$$1 * 0 = 0$$
$$0 * 1 = 0$$
$$1 * 1 = 1$$

beschrieben. Am Beispiel der Multiplikation der Dezimalzahlen 3 und 4 soll diese Operation verdeutlicht werden:

dezimal:	*dual:*
$4 \cdot 3 = 12$	$100 \cdot 11$

$$100$$
$$100$$

$$1100$$

Daß das Ergebnis in beiden Fällen übereinstimmt, ist leicht nachprüfbar.

Um nun mit Zahlen im Computer rechnen zu können, müssen diese in einer ganz bestimmten Weise dort abgelegt werden. Bevor wir diese kennenlernen, müssen wir vorab Zahlen in zwei verschiedene Darstellungsarten unterteilen.

Wir unterscheiden Festkommazahlen (ganze Zahlen) und Gleitkommazahlen, weil beide Arten im Computer unterschiedlich behandelt werden. Die ganzen Zahlen, auch als INTEGER-Zahlen bezeichnet, werden i.a. durch 2 Byte oder 4 Byte lange Wörter angegeben. Aufgrund der endlichen Anzahl der Stellen können auch nur endlich große ganze Zahlen dargestellt werden. Betrachten wir zunächst ganze Zahlen mit der Wortlänge 2 Byte. Diese umfassen 16 binäre Stellen, wobei die 16. binäre Stelle das Vorzeichen beinhaltet (eine „1" für eine negative, eine „0" für eine positive Zahl oder für die Zahl Null), die verbleibenden 15 binären Stellen beihalten die eigentliche duale Zahl. Die Zahl +12 würde auf diese Weise durch

$$000000000001100$$

codiert, die Zahl -12 hingegen durch

$$100000000001100.$$

Insgesamt beträgt der darstellbare Zahlenumfang J für eine 2 Byte lange Integerzahl genau

$$-2^{15} \le J \le +2^{15} - 1,$$

d.h., die kleinste darstellbare ganze Zahl vom Typ „2 Byte Integer" beträgt -32768, die größte darstellbare ganze Zahl ist +32767. Wählt man anstelle einer 2 Byte langen Integerzahl eine 4 Byte lange Integerzahl K, dann beträgt der darstellbare Zahlenbereich

$$-2^{31} \le K \le +2^{31} - 1,$$

wobei die kleinste darstellbare Zahl – 2 147 483 648, die größte Zahl dann +2 147 483 647 ist.

Bislang haben wir nur ganze Zahlen betrachtet. Alle übrigen, nicht-ganzen Zahlen lassen sich (mit endlicher Genauigkeit) durch einen „Trick" als sogenannte Gleitkommazahlen darstellen, so daß der Computer auch mit solchen Zahlen rechnen kann. Darüber hinaus kann eine ganze Zahl einen so großen Wert annehmen, daß sie als INTEGER-Zahl nicht mehr dargestellt werden kann. In diesem Falle müßte sie in eine Gleitkommazahl konvertiert werden, damit man mit ihr sinnvoll rechnen kann. Zur Verdeutlichung des Problems betrachten wir die folgenden drei Zahlen und ihre unterschiedliche aber gleichwertige Schreibweise.

$$
\begin{array}{llll}
0.000021 & = & 0.21 \cdot 10^{-4} & = +0.21 \quad\; \text{E-04} \\
3.1415 & = & 0.31415 \cdot 10^{-1} & = +0.31415 \quad \text{E-01} \\
-1234000 & = & -\,0.1234 \cdot 10^{10} & = -0.1234 \quad\; \text{E+10}
\end{array}
$$

Alle genannten Zahlen haben folgende Struktur gemeinsam: man kann sie durch das Vorzeichen, eine Mantisse und einen Exponenten (mit Vorzeichen) eindeutig darstellen. Für unsere Beispiele gilt:

Vorzeichen	Mantisse	Exponent mit Vorzeichen
+	21	– 04
+	31415	– 01
-	1234	+10

Alle auf diese Weise definierten Bestandteile der Gleitkommazahl lassen sich durch binäre Zahlen verschlüsseln. Das Vorzeichen kann wiederum durch die höchste binäre Stelle codiert werden (1 für ein negatives, 0 für ein positives Vorzeichen); die Mantisse wird bei einer (Gesamt-)Wortlänge von 4 Byte mit einer 23stelligen Dualzahl codiert, hat also 23 binäre Stellen, während der Exponent analog zur Integer-Zahl durch die noch verbleibenden 8 binären Stellen codiert wird, wobei die 8. Stelle dem Vorzeichen des Exponenten vorbehalten ist. Die größte darstellbare Zahl hängt von der Größe des Exponenten ab. Er kann Werte zwischen -127 und + 128 annehmen. Die Genauigkeit einer Gleitkommazahl hängt jedoch von der Anzahl der binären Stellen für die Mantisse ab. Je größer diese Anzahl ist, desto genauer kann eine Gleitkommazahl im Computer angegeben werden. Um eben diese Genauigkeit zu erhöhen, kann man z.B. die Wortlänge verdoppeln. In diesem Falle erhöht sich die Anzahl der Stellen der Mantisse von 23 auf 55.

Als Beispiel für eine 4Byte-Gleitkommazahl diene wiederum die Zahl 12; sie lautet als Gleitkommazahl geschrieben +0.12E+01. Ihre codierte Form hat dann folgendes Aussehen:

0 0000001 00000000000000000001100

Zahlen, die durch diese Struktur definiert sind, werden auch als REAL-Zahlen bezeichnet.

1.3   Bitmuster und Datentypen

Alle in einem Computer darstellbaren Zeichen und Zahlen sind zunächst nur Folgen von binären Nullen und Einsen. Eine solche Folge wird allgemein als Bitmuster bezeichnet. Für sich genommen, haben diese Bitmuster zunächst keine ihnen direkt innewohnende Eigenschaft. Die Muster müssen interpretiert werden, was z.B. über ihren sogenannten „Datentyp" möglich ist. Einige dieser Datentypen haben wir bereits kennengelernt:

• alphanumerische Zeichen, die z.B. mit Hilfe des ASCII-Codes verschlüsselt werden; ihren Datentyp bezeichnet man häufig als CHARACTER;

• Festkommazahlen (ganze Zahlen); ihr Datentyp wird meist als INTEGER bezeichnet, wobei die Wortlänge festgelegt werden muß (z.B. 2 Byte oder 4 Byte lange INTEGER-Zahlen);

• Gleitkommazahlen; sie haben den Datentyp REAL (wobei auch hier noch die Wortlänge, z.B. 4 Byte oder 8 Byte lange REAL-Zahlen, festzulegen ist);

• auf der Ebene einzelner Bits lassen sich Boolesche Daten definieren. Da ein einzelnes Bit nur die Werte 1 oder 0   annehmen kann, lassen sich diesen binären Werten die logischen Werte „wahr (true)" oder „falsch (false)" zuordnen. Der zugehörige Datentyp wird als LOGICAL oder als BOOLEAN bezeichnet.

Neben diesen, die Datentypen betreffenden Bitmustern, treten in der elektronischen Datenverarbeitung auch Anweisungen auf, die den Computer in die Lage versetzen, ihm gestellte Aufgaben zu bearbeiten. Eine solche Anweisung besteht aus dem Operationsteil und dem Adreßteil. Eine Operation kann z.B. das Laden von Daten, das Speichern von Daten oder eine arithmetische Operation, wie etwa das Addieren von Zahlen, beinhalten. Diese Operationen sind unmittelbar verknüpft mit der Angabe einer Speicher-Adresse, auf die sich die jeweilige Operation bezieht. So würde etwa folgende Anweisung

1.	LOAD	84721
2.	STORE	23123
3.	ADD	48311

bedeuten:

1.   lade den Inhalt der Speicherzelle Nr. 84721,

2.   speichere den Inhalt in die Zelle Nr. 23123,

3.   Addiere den Inhalt der Zelle Nr. 48211 hinzu.

Die Operationen, wie z.B. „LOAD", „STORE", „ADD", können dabei ebenso als binäre Zahlen codiert werden wie die zugehörigen Adressen. Anweisungen können z.B. als 4 Byte langes Wort gespeichert werden, wobei die ersten 24 Bit die Adresse als binären Zahlenwert darstellen, während die restlichen 8 Bit den Operationsteil repräsentieren.

Einer binäre Zeichenfolge sieht man also nicht von vornherein an, welche Informationen sie repräsentiert. Daher muß zusätzlich angegeben werden, wie ein Bitmuster zu interpretieren ist: als ein Zeichen (z.B. ASCII), eine Gleitkommazahl, eine Festkommazahl, ein logischer Wert oder eine Anweisung.

1.4 Abstraktionsebenen eines Computers

Struktur und Wirkungsweise eines Computers lassen sich durch verschiedene Abstraktionsebenen darstellen. Die physikalisch „begreifbare" unterste Stufe eines Computers wird durch die elektronischen Schaltkreise realisiert. Sie erzeugen binäre elektrische Signale („es fließt kein elektrischer Strom" = „0", „es fließt elektrischer Strom" = „1"). Die Schaltkreise verknüpfen und speichern binäre elektrische Signale. Die binären elektrischen Signale selbst repräsentieren die zu verarbeitende Information. Die Menge aller elektronischen Schaltkreise mit den o.g. Eigenschaften werden in der Informatik als Hardware bezeichnet.

Die binären elektrischen Signale werden in einer zweiten Abstraktionsstufe logisch bewertet. Dieses gelingt mit Hilfe von Verknüpfungs- und Speicherungselementen, wie etwa logischen Gattern und Flip Flops. Die Möglichkeiten des Zusammenwirkens dieser Elemente wird in einer dritten Abstraktionsstufe untersucht. Sie beinhaltet insbesondere die Realisierung von arithmetischen Operatoren, Registern, Bussen und Prozessen sowie anderen Einheiten in Form von Rechner-Architekturen.

Die bekannteste und auch heute noch am weitesten verbreitete Architektur des Computers ist die *von-Neumann-Architektur*. Sie besteht im wesentliche aus vier Elementen: dem Prozessor, dem Arbeitsspeicher, dem Bus und den peripheren Geräten (siehe Bild 1.1).

Der Prozessor (engl. CPU; Central Processing Unit) führt die Anweisungen (Berechnungen) aus. Der Arbeitsspeicher dient der Daten- und Programmspeicherung während der Bearbeitung. Der Prozessor selbst besteht aus Rechenwerk und Steuerwerk, mit deren Hilfe gezielt Daten aus Speichern geholt und mit Hilfe arithmetischer Operatoren (z.B. Addierern) verarbeitet werden. Das Steuerwerk steuert den Datenfluß, während das Rechenwerk die arithmetischen Operationen auf der Basis der Dualzahl-Rechenregeln ausführt.

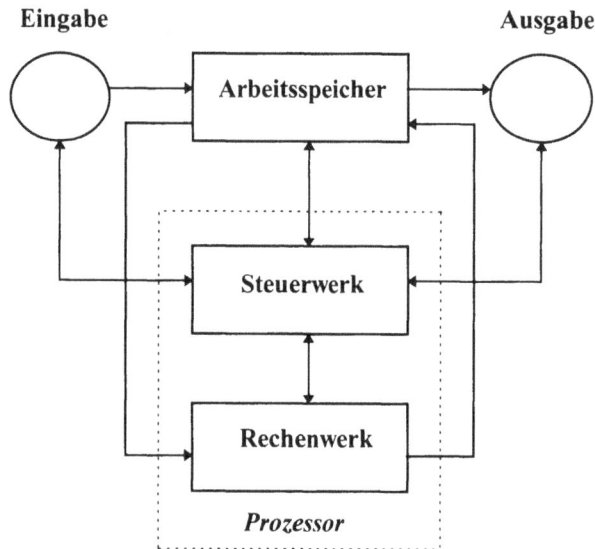

Bild 1.1: von-Neumann Rechnerarchitektur

Periphere Geräte, wie die Tastatur, der Monitor, der Drucker, Massenspeicher (z.B. Festplatte, Diskette), Analog-Digital-Wandler und Digital-Analog-Wandler (siehe auch Abschnitt 1.6) dienen der Ein- und Ausgabe von Daten bzw. ermöglichen das Speichern großer Datenmengen. Der System-Bus verbindet alle Bestandteile des Computers elektrisch und funktionell miteinander. Man kann ihn als „zentralen Nervenstrang" eines Rechners bezeichnen. Welche Datenverarbeitungsschritte im einzelnen ausgeführt werden sollen, regeln die Computerprogramme.

1.5   Programmierung und Pseudo-Code

Das Erstellen solcher Programme, Programmierung genannt, stellt die oberste Abstraktionsstufe eines Computers dar. Hierbei handelt es sich meistens um maschinenunabhängige Verfahren, die es dem Benutzer erlauben, Daten in einen Computer einzugeben, diese dort bearbeiten bzw. auswerten und sie in geeigneter Form wieder ausgeben zu lassen. Die Programmierung setzt voraus, daß das vom Computer zu lösende Problem auf eine bestimmte Art formulierbar ist, nämlich durch einen Algorithmus.

1.5.1   Algorithmen und Programmiersprachen

Ein Algorithmus ist eine Vorschrift zur Lösung eines formalen, mit einer endlichen Zahl von Arbeitsschritten mittels einer Maschine lösbaren Problems. Seine ausführbare Form bezeichnet man als Programm. Die maschinenunabhängige Programmierung ermöglichen spezielle, sog. höhere Programmiersprachen, wie etwa die „klassischen" Sprachen FORTRAN (FORmula TRANslation), ALGOL (ALGOrithmic Language) und COBOL (Common Buissiness Oriented Language), dem von Anfängern gern benutzten BASIC-Code (Beginner's All purpose Symbolic Instruction Code) und in neuerer Zeit insbesondere die Programmierprachen Pascal und C.

Computerprogramme werden mit Hilfe eines Editors zunächst in Form eines Quellcodes abgefaßt. Er besteht aus den Elementen der gewählten Programmiersprache und deren Regeln (Syntax). Dieser Quellcode ist i.a. ein ASCII-Text. Dieser ASCII-Text kann nicht ohne weiteres vom Computer „verstanden" werden. Um die gewünschten Operationen durchführen zu können, muß das Programm zunächst in eine für die Maschine verständliche Form übersetzt werden, den sogenannten Maschinencode. Dieses kann einmal Anweisung für Anweisung (also sequentiell) mit Hilfe eines Übersetzers, Interpreter genannt, erfolgen. Dabei stellt der Interpreter eigentlich auch nur ein Programm dar, daß zuvor entworfen werden muß. Diese einfache zeilenweise Übersetzung eines Programms führt i.a. zu einer sehr langsamen Programmausführung. Insbesondere bei den o.g. höheren Programmiersprachen verwendet man eine andere Übersetzungstechnik. Mit Hilfe des sogenannten Compilers wird der Quellcode nicht Anweisung für Anweisung übersetzt und ausgeführt, sondern der Quellcode wird komplett (quasi in einem Schritt) in den Maschinencode übersetzt. Auf diese Weise erfolgt eine optimale Übersetzung, so daß das Programm entsprechend schnell von der Maschine verarbeitet werden kann. Zudem besteht die Möglichkeit, zum compilierten Programm Bibliotheksfunktionen oder andere Programmteile hinzuzufügen und damit ein optimiertes Gesamtprogramm zusammenzustellen. Der Compiler erzeugt dabei das ausführbare Programm, das als eigenständige Datei (auch File genannt) zur Verfügung steht. Quellcode und übersetztes, auf der Maschine lauffähiges Programm sind auf diese Weise voneinander getrennt. Der Inhalt eines Programmes läßt sich i.a. nicht mehr aus dem übersetzten Progamm ableiten. Alle verwendeten Algorithmen „degenerieren" zur Bitfolge, die nur noch die Maschine nachvollziehen kann. Will man auf die Algorithmen zurückgreifen, benötigt man den Quellcode.

Zur Steuerung des Programmablaufs auf einem Computer dient das sogenannte Betriebssystem. Es optimiert maschinenspezifisch den Betriebsablauf. Darüber hinaus verwaltet es den Prozessor, die Speicher, Dateien und periphere Geräte. Die Menge aller dieser physisch nicht faßbaren Strukturen eines Rechners bezeichnet man als Software.

1.5.2 Der Pseudo-Code

Den höheren Programmiersprachen liegt ein für den Programmierer mehr oder weniger leicht zu durchschauendes Konzept zugrunde, mit dessen einfachsten Elementen wir uns nun auseinandersetzen wollen. Das Basiskonzept liefert dabei einen sogenannten „Pseudo-Code". Er stellt keine eigentliche Programmiersprache dar, sondern ist eine textorientierte semiformale Darstellungsform, um Algorithmen leicht verständlich formulieren zu können.

Grundsätzlich läßt sich ein Computerprogramm in einen Deklarationsteil und in einen Anweisungteil unterteilen. Im Deklarationsteil werden die verwendeten Variablen bzw. Konstanten bzgl. ihres Typs festgelegt. Variable sind dabei Speicherbereiche, deren Wert sich im Laufe des Programms ändert, Konstanten hingegen behalten ihren Wert. Durch Vergabe eines Namens wird auch die Speicheradresse festgelegt. So bedeutet etwa der Ausdruck REAL ZAHL1, daß der Speicher mit dem Namen ZAHL1 eine Gleitkommazahl enthält. Analog kann man mit INTEGER-Zahlen, aber auch mit Zeichen (CHARACTER) oder logischen Werten (LOGICAL) verfahren.

Variable und Konstanten können dabei einen einzelnen numerischen oder Zeichen-Wert repräsentieren oder zusammenhängende Felder beschreiben. Der letztgenannte Fall wird durch den Zusatz ARRAY festgelegt. Zusammenhängende Felder oder ARRAYs haben die Eigenschaft, daß sie unter einem Namen endlich viele verschiedene Werte gleichen Datentyps beinhalten können, die mit Hilfe eines Index markiert werden können. Wir wollen beispielhaft folgendes ARRAY untersuchen: REAL ARRAY WERTE (1:10). Das zusammenhängende Feld mit Namen WERTE kann gleichzeitig maximal zehn verschiedene Gleitkommazahlen beinhalten. Der zugehörige Index liegt dabei zwischen 1 und 10. Auf jede einzelne dieser Gleitkommazahlen kann durch Angabe eines Index-Wertes zugegriffen werden: z.B. WERTE(1), WERTE(2),..., WERTE(9), WERTE(10). Man bezeichnet ein solches Array auch als Vektor, dessen Komponenten über den Index zugänglich sind.

Ein Array kann nicht nur durch einen Index, sondern auch durch mehrere unabhängige Indices gleichzeitig definiert sein. In unserem Beispiel wäre etwa folgendes Array denkbar: REAL ARRAY WERTE (1:10, 4:6, 1:2). Jeder einzelne Wert des Arrays ließe sich durch die Angabe eines Index-Tripels i, j und k eindeutig durch die Angabe WERTE (i, j, k) erfassen, wobei $1 \leq i \leq 10$, $4 \leq j \leq 6$ und $1 \leq k \leq 2$ ist. Auf diese Weise lassen sich auch mathematische Matrizen im Computer definieren, wobei die Anzahl der Indices gleich der Dimension der Matrix ist.

Nach erfolgter Deklaration können die Anweisungen programmiert werden. Dazu werden üblicherweise den deklarierten Konstanten und Variablen Anfangswerte zugewiesen. Diese Zuweisung erfolgt über einen speziellen „Zuweisungsoperator", der häufig durch das Gleichheitszeichen „=" symbolisiert wird. Dieses Zeichen ist

aber nicht gleichbedeutend mit dem mathematischen Ausdruck „Gleich", es entspricht in diesem Zusammenhang einer Wertzuweisung; z.B.

- Deklaration

  REAL ARRAY WERTE(1:2)

- Anfangswerte

  WERTE(1)=0.231.

  WERTE(2)=1.421.

      ...

Nach erfolgter Deklaration und ggf. der Zuweisung von Anfangswerten beginnt
das eigentliche Programm mit seinen aus dem verwendeten Algorithmus abzulei-
tenden Anweisungen, denen wir uns nun zuwenden wollen. Der Beginn des Programms wird durch den Ausdruck BEGIN symbolisiert; das Ende des Programms
wird mit END markiert. Soll zwischenzeitlich das Programm abgebrochen werden,
ohne daß es vollständig durchlaufen wurde, so kann man dieses mit der Anweisung
STOP erreichen.

Eingabeanweisungen ermöglichen die Eingabe von Daten aus der sog. Peripherie,
z.B. über die Tastatur, über Dateien, die sich auf Massenspeichermedien befinden,
und über spezielle Eingabemedien, wie etwa ein Analog-Digital-Converter (ADC).
In Anlehnung an bekannte höhere Programmiersprachen lassen sich folgende Eingabeanweisungen vereinbaren:

- ACCEPT   ermöglicht die Dateneingabe über die Tastatur

- READ   ermöglicht die Dateneingabe über eine Datei

- INPUT   ermöglicht die Dateneingabe über einen ADC

Ausgabeanweisungen erlauben die Ausgabe von Daten, z.B. auf den Monitor, einen Drucker oder Plotter, in eine Datei oder über einen Digital-Analog-Converter
(DAC). Entsprechend den Eingabeanweisungen lassen sich folgende Ausgabeanweisungen vereinbaren:

- TYPE   ermöglicht die Datenausgabe auf den Monitor

- PRINT   ermöglicht die Datenausgabe auf den Drucker

- WRITE   ermöglicht die Datenausgabe in eine Datei

- OUTPUT   ermöglicht die Datenausgabe über einen DAC.

Die hier genannten Ausgabemöglichkeiten beschränken sich auf alphanumerische
Zeichen. Daneben gibt es auch die Möglichkeit, Informationen graphisch auszuge-
ben. Dabei handelt es sich im Prinzip um linien- oder strichorientierte Darstellungen. Auf diese Weisen lassen sich Schaubilder, Skizzen, technische Zeichnungen
wie z. B elektronische Schaltpläne erzeugen. Dazu ist eine besondere graphische

Ausgabefläche notwendig, z.B. ein graphikfähiger Bildschirm oder ein spezielles Zeichengerät (Plotter). Ein Bildschirm, der eine graphische Ausgabe ermöglicht, stellt dabei höhere Ansprüche an die Auflösung als ein Bildschirm, er lediglich alphanumerische Zeichen anzeigt. Die Ausgabefläche selbst entspricht einem Raster, wobei jedes Rasterelement (Bildelement, Pixel; siehe hierzu auch Kapitel 6) im einfachsten Fall zwei Farben (z.B. schwarz und weiß), für farbige Graphiken neben diesen beiden Farben auch andere annehmen kann. Da die Zahl der verfügbaren Rasterelemente wegen der begrenzt verfügbaren Zeilen- und Spaltenzahl des Monitors ebenfalls begrenzt ist und darüber hinaus der Abstand zwischen zwei Bildpunkten über den gesamten Ausgabebereich äquidistant ist, erzeugt der Rechner primär eine zweidimensionale Graphik (Computergraphik). Da Zeilen und Spalten jeweils orthogonal zueinander stehen, läßt sich die Ausgabefläche durch ein kartesisches Koordinatensystem beschreiben, das jedoch nur ganze Zahlen, nämlich die aktuelle Zeilen- und Spaltenzahl des jeweils betrachteten Punktes auf dem Monitor, beinhaltet. Jede zweidimensionale aus Punkten P_w bestehende Graphik, welche sich durch Zahlenpaare $P_w \equiv (\xi, \lambda)$ beschreiben läßt, muß also in das diskrete Koordinatensystem des Ausgabegerätes, wo es z.B. die korrespondierenden Koordinaten (K, L) erhält, mit Hilfe einer Transformationsvorschrift T_G umgerechnet werden:

$$(\xi, \lambda) \xrightarrow{\ T_G\ } (K, L).$$

Das Koordinatensystem, aus dem P_w stammt, heißt Weltkoordinatensystem. Es kann ein beliebiges Koordinatensystem sein, wobei der Wertebereich alle möglichen (auch komplexe) Zahlen umfaßt. Das Koordinatensystem des Ausgabegerätes wird meist als Device-Koordinatensystem bezeichnet. Es ist primär immer kartesisch und läßt als Koordinatenwerte nur ganze Zahlen $Z \geq 0$ zu. Um T_G zu realisieren, muß das Weltkoordinatensystem zunächst in das korrespondierende kartesische Koordinatensystem mit einer ersten Tranformation T_1 umgewandelt werden, so daß

$$(\xi, \lambda) \xrightarrow{\ T_1\ } (x, y)$$

gilt. Danach ist dafür zu sorgen, daß die kleinsten bzw. größten Koordinatenwerte der Graphik im Weltkoordinatensystem x_{min}, x_{max} bzw. y_{min}, y_{max} auf die minimal oder maximal zulässigen Koordinatenwerte des Device-Koordinatensystems abgebildet werden. Häufig werden die Koordinaten im Devicesysteme von Null an gezählt und erreichen einen maximalen Wert K_{max} bzw. L_{max}. Daher muß eine Transformation T_2 bzw. T_2' mit folgenden Eigenschaften

$$(x_{min}, y_{min}) \xrightarrow{\ T_2\ } (0,0)$$

bzw.

$$(x_{max}, y_{max}) \xrightarrow{\ T_2'\ } (K_{max}, L_{max})$$

angewendet werden. Skaliert man auf dieser Basis die Koordinatenwerte der restlichen Punkte, kann man jeden Punkt im Weltkoordinatensystem in das Devicekoordinatensystem umrechnen. Die Darstellung erfolgt dann über eine Anweisung, z.B.

SET_PIXEL(K,L) WITH COLOR=C.

Das Pixel mit den Devicekoordinaten (K,L) erhält dadurch den Farbwert C, wobei der numerische Wert für C eine bestimmte Farbzuweisung beinhaltet.

Für die meisten graphischen Darstellungen ist jedoch nicht das Setzen eines Punktes, sondern das Zeichnen einer Geraden notwendig. Eine solche Gerade habe die Anfangskoordinaten (K0,L0) und die Endkoordinaten (K1,L1). Dann erzeugt man eine Gerade mit der Farbe C durch die Anweisung

LINE (K0,L0)-(K1,L1) WITH COLOR C.

Dabei werden diejenigen Bildpunkte, die zwischen dem Anfangs- und Endpunkt auf einer Geraden liegen, mit dem Farbwert versehen. Da die Koordinatenwerte dieser Bildpunkte nur ganze Zahlen sein können, ist das Zeichnen einer Geraden nicht trivial. Im allgeinen werden für die Berechnung der Steigung der Geraden Gleitkommazahlen benötigt; diese müssen für die Abbildung dann wieder in Festkommazahlen umgewandelt werden. Mit Hilfe des Bresenham-Algorithmus (siehe z.B. Newman und Sproull, McGraw-Hill, 1986) ist dieses jedoch nicht erforderlich. Dieser Algorithmus kommt mit Berechnungen aus, die ausschließlich im Bereich der ganzen Zahlen liegen.

Aus dem bisher Gezeigten wird die besondere Bedeutung arithmetischer Operationen für den Computer deutlich. Solche Operationen erlauben es, mit numerischen (aber auch nicht-numerischen) Daten zu rechnen. Die gewünschten arithmetischen Operationen müssen zunächst als Zeichen codiert werden. Dabei verwendet man i.a. die aus der Mathematik bekannten Darstellungen: die Addition wird durch „+" symbolisiert, die Subtraktion durch das „-"-Zeichen, die Multiplikation durch „*" und die Division durch „/" gekennzeichnet. Das Potenzieren gibt das Zeichen „**" an. Zur Verdeutlichung einige Beispiele:

- 6 plus 4 $6 + 4$
- 4 minus 6 $4 - 6$
- 4 multipliziert mit 6 $4 * 6$
- 6 dividiert durch 4 $6 / 4$
- 4 hoch 6 (4^6) $4 ** 6$

Die arithmetischen Operationen lassen sich dabei nicht nur direkt mit den Zahlenwerten selbst ausführen, sondern können auch mit ihren „Platzhaltern", den Variablen bzw. Konstanten, in denen sie gespeichert sind, durchgeführt werden. Folgendes kleine Programm soll dieses verdeutlichen:

BEGIN

```
        INTEGER A, B, C
        A=3
        B=14
        C=A + B
        TYPE A, B, C
   END
```

Das Programm beginnt mit der Anweisung BEGIN und endet mit END. Im Dekla-rationsteil werden drei Variable als Festkommazahlen mit den Namen A, B und C festgelegt, und die Variablen A und B erhalten Anfangswerte zugewiesen (A=3 und B = 14). Dann beginnt der Anweisungsteil. Es werden A und B addiert und das Ergebnis der Variablen C zugewiesen. Abschließend werden die Werte von A, B und C auf dem Monitor ausgegeben. Damit ist das Programm beendet, was durch END angezeigt wird.

Aufgrund der Definition des Zuweisungsoperators „=" kann man im o.g. Pro-gramm auf die Variable C eigentlich verzichten, und zwar durch die Zuweisung

$$B = A + B.$$

Hier wird zunächst die Summe A + B bestimmt und anschließend das Ergebnis der Variablen B übergeben. An diesem Beispiel sieht man deutlich, daß der Zuwei-sungsoperator nicht mit dem mathematischen Gleichheitszeichen identisch ist.

Neben dem Zuweisungsoperator lassen sich, analog zu den aus der Mathematik be-kannten Vergleichsoperatoren, weitere definieren, etwa größer (>), größer gleich (≥), kleiner (<), kleiner gleich (≤) oder auch ungleich (≠). Um auch diese Ver-gleichsoperatoren im Computer verwenden zu können, müssen Zeichen verwendet werden, wie sie etwa der ASCII Code bereitstellt. Daher werden einige der o.g. Vergleichsoperatoren durch zusammengesetzte Zeichen codiert:

* ungleich   ><
* größer gleich   >=
* kleiner gleich <=

Diese Vergleichsoperatoren spielen eine besondere Rolle im Rahmen von Bedin-gungsabfragen. Ihre Syntax lautet

IF (Bedingung trifft zu) THEN (führe Anweisung 1 aus)

ELSE (wenn nicht-zutreffend, führe Anweisung 2 aus)

Abgeschlossen wird die Bedingungsabfrage durch eine End-Markierung:

END IF.

Dazu ein Beispiel: Eine Division mit der Zahl Null ist nicht möglich. Dennoch kann in einem Programm durchaus eine Variable einen Wert Null annehmen, ohne daß dieses von vornherein zu erwarten ist. Um dennoch keine fehlerhafte Division auszuführen, kann man dieser durch eine entsprechende Abfrage vorbeugen:

IF A >< 0 then B=1/A

Im genannten Beispiel wird der Kehrwert von A mit B bezeichnet und nur dann berechnet, wenn A selbst von Null verschieden ist. Dieses ließe sich noch ein wenig erweitern, wenn man zusätzlich festlegt, daß B dann gleich Null sein möge, wenn A=0 ist. Zudem soll über die Tastatur ein beliebiger Wert für A eingegeben werden können und diese Zahl mit ihrem Kehrwert auch ausgedruckt werden. Der Algorithmus zur Berechnung des Kehrwertes einer ganzen Zahl lautet in unserer Pseudo-Programmiersprache nunmehr:

```
BEGIN
        INTEGER A
        REAL B
        ACCEPT A
        IF A >< 0 THEN
                B=1/ A
        ELSE
                B = 0
        END IF
        PRINT A, B
END
```

Die Bedingungsoperatoren können zusätzlich noch mit Booleschen Operatoren verknüpft werden (z. B. „und" als AND, „oder" als OR). Somit ließe sich auch folgende Bedingung auf Gültigkeit überprüfen:

IF (Bedingung 1 trifft zu) AND (Bedingung 2 trifft zu)

THEN führe Anweisung aus.

In unserem Beispiel könnte man zusätzlich fordern, daß für die Kehrwertberechnung A positiv und nicht größer als 1000 sein darf, anderenfalls sollte der Kehrwert gleich Null sein. Entsprechend ließe sich die Bedingung im Programm modifizieren:

```
IF  A >= 0 AND A <= 1000 THEN
        B=1 / A
ELSE
        B = 0
END IF
```

Der Kehrwert von A wird also nur dann berechnet, wenn beide Bedingungen (A $\neq$ 0 <u>und</u> A $\leq$ 1000) erfüllt sind. Auf diese Weise lassen sich je nach Anforderung beliebig komplizierte Bedingungen mit Hilfe der Booleschen Operatoren formulieren und in ein Programm einbauen.

Ein besonderes Merkmal von Computerprogrammen ist die endliche Wiederholung von Anweisungen. Diese lassen sich durch sogenannte Schleifenanweisungen realisieren. Eine dieser Schleifenanweisungen ist die sogenannte FOR-Schleife. Sie hat folgende Syntax:

FOR Laufvariable=Anfangswert TO Endwert STEP Schrittweite DO

    Folge von Anweisungen

END DO.

Mit der Anweisung

    BEGIN

        FOR I=1 TO 10 STEP 2 DO

            PRINT I

        END DO

    END

würden die ungeraden Zahlen 1, 3, 5, 7 und 9 ausgedruckt. Die FOR-Schleife setzt zu Beginn ihre Laufvariable I auf den Anfangswert 1. Der aktuelle Wert von I wird mit dem Endwert (=10) verglichen. Da 1 < 10 ist, wird die Anweisung ausgeführt, also der aktuelle Wert von I ausgedruckt. Danach wird die Laufvariable um die Schrittweite (=2) vergrößert, d.h. hier wird aus I=1 im nächsten Schritt I=1+2=3. Dieser Wert wird wieder mit dem Endwert verglichen. Da 3 < 10 ist, wird die Anweisung wiederum ausgeführt, eine „3" wird gedruckt. Dieses wird sich bis zum Wert I=9 wiederholen. Danach führt eine Erhöhung der Laufvariablen auf von I = 9 auf I = 9 + 2 = 11 zu einem Wert, der den Endwert übersteigt, die Schleife ist damit beendet. Üblicherweise werden Schrittweiten von 1 nicht weiter gekennzeichnet, entsprechend lautet die Syntax für dieses Fall:

    BEGIN

        FOR I = 1 TO 10 DO

            PRINT I

        END DO

    END

In diesem Fall werden alle ganzen Zahlen von 1 bis 10 ausgedruckt.

Die o.g. Kehrwerte lassen sich mit der FOR-Schleife auch „automatisch" berechnen. Dieses ermöglicht z.B. das folgende Programm, welches für Zahlen zwischen 1 und 100 den Kehrwert berechnet:

```
BEGIN
    INTEGER A
    REAL B
    FOR A = 1 TO 100 DO
        B = 1 / A
        PRINT A, B
    END DO
END
```

Man kann die Laufvariable einer Schleife auch gleichzeitig als Index für ein Array benutzen. Der folgende Algorithmus zeigt, als Pseudo-Code formuliert, das „Auffüllen" eines Arrays mit negativen ganzen Zahlen, die sich als Zweier-Potenzen schreiben lassen:

```
BEGIN
    INTEGER ARRAY SQNUMBER (1:10)
    INTEGER I
    FOR I = 1 TO 10 DO
        SQNUMBER( I )= – 2 ** I
    END DO
END
```

Mit einer solchen Schleifenanweisung lassen sich auch Graphiken erzeugen. Das folgende Beispiel zeigt das „Zeichnen" eines Polygonzuges. Die Devicekoordinaten von N Stützwerten des Polygons sind im zweidimensionalen Array ST_W(1:N,1:N) abgelegt. Dann wird das Polygon (Farbwert =2) durch die Anweisungen

```
BEGIN
    INTEGER ARRAY ST_W(1:N,1:2)
    FOR I=2 TO N DO
        LINE(ST_W(I-1,1),ST_W(I-1,2)-
        (ST_W(I,1),ST_W(I,2)) WITH COLOR=2
    END DO
END
```

gezeichnet.

Einfache INTEGER Zahlen sind nur zwei Byte lang. Das hat zur Konsequenz, daß folgende (bekannte) Schleife

> FOR I = 1 TO 16 DO
>> SQNUMBER(I) = – I ** 2
> END DO

nur bis I = 15 richtige Ergebnisse liefert (für I=16 ist die entsprechende INTEGER-Zahl nicht mehr definiert).

Neben der FOR-Schleife gibt es noch einen weiteren Schleifentyp, die sogenannte WHILE-Schleife; sie hat folgende Syntax:

> DO
>
>> Folge von Anweisungen
>
> WHILE (solange Bedingung erfüllt ist)

Hier wird eine Folge von Anweisungen solange wiederholt, bis die Bedingung für die Schleife nicht mehr gegeben ist. Ein einfaches Beispiel soll dieses verdeutlichen:

> BEGIN
>> K=101
>> DO
>>> K = K-1
>>> B=1 / K
>>> PRINT K, B
>> WHILE K > 0
> END

Auch dieser Algorithmus ermöglicht die Berechung des Kehrwertes der ersten 100 ganzen positiven Zahlen, allerdings beginnt er bei der größtmöglichen Eingangszahl 100 und endet bei 1.

Für viele numerische Aufgaben sind elementare Funktionswerte von großer Bedeutung. Insbesondere die trigonometrischen Funktionen, Logarithmusfunktionen und Exponentialfunktionen gehören dazu. Die zugehörigen Funktionswerte werden durch den Aufruf einer entsprechenden Bibliotheksfunktion „automatisch" berechnet.

Folgende elementare Bibliotheksfunktionen wollen wir uns merken:

- Sinusfunktion $\sin(x)$ SIN(X)
- Cosinusfunktion $\cos(x)$ COS(X)
- Exponentialfunktion e^x EXP(X)

- natürlicher Logarithmus $\ln(x)$ LN(X)
- Briggscher Logarithmus $\lg(x)$ LG(X)
- Logarithmus zur Basis 2 $\mathrm{ld}(x)$ LD(X).

Der folgende Algorithmus berechnet zehn Funktionswerte einer Sinusfunktion (über genau eine Periode) und einer Exponentialfunktion. Dazu wird über eine Schleife zunächst ein Argumentwert x berechnet und danach der Funktionswert $y = f(x)$ durch Aufruf der entsprechenden Funktion ermittelt. Argument- und Funktionswert werden danach ausgedruckt.

```
BEGIN
        REAL X, Y, Z,PI
        INTEGER I
        PI=3.141593
        FOR I = 1 TO 10 DO
                X = 0.1 * I
                Y=SIN(2*PI*X)
                Z=EXP(- X)
                PRINT X, Y, Z
        END DO
END
```

Abschließend sollen noch drei weitere Bibliotheksfunktionen vorgestellt werden. Die ersten beiden erlauben die Umwandlung von REAL-Zahlen in INTEGER-Zahlen und umgekehrt. Die Funktion FLOAT(K)=A formt aus der Festkommazahl K durch interne Umwandlung eine Gleitkommazahl A. Die Funktion INT wandelt eine Gleitkommazahl Z in eine Festkommazahl L um, indem sie bei Z die Stellen nach dem Komma „abschneidet". Der folgende Pseudo-Code zeigt ein Anwendungsbeispiel:

```
BEGIN
        REAL A
        INTEGER K, L
        K=10
        A=FLOAT (K)
        L=INT(A)
        PRINT K,A, L
END
```

Über die Funktionsanweisung FLOAT wird die ganze Zahl K=10 in die Gleitkommazahl A umgewandelt, und über die Funktionsanweisung INT wird aus dieser wieder eine Festkommazahl L. Man dürfte erwarten, daß am Ende des Programms drei gleichgroße Zahlen K, A und L ausgedruckt werden. Im ungünstigen Fall trifft dieses nicht zu. Wird aus der ganzen Zahl K=10 durch die Funktion FLOAT in der internen Darstellung eine Gleitkommazahl A=9.999999999 und wendet man auf A die Funktionsanweisung INT an, so werden die Stellen nach dem Komma abgeschnitten und damit die Zahl L = 9 erzeugt. Die hiermit verbundene Rechenungenauigkeit wird als „Rundungsfehler" bezeichnet.

Die Funktion RANDOM erzeugt gleichverteilte Zufallszahlen mit Hilfe eines entsprechenden Algorithmus, auf den wir hier nicht näher eingehen wollen. Der Aufruf RAND ergibt eine Gleitkommazahl, deren Wert zwischen 0 und 1 liegt ($0 \leq$ RANDOM < 1). Als Beispiel soll das Werfen eines Würfels simuliert werden. Beim Würfeln ist das Ziehen einer Zahl von Eins bis sechs gleich wahrscheinlich. Zehn Mal hintereinander soll der fiktive Würfel „geworfen" und das Ergebnis ausgedruckt werden. Dieses ermöglicht folgender Algorithmus (wir verwenden wieder unseren Pseudo-Code):

```
        BEGIN
                INTEGER I, W
                FOR I=1 TO 10 DO
                        W=INT(6*RANDOM)+1
                        PRINT W
                END DO
        END
```

Die Zahl RANDOM wird mit sechs multipliziert; danach werden die Stellen hinter dem Komma abgeschnitten. Übrig bleibt eine ganze Zahl W, deren Wert streng zwischen Null und fünf liegt ($0 \leq W \leq 5$), wobei nach jedem Wurf alle ganzen Zahlen zwischen Null und Fünf gleichwahrscheinlich sind. Addiert man nun noch eine Eins hinzu, so erhält man das gewünschte Ergebnis: $1 \leq W \leq 6$.

Für die Darstellung von Algorithmen hat sich die Form der Prozedur bewährt. Im realen Programm ist sie eine Folge von Anweisungen, die von einem Hauptprogramm aus über einen Namen aufgerufen werden, wobei für die in der Prozedur aufgeführten Parameter konkrete Werte vom Hauptprogramm bereitgestellt und der Prozedur übergeben werden. Ebenso werden die Ergebnisse der Berechnungen innerhalb der Prozedur wieder dem Hauptprogramm übermittelt. Die Bezeichungen (Namen) der Parameter in Hauptprogramm und Prozedur können dabei durchaus verschieden sein. Eine Prozedur hat somit die Syntax

PROCEDURE *NAME*

(**IN:** Eingabewert_1, Eingabewert_2...;

OUT: Ausgabewert_1, Ausgabewert_2 ,...)

BEGIN

(Deklaration)

(Folgen von Anweisungen, welche mit Hilfe der Ein-

gabewerte=Parameterwerte die Ergebniswerte=

Ausgabewerte erzeugen)

RETURN

END

Die Prozedur wird aus dem Hauptprogramm mit der Anweisung CALL *NAME* (Parameter_1, Parameter_2,...; Ergebnis_1, Ergebnis_2, ...) aufgerufen. Dann erfolgt die Berechnung innerhalb der Prozedur. Ist diese abgeschlossen, wird die Prozedur durch die Anweisung RETURN verlassen. Das Hauptprogram führt dann die dem Aufruf folgende Anweisung aus.

Zum Verständnis möge das folgende Beispiel dienen. Die Prozedur *AD_PROD* bilde die Summe S und das Produkt P zweier Zahlen A und B. Daher könnte sie folgendermaßen geschrieben werden:

PROCEDURE *AD_PROD* (**IN** : A, B; **OUT:** S, P)

BEGIN

REAL A, B, S, P

S=A+B; P=A*B

RETURN

END

Das aufrufende Hauptprogramm könnte folgendes Aussehen haben:

BEGIN

REAL X,Y,Z

X=2; Y=3

CALL SUMME (X,Y;Z,Q)

PRINT Z,Q

END

Ausgedruckt würden die Werte Z=5 und Q=6.

In den folgenden Kapiteln dieses Buches werden die Algorithmen grundsätzlich in Form von Prozeduren angegeben.

1.6   Datenaustausch mit der Peripherie

1.6.1   Datenausgabegeräte

Um die Ergebnisse der Datenverarbeitung für den Benutzer zugänglich zu machen, stehen eine Reihe von peripheren Geräten zur Verfügung. Zu ihnen gehören insbesondere Monitor und Drucker. Darüber hinaus können Daten in Form digitaler oder analoger Signale über entsprechende Karten (parallele oder serielle Schnittstellen bzw. Digital-Analog-Converter) dem Nutzer zur Verfügung gestellt werden (siehe Bild 1.2).

Zu den wichtigsten und am häufigsten benutzten Datenausgabegeräten gehört das Datensichtgeräte oder der Monitor. Das physikalische Prinzip eines Monitors ist dem eines Fernsehers zwar ähnlich, jedoch unterscheidet sich der Monitor in vielen technischen Funktionen erheblich vom einem Fernsehgerät. Die Bilderzeugung erfolgt mit Hilfe einer Kathodenstrahlröhre. Sie erzeugt Elektronenstrahlen für jede der drei Grundfarben Rot, Grün und Blau. Auf der Innenseite der Röhre befindet sich eine Phosphorleuchtschicht, welche aus jeweils drei farbsensitiven Einheiten zusammengesetzten Farbbildpunkten bestehen. Durch additive Farbmischung unterschiedlich intensiver Elektronenstrahlen kann (fast) jeder gewünschte Farbton auf dem Bildschirm erzeugt werden. Vor der Leuchtschicht befindet sich ein Raster, die sog. Lochmaske, durch deren Öffnung die Elektronenstrahlen auf einen der Farbbildpunkte treffen, wodurch bei jedem Bildpunkt eine beliebige Farbe erzeugt werden kann. Je geringer der Abstand zwischen den Öffnungen der Lochmaske, der sog. Lochmaskenabstand ist, desto schärfer erscheint das erzeugte Bild. Moderne Monitore haben einen Lochmaskenabstand von ca. 0.25–0.3 mm, jedoch können bei höherwertigen Monitoren noch geringere Abstände erreicht werden.

Neben dem Lochmaskenabstand spielt die Auflösung eine wichtige Rolle, also die Zahl der Bildpunkte, die pro Zeile und Spalte generiert werden. Für graphische Darstellungen sollten mindestens 1024x768 Bildpunkte bezur Verfügung stehen. Ein weiteres Kriterium ist die Bildwiederholungsrate. Um ein flimmerfreies Bild zu erhalten, sollte die Bildwiederholungsrate mindestens 72 Hz, d.s. 72 Bilder pro Sekunde, betragen. Ein weiteres Gütekriterium ist die Bilddiagonale eines Monitors, welche i.a. zwischen 14 und 21 Zoll liegt. Monitore sollten möglichst strahlungsarm sein, also grundsätzlich äußere statische bzw. dynamische elektromagnetische Felder vermeiden bzw. diese auf ein für den Menschen (erfahrungsgemäß) nicht gesundheitsschädigendes Miminum reduzieren.

Signalausgabe   *Monitor*   *Drucker*

analog

digital

Computer

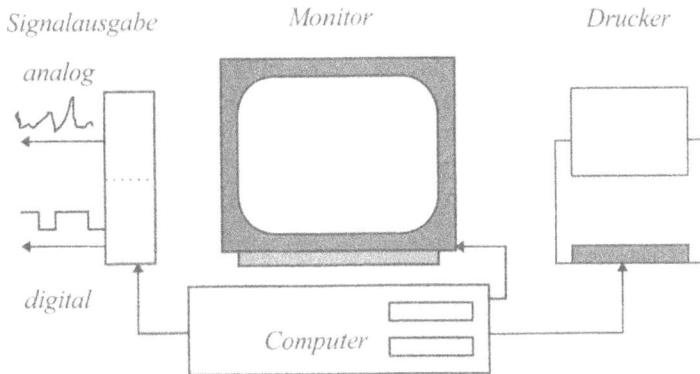

Bild 1.2: Ausgabegeräte für den Computer

Neben dem Monitor zählt der Drucker zu den unverzichtbaren Datenausgabegeräten einer EDV-Anlage. Zu den wichtigsten Druckertypen gehören Nadel-, Tintenstrahl- und Laserdrucker. Beim Nadeldrucker wird mechanisch über einen Druckkopf, der aus einer festen Anzahl von Drucknadeln besteht, das zu druckende Symbol schrittweise über ein Farbband auf das Papier gebracht. Dabei lassen sich sowohl ASCII-Zeichen als auch Graphiken (mit hochauflösender Nadeldrucktechnik) darstellen. Insgesamt ist die Druckqualität jedoch nur mäßig und der Druckvorgang recht laut. Allerdings ist sowohl die Anschaffung als auch der Betrieb solcher Drucker relativ preiswert. Dort, wo viel und schnell gedruckt werden muß, ohne daß eine besondere Druckqualität gefordert ist, werden Nadeldrucker auch heute noch verwendet.

Die modernen Tintenstrahldrucker beherrschen den Massenmarkt, denn sie liefern eine gute Druckqualität bei vertretbarem Preis. Das Prinzip des Druckverfahrens besteht darin, einen genau definierten Tintenmenge gesteuert auf ein Papier abzugeben, wobei sowohl Schwarzweiß- als auch Farbdruck möglich ist. Auf diese Weise lassen sich nicht nur ASCII-Zeichen, sondern auch Graphiken und Bilder drucken.

Eine völlig andere Technologie liegt dem Laserdrucker zugrunde. Er gehört zu den sog. Seitendruckern, die erst die gesamte zu druckende Seite aufbereiten und sie dann komplett drucken (im Gegensatz zu den zeilenweise druckenden Nadel- und Tintenstrahldruckern). Beim Laserdrucker wird eine rotierende lichtempfindliche Trommel elektrisch negativ aufgeladen. Ein über einen Spiegel ausgelenkter Laserstrahl bildet den gesamten zu druckenden Seiteninhalt komplett auf der Trommel ab. An den Stellen, wo der Laserstrahl auftrifft, wird die Spannung kompensiert. Die Trommel läuft anschließend an negativ geladenem Tonerpulver vorbei. Die noch negativ geladenen Trommelbereiche stoßen diesen ab. An den elektrisch neutralen Flächenteilen bleibt der Toner jedoch haften. Er wird auf elektrostatischem Wege auf das Papier übertragen, welches mechanisch an die Trommel herangeführt wird. Damit das Tonerpulver auch bleibend haftet, wird mit Hilfe eines Thermoelementes dem Toner beigemengtes Harz bei ca. 150 °C zum Schmelzen gebracht, wodurch sich der Toner dauerhaft mit dem Papier verbindet. Insgesamt erzeugt der Laserdrucker hervorragende Drucke, ist jedoch in Anschaffung und Betrieb derzeit noch nicht so kostengünstig wie etwa der Tintenstrahldrucker.

1.6.2   Analoge Signalausgabe

Neben seriellen und parallelen Schnittstellen, die digitale Signale aus dem Computer für externe Weiterverarbeitung zur Verfügung stellen, besteht auch die Möglichkeit, intern berechnete digitale Werte in analoge Spannungswerte umzuwandeln. Dafür verwendet man den sogenannten Digital-Analog-Konverter (ADC). Im einfachsten Fall verwendet man dazu ein Netzwerk elektrischer Widerstände, die über elektronische Schalter gesteuert werden. Die Schalterzustände repräsentieren dabei den digitalen Ausgangswert: ist er gleich „0", ist der zugehörige Schalter offen, ist er gleich „1" ist der Schalter geschlossen. Das Bild 1.3 zeigt eine solche Schaltung in Form eines abgestuften Widerstandsnetzwerkes.

Die möglichen Stellungen des j-ten Schalters (offen oder geschlossen) können den Wert von d_j wie folgt beeinflussen:

$$d_j = \begin{cases} 1 & geschlossen \\ & falls\ \ Schalter \\ 0 & offen \end{cases},$$

so daß für einen Gewichtsfaktor D gilt:

$$D = \sum_{j=1}^{4} d_j \cdot 2^{j-1}$$

$$R_j = \frac{R_0}{2^{j-1}}$$

wobei R_0 ein fester Widerstandwert sei. Dann folgt für die Ausgangsspannung U_a des Konverters:

$$U_a = \frac{U_0}{R_a + \dfrac{R_0}{D}} \cdot R_a.$$

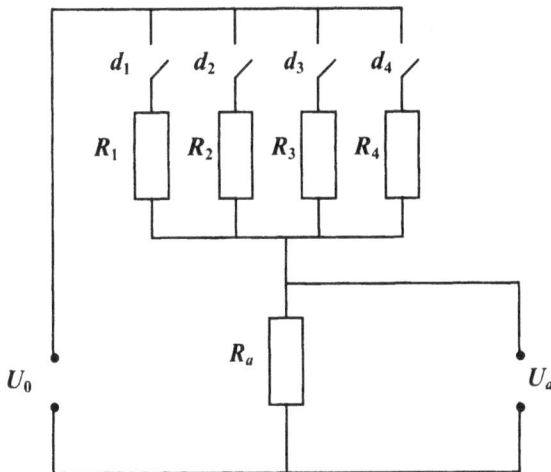

Bild 1.3: Prinzip der Digital-Analog-Wandlung mit abgestuften Widerstandswerten.

Für die einzelnen Widerstände R_j möge gelten:

Unter der Voraussetzung, daß $R_a \ll R_0/D$, folgt näherungsweise

$$U_a \approx \frac{R_a}{R_0} \cdot U_0 \cdot D\,. \qquad\qquad (1.1)$$

In diesem Fall ist die Ausgangsspannung proportional zur Schalterstellung D, welche ein Maß für die zu wandelnde binäre Zahl ist. Auf diese einfache Weise lassen sich digitale (Zahlen-)Werte in analoge elektrische Spannungen umwandeln. Legt man Wert auf eine große Wortbreite (> 4 Bit), dann bestehen technische Probleme bei der Realisierung von Netzwerken der vorgestellten Art. Daher wird bei kommerziellen DA-Wandlern, deren Wortbreite mindestens 8 Bit beträgt, eine andere Form des Widerstandsnetzwerkes gewählt, auf das wir hier aber nicht näher eingehen wollen.

1.6.3   Dateneingabegeräte

Die Dateneingabegeräte ermöglichen die Eingabe von Daten in den Computer. Zu den wichtigsten Eingabegeräten zählen Tastatur (Keyboard), optische Maus, Kartenlesegeräte und Bild-Digitalisierung (Scanner) sowie Analog-Digital-Wandler (siehe Bild 1.4).

Die Tastatur gehört zu den sogenannten primären Eingabegeräten, weil der Anwender hiermit direkt Anweisungen an einen Computer geben kann. Äußerlich äh-

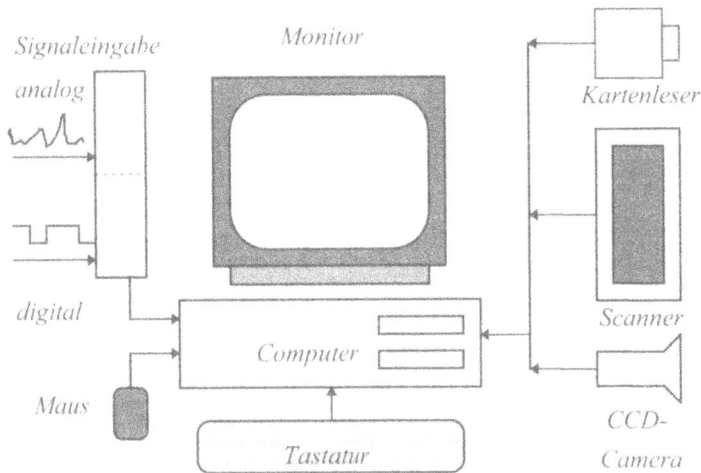

Bild 1.4: Eingabegeräte für den Computer

neln sie der Tastatur einer Schreibmaschine. Allerdings kann sie (je nach Rechnertyp) weitaus mehr Tasten beinhalten. Die Belegung der Tasten mit Buchstaben und Symbolen ist darüber hinaus landes- bzw. sprachabhängig. So gibt es angloamerikanische, französische, spanische, deutsche usw. Tastaturbelegungen.

Zusätzlich zum eigentlichen Zeichenfeld (Buchstaben, Ziffern, Interpunktionszeichen – wie bei der Schreibmaschine) weisen Tastaturen oft sog. Funktionstasten auf, mit denen man innerhalb eines Programmes tastenabhängig Funktionen aufrufen kann, Sondertasten (z.B. escape, pause), abgesetzte Cursorblocks, mit denen man z.B. Positionen der Einfügemarke bei Textprogrammen steuern kann, und ggf. auch einen numerischen Ziffernblock.

Neben der Tastatur ist die „Maus" ein wichtiges Eingabegerät; insbesondere bei Computern mit graphischer Benutzeroberfläche. „Computer-Mäuse" unterscheiden sich durch ihre Bauform, durch die Anzahl ihrer Tasten, durch die Anschlußtechnik an den Computer sowie durch die Art, wie Mausbewegungen erfaßt und an den Computer weitergeleitet werden. Dieses kann optisch oder mechanisch erfolgen. Letzeres geschieht mit Hilfe einer Rollkugel, die sich auf der Unterseite der Maus befindet, während bei optischen Mäusen die Bewegung durch einen von der Mausunterlage (Mouse-Pad) reflektierten, von der Maus ausgesandten Lichtstrahl registriert wird.

1.6.4   Spezielle Dateneingabesysteme

Während die Tastatur für die Texteingabe unentbehrlich ist, können graphische Vorlagen bzw. Bilder mit Hilfe von Scannern und Kameras in den Computer eingegeben werden. Beim Scannen wird die Vorlage beleuchtet und über ein optisches System (Spiegel, Prismen, Linsen) auf einen lichtempfindlichen Sensor, einem sog. CCD-Sensor (CCD = Charge Coupled Device) geleitet. Dieser Sensor nimmt die Bildinformation in Form unterschiedlicher Helligkeiten (Grauwerte) bzw. Farben (Rot-, Grün- und Blauanteile) auf und wandelt sie in ein analoges elektrisches Signal um. Dieses wiederum wird in ein digitales, vom Computer lesbares Format gebracht. Die (optische) Auflösung eines solchen Scanners wird durch die Anzahl der erfaßten Bildpunkte pro Zoll (*engl.*: dots per inch = dpi) angegeben. Typische Werte sind etwa 300 oder 600 dpi. So wird von üblichen Flachbett-Scannern ein DIN A 4 Blatt mit 300 x 600 dpi „gescannt", was bedeutet, daß 300 dpi für die Blattbreite und 600 dpi für die Blattlänge zur Verfügung stehen.

Digitalkameras können ebenfalls zur Bildeingabe verwendet werden. Vom optischen Aufbau her sind sie mit konventionellen Kameras vergleichbar, wobei die Belichtung eines Films entfällt. An seiner Stelle wird die Lichtinformation durch einen CCD-Chip erfaßt. Je nach Ausführung der Kamera lassen sich bis zu 1280 x 1000 Bildpunkte (das sind 1.3 Mio. Bildpunkte) mit dem Chip gleichzeitig erfassen. Die jeweilige Bildinformation (Helligkeit=Grauwert bzw. Farbanteile pro Bildpunkt) wird zunächst in elektrische analoge Signale und diese dann in Zahlenwerte, die der Computer erfassen kann, umgewandelt.

Generell gibt es verschiedene technische Möglichkeiten, analoge Signale in Zahlenwerte zu fassen, also zu digitalisieren. Einige dieser Verfahren werden im folgenden vorgestellt.

1.6.5 Maschinelle Signaldiskretisierung

Die Grundlage der Signaldiskretisierung ist die Quantelung der Meßwerte. Die vom zeitabhängigen Signal aufgespannte Signal-Zeit-Fläche wird in gleichgroße quadratische Teilflächen unterteilt, wobei jeder dieser Flächen eindeutig ein diskreter Signalwert bzw. ein diskreter Zeitwert zugewiesen werden kann (siehe Bild 1.5). Die diskreten Werte erhält man durch Auszählen der Quadrate. Dabei wird, ausgehend von einem diskreten Zeitwert, dasjenige Quadrat ausgewählt, welches zum entsprechenden Zeitwert die längste Strecke der Signalkurve repräsentiert. Da die diskreten Zeitwerte i.a. äquidistant gewählt werden, genügt es, nur die diskreten Signalwerte zu speichern. Die Abbildung 1.5 zeigt beispielhaft einen Diskretisierungsvorgang für 15 Zeitstufen, wobei für die diskreten Signalwerte insgesamt 12 Stufen zur Verfügung stehen.

Technisch wird die Diskretisierung, die man auch Digitalisierung nennt, mit Hilfe eines Analog-Digital (AD)-Wandlers durchgeführt. Dazu stehen unterschiedliche Verfahren zur Verfügung. Eine Technik ist das sog. Parallelverfahren, auch Flash-Verfahren genannt (siehe Bild 1.6). Das angelegte elektrische Signal habe die Spannung U_e. Eine Referenzspannung U_r wird über eine Spannungsteilerschaltung

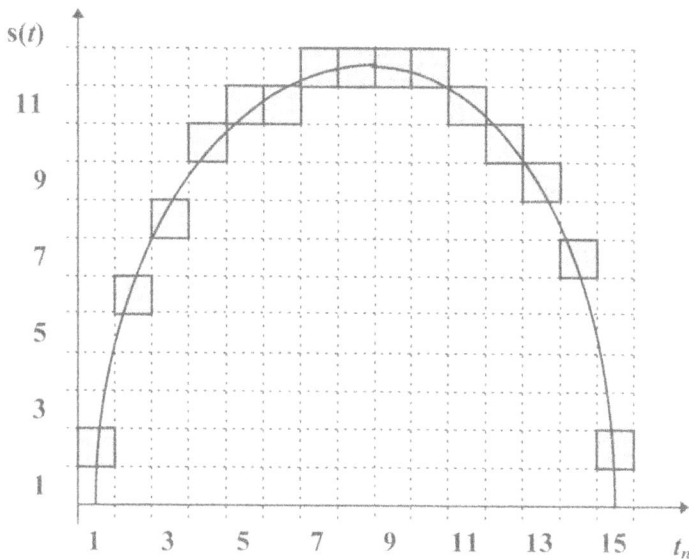

Bild 1.5: Diskretisierung eines kontinuierlichen Signals (——) bezüglich des Signalwertes und der Zeit. Die Zeitwerte sind in 15 Stufen, die Signalwerte in 12 Stufen unterteilt.

in gleichgroße Teilspannungen aufgeteilt. Nachgeschaltete elektronische Komparatoren vergleichen für jede Teil-Referenzspannung, ob sie kleiner, gleich oder größer als die Eingangsspannung ist. Mit Hilfe eines Prioritätskodierers werden die auf diese Weise zustandekommenden Komparatorzustände in eine entsprechende Dualzahl umgewandelt. Je genauer ein solcher AD-Wandler den elektrischen Spannungswert in eine Dualzahl umwandeln soll, desto größer muß die Anzahl der erzeugten binären Stellen sein. Das bedeutet aber auch, daß mehr Vergleichsspannungen und damit auch mehr Komparatoren benötigt werden. Das Bild 1.6 zeigt einen AD-Wandler, der über 7 Vergleichsstufen den Spannungswert in eine 3stellige Dualzahl umwandelt, d.h. es lassen sich insgesamt 8 Spannungsstufen detektieren. Für die Genauigkeit G, also die Auflösung des Spannungswertes gilt der einfache Zusammenhang

$$G = U_e^{max} / 2^m \qquad (1.2)$$

wobei U_e^{max} die maximal mögliche digitalisierbare Eingangsspannung und m die Anzahl der binären Stellen darstellt.

Dazu ein Beispiel: Die maximal mögliche Eingangsspannung betrage 10 Volt, es werde ein 10 bit AD-Wandler verwendet. Dann gilt für die Genauigkeit $G = 10$ V : $1024 \approx 10$ mV.

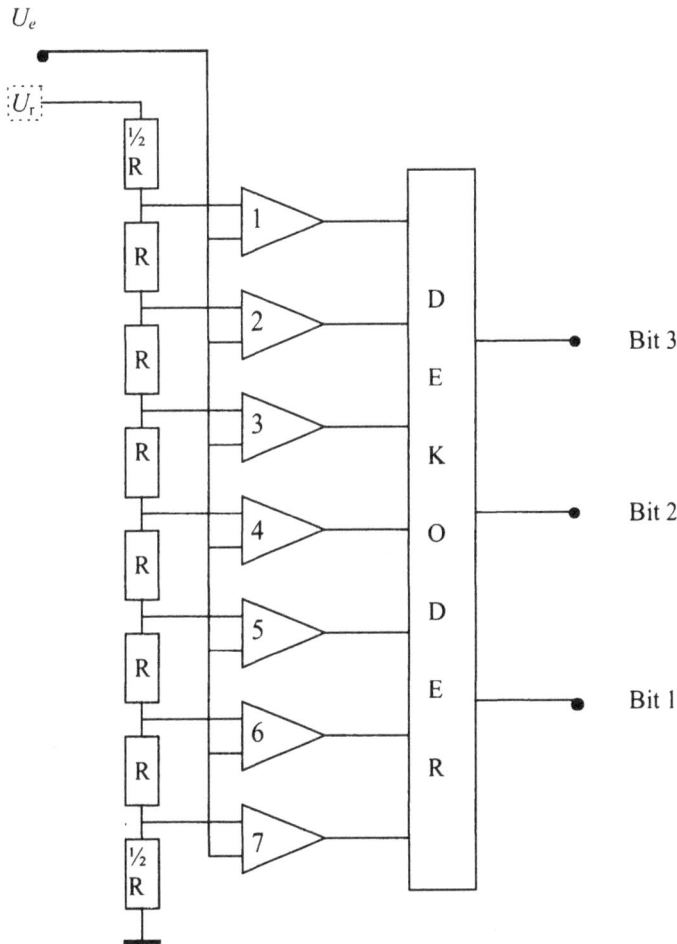

Bild 1.6: Analog-Digital-Wandler am Beispiel eines 3Bit-AD-Wandlers nach dem *Parallelverfahren*, auch *Flash-Verfahren* genannt. Über eine Widerstandskette wird eine Referenzspannung U_r in 7 gleichgroße Spannungsstufen unterteilt. Mit Hilfe von Komparatoren (1-7) werden diese Vergleichswerte mit der Eingangsspannung U_e verglichen. Die Komparatorzustände werden mit Hilfe eines Dekoders in einen dreistelligen binären Zahlenwert (Bit 1–3) umgewandelt.

Bei modernen AD-Wandlern werden mindestens 8 Bit, meistens jedoch 10 bis 16 Bit große duale Zahlenwerte generiert. Beim Parallelverfahren werden bei einer 8-Bit-Auflösung deshalb schon 255, bei einer 12-Bit-Auflösung 4095 und bei einer 16-Bit-Auflösung bereits 16383 Vergleichsspannungen und damit auch Kompara-

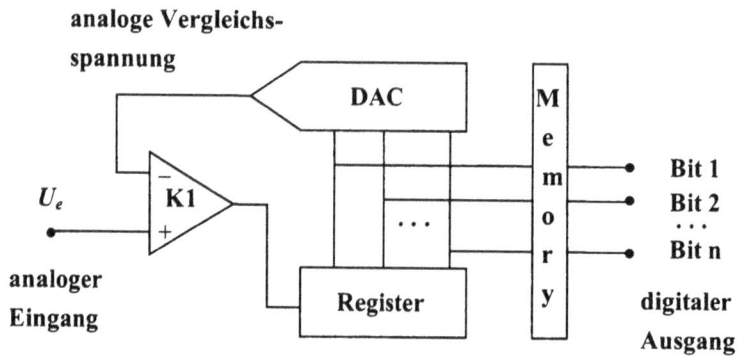

Bild 1.7: AD-Wandlung nach dem Prinzip der sukzessiven Approximation (Wägeverfahren). Die Eingangsspannung U_e wird über einen Komparator (K1) mit einer Vergleichsspannung, die ein Digital-Analog-Konverter (DAC) liefert, verglichen. Ein Register liefert dabei den digitalen Eingangszustand des DAC, welcher zwischengespeichert (Memory) wird und gleich dem digitalen Ausgang (Bit 1,..., Bit n) ist.

toren benötigt. Dieses erfordert einen beträchtlichen technischen Aufwand, so daß man bei den meisten Anwendungen auf einfachere AD-Wandler-Techniken ausweicht. Dieses wird insbesondere dann der Fall sein, wenn die Geschwindigkeit, mit der das Signal digitalisiert wird, relativ niedrig sein kann. Bei hohen Abtastraten (> 50 kHz) wird man allerdings auf das aufwendige Parallelverfahren zurückgreifen müssen.

Ein technisch einfacheres Wandlerverfahren stellt das der sukzessiven Approximation dar (siehe Bild 1.7). Ein Register setzt systematisch, beginnend ab dem höchstwertigen Bit, die entsprechende Eingangsleitung eines Digital-Analog-Konverters von „Null" auf „Eins". Dementsprechend erzeugt der DA-Konverter eine analoge Vergleichsspannung, die über einen Komparator mit der Eingangsspannung verglichen wird. Ist die Eingangsspannung größer als die vom DA-Konverter bereitgestellte Vergleichsspannung, so behält das erste Bit seinen Wert, anderenfalls wird es wieder auf „Null" herabgesetzt. Nun wird systematisch dieser Vorgang für die nächstfolgenden Bit-Stellen durchgeführt. Auf diese Weise wird quasi per elektronischer „Wägung" am DA-Konverter schließlich genau die Spannung erzeugt, die der Eingangsspannung am nächsten kommt. Die zugehörigen digitalen Eingangswerte für den DA-Konverter ensprechen dem digitalen Ausgangswert des Eingangssignals. Sie werden i.a. in einen Zwischenspeicher geschrieben. Dieser Meßvorgang wird zyklisch wiederholt.

Dieses Digitalisierungsverfahren wird für die Signaldiskretisierung verwendet, deren größte Eingangsfrequenz bei einigen 10 kHz liegt. Sie stellt ein relativ preiswertes Verfahren dar, das für die meisten Anwendungen im Medizinbereich genügt.

A

B

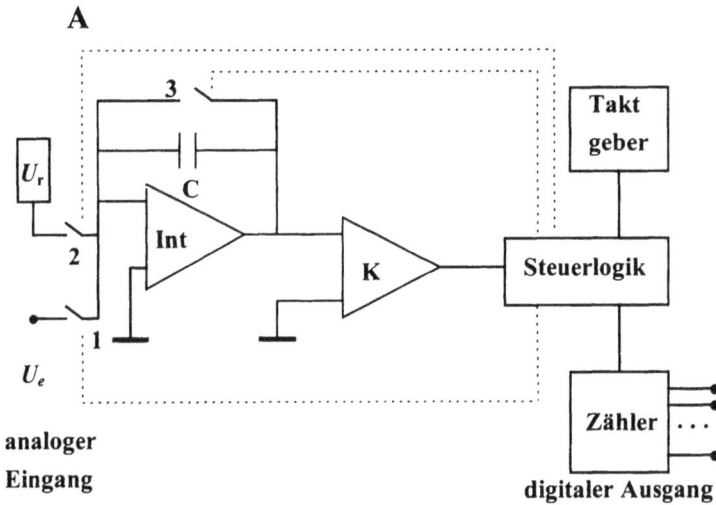

Bild 1.8 A: AD-Wandler nach dem Dual-Slope Prinzip. Eine Steuerlogik legt über Schalter (1, 2) wechselweise eine negative Vergleichsspannung U_r und eine Eingangsspanung U_e an einen aus einem Operationsverstärker und einem Kondensator mit der Kapazität C bestehenden Integrator (Int), welcher die Spannung über die Zeit integriert. Über Schalter 3 wird der Kondensator entladen. Ein Komparator (K) detektiert den Nulldurchgang des Signals. Während der Phase der Abwärtsintegration wird ein Taktsignal (Takt) von einem Binärzähler (Zähler) so lange gezählt, bis der Spannungswert Null am Komparator registriert wird. Am Ausgang des Zählers steht dann der digitale Wert des Analogsignals zur Verfügung. **B:** Integrierte Spannung U_{int} in Abhängigkeit von der Integrationszeit t. Die Referenzspannung U_r wird über die Zeit T_1 ,die Eingangsspannung U_e über die Zeit T_2 integriert.

Für quasi-statische Signaldiskretisierungen hat sich ein noch einfacheres Verfahren bewährt, das Verfahren nach dem Dual-Slope Prinzip (vergl. Bild 1.8). Die entsprechenden elektronischen Bausteine, die nach diesem Prinzip analoge Eingangsspannungen digitalisieren, sind besonders preiswert. Daher befinden sie sich insbesondere in einfachen digitalen Voltmetern.

Das Wandlerprinzip ist relativ einfach. Benötigt werden ein elektronischer Integrator mit der Zeitkonstanten τ, ein Komparator, eine Vergleichsspannungsquelle, eine Steuerlogik, ein Taktgeber und ein Zählerbaustein. Der Meßzyklus erfolgt in drei Schritten. Im ersten Schritt wir die Eingangsspannung U_e an den Integrator gelegt und während einer konstanten Meßzeit T_1 integriert. Dabei entsteht der Meßwert

$$U_{int} = \frac{1}{\tau} \int_0^{T_1} U_e \cdot dt = U_e \cdot T_1 / \tau$$

Ist der Zeitpunkt T_1 erreicht, wird in einem zweiten Schritt die Eingangsspannung vom Integrator abgekoppelt. Gleichzeitig wird eine negative Bezugsspannung an den Integrator gelegt und U_{int} solange über U_r abwärts integriert, bis der Komparator zum Zeitpunkt $T_1 + T_2$ den Spannungswert Null detektiert; dann gilt:

$$-U_{ab} = \frac{1}{\tau} \int_{T_1}^{T_1+T_2} Ur \cdot dt = U_r \cdot T_2 / \tau$$

Während der Zeit T_2 läuft ein binärer Zähler, der mit Beginn des zweiten Schrittes bei T_1 gestartet und mit Ablauf der Zeit T_1+T_2 gestoppt wird. Das digitale Äquivalent der Eingangsspannung entspricht dem Stand des binären Zählers. Da zum Zeitpunkt T_1+T_2 die abwärts integrierte Spannung gleich Null ist, gilt $-U_{ab} = U_{int}$, und daher ist

$$U_e = \frac{U_r}{T_1} \cdot T_2$$

Das heißt, daß die Eingangsspannung proportional zur Meßzeit T_2 ist, welche wiederum proportional zur gezählten Taktrate ist.

Generell lassen sich AD-Wandler durch folgende Parameter charakterisieren:

1. die minimal mögliche Eingangsspannung;

2. die maximal mögliche Eingangsspannung;

3. die Zahl der binären Stellen (Signalauflösung in Bit, auch Wortbreite W genannt);

4. die Zeit T_D, die für eine Diskretisierung benötigt wird (Zeitauflösung); daraus leitet sich die Abtastfrequenz f_D ab, welche maximal $1/T_D$ ist;

5. die verwendete Technik (z.B. Parallelverfahren).

Die Datenmenge *M* (in Bit), die beim Digitalisieren im Laufe der Zeit *t* erzeugt wird, läßt sich durch folgende Formel berechnen:

$$M = W \cdot f_D \cdot t \qquad\qquad (1.3)$$

Wird beispielsweise ein Signal mit einem 12-Bit-AD-Wandler bei einer Abtastfrequenz von 500 Hz zwei Sekunden lang diskretisiert, erhalten wir eine Datenmenge von

$$M = 1.5 \text{ Byte} \cdot 500/s \cdot 2 \text{ s} = 1500 \text{ Byte} \approx 1.5 \text{ KByte}.$$

Dieses ist nur eine geringe Datenmenge. Wird allerdings über längere Zeit ein Signal diskretisiert, wie es in der Medizin bei Langzeitbeobachtungen durchaus vorkommen kann, werden u.U. wesentlich größere Datenmengen erzeugt. Messen wir nicht 2 Sekunden, sondern einen ganzen Tag lang, erhöht sich die beim Diskretisieren anfallende Datenmenge immerhin auf $M = 1500$ kByte/s$\cdot$12 h $= 64\,800\,000$ Byte $\approx$ 64 Mbyte.

1.7 Strukturen des Fachgebietes Informatik

Die bisher vorgestellten Eigenschaften elektronischer Datenverarbeitung haben ein kleinen Einblick in die Komplexität dieser Technologie gegeben. Die wissenschaftliche Auseinandersetzung damit wird von dem Fach Informatik geführt. Die Informatik beschäftigt sich als Wissenschaft sowohl mit der Technik als auch der Anwendung der maschinellen Datenverarbeitung. Daher umfaßt Informatik sowohl Theorie und Methodik als auch Analyse und Konstruktion von Rechenanlage bis hin zu ihren Anwendungen und Auswirkungen für die Gesellschaft. Informatik hat ihre Wurzeln insbesondere in der Mathematik, den Naturwissenschaften und der Ingenieurwissenschaften (hier speziell in der Elektro- und Nachrichtentechnik).

Von der Aufgabenstellung her läßt sich die Informatik strukturieren (siehe Bild 1.9). Zunächst ist der Bereich der Kerninformatik von der Angewandten Informatik zu unterscheiden. Die Kerninformatik besteht aus der Theoretischen Informatik, der Praktischen Informatik und der Technischen Informatik. Die Theoretische Informatik steht der Mathematik besonders nahe. Sie beschäftigt sich mit der Abstraktion von Informationsstrukturen und -prozessen. Hierzu gehören die Automatentheorie, die formalen Sprachen sowie die Theorie der Programmierung.

```
┌──────────┐   ┌─────────────────────────┐   ┌──────────────┐
│Mathematik│   │     KERN-INFORMATIK     │   │Ingenieur-    │
│          │──▶│  Theoretische Informatik│◀──│und           │
│Logik     │   │  Praktische Informatik  │   │Naturwissen-  │
│          │   │  Technische Informatik  │   │schaften      │
└──────────┘   └─────────────────────────┘   └──────────────┘
                          ▲
                          ▼
               ┌─────────────────────┐
               │     ANGEWANDTE      │
               │     INFORMATIK      │
               └─────────────────────┘

      ┌─────────────────┐        ┌──────────────────┐
   ──▶│ Bioinformatik   │◀──────▶│ Biowissenschaften│
      └─────────────────┘        └──────────────────┘

      ┌─────────────────┐        ┌──────────────────┐
   ──▶│ Medizininformatik│◀─────▶│ Medizin          │
      └─────────────────┘        └──────────────────┘

      ┌─────────────────┐        ┌──────────────────┐
   ──▶│ Rechtsinformatik│◀──────▶│ Rechtswissenschaft│
      └─────────────────┘        └──────────────────┘

      ┌──────────────────┐       ┌──────────────────┐
   ──▶│ Wirtschaftsinformatik│◀─▶│ Wirtschaftswissen-│
      └──────────────────┘       │ schaften         │
                                 └──────────────────┘

      ┌ ─ ─ ─ ─ ─ ─ ─ ─ ─ ┐
   ─ ▶ weitere Anwendungs- 
        gebiete der Informatik
      └ ─ ─ ─ ─ ─ ─ ─ ─ ─ ┘
```

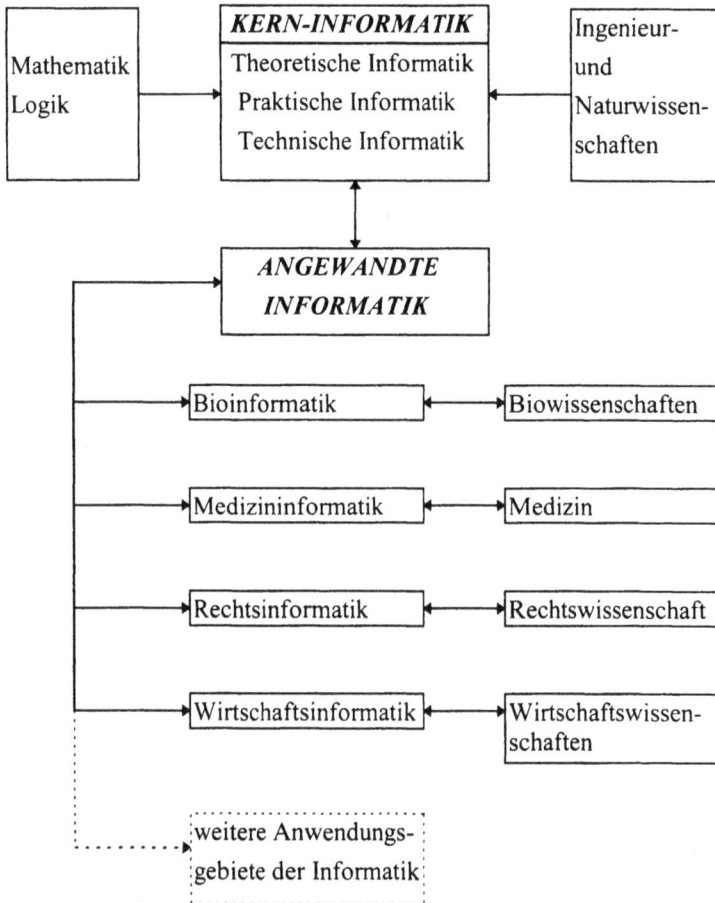

Bild 1.9: Gliederung der Informatik (Kerninformatik und Angewandte Informatik)

Gegenstand der Praktischen Informatik sind die allgemeinen Programmiermethoden von elektronischen Rechenmaschinen, z.B. die Betriebssysteme, Compiler und Programmiersprachen, Datenbanken und Informationssysteme. Die Technische Informatik hat ihre Wurzeln in den Ingenieurwissenschaften und der Physik. Sie beschäftigt sich mit den Problemen der Computerkonstruktion.

Aufgrund der großen Bedeutung der elektronischen Informationsverarbeitung für viele andere Wissenschaftsbereiche unterscheidet man die Angewandte Informatik von der Kerninformatik. Typisch für die Angewandte Informatik ist der Anwendungsbezug für ein spezielles Fachgebiet. Zur Angewandten Informatik zählen insbesondere die Bioinformatik, die sich mit Anwendungen der Informationstechnologie in den Biowissenschaften beschäftigt (molekularbiologische Fragestellungen, Gensequenzierung, Molekül-Design, Stoffwechselmodellierung etc.), die Rechtsinformatik, die sich mit EDV-Anwendungen in der Rechtswissenschaft auseinandersetzt, und die Wirtschaftsinformatik, die EDV-Lösungen für Probleme aus dem Bereich der Wirtschaftswissenschaften entwickelt.

Auch die Medizininformatik gehört zur Angewandten Informatik. Sie beschäftigt sich mit Informatikanwendungen im Bereich der Humanmedizin, der Zahnmedizin, der Humanbiologie und der Gesundheitsfürsorgebereiche. Je nach Anwendungsschwerpunkt kann man das Gebiet weiter in eine Medizinische Informatik und eine Medizintechnische Informatik differenzieren. Die Medizinische Informatik entwickkelt und gestaltet medizinische Informationssysteme auf der Basis der elektronischen Datenverarbeitung (z.B. Krankenhausinformationssysteme, Arztpraxissysteme, Pflegeinformationssysteme, Informationssysteme für die medizinische Ausbildung, Informationsverarbeitung in den Gesundheitsfürsorgesystemen). Sie hat ihre Wurzeln im Bereich der medizinischen Dokumentation und der Datenbank-Applikationen. Ein weiterer Anwendungsbereich ist die Entwicklung von Medizinischen Expertensystemen zur Unterstützung der medizinischen Diagnostik und Therapie.

Die Medizintechnische Informatik hingegen hat eine andere Ausrichtung. Die moderne Medizin bedient sich in zunehmendem Maße mit dem Einsatz komplizierter technischer Geräte zur Unterstützung von Diagnose und Therapie. Die mit diesen Geräten erzeugten bzw. ausgetauschen Informationen sind mittlerweile so komplex, daß sie in den meisten Fällen einer computergestützten Analyse und Kontrolle bedürfen. Dieses ist Gegenstand der medizintechnischen Informatik.

Sie beschäftigt sich daher insbesondere mit der biomedizinischen Signalverarbeitung, der Überwachung und Steuerung medizinischer Geräte, der individuellen Planung und Durchführung von therapeutischen Maßnahmen, der medizinischen Bilderzeugung und Bildverarbeitung sowie der Modellierung und Simulation biomedizinischer Prozesse, sofern sie Gegenstand meßtechnisch erfaßbarer Größen sind.

In den folgenden Kapiteln werden Grundzüge von Arbeitsgebieten der medizintechnischen Informatik vorgestellt.

1.8   Übungsaufgaben

Aufgabe 1.1

Verschlüsseln Sie die Zahl 1248 als Binärzahl und mit Hilfe des ASCII-Codes.

Aufgabe 1.2

Addieren Sie die Binärzahlen b1=10010011011 und b2=111010110. Stellen Sie das Ergebnis als Dezimalzahl dar.

Aufgabe 1.3

Schreiben Sie mit Hilfe der Pseudocode-Syntax ein Programm, das eine graphische Ausgabe der Sinusfunktion $y = \sin(2\pi \cdot x)$ für das Intervall $0 \leq x \leq 4$ ermöglicht (Farbwert C=1). Für die Devicekoordinaten gilt: $K_{min} = L_{min} = 0$; $K_{max} = 639$, $L_{max} = 479$. Die Funktion ist so zu zeichnen, daß der gesamte Devicekoordinaten-Vorrat genutzt wird.

Aufgabe 1.4

Schreiben Sie mit Hilfe der Pseudocode Syntax eine Prozedur, die Ihnen die Umwandlung einer beliebigen Gleitkommazahl $-\infty < x < +\infty$ in eine gerundete korrespondierende natürliche Zahl $n \geq 0$ ermöglicht.

Aufgabe 1.5

Eine zeitabhängige elektrische Spannung wird an einen 8Bit-AD-Wandler gegeben. Die maximale Eingangsspannung beträgt $U_{max} = 4.5$ V, die minimale $U_{min} = -3.9$ V. Der AD-Wandler habe einen zulässigen Eingangsspannungsbereich von $U_e = \pm 5V$.

a) Welchen digitalen Wert erhalten U_{max} bzw. U_{min} ?

b) Mit welcher Genauigkeit kann die Spannung digitalisiert werden ?

1.9   Weiterführendes Studium

Zur Vertiefung der im ersten Kapitel vorgestellten Grundbegriffe der EDV eignen sich zahlreiche Lehrbücher. Eine kleine Auswahl zeigt die folgende Literaturauswahl, die sich insbesondere an die Anfänger richtet. Diese Liste beinhaltet auch Hinweise zum Fachgebiet der Medizinischen Informatik.

Literaturauswahl:

Aho A.V., Ullman J.D.: Informatik, Datenstrukturen und Konzepte, Thomson Publishing Comp., Bonn, Albany, Tokyo, 1996.

Balzert H.: Lehrbuch der Software-Technik. Spektrum, Heidelberg, Berlin, Oxford, 1996.

Chroust G.: Modelle der Softwareentwicklung. Oldenbourg, München, Wien, 1992.

Croy W.: Aufbau und Arbeitsweise von Rechenanlagen, Vieweg, Braunschweig, Wiesbaden, 1992.

Gumm H.-P., Sommer M.: Einführung in die Informatik. Oldenbourg, München, Wien, 1998.

Hasman A., Haux R., Albert A.: A systematic view on medical informatics. Comput. Meth. Progr. Biomed. 51(1996), 131-139.

Hilbert W.:Grundlagen der elektronischen Digitalschaltungen. Oldenbourg, München, Wien, 1992.

Jacobson E.: Einführung in die Prozeßdatenverarbeitung. Hanser, München, Wien, 1996.

Kemper A., Eickler A.: Datenbanksysteme. Oldenbourg, München, Wien, 1997.

Lausen G., Vossen G.: Objektorientierte Datenbanken – Modelle und Sprachen. Oldenbourg, München, Wien, 1996.

Lipp H.M.: Grundlagen der Digitaltechnik. Oldenbourg, München, Wien, 1998.

Myers G.J.: Methodisches Testen von Programmen. Oldenbourg, München, Wien, 1995.

Newman W.M.,   Sproull R.F.: Grundzüge der interaktiven Computergraphik. McGraw-Hill, Hamburg, 1986.

Oberschelp W., Vossen G.: Rechneraufbau und Rechnerstrukturen. Oldenbourg, München, Wien, 1998.

Oestereich B.: Objektorientierte Softwareentwicklung – Analyse und Design mit der UML. Oldenbourg, München, Wien, 1998.

Ollmert H.J.: Datenstrukturen und Datenorganisation. Oldenbourg, München, Wien, 1992.

Pepper P.: Grundlagen der Informatik. Oldenbourg, München, Wien, 1995.

Rumbaugh J., Blaha M., Premerlani W., Eddy F., Lorensen W.: Objektorientiertes Modellieren und Entwerfen. Hanser, München, Wien, 1993.

Schneider H.-J. (Hrsg.): Lexikon der Informatik und Datenverarbeitung. Oldenbourg, München, Wien, 1997.

Schöning U.: Theoretische Informatik kurzgefaßt. Wissenschaftsverlag, Mannheim, Leipzig, Wien, Zürich, 1992.

Seelos H.-J. (Hrsg.): Wörterbuch der Medizinischen Informatik. De Gruyter, Berlin, New York 1990.

Seelos H.-J. (Hrsg.): Medizinische Informatik, Biometrie und Epidemiologie. De Gruyter, Berlin, New York 1997.

Trampisch H.-J.: Praxis-, Studien- und Forschungsführer – Medizinische Informatik, Biometrie und Epidemiologie. G. Fischer, Stuttgart, Jena, New York, 1995.

Wingert F.: Medizinische Informatik. Teubner, Stuttgart, 1977.

Witt K.-U.: Einführung in die objektorientierte Programmierung. Oldenbourg, München, Wien, 1992.

Wittmann A., Klos J.: Wörterbuch der Datenverarbeitung. Oldenbourg, München, Wien, 1991.

Zavodnik R., Kopp H.: Graphische Datenverarbeitung. Hanser, München, Wien, 1995.

2 Humanbiologische Prozesse

2.1 Die Zelle – Grundbaustein des Lebens

Der Grundbaustein lebendiger, biologischer Systeme ist die Zelle. Sie grenzt sich von der Umgebung durch die Zellmembran ab. Das Innere der Zelle heißt Intrazellulärraum; den Außenraum werden wir in folgenden als Extrazellulärraum bezeichnen (in der Biologie spricht man in diesem Zusammenhang allerdings meist vom „extrazellulären Mikroenvironment"). Die Membran besteht aus einer inneren und äußeren Eiweißschicht mit einer dazwischenliegenden wasserabstoßenden (sog. hydrophoben), aus Fettmolekülen bestehenden Schicht. Man bezeichnet die Bestandteile der Membranen daher auch als Lipoproteine. Intra- und Extrazellulärraum tauschen materielle Bauteile („Moleküle"), Energie und Informationen miteinander aus. Mit Hilfe der Energie, die direkt in Form von Sonnenlicht oder indirekt in Form von energiereichen chemischen Verbindungen von der Zelle aufgenommen wird, und bestimmten Molekülen erfolgt ein Stoffumbau (Stoffwechsel) innerhalb der Zelle. Dieses ist notwendig, um alle lebensnotwendigen Prozesse unterhalten zu können. Dabei kann der Stoffwechsel anabol („aufbauend"), metabol („umbauend") oder katabol („abbauend") erfolgen. Als Folge der Stoffwechselaktivitäten einer Zelle können Stoffe (Abbauprodukte), Energie (z.B. Wärme) und Information an den Extrazellulärraum abgegeben werden. Ein weiteres Merkmal eines lebenden Systems ist neben der Fähigkeit des Aneinanderlagerns von Zellen inbesondere ihre Vermehrung. Bei höherentwickelten Lebewesen kommt eine aktive Fortbewegung hinzu.

Die atomaren Bestandteile eines lebenden Systems sind in erster Linie Wasserstoff (chemisches Symbol ist H), Kohlenstoff (C) und Sauerstoff (O). Sie bilden das „Grundgerüst" großer und kleiner organische Moleküle. Zu den Spurenelementen (das sind weniger als 1 auf 1000 beteiligte Atome), die sowohl im Extrazellulärraum als auch innerhalb der Zelle vorkommen, zählen insbesondere Natrium (Na) und Kalium (K). Weitere Spurenelemente sind Magnesium (Mg), Calcium (Ca), Phosphor (P), Schwefel (S) und Chlor (Cl). Zu den Superspurenelementen (weniger als 1 auf 1000000 Atome) gehören Kupfer, Eisen und Mangan. Während viele Spuren- bzw. Superspurenelemente häufig in Ionenform vorliegen (z.B. K^+ und Na^+), bilden Wasserstoff, Sauerstoff und Kohlenstoff insbesondere die großen Basis-Moleküle des Lebens. Zu ihnen zählen die Aminosäuren, die Kohlenhydrate und die Fette.

Die Aminosäuren sind in der Lage, langkettige Verbindungen, sog. Peptide zu bilden. Durch wiederholte Zusammenfügung solcher Peptide entstehen langkettige Polypeptide, die man in bestimmten Fällen auch als Proteine oder Eiweiße bezeichnet. Zur Stoffklasse dieser Proteine gehören die Enzyme. Es sind sehr kompliziert aufgebaute biochemische Verbindungen, die als Biokatalysatoren wirken. Sie sind für den Ablauf der meisten biochemischen Reaktionen unentbehrlich. Es lassen sich zwei Arten von Enzymen unterscheiden. Eine Form besitzt ein sog. „aktives Zentrum", das katalytisch wirksam ist. Die zweite Form besteht aus einem inaktiven Apoenzym und einem chemisch aktiven Nicht-Protein, das als Co-Enzym bezeichnet wird. Apoenzym und Co-Enzym bilden zusammen das aktive Holo-Enzym (Gesamtenzym). Zu den Co-Enzymen gehören u.a. energiereiche Phosphatverbindungen wie etwa das Adenosin-Tri-Phosphat (ATP), das bei vielen zellulären Reaktionen eine wichtige Rolle spielt.

Die Kohlenhydrate (oder Zucker) bilden eine weitere wichtige Biomolekülgruppe, denn sie stellen bedeutende Energiespeicher in biologischen Systemen dar. Sie bestehen aus Kohlenstoff-, Wasserstoff- und Sauerstoffatomen, wobei die Verbindung durch die chemische Summenformel $C_n(H_2O)_n$ (n=3, 4,..., 7) charakterisiert ist. Biologisch bedeutsam ist die räumliche chemische Struktur dieser Moleküle. Die Kohlenhydrate werden im wesentlichen durch pflanzliche Organismen hergestellt und von tierischen Organismen verbraucht (aber auch tierische Zellen sind in der Lage, Zucker zu synthetisieren). Von biochemisch besonderer Bedeutung ist ein spezielles Kohlenhydrat, die Glucose. Sie ist ein wichtiger Energielieferant für Zellen. Die Energiegewinnung erfolgt durch einen speziellen Stoffwechselprozeß, der sogenannten Glycolyse. Hierbei wird in der Zelle Glucose zu Kohlendioxyd und Wasserstoff abgebaut. Der Wasserstoff wird durch Hinzufügen von Sauerstoff zu Wasser synthetisiert. Bei diesem Prozeß entstehen energiereiche chemische Verbindungen, wie z.B. das schon erwähnte ATP.

Die Fettsäuren (oder Lipide) sind in erster Linie Langzeit-Energiespeicher. Sie werden in Zellen gebildet und können dort auch wieder abgebaut werden; allerdings sind Synthese und Abbau i.a. an unterschiedlichen Stellen lokalisiert. Zudem bilden Lipide zusammen mit Proteinen als Lipoproteine wichtige Bestandteile biologischer Membranen (s.o.!).

Die Zelle als kleinste biologische Funktionseinheit läßt sich u.a. durch folgende Eigenschaften charakterisieren:

- das Zellinnere ist gegliedert
- es findet eine Vermehrung (Zellteilung) statt
- Stoffwechselreaktionen laufen ab
- auf Reize erfolgen Reaktionen.

Entwicklungsgeschichtlich lassen sich zwei verschiedene Zelltypen voneinander unterscheiden: die Prokaryonten und die Eukaryonten. Die Eukaryonten, zu denen pflanzliche und tierische Zellen gehören, haben einen differenzierten inneren Aufbau. Es gibt einen Zellkern, der die Erbinformation einschließt, und Mitochondrien, in denen die für den Stoffwechsel notwendige chemische Energie gewonnen wird (Glycolyse). Bei Prokaryonten (z.B. Bakterien) liegt die Erbinformation, repräsentiert durch die Chromosomen, frei im Zellinneren (Zytoplasma). Zellbestandteile, wie Zellkern und Mitochondrien fehlen hier.

2.2 Organe und ihre Funktion

2.2.1 Biologische Gewebe

Zellen, die eine gemeinsame Aufgabe im biologischen System zu erfüllen haben, werden zu Zellverbänden zusammengefaßt. Man bezeichnet Zellverbände auch als Gewebe. Die lokalen Verknüpfungen mehrerer Gewebe bilden zusammen ein Organ, welches in einem bindegewebigen Gerüst liegt und zusätzlich von Blutgefäßen und Nervengewebe versorgt wird. Sind Zellen für eine spezifische Organfunktion zuständig, so werden diese als Parenchym bezeichnet. Abhängig von Morphologie (räumlicher Aufbau) und Funktion lassen sich vier große Gewebetypen unterscheiden.

• Epithelgewebe: es bedeckt die inneren und äußeren Körperoberflächen als Oberflächenepithel und ermöglicht als Drüsenepithel die Absonderung von Stoffen, als Resorptionepithel die Aufnahme von Stoffen und als Sinnesepithel die Aufnahme von Reizen

• Binde- oder Stützgewebe: es sorgt als interzelluläre Substanz, wie z.B. das Kollagen, für die mechanische Stabilität von Geweben und Organen

• Muskelgewebe: es ist für die Bewegung notwendig. Als sog. glatte Muskulatur bildet es Drüsen und innere Organe (z.B. den Darm oder die Harnblase). Die quergestreifte Muskulatur bildet als Herzmuskulatur das Herz, als Skeletmuskulatur die Muskeln, die zuammen mit Knochen und Knochengelenken eine Fortbewegung ermöglichen

• Nervengewebe: es ist zuständig für die Informationsverarbeitung in höherentwickelten biologischen Systemen.

Das Nervengewebe besteht im wesentlichen aus Nervenzellen, auch Neurone genannt, und den Nervenbegleitzellen (Neurglia). Die Nervenzellen haben die Aufgabe, Informationen von anderen Nervenzellen aufzunehmen, und diese selektiv weiterzuleiten. Nervenzellen bestehen morphologisch aus drei Teilen: dem Zellkörper (auch Soma genannt), solchen Fortsätzen, die primär Informationen von anderen Zellkörpern aufnehmen (Dendriten) und solchen Fortsätzen, die Informationen an andere Nervenzellen oder Erfolgsorgane (Drüsen oder Muskelzellen) weiterleiten (Axone). Obwohl sich die ausgewachsene Nervenzelle i.a. nicht teilen kann, besteht sie aus den gleichen Bausteinen wie jede andere Zelle auch. Spezifisch für sie sind der Membranaufbau und die Fortsätze in Form von Axonen und Dendriten. Nervenzell-Axone verlaufen häufig parallel und bilden die peripheren Nervenstränge.

Unter Neuroglia versteht man Zellen, die in der Peripherie durch die Schwannschen Zellen, im Zentralnervensystem durch Astrozyten und Oligodendrogliazellen gebildet werden. Diese haben im wesentlichen vier Hauptfunktionen.

1. Hüll- und Stützfunktion

2. Isolierfunktion gegenüber Blut und Hirnkammerwasser (d.h. nicht alle Stoffe, die sich im Blut bzw. im Hirnkammerwasser befinden, können direkt zu den Nervenzellen gelangen, man nennt dieses auch die „Blut-Hirn-Schranke")

3. Kontrollfunktion des neuronale Extrazellulärraums

4. spezifische Stoffwechselfunktionen.

Da die Regeneration von Nervenzellen nur im peripheren, nicht aber im zentralen Bereich möglich ist, werden zentrale Gewebelücken infolge von Neuronenuntergängen (z.B. nach einem Hirninfarkt oder infolge einer Infektion) durch Gliazellen geschlossen. Da Gliazellen teilungsfähig sind, können sie entarten und Tumore entwickeln.

2.2.2 Das Nervensystem und seine Funktion

Die Nervenzellen bilden in ihrer Gesamtheit das Nervensystem. Bei Vertebraten, wie etwa dem Menschen, läßt sich das Nervensystem in ein zentrales Nervensystem (ZNS) und in in peripheres Nervensystem (PNS) unterteilen. Zum ZNS gehören das Gehirn und das Rückenmark, während das PNS von den Nervenbahnen, die vom ZNS zu den Erfolgsorganen führen, gebildet wird. Das ZNS ist streng anatomisch gegliedert. So finden wir sowohl im Gehirn als auch im Rückenmark charakteristische Verteilungen von Nervenzellkörper-Ansammlungen (sogenannte *graue Substanz*) als auch davon räumlich getrennte Nervenfasern-Ansammlungen (sogenannte *weiße Substanz*). Diese letztgenannte findet ihre Fortsetzung in den radial verlaufenden und für die Peripherie zuständigen Spinalnerven und den parallel zum Rückenmark verlaufenden vegetativen Nervenbahnen, welche für die Innervation innerer Organe verantwortlich sind.

Das Nervensystem läßt sich nicht nur anatomisch-morphologisch, sondern auch funktionell gliedern. Hierbei unterscheiden wir beim Nervensystem das motorische, das sensorische (oder sensible) und das vegetative Nervensystem. Das motorische System kontrolliert und steuert (willkürliche oder unwillkürlich) Bewegungsabläufe. Hierzu zählen die bewußt ausgeführte Zielmotorik, die unbewußte Zielmotorik und die Stütz- und Haltemotorik. Das sensorische Nervensystem ermöglicht die Informationsaufnahme aus der Umgebung, z.B. durch Registrierung mechanischer Reize, Schmerz und Temperatur durch das allgemeine somatosensorische Nervensystem oder in ihren speziellen Teilen Sehen, Riechen, Schmecken, Hören sowie Gleichgewichtsempfindungen.

Die Funktion des Nervensystems ergibt sich aus den Elementarprozessen der bioelektrischen Erregungsentstehung und -ausbreitung. Eine ATP-verbrauchende membranständige „Pumpe" transportiert ständig gegen ein Konzentrationsgefälle Natrium-Ionen aus der Nervenzelle und im Austausch damit Kalium-Ionen in die Zelle. Es stellt sich ein Gleichgewichtszustand ein, bei dem sich intrazellulär eine hohe Kaliumkonzentration von etwa 100 mmol/l und eine niedrige Natriumkonzentration von ca. 10 mm/l ergibt. Im Extrazellulärraum sind die Verhältnisse gerade umgekehrt. Hier ist die Natriumkonzentration sehr hoch (ca. 150 mmol/l), während die Kaliumkonzentration mit 3 mmol/l sehr gering ist. Es bestehen also ausgeprägte Konzentrationsgradienten zwischen Intra- und Extrazellulärraum. Natrium hat das Bestreben, aufgrund dieses Konzentrationsunterschiedes in die Zelle zu diffundieren, Kalium hingegen würde aus dem Zellinneren diffundieren, wenn die Membran dieses zuließe. Ionen können die Membran nur dann passieren, wenn die zuständigen Kanäle geöffnet sind, also eine bestimmte, von Null verschiedene Membranleitfähigkeit für die verschiedenen Ionensorten besteht. Gehen wir zunächst davon aus, daß die Leitfähigkeit der Membran für Natrium gleich Null ist, die für Kalium aber etwas von Null verschieden. Dann können isoliert Kalium-Ionen aufgrund des Konzentrationsgradienten die Membran durchwandern und in den Extrazellulärraum gelangen. Dabei entziehen sie dem Zellinneren positive Ladungen, denn Kaliumionen sind positiv geladene Ionen. In Laufe der Zeit sammeln sich diese Ionen im Extrazellulären Raum an und bilden ein elektrisches Feld aus, das dem Konzentrationsgradienten entgegenwirkt, was letztlich zu einem Gleichgewichtszustand führt. Aufgrund des Abwanderns positiver Ladungsträger bildet sich eine konstante elektrische Potentialdifferenz (elektrische Spannung) zwischen dem Zellinnern und Zelläußeren aus, das sogenannte Membranpotential. Da es aufgrund eines Gleichgewichtszustandes bezüglich des Kaliumausstroms zustande kommt, wird es als Kaliumgleichgewichtspotential bezeichnet. Es beträgt ca. -90 mV.

In der Realität besteht jedoch auch für das Natrium eine von Null verschiedene, wenn auch wesentlich geringere Membranleitfähigkeit als für Kalium. Daher ist das tatsächliche Membranpotential geringer als das Kaliumgleichgewichtspotential. Experimentelle Untersuchungen haben gezeigt, daß dieses sogenannte Ruhemembranpotential etwa -60 bis -75 mV beträgt.

Im Falle des Ruhemembranpotentials bestehen bezüglich der betrachteten Ionensorten Natrium und Kalium zusätzliche treibende Kräfte. Beim Natrium besteht

nach wie vor ein Konzentrationsgradient, der vom Extrazellulärraum zum Intrazellulärraum weist, während parallel dazu ein elektrisches Feld entsteht, das vor
allem durch die ausströmenden Kaliumionen erzeugt wird. Auch bezüglich des
Kaliums besteht weiterhin ein Konzentrationsgradient, der dem elektrischen entgegengesetzt ist und daher in Richtung Extrazellulärraum weist.

Das Membranpotential läßt sich z.B. durch Veränderung der Natrium- oder Kaliumleitfähigkeit beeinflussen. Eine Erhöhung der Natriumleitfähigkeit führt zu einer
Abnahme des (negativen) Membranpotentials, es wird also „positiver" und nähert
sich dabei dem Wert Null (Ladungsneutralität). Diese Art der Membranpoten-
tialänderung bezeichnet man als Depolarisation. Sie tritt auch ein, wenn man die
Kaliumleitfähigkeit senkt. Eine Erhöhung der Kaliumleitfähigkeit führt hingegen
zu vermehrtem Kaliumausstrom und damit zu einer Zunahme des (negativen) Potentials. Man bezeichnet diesen Vorgang als Hyperpolarisation.

Depolarisiert man ein Neuron ausgehend vom Ruhemembranpotential stetig, so erreicht das Potential einen Schwellwert, bei dem sich schlagartig die Membranleitfähigkeit für Natrium stark erhöht und dabei seinen Maximalwert annimmt. Dieses
hat einen verstärkten Natriumeinwärtsstrom in die Zelle zur Folge, da beide treibende Kräfte (Konzentrationsgradient und elektrisches Feld) nunmehr gleichsinnig
gerichtet zum Intrazellulärraum hin wirken. Infolge dieses Natrium-Einwärtsstroms
in die Zelle und der damit zugeführten positiven Ladung, kehrt sich das Membranpotential um (Overshoot-Reaktion). Es beträgt in diesem Moment bis zu + 20 mV.
Nach etwa 2 ms ist dieser Vorgang beendet. Dazu trägt die Umkehr des elektrischen Feldes und der (wenn auch geringe) Abbau des Konzentrationsgradienten
bezüglich Natrium bei. Außerdem reduziert sich die Natrium-Membranleitfähigkeit
wieder auf den Ausgangswert. Damit ist ein weiterer Natrium-Einstrom nicht mehr
möglich.

Mit einer geringen zeitlichen Verzögerung öffnen sich nun auch die Kaliumkanäle.
Damit erhöht sich die Membranleitfähigkeit für Kalium auf einen maximalen Wert.
Dieses führt zu einem vermehrten Kalium-Ausstrom, weil nun beide treibende
Kräfte, nämlich der Kaliumkonzentrationsgradient und das elektrische Feld in diesem Augenblick nach außen, in den Extrazellulärraum weisen. Dieser Kaliumauswärtsstrom leitet die Repolarisation des Membranpotentials ein, d. h. es wird wieder negativer. Es entsteht dabei das sogenannte Nachpotential, welches dem Kaliumgleichgewichtspotential entspricht. Jetzt ist auch die Kalium-Leitfähigkeit wieder auf den Ausgangswert zurückgegangen. Nach einer nur wenige Millisekunden
dauernden Ruhepause, erholt sich die Membran, und der Ausgangszustand wird
durch die Aktivität der Kalium-Natrium-Pumpe wieder erreicht. Erst jetzt kann die
Zelle erneut „aktiviert" werden, d.h. wieder diese kurzzeitige Membranpoten-
tialänderung, die man auch Aktionspotential (AP) nennt, erzeugt werden. Die gesamte Dauer des AP beträgt ca. 5 ms. Innerhalb dieser Zeitspanne kann kein weiteres AP erzeugt werden, die Zelle ist „refraktär". Daher beträgt die obere Grenzfre-

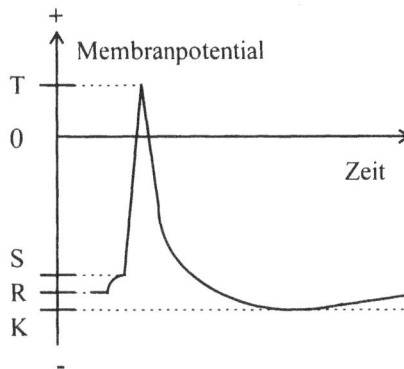

Bild 2.1: Zeitlicher Verlauf eines Aktionspotentials (T: Overshoot, S: Membranschwelle, R: Ruhemembranpotential, K: Kaliumgleichgewichtspotential).

quenz für Aktionspotentiale, berechnet als Kehrwert der Refraktärzeit, ca. 1/5 ms = 200 Hz. Das Bild 2.1 zeigt den zeitlichen Verlauf eines Aktionspotentials.

Entsteht ein AP im Bereich des Zellsomas, kann es auch auf das Axon überspringen und sich von dort aus weiter ausbreiten. Dieser Vorgang wird im folgenden qualitativ beschrieben. An einem bestimmten Ort der Membran möge zu einem gegebenen Zeitpunkt ein AP stattfinden. Dabei fließt zunächst ein schneller Natriumstrom, Querstrom genannt, durch die Membran vom Extrazellulärraum in den Intrazellulärraum (s.o.). Durch die damit verbundene lokale Potentialumkehr, dem Overshoot, entstehen parallel zur Membran elektrische Felder, so daß dort Ströme parallel zur Membran fließen, die sogenannten Längsströme. Diese sorgen dafür, daß in unmittelbarer Nachbarschaft eine Depolarisation einsetzt, die so ausgeprägt ist, daß dort ebenfalls die Membranschwelle erreicht wird. Nun kann auch hier ein AP ablaufen, während am ursprünglichen Ort der Erregungsentstehung das AP bereits beendet ist. Das AP ist also weitergewandert. Dabei kann die Erregung nicht „zurücklaufen", da am Ausgangsort die Refraktärzeit noch nicht beendet ist. Somit kommt es zu einer kontinuierlichen gerichteten Erregungsausbreitung entlang des Axons. Infolge der räumlich eng nebeneinander, abwechselnd fließenden Quer- und Längsströme findet dabei nur eine sehr langsame Erregungsausbreitung statt. Die Ausbreitungsgeschwindigkeit beträgt hier etwa 1–3 m/s. Diese Ausbreitungsform der Erregung läßt sich bei den marklosen Nervenfasern beobachten. Bei markhaltigen (myelinisierten) Fasern fließen die Querströme nur im Bereich der Ranvierschen Schnürringe, also an den Stellen, an denen die Membran direkten Kontakt mit dem Extrazellulärraum hat. Aufgrund der Isolierung durch die Markscheide können in ihrem Bereich keine Querströme fließen, so daß sich die AP nur sprunghaft von Schnürring zu Schnürring fortpflanzen. Mit dieser sogenannten saltatorischen Erregungsausbreitung können jedoch Fortpflanzungsgeschwindigkeiten von ca. 120 m/s erreicht werden.

Am Ende des Axons finden wir den synaptischen Endkopf. Hier befinden sich in kleinen Hohlräumen, Vesikel genannt, eine chemische Substanz, die als Neurotransmitter bezeichnet wird. Erreicht ein über das Axon wanderndes AP den Endkopf, strömt aufgrund der dort stattfindenden Depolarisation diese Transmittersubstanz aus dem Endkopf und diffundiert über den synaptischen Spalt zur nachgeschalteten Nervenzelle. Der Transmitter erreicht dort die Membran und verbindet sich dort auf chemischem Wege mit einem speziellen Rezeptor zum sogenannten Rezeptor-Transmitter-Komplex. Dieser verändert die Leitfähigkeit der Membran für bestimmte Ionensorten. So kann je nach Art des Transmitters die Leitfähigkeit von Natrium oder Kalium erhöht werden. Eine Natrium-Leitfähigkeitserhöhung führt dabei zu einer Depolarisation der Membran der nachgeschalteten Nervenzelle, eine Erhöhung der Kalium-Leitfähigkeit hingegen bewirkt eine Hyperpolarisation.

Wird im Falle einer Depolarisation die Membranschwelle erreicht, kann das AP vom Axon der vorgeschalteten Nervenzelle auf das Soma der nachgeschaleten Nervenzelle übertragen werden, im anderen Falle bleibt die Nervenzelle „stumm". Unabhängig davon wird nach kurzer Zeit (einige Millisekunden) die Rezeptor-Transmitter-Verbindung wieder gelöst. Dieses geschieht entweder passiv oder aktiv durch enzymatische Einwirkung. Die auf diese Weise „verbrauchten" Neurotransmitter können wieder zurück in den synaptischen Endkopf der vorgeschalteten Nervenzelle gelangen. Dort erfolgt dann eine Re-Synthetisierung des Transmitters. Darüber hinaus erfolgt im Axon auch eine Neosynthese von Neurotransmittern.

Die Beeinflussung des Membranpotentials der nachgeschalteten Nervenzelle durch die Änderung der Ionenleitfähigkeit aufgrund der Neurotransmitter-Wirkung wird als postsynaptisches Potential (PSP) bezeichnet. Stellt das PSP eine Depolarisation dar, so spricht man vom exzitatorisch-postsynaptischen Potential (EPSP), entspricht es einer Hyperpolarisation, wird es als inhibitorisch-postsynaptisches Potential (IPSP) bezeichnet. EPSP und IPSP lassen sich zeitlich und räumlich an einem Neuron summieren. Erreicht die Summe über alle an einem Neuron erzeugten PSP die Membranschwelle, so ist das Neuron aktiv, d.h. ein AP wird generiert, welches sich dann im Neuron, insbesondere im Axon ausbreitet und damit zur nächsten nachgeschalten Nervenzelle gelangt.

Die geschilderten transmembranösen Ionenströme rufen lokale Änderungen des Membranpotenials hervor. Dadurch entstehen sowohl im Extrazellulärraum wie auch im Intrazellulärraum entlang der Zellmembran Potentialgradienten, die ihrerseits zu sekundären Ionenlängsströmen führen. Ihr extrazellulärer Anteil generiert dabei elektrische Potentiale mit unterschiedlicher räumlicher und zeitlicher Verteilung. Diese werden Feldpotentiale genannt. Sie lassen sich sowohl innerhalb des

Hirngewebes als auch außerhalb (z.B. an der Hirnrinde) nachweisen. Es sind zeitlich veränderliche wellenförmige Potentialverläufe, die man als bioelektrisches Signal sowohl innerhalb des Gehirns als auch auf der Kopfoberfläche registrieren kann. Man nennt dieses Signal auch Elektroencephalogramm (EEG). Beim Menschen treten diese wellenförmigen Potentiale in unterschiedlichen Frequenzbereichen auf. Man unterteilt sie von 8 bis 13 Hz in Alpha-Wellen, von 14 bis 30 Hz in Beta-Wellen, von 4 bis 7 Hz in Theta-Wellen und von 0.5 bis 3 Hz in Delta-Wellen.

Der Entstehungsmechanismus ist noch nicht vollständig aufgeklärt. Dennoch gibt es einige überzeugende Theorien. Erhält ein vertikal ausgerichtetes neuronales Teilsystem des Gehirns über aufsteigende Fasern in Oberflächennähe einen synchronen exzitatorischen Zufluß, so entstehen einzelne EEG-Wellen mit hoher Amplitude. Ist der Zufluß periodisch, entstehen sinusförmige Signale mit relativ hoher Amplitude. Niederfrequente Anteile des EEG, wie z.B. Alpha-, Theta- und Delta-Rhythmus) könnten auf diese Weise entstehen. Höherfrequente Signale, wie etwa der Beta-Rhythmus, könnten auf asynchronen exzitatorischen Zuflüssen beruhen. Diese weisen als Feldpotential nur eine geringe Fluktuation auf, so daß sich die typischen höheren Frequenzen bei gleichzeitig niedrigen Amplituden einstellen.

Die Verteilung der Frequenzbereiche im EEG hängt vom Reifungsgrad und dem Aktivitätsniveau des Gehirns ab. Unregelmäßige Potentialschwankungen mit Betonung des Theta- und Delta-Frequenzbereichs finden wir vor allem bei Säuglingen und Kleinkindern. Nimmt die Hirnreifung im Laufe der Zeit zu, verschwinden die niedrigen Frequenzanteile und werden durch die schnelleren Alpha- und Beta-Wellen verdrängt.

Alpha- und Beta-Wellen lassen sich beim wachen gesunden Erwachsenen leicht voneinander trennen. Im inaktiven Wachzustand, etwa bei geschlossenen Augen, treten die Alpha-Wellen in den Vordergrund, während bei anschließendem Öffnen der Augen überwiegend Beta-Wellen im EEG-Signal vorkommen. Während des Schlafes treten vor allem die langsamen Potentiale, also Theta- und Deltawellen im EEG in den Vordergrund (abgesehen von den sogenanntn paradoxen Schlafphasen, bei denen Wellen hoher Frequenz und niedriger Amplitude auch physiologischerweise auftreten).

Wird ein kurzdauernder Reiz etwa in Form eines akustischen, eines optischen oder mechanischen Reizes appliziert, kommt es zu spontanen kurzzeitigen Änderungen im EEG-Signal. Es treten die Reaktionspotentiale oder evozierten Potentiale (EP) auf. Sie dienen ebenso wie die Ableitung des konventionellen EEG zur Diagnostik des Nervensystems. Liegen Funktionsstörungen des Gehirns vor, so können diese zu typischen Veränderungen im EEG führen. Dieses beobachtet man z.B. bei Gehirntumoren und insbesonder bei der Epilepsie. Während eines epileptischen Anfalls sind Amplituden und Frequenzen des EEG in typischer Weise verändert.

2.2.3   Muskulatur und motorisches System

Wenden wir uns nun den Muskeln zu. Sie haben in biologischen Systemen verschiedene Aufgaben. Als Skelett-Muskulatur kontrollieren und steuern sie den Bewegungsapparat, als glatte Muskulatur sind sie Bestandteil wichtiger innerer Organe, wie z.B. Drüsen, Harnblase, Magen-Darm-Trakt. Hier sorgen Sie für eine Exkretion oder ermöglichen einen mechanischen Transport von Nährstoffen und Exkrementen. Die Herzmuskulatur sorgt mit ihrem repetitiven Ablauf von Kontraktion und Erschlaffung für die Ausbreitung des Blutes über den Blutkreislauf in die Peripherie. Allen drei Muskelarten liegt das gleiche Funktionsprinzip zugrunde, die elektromechanische Kopplung.

Ein Muskel besteht aus vielen parallel verlaufenden Muskelfasern, die wiederum aus Muskelzellen aufgebaut sind. Ähnlich den Nervenzellen, sind Muskelzellen bioelektrisch erregbare Zellen, wobei die elektrische Erregung zu einer Verkürzung (Kontraktion) der Muskelzelle führt. Die funktionelle Verbindung zwischen elektrischer Erregung und mechanischer Kontraktion wird als elektromechanische Kopplung bezeichnet. Sie soll am Beispiel der Skelettmuskelzelle beschrieben werden.

Im Rückenmark befinden sich spezielle Neurone, die sogenannten Moto-Neurone, die für die Innervation von Skelettmuskelzellen verantwortlich sind. Ihre Axone breiten sich in Form von Faserbündeln, die Bestandteil peripherer Nerven sind, vom Rückenmark bis zu den Erfolgsorganen aus. Jedes einzelne Axon dieser Motoneurone endet in einem speziellen synaptischen Endkopf, der sogenannten motorischen Endplatte. Diese Endplatte ist wesentlich größer als der synaptische Endkopf einer „normalen" Nervenzelle. Auch in der Endplatte befindet sich eine Transmittersubstanz, das Acetylcholin. Depolarisiert die Endplatte infolge eines AP, das vom Soma des Motoneurons ausgeht, so wird der Transmitter freigesetzt und diffundiert in Richtung Muskelzelle. Auf dem der Endplatte gegenüberliegenden Membranabschnitt der Muskelzelle bildet sich ebenfalls ein Rezeptor-Transmitter-Komplex, der insbesondere die Natriumleitfähigkeit der Muskelzellmembran erhöht. Dadurch strömen vermehrt Natriumionen in das Muskelzellinnere und die Membran depolarisiert. Diese Depolarisation wird auch als Endplattenpotential bezeichnet. Sie ist stets so groß, daß dadurch immer ein AP in der Muskelzellmembran generiert wird. Das Aktionspotential der Muskelzelle läuft jedoch wesentlich langsamer ab als das einer Nervenzelle. Dabei wird nicht nur eine Muskelzelle von einer Endplatte versorgt, sondern eine ganze Zellgruppe, die zusammen mit dem zugehörigen Motoneuron die sogenannte motorische Einheit bildet.

Während der Depolarisationsphase strömt Calcium aus einem röhrenartigen intrazellulären System in das freie Muskelzellinnere. Dadurch steigt die freie intrazelluläre Calciumkonzentration an. Zusammen mit ATP ermöglicht dieses freie Calcium eine Kontraktion der Muskelzelle. Dabei werden spezielle fadenförmige intrazelluläre Eiweißmoleküle, die unterschiedlich dicken kontraktilen Elemente Myosin und Aktin, so ineinander geschoben, daß es zur Verkürzung der Muskelzelle kommt. Ist das AP in der Muskelzelle abgelaufen, wird durch eine in der Membran der Röhrensysteme befindliche spezielle biochemische „Pumpe" analog zur Natrium-Kalium-Pumpe unter Energieaufwand das freigesetzte Calcium in den Röhrenapparat zurückbefördert. Dabei gleiten die kontraktilen Elemente wieder auseinander und die Zelle erhält ihre ursprüngliche Länge. Nach ca. 30 ms ist der Vorgang beendet. Durch repetitive Erregung kann sich die Länge der Muskelzelle durch Summation weiter verkürzen, bis ein Minimum erreicht ist , der sogenannte Muskel-Tetanus.

Der geschilderte Funktionsablauf bei der Skelettmuskelzelle gilt im Prinzip auch für die glatte Muskelzelle, allerdings sind hier die Zeiträume, in denen sich die Prozesse abspielen, deutlich länger. Sie umfassen im allgemeinen Zeiträume bis zu einer Sekunde. Auch bei der Herzmuskulatur erfolgt durch eine elektromechanische Kopplung ein Kontraktion der Herzmuskelzellen. Allerdings weicht hier sowohl Erzeugung als auch Form der Aktionspotentiale wesentlich von der der Skelettmuskulatur ab.

Die funktionelle Zusammenfassung der Skelettmuskulatur von Vertebraten bezeichnet man als motorisches System. Es läßt sich prinzipiell in drei Teile gliedern: in die bewußte Zielmotorik, in die unbewußte Zielmotorik und in die Halte- und Stützmotorik. Alle drei Teilsysteme werden von Gehirn und Rückenmark kontrolliert. Die bereits erwähnten spinalen Motoneurone werden von zentralen Motoneuronen, die sich in der Hirnrinde im sogenanten Gyrus praecentralis befinden, gesteuert. Von dort ziehen ihre Axone gebündelt als sogenannte Pyramidenbahnen ohne Unterbrechung zu den Motoneuronen im Rückenmark. Sie repräsentieren einen wichtigen Teil des Systems, welches die bewußte und unbewußte Zielmotorik ermöglicht. In diesem Zusammenhang ist auch das Kleinhirn wichtig; es koordiniert weitgehend die komplexen Bewegungsabläufe.

Die unbewußte Zielmotorik und die Stütz- und Haltemotorik werden auch durch spezielle spinale, also auf Rückenmarksebene lokalisierte Systeme, kontrolliert. Ein typisches Beispiel hierfür ist der Patellarsehnenreflex. Er kann durch einen kurze Schlag auf die Sehne des großen Beinstreckermuskels unterhalb der Kniescheibe mit dem Neurologenhammer (ein diagnostisches Werkzeug des Neurologen) ausgelöst werden. Die Muskelspindel, eine spezielle Rezeptorzelle, registriert die Dehnung der Sehne und meldet dieses den die Muskelfasern innervierenden Motoneuronen in Form eines Aktionspotentialfrequenzanstiegs. Die Motoneuronen werden durch die Erregung der Spindel ihrerseits dazu veranlaßt, vermehrt Aktionspotentiale pro Zeiteinheit zu generieren und diese über die zugehörige Axone direkt an die Muskelzellen weiterzugeben. Diese schließlich werden dadurch vermehrt aktiv und verkürzen sich zunehmend. Der ganze Prozeß findet innerhalb weniger Hundert Millisekunden statt und dient physiologischerweise der unbewußten

Stützmotorik, welche ein kontrolliertes passives Stehen oder Gehen ermöglicht. Im Gegensatz dazu benötigt die Willkürmotorik bewußt geplante Vorgaben für die Bewegung, welche in speziellen Hirnregionen erzeugt werden. Insgesamt ist die Verschaltung der zentralen Motorik äußerst komplex und in weiten Teilen bis heute nur unvollständig aufgeklärt.

Die elektrische Aktivität der Muskulatur läßt sich ähnlich wie die des zentralen Nervensystems messen. Insbesondere extrazelluläre Ableitungen der neuronalen Anteile des Systems sowie der eigenlichen elektrischen Muskelaktivität sind dabei von Interesse. Stimuliert man z.B. den motorischen Teil eines peripheren Nerven an verschiedenen Stellen elektrisch, so resultiert daraus eine motorische Reaktion, etwa die Zuckung eines Handmuskels. Mißt man die unterschiedlichen Laufzeiten in Abhängigkeit vom Stimulationsort bis zum Einsetzen der Reaktion, so ist das ein Maß für die Nervenleitgeschwindigkeit. Die Ableitungen werden mit feinen Metallelektroden durchgeführt; man spricht in diesem Zusammenhang von Mikro-Neurographie.

Neben der Reaktion der peripheren Nerven läßt sich auch die bioelektrische Aktivität der Muskulatur registrieren. Das entsprechende Signal wird als Elektromyogramm (EMG) bezeichnet. Man kann es an der Hautoberfläche registrieren (Oberflächen-EMG) oder mit Nadelelektroden, die direkt in die Muskulatur gestochen werden, in der Tiefe ableiten (Tiefen-EMG). Häufig werden dabei keine einzelnen motorischen Einheiten vermessen, sondern eine Muskelgruppen-Aktivität registriert. Das Signal ist meist hochfrequent; es entspricht weitgehend dem Audiofrequenzbereich (also 20 Hz – 20 kHz). Mit Hilfe der Elektromyographie lassen sich Aussagen über den Funktionszustand der Muskulatur gewinnen.

2.2.4   Das Herz-Kreislauf-System

Wenden wir uns nun dem Herz-Kreislauf-System zu. Das Herz befindet sich anatomisch gesehen im vorderen unteren Teil des sogenannten Mediastinums und wird seitlich von den äußeren Pleurablättern der Lungenflügel und von vorn durch den Brustraum, unten durch das Zwerchfell und hinten durch die Speiseröhre begrenzt. Das Herzäußere besteht aus einer Hülle, dem Herzbeutel oder Perikard, und der dreischichtigen Herzwand, Pericard, Myocard und Endocard genannt. Eine Scheidewand trennt das Herzinnere sowohl anatomisch als auch funktionell in ein linkes und in ein rechtes Herz. Linke sowie rechte Herzhälfte bestehen jeweils aus einer Kammer, dem Ventrikel, und einem Vorhof, dem Atrium. Der rechte Vorhof ist von der rechten Kammer durch die Tricuspidalklappe, der linke Vorhof von der linken Kammer durch die Mitralklappe getrennt. Alle Gefäße, die Blut zum Herzen hin führen, werden Venen genannt. Sie kommen aus der Köperperipherie und enden als Vena cava im rechten Vorhof. Auch von der Lunge wird Blut dem Herzen zugeführt. Die entsprechende Lungenvene endet im linken Vorhof. Die Gefäße, die

Blut vom Herzen weg transportieren, werden Schlagadern oder Arterien genannt. Die Bauchschlagader (Aorta) führt das Blut aus dem linken Ventrikel zur Peripherie, während die Lungenarterie das Blut aus der rechten Herzkammer zur Lunge transportiert. Die Pulmonalisklappe trennt die Lungenarterie von der linken Kammer, während die Aortenklappe die linke Herzkammer von der Aorta trennt.

Die mechanische Herztätigkeit, also ihr Pumpmechanismus, mit dem sie das Blut im Blutkreislauf zirkulieren läßt, kann man in vier Zeitabschnitte oder Phasen unterteilen: 1. Anspannungszeit, 2. Austreibungszeit, 3. Entspannungszeit und 4. Füllungszeit. Wenden wir uns zunächst dem linken Ventrikel zu. Während der ersten beiden Zeitabschnitte liegt die Kammersystole vor, während der Phasen 3 und 4 hingegen die Kammerdiastole. Die Anspannungszeit ist die Zeit zwischen dem Schluß der Vorhof-Kammer-Klappe bis zur Öffnung der Aortenklappe, während die Austreibungszeit die Phase zwischen der Öffnung der Aortenklappe bis zum Schluß der Aortenklappe bezeichnet. Die Entspannungszeit ist die Zeit vom Schluß der Aortenklappe bis zur Öffnung der Vorhof-Kammer-Klappe, während die Füllungszeit die Zeit zwischen Öffnung der Vorhof-Kammer-Klappe und Schluß der Mitralis ist.

Ist die Muskulatur des rechten Vorhofes erschlafft (Diastole), befindet sich sauerstoffarmes Blut aus der Peripherie im rechten Vorhof. Durch Dilatation der Kammermuskulatur (Diastole) und Anspannung der Vorhofmuskulatur (Systole) entwickelt sich ein Druckgefälle in Richtung rechter Herzkammer, so daß sich die als Ventil wirkende Tricuspidalklappe öffnet. Durch den dabei auftretenden Sogeffekt kann das Blut aus dem rechten Vorhof in den rechten Ventrikel strömen. Befindet sich das Blut im rechten Ventrikel, schließt sich die Tricuspidalklappe, während die Vorhofmuskulatur erschlafft und damit der Druck im rechten Vorhof nachläßt. Der Vorhof geht in die Phase der Diastole über, während gleichzeitig der rechte Ventrikel in die systolische Phase übergeht; denn hier spannt sich die Kammermuskulatur an. Dadurch wird der Druck im rechten Ventrikel größer als im Vorhof, so daß sich die Tricuspidalklappe schließt. Der Druck im rechten Vorhof steigt nun weiter an, so daß sich die Pulmonalisklappe öffnen kann. Damit gelangt das sauerstoffarme Blut aus der rechten Herzkammer über die Lungenarterie in die Lunge. Nachdem dort der Gasaustausch stattgefunden hat, wobei das Blut Kohlendioxid abgibt und Sauerstoff aufnimmt, gelangt das sauerstoffreiche Blut über die Lungenvene in den linken Vorhof. Ist der linke Vorhof mit Blut gefüllt, spannt sich die Muskulatur des linken Vorhofs an (Systole), wobei sich der linke Ventrikel gleichzeitig in der Phase der Diastole befindet. Damit baut sich wieder ein Druckgefälle in Richtung der linken Herzkammer auf, so daß sich die Mitralis öffnen kann und das Blut in die linke Kammer strömt. Nunmehr entspannt sich die linke Vorhofmuskulatur (Diastole) und die Kammermuskulatur spannt sich an, so daß sich die Mitralis wieder schließt. Der Druck im linken Ventrikel nimmt weiter zu, bis er so groß wird, daß sich die Aortenklappe öffnen kann. Durch die gleichzeitige Kontraktion der Kammermuskulatur wird das Blut in die Peripherie getrieben. Danach erschlafft die Kammermuskulatur (Diastole), die Aortenklappe schließt sich wieder und der Zyklus kann von vorne beginnen.

Das Geschehen verläuft im linken und rechten Herz nahezu synchron. Befindet sich der linke Vorhof in der Diastole (Entspannungsphase) trifft dieses auch für den rechten Vorhof zu. Gleichzeitig befinden sich linker und rechter Ventrikel in der Phase der Systole (Anspannungsphase). Während linkes und rechtes Herz gleichsinnig arbeiten, verhalten sich Vorhof und Kammer gegensinnig.

Die rhythmische Kontraktion des Herzmuskels ist auf die bioelektrische Aktivierung der Herzmuskelzellen zurückzuführen. Ähnlich wie bei den anderen Muskelzellen läßt sich auch an der Herzmuskelzelle ein Aktionspotential erzeugen. Allerdings ist hier die Refraktärzeit gegenüber den anderen Muskelzellen extrem verlängert und beträgt typischerweise 300 ms. Durch die Aktivierung des Reizleitungssystems (s.u.) erfolgt an der Herzmuskelzelle zunächst ebenfalls ein initialer Natriumeinstrom, der die initiale Spitze des Aktionspotentials erzeugt. Nun setzt der zeitlich verzögerte Kaliumauswärtsstrom ein, der allerdings bald von einem ausgeprägten Calcium-Einwärtsstrom abgelöst wird, was zur Ausbildung eines ca. 250 ms andauernden Membranpotential-Plateaus führt. Danach versiegt der Calcium-Einwärtsstrom und ein ausgeprägter Kaliumauswärtsstrom setzt ein, der die Phase der Repolarisation des Membranpotentials bestimmt. Abschließend sorgt die Kalium-Natrium-Pumpe für die Wiederherstellung des Ruhemembranpotentials.

Die Herzzellen lassen sich prinzipiell in zwei Gruppen einteilen, in das Arbeitsmyocard (es ermöglicht die mechanische Herzarbeit) und in die Schrittmacherzellen. Letztgenannte sind Teil des sogenannten Reizleitungssystems, das eine autonome Innervation des Herzens ermöglicht. Im wesentlichen gibt es drei solcher Autonomiezentren. Im rechten Vorhof finden wir den Sinusknoten, das primäre Autonomiezentrum. Daneben existieren als zweites Autonomiezentrum der sogenannte atrio-ventrikuläre (AV)-Knoten und als drittes Autonomiezentrum die Herzkammerfasern.

Die Schrittmacherzellen in den Autonomiezentren erzeugen eine ständig wiederkehrende langsame Depolarisation ihres Membranpotentials bis zur Erreichung des Schwellwertes. Daraufhin wird ein Aktionspotential generiert, das sich über das Reizleitungssystem im Herz ausbreitet. Der Anstieg der zyklischen Depolarisation ist in den verschiedenen Autonomiezentren unterschiedlich. Der aktuelle Schrittmacher (physiologischerweise ist es der Sinusknoten) verfügt über steilere Depolarisationsverläufe als potentielle Schrittmacher wie der AV-Knoten oder die Kammerfasern. Durch die steileren Depolarisationsverläufe ist die Frequenz, mit der die AP generiert werden, beim aktuellen Schrittmacher höher. Daher zwingt der aktuelle Schrittmacher den langsameren potentiellen Schrittmachern seinen Rhythmus auf. Synchron mit der Aktivierung der Schrittmacherzellen wird auch das Arbeitsmyocard aktiviert. Die Autonomie der Schrittmacherzellen erlaubt es übrigens, das

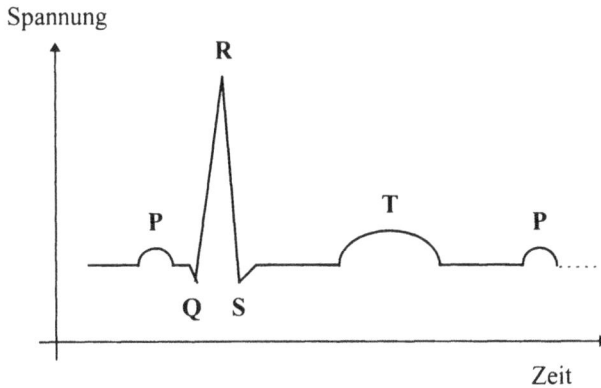

Bild 2.2: Typischer zeitlicher Verlauf eines EKG-Signals.

Herz auch außerhalb des Körpers schlagen zu lassen, sofern es mit Nährstoffen und Sauerstoff versorgt wird. Innerhalb des Körpers wird die Funktion der Autonomiezentren (und damit der Schrittmacherzellen) durch das vegetative Nervensystem kontrolliert. Die Fasern des vegetativen Systems (bestehend aus Sympathikus und Parasympathikus) sind dabei mit den Autonomiezentren des Herzes verbunden. Der Parasympathikus wirkt vor allen im Bereich von Sinus- und AV-Knoten aktivitätsmindernd, während der Sympathikus an allen drei physiologischen Schrittmachern, also auch im Bereich der Kammerfasern, aktivitätssteigernd wirkt.

Die elektrische Erregung des Herzes läßt sich auch an der Körperoberfläche in Form des Elektrokardiogramms (EKG) registrieren. Durch die zeitlich versetzte Erregung der Muskulatur der verschiedenen Herzregionen treten elektrische Potentialdifferenzen auf, die durch geeignete Elektroden in der Peripherie (z.B. an den Extremitäten oder der Brustwand) abgegriffen werden können. Dieses EKG-Signal hat eine typische zeitliche Verlaufsform. Es besteht aus der P-Welle, dem QRS-Komplex und der T-Welle. Die unterschiedlichen Signalanteile entstehen durch die Ausbreitung der elektrischen Erregung im Herz. Die P-Welle entsteht dabei durch die Erregungsausbreitung in den Vorhöfen, während der QRS-Komplex die Ausbreitung im Kammermyocard repräsentiert. Die Erregungsrückbildung im Kammermyocard spiegelt sich in der T-Welle wider. Das Bild 2.2 zeigt den prinzipiellen zeitlichen Verlauf eines EKG-Signals.

Das EKG ist von besonderer klinischer Bedeutung, denn es erlaubt die Diagnose zahlreicher Herzerkrankungen. Zu ihnen zählen die Diagnosen von Rhythmusstörungen und der Herzinsuffizienz (mangelhafte Herzleistung), der Nachweis angeborener und erworbener Herzfehler sowie die Aufdeckung koronarer Herzerkrankungen (also der Blutversorgung des Arbeitsmyocards), wie z.B. die Arteriosklerose, die Angina pectoris und der Herzinfarkt.

Das System der Blutgefäße bildet den Blutkreislauf, der die Aufgabe hat, Atemgase, Nährstoffe und Stoffwechselprodukte, Wärme sowie Hormone und Teile des Immunsystems zu transportieren. Er besteht aus dem großen und dem kleinen Körperkreislauf. Der große Körperkreislauf beginnt im linken Herz, von wo aus das sauerstoffreiche Blut über die großen Arterien in die Körperperipherie transportiert wird. Dort erreicht es das kapillare Endstromgebiet, wo der Gasaustausch zwischen Sauerstoff und Kohlendioxid stattfindet. Der Mensch verfügt über ca. $4 \cdot 10^{10}$ Kapillaren, deren Durchmesser ca. 5–15 µm beträgt. Da das Blut bis zum Erreichen dieses Gebietes unter hohem Druck steht, nennt man diesen Teil des Kreislaufs auch Hochdrucksystem. Vom kapillaren Endstromgebiet aus gelangt das nunmehr sauerstoffarme und mit CO_2 angereicherte Blut zunächst in die kleinen Venen und von dort aus in die großen Körpervenen, die schließlich über die Vena cava im rechten Vorhof des Herzes enden.

Der kleine Blutkreislauf beginnt im rechten Herz, von wo aus das Blut zur Lunge transportiert wird. Im Kapillargebiet der Lunge erfolgt wieder ein Gasaustausch. Hier wird das Kohlendioxid durch Abatmen aus dem Blut entfernt, und Sauerstoff aus der Atemluft gelangt ins Blut. Die Lungenkapillaren münden in der Lungenvene, die das sauerstoffreiche Blut in das linke Herz transportiert.

2.3   Wachstum und Degeneration

Zunächst ist Wachstum, welches eine Vermehrung und Vergrößerung der Körperzellen bedeutet, ebenso wie die Degeneration, bei der Zellen schrumpfen und zugrunde gehen, ein normaler, also physiologischer Prozeß. Wachstumsregulatoren ermöglichen ein kontrolliertes Wachstum von Zellen, Organen und damit ganzer Lebewesen, wodurch diese mit Hilfe der Fortpflanzung (Zeugung, Geburt und Wachstum) viele Tausend Jahre überleben können.

In bestimmten Fällen sind Wachstum und Degeneration jedoch krankhaft (pathologisch). Auf einige dieser pathologischen Wachstums- und Degenerationsphänomene wird im folgenden eingegangen.

Zunächst sind jedoch einige wichtige Begriffe zu definieren. Unter Krankheit versteht man generell eine Störung der körperlichen, geistigen oder seelischen Gesundheit. Die Pathologie ist die Lehre von den Funktionsstörungen (Pathophysiologie), den krankhaften Veränderungen der Organe und Gewebe (pathologische Anatomie) sowie deren Ursachen (Krankheitslehre). Die Entstehung und der Verlauf einer Krankheit wird als Pathogenese bezeichnet; die Lehre von den Krankheitsursachen heißt Ätiologie.

Krankheiten können akut auftreten; dann zeichnen sie sich durch einen raschen Beginn und einen kurzen Verlauf aus. Chronische Krankheiten hingegen haben einen schleichenden Beginn und einen oft sehr langen Verlauf. Krankheiten können auch erneut auftreten; in diesem Falle spricht man von einem Rezidiv. Eine ständige oder vorübergehende Anfälligkeit für eine bestimmte Krankheit wird als Disposition bezeichnet. Sie kann sowohl angeboren als auch erworben sein. Der Körper entwickelt gegenüber Krankheitsprozessen Abwehr- und Schutzmechanismen, die in ihrer Gesamtheit als Resistenz bezeichnet werden. Der endgültige Ausfall aller lebenserhaltenden Prozesse hat den Tod zur Folge (Exitus letalis). Zu diesen lebenserhaltenen Vorgängen zählen ein nicht mehr zu beseitigender Stillstand von Atmung und Blutkreislauf sowie insbesondere der irreversible Ausfall der Hirnaktivität (Hirntod). Der Hirntod zeichnet sich u.a. durch das vollständige Fehlen neurologischer Reflexe und das Fehlen der Hirnaktivität mit der Folge einer Null-Linie im EEG aus.

Wenden wir uns nun wieder den pathologischen Wachstums- und Degenerationsprozessen zu, die in der Medizin eine wichtige Rolle spielen. Eine übermäßige Beanspruchung von Organen führt häufig zur Zunahme von Zellorganellen und somit zur Vergrößerung der Einzelzellen. Insgesamt führt das zu einer Vergrößerung des Organs, zu dem die Zellen gehören. Man bezeichnet diesen Vorgang als Hypertrophie. Typisch sind die Linksherzhypertrophie beim Bluthochdruck oder die Rechtsherzhypertrophie bei chronischen Lungenerkrankungen. Ist hingegen eine vermehrte Zellzahl Ursache für die Zunahme der Organgröße, so spricht man von Hyperplasie, wie etwa die Kropfbildung bei der Schilddrüse.

Zugrunde gegangene Zellen können u.U. durch regenerative Zellteilung ersetzt werden. Das ist jedoch nicht in allen Fälle möglich. So sind nach dem heutigen Kenntnissstand Nerven- und Muskelzellen offenbar nicht teilbar (abgesehen von speziellen Nervenzellen in Bereichen des Gehirns, in denen Lernvorgänge stattfinden). Allerdings besteht weiterhin die Möglicheit der Hypertrophie, was z.B. für die Muskelzellen von Bedeutung ist.

Zellen können durch Wachstumshormone und äußere Reize gesteuert wachsen oder autonom und unkontrolliert an Zahl und Größe zunehmen. Im letztgenannten Fall spricht man von Geschwülsten oder Tumoren. Sie können bösartig (maligne) oder gutartig (benigne) sein. Benigne Tumore wachsen langsam und verdrängen umliegendes gesundes Gewebe. Sie sind meist nicht lebensbedrohlich und lassen sich durch operative Eingriffe gut therapieren. Maligne Tumore („Krebs") hingegen führen unbehandelt überwiegend zum Tode des Patienten. Diese Tumore zeichnen sich durch schnelles Wachstum mit hoher Zellteilungsrate aus. Sie wachsen infiltrativ in umliegendes normals Gewebe und zerstören es. Zudem entwickeln sie Töchtergeschwülste (Metastasen), indem Tumorzellen über Blut- und Lymphbahnen in weit entfernte Körperregionen gelangen und dort weiter infiltrativ und zerstörend wachsen können.

Die Ätiologie der Tumore ist höchst unterschiedlich und im Detail noch keinesfalls vollständig geklärt. Es werden endogene (endokrinologische Fehlsteuerungen, Erbfaktoren) und exogene Faktoren (ionisierende Strahlung, spezielle Viren, chemische Stoffe) diskutiert. Ionisierende Strahlung (hochenergetische kurzwellige elektromagnetische Strahlung, wie UV-Strahlung, Röntgen- und Gammastrahlung, oder Teilchenstrahlung, wie Alpha- und Betastrahlung oder die Neutronenstrahlung) erzeugen im Organismus hochreaktive chemische Verbindungen, die sogenannten Radikale, welche das Erbgut, insbesondere die DNA (DesoxyriboNucleinAcid, molekularer Träger der Erbinformation) schädigen. Eine somit veränderte DNA kann zu unkontrolliertem Zellwachstum, also zu einem Tumor führen.

Bei den krebserzeugenden chemischen Stoffen, die als Kanzerogene bezeichnet werden, wird eine normale Zelle durch Veränderung der DNA in eine Tumorzelle umgewandet. Promotoren, die selbst keinen Tumor auslösen können, fördern die Zellteilung, bis ein manifester Tumor entsteht.

Krebsauslösende, sogenannte onkogene Viren dringen in den Zellkern bzw. in das Zytoplasma ein. Dabei verändern sie durch Einbau in das normale Erbgut dessen Eigenschaften, wodurch ebenfalls ein unkontrolliertes Zellwachstum einsetzen kann.

Der Pathologe unterscheidet nach ihrer Abstammung drei Tumorarten: den mesenchymalen, den epithelialen und den neurogenen Tumor, wobei zusätzlich nach „bösartig" oder „gutartig" differenziert wird. Zu den gutartigen mesenchymalen Tumoren gehören Chondrome, Fibrome, Lipome, Myome und Osteome. Bösartige mesenchymale Tumore sind die sogenannten Sarkome. Zu ihnen zählen Chondrosarkome, Fibrosarkome, Liposarkome, Myosarkome und Osteosarkome. Adenome sind gutartige epitheliale Tumore, bösartige epitheliale Tumore werden Karzinome genannt (z.B. Plattenepithelkarzinom der Haut; Adenokarzinom der exo- und endokrinen Drüsen).

Neurogene Tumore werden meist zu den bösartigen Tumoren gezählt. Selbst wenn sie primär gutartig sind, können sie durch ihr Wachstum im Gehirn (etwa in Folge von Hirndruckzunahme) zu irreversiblen Schädigungen des ZNS führen, die lebensbedrohlich sind. Zu den Hirntumoren zählen insbesondere die Neurinome, die Gliome, die Glioblastome und die Medulloblastome. Neurinome sind Hirntumore, die von Hirnnerven ausgehen. Gliome sind Tumore der Glia. Zu ihnen zählen die Astrozytome und die Oligodendrogliome. Die ebenfalls vom Gliagewebe ausgehenden Glioblastome sind besonders bösartige Hirntumore. Medulloblastome sind bösartige Tumore des Kleinhirns. Sie treten insbesondere im Kindes- und Jugendalter auf.

Im Gegensatz zu den physiologischen und pathologischen Wachstumsprozessen steht die Zelldegeneration oder Atrophie, die zu einer Rückbildung von Organen und Geweben führt. Dabei muß unterschieden werden zwischen einer einfachen Atrophie, bei der die Zellzahl konstant, die Zellgröße hingegen abnimmt, und der hypoplastischen Atrophie, bei der es zu einer Abnahme der Zellzahl kommt.

Eine Atrophie kann physiologisch sein. Dazu zählt insbesondere der Altersatrophie. Sie ist genetisch bedingt und betrifft alle Organe. Als typisches Zeichen gilt die braune Verfärbung der Gewebe, die durch eine vermehrte Ablagerung einer Substanz (Lipofuszin) zustande kommt. Diese Altersatrophie muß nicht unbedingt zu krankhaften Veränderungen von Geweben und Organen führen. Sie tragen jedoch letztlich zum natürlichen Tod bei.

Endogene und exogene Noxen oder Sauerstoffmangel führen zu einem pathologischen Zelluntergang. Die auf diese Weise abgestorbenen Zellen bilden eine typische Gewebsveränderung, die sogenannte Nekrose. Falls keine Regeneration der zugrundegegangenen Zellen möglich ist, können Nekrosen durch Granulationsgewebe ersetzt werden. In diesem Falle bildet sich eine Narbe. Entsteht eine Nekrose durch einen arteriellen Gefäßverschluß, so spricht man vom Infarkt. Typische Beispiele hierzu sind der Herzinfarkt und der Hirninfarkt. In beiden Fällen gehen infolge Sauerstoffmangel Herzmuskel- oder Nervengewebe irrevesibel zugrunde.

Neben der anatomischen Veränderung infolge Zellverlust können auch funktionelle Störungen auftreten. Ein typisches Beispiel hierfür ist die Parkinsonsche Krankheit. Sie zeichnet sich durch ein unkontrolliertes rhythmisches Zittern der Extremitäten (Tremor) sowie Veränderung der Mimik und Mobilität aus. Ihr liegt eine Degeneration von Hirnzellen zugrunde, die in der sogenanten Substantia nigra einen besonderen Neurotransmitter produzieren, das Dopamin. Die pathologischen Störungen treten dabei als Folge des Dopaminmangels auf.

2.4 Biologische Transportprozesse

Zu den Hauptfunktionen von Zellen und Gewebe gehören physiologischerweise Stoffwechselprozesse, Fortpflanzung, Wachstum, Regeneration und Degeneration sowie bei bestimmten Zellen die elektrische Erregbarkeit, die Kontraktion und die Sekretion. Um diese Funktionen aufrecht zu erhalten, müssen ständig Substrate und Flüssigkeiten innerhalb des Organismus transportiert werden.

Die aus Lipoproteinen bestehende Zellmembran trennt den Extrazellulärraum vom Intrazellulärraum. Wenn Substanzen, die für lebenserhaltende Stoffwechselprozesse in der Zelle notwendig sind, in die Zelle hineingelangen sollen, oder andere Stoffe, die z.B. Stoffwechselprodukte die Zelle verlassen sollen, müssen diese über die Membran hinweg transportiert werden. Dafür stehen im Prinzip zwei Wege zur Verfügung. Zum einen sind es Kanäle, die durch biochemische Konfigurationsänderungen geöffnet oder geschlossen werden, und durch die im geöffneten Zustand bestimmte Substanzen hindurchgelassen werden können. Zum anderen können bestimmte Stoffe direkt durch die Membran hindurchwandern. Dieses kann prinzipiell unter Energieaufwand geschehen (aktiver Transport) oder rein passiv. Der wichtigste passive Transportprozeß in der Biologie ist die Diffusion. Sie läßt sich mit Hilfe physikalisch-mathematischer Gleichungen beschreiben und berechnen, wie im nächsten Abschnitt gezeigt wird.

2.4.1   Diffusionsprozesse

Die physikalische Grundlage der Diffusion ist die Brownsche Molekularbewegung. Sie repräsentiert im Prinzip die thermische Eigenbewegung der Moleküle, welche letztlich zu ihrer räumlichen Bewegung von Molekülen führt. Die Diffusion läßt sich also physikalisch begründen. Die Bewegung kann zum Zeitpunkt t_i durch die Verschiebung r_i beschrieben werden. Im statistischen Mittel gilt $\Sigma r_i = 0$. Das mittlere Verschiebungsquadrat r_i^2 hingegen ist von Null verschieden. Es hängt ab von der Temperatur, der Beobachtungszeit t und vom Reibungskoeffizienten f, der ein Maß für die Wechselwirkungen eines diffundierenden Moleküls mit anderen Molekülen darstellt. Zunehmende Temperatur T und Beobachtungszeit t sowie Verringerung des Reibungskoeffizienten f vergrößern das mittlere Verschiebungsquadrat. Dabei gilt der Zusammenhang:

$$\overline{r^2} = 2m \cdot \frac{k \cdot T}{f} t$$

wobei k die sogenannte Boltzmannkonstante ist und m die Dimension des Raumes darstellt, in dem sich der Diffusionsvorgang abspielt: $m=1$ bei eindimensionaler Diffusion, $m=2$ bei einem ebenen und $m=3$ bei einem räumlichen Diffusionsprozeß. Der Ausdruck $k \cdot T/f$ wird als Diffusionskoeffizient D bezeichnet:

$$D = \frac{k \cdot T}{f}$$

so daß sich das mittlere Verschiebungsquadrat einer diffundierenden Substanz durch

$$\overline{r^2} = \int_{-\infty}^{\infty} r^2 \cdot p(r)dr = 2m \cdot D \cdot t \, . \tag{2.1}$$

$$\overline{r^2} = 2m \cdot D \cdot t$$

beschreiben läßt.

Das erste Ficksche Gesetz beschreibt den Diffusionsstrom j in Abhängigkeit vom örtlichen Konzentrationsgradienten. Formal läßt sich dieses Gesetz so ausdrücken:

$$\underline{j} = -D \cdot grad(c) = -D \cdot \nabla c \, . \tag{2.2}$$

Die mathematische Form des Gradienten „grad", der durch den sogenannten Nabla-Operator (∇) beschrieben werden kann, ist abhängig vom gewählten Koordinatensystem. Für ein kartesisches Koordinatensystem mit den Koordinaten x, y und z gilt

$$\nabla = (\frac{\partial}{\partial x}, \frac{\partial}{\partial y}, \frac{\partial}{\partial z}) .$$

Das zweite Ficksche Gesetz erlaubt uns die Berechnung von Konzentrationsverteilungen an bestimmten Orten und zu bestimmten Zeiten. Wir wollen es für den eindimensionalen Fall heuristisch ableiten.

Betrachten wir eine Substanz, die im Zeitraum δt vom Ort x nach $x+\delta x$ diffundiert. Dabei soll sie die Fäche A senkrecht durchdringen. Die zeitliche Änderung der Substanzmenge im betrachteten Volumen $V{=}A{\cdot}\delta x$ ist gleich der Differenz der Ströme durch die Fläche $A{>}0$ bei x und δx:

$$A \cdot \delta x \cdot \frac{\delta c}{\delta t} = A \cdot (j(x) - j(x + \delta x)) = A \cdot \delta j$$

bzw.

$$\frac{\delta c}{\delta t} = -\frac{j(x + \delta x) - j(x)}{\delta x} = -\frac{\delta j}{\delta x} .$$

Betrachten wir „sehr kleine" Wegintervalle ($\delta x{\to}0$) und sehr kurze Beobachtungszeiten ($\delta t{\to}0$), dann geht der Differenzenquotient $\delta c/\delta t$ in den partiellen Differentialquotienten $\partial c/\partial t$, und der Differenenzquotient $\delta j/\delta x$ in den paritiellen Differentialquotienten $\partial j/\partial x$ über, so daß folgt

$$\frac{\partial c}{\partial t} = -\frac{\partial j}{\partial x}$$

Setzt man in diese Formel in den Ausdruck für das erste Ficksche Gesetz (Formel 2.2) ein, so erhält man das zweite Ficksche Gesetz für die eindimensionale Diffusion:

$$\frac{\partial c}{\partial t} = D \cdot \frac{\partial^2 c}{\partial x^2} . \qquad (2.3)$$

Für eine ebene oder räumliche Diffusion gilt analog zum ersten Fickschen Gesetz

$$\frac{\partial c}{\partial t} = -\nabla \cdot \underline{j} = \nabla \cdot \nabla c = \nabla^2 c ,$$

wobei der Ausdruck ∇^2 als Laplace-Operator bezeichnet wird. Für das kartesische Koordinatensystem lautet er:

$$\nabla^2 = \left(\frac{\partial^2}{\partial x^2} + \frac{\partial^2}{\partial y^2} + \frac{\partial^2}{\partial z^2} \right)$$

Werden während des Diffusionsprozesses Substanzen ab- oder zugeführt, bestehen also Senken oder Quellen, so kann man dieses im zweiten Fickschen Gesetz mit Hilfe der Quellen- oder Senkendichte $Q(r,t)$ entsprechend berücksichtigen. Für diesen Falle lautet die Gleichung

$$\frac{\partial c}{\partial t} = D\nabla^2 c + Q(r,t) \,. \tag{2.4}$$

Als Beispiel wollen wir einmal annehmen, daß zum Zeitpunkt $t=0$ und am Ort $r=0$ insgesamt N Moleküle in einer infinitesimal kurzen Zeit und in einem infinitesimal kleinen Volumen in eine unendlich ausgedehnten Flüssigkeit eingebracht werden. Dieses läßt sich formal mit Hilfe der Diracschen Deltafunktionen $\delta(r)$ und $\delta(x)$ beschreiben. Für die Quelldichte Q gilt in diesem Fall

$$Q(r,t) = N \cdot \delta(t) \cdot \delta(r) \cdot dr \cdot dt \,.$$

Für Zeiten $t > 0$ läßt sich dann die Differentialgleichung (2.4) mit der angegebenen Quelldichte analytisch lösen:

$$c(r,t) = \frac{N}{(4\pi \cdot D \cdot t)^{m/2}} \cdot \exp\{-\frac{r^2}{4 \cdot D \cdot t}\} \,.$$

Diese Gleichung beschreibt eine Gaußfunktion und spiegelt damit die statistische Eigenschaft von Diffusionsvorgängen wider. Betrachten wir Moleküle, die vom Ort r nach $r+dr$ diffundieren; die Wahrscheinlichkeit hierfür beträgt

$$p(r) \cdot dr = \frac{c(r,t)}{N} \cdot dr \,.$$

Mit diesem Ausdruck läßt sich das bereits bekannte mittlere Verschiebungsquadrat berechnen:

$$\overline{r^2} = \int\limits_{-\infty}^{\infty} r^2 \cdot p(r) dr = 2m \cdot D \cdot t \,.$$

Eine besondere Form der Diffusion ist die Osmose. Sie tritt an halbdurchlässigen (semipermeablen) Membranen auf, die von einer Flüssigkeit umgeben sind, in der Substrate gelöst sind. Eine solche Membran möge für kleine Moleküle durchlässig sein, nicht jedoch für größere. Bei vorhandenen Konzentrationsunterschieden beider unterschiedlich großer Molekülarten kommt es bei der kleineren Sorte per Diffusion zu einem Konzentrationsausgleich, da diese die Membran passieren und damit vom Ort höherer Konzentration zum Ort niedriger Konzentration wandern können. Größere Moleküle können dieses nicht, es bleibt für sie der Konzentrationsgradient quer zur Membran bestehen. Zum Konzentrationsausgleich fließt nun Flüssigkeit aus dem Bereich mit niedriger Konzentration der größeren Moleküle über die Membran zum Ort höherer Konzentration. Durch die Flüssigkeitsverschiebung gleichen sich dann die Konzentrationen entlang der Membran wieder aus.

Substrate können auch bevorzugt durch die Membran transportiert werden. In diesem Falle ist nicht der Konzentrationsunterschied allein für den Transport verantwortlich, sondern Membranproteine oder intrazelluläre Moleküle beschleunigen den Transport. So wird etwa die Glucose (genau genommen die sog. D-Glucose) mit Hilfe von Membranproteinen vermehrt in Erythrozyten transportiert, und auch der Sauerstofftransport im Erythrozyten wird durch Hämoglobin beschleunigt.

Beim aktiven Transport kann ein Stofftransport sogar gegen ein Konzentrationsgefälle stattfinden. Dieses ist aber nur mit Hilfe energiereicher Moleküle, die sich z.B. in der Membran befinden, möglich. Die bekannte ATP-verbrauchende Na-K-Pumpe ermöglicht einen solchen aktiven Transport, welcher für die Generierung von Aktionspotentialen notwendig ist.

Neben den molekularen Transportphänomenen spielen makroskopische Transporte, wie etwa der Flüssigkeitstransport durch Gefäße eine wichtige Rolle (Blutkreislauf). Im folgenden Abschnitt gehen wir auf diese Flüssigkeitstransporte näher ein.

2.4.2 Strömungsprozesse

Der Flüssigkeittransport in biologischen Systemen erfolgt über Gefäße, deren geometrische Form näherungsweise zylinderförmigen Rohren entspricht. Betrachten wir ein solches Rohr, dessen Durchmesser sich ändert und wir somit einen Übergang von einem weiten zu einem engeren Rohr vorliegen haben. Pro Zeiteinheit t fließt durch den weiteren Rohrabschnitt genausoviel Flüssigkeit hindurch wie durch den engeren Rohrabschnitt. Dieser unmittelbar einleuchtende Tatbestand wird in der Physik als Kontinuitätsbedingung bezeichnet. Bild 2.3 zeigt ein solches sich verengendes Rohr im Querschnitt.

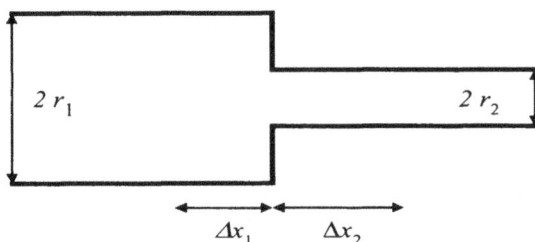

Bild 2.3: Verengung eines zylindrischen Rohres von Radius r_1 auf r_2.

In Zeitintervall Δt wird im linken, weiten Zylinderrohr mit dem Radius r_1 das Volumen V_1 durchströmt.

$$V_1 = \pi \cdot r_1^2 \cdot \Delta x_1 .$$

Analog gilt für das Volumen im rechten, engeren Zylinderrohr mit dem Radius r_2

$$V_2 = \pi \cdot r_2^2 \cdot \Delta x_2 \, .$$

Beide Volumina müssen gleichgroß sein (Kontinuitätsbedingung), so daß

$$r_1^2 \cdot \Delta x_1 = r_2^2 \cdot \Delta x_2 \, .$$

Die mittlere Fließgeschwindigkeit v_f der Flüssigkeit in einem Rohr mit konstantem Querschnitt kann man durch

$$v_f = \frac{\Delta x}{\Delta t}$$

näherungsweise beschreiben. Dann folgt aus der Kontinuitätsbedingung für ein Rohr, dessen Radius sich von r_1 auf r_2 ändert:

$$v_{f1} \cdot r_1^2 = v_{f2} \cdot r_2^2 \, .$$

D.h., die (mittlere) Fließgeschwindigkeit ist reziprok proportional zum Quadrat des Gefäßradius. Die Ursache für eine mit einer Geschwindigkeit v_f strömenden Flüssigkeit ist eine Druckdifferenz zwischen dem Anfang und dem Ende des Rohres. Die Druckdifferenz sei Δp. Diese wiederum ist gleich dem Quotienten aus einwirkender Kraft K und dem Querschnitt $A_Q = \pi \cdot r^2$, durch die die Flüssigkeit hindurchfließt. Somit gilt also

$$K = \pi \cdot r^2 \cdot \Delta p \, .$$

Dieser, die Flüssigkeit vorwärtsbewegenden Kraft K wirkt eine Reibungskraft K_R entgegen, so daß sie bei konstanter Fließgeschwindigkeit gleichgroß sind. Diese Reibungskraft ist proportional zur Oberfläche A_R des Zylinders, welcher die Reibung bewirkt. Bei einem Zylinderrohr mit dem Radius r und der Länge L ist $A_R = 2\pi \cdot r \cdot L$. Darüber hinaus hängt die Reibungskraft linear ab von der differentiellen Änderung der Fließgeschwindigkeit in r-Richtung (dv_f / dr). Der Proportionalitätsfaktor η wird als Viskosität der Flüssigkeit bezeichnet. Somit gilt folgende Beziehung

$$2 \cdot \pi \cdot r^2 \cdot \Delta p = -\eta \cdot 2 \cdot \pi \cdot r \cdot L \cdot \frac{dv_f}{dr} \, .$$

Diese Gleichung läßt sich integrieren, so daß wir die Geschwindigkeit v_f in Abhängigkeit von r bestimmen können. Das durchströmte Rohr habe den Durchmesser $2R$. Die Geschwindigkeit am Rand ($r=0$) sei gleich Null. Dann folgt für $v_f(r)$

$$\int\limits_0^{v_f} dv_f' = -\frac{\Delta p}{2 \cdot \eta \cdot L} \cdot \int\limits_R^r r' \cdot dr'$$

und damit

$$v_f(r) = \frac{\Delta p}{4 \cdot \eta \cdot L} \cdot (R^2 - r^2).$$

Das durchströmte Volumen V läßt sich berechnen, indem man das zugehörige differentielle Volumen dV bestimmt. Hier gilt:

$$dV = 2\pi \cdot r^2 \cdot dr \cdot \Delta x = 2\pi \cdot r^2 \cdot dr \cdot v_f \cdot \Delta t.$$

Damit ergibt sich:

$$\Delta V = \int dV = \frac{\pi \cdot \Delta p \cdot \Delta t}{2 \cdot \eta \cdot L} \cdot \int_0^R r \cdot (R^2 - r^2) \cdot dr.$$

Daraus läßt sich die Fließgeschwindigkeit bestimmen. Für sie gilt

$$v_f = \frac{\Delta V}{\Delta t} = V_t = \frac{\pi \cdot \Delta p \cdot R^4}{8 \cdot \eta \cdot L}. \tag{2.5}$$

Diese Formel stellt das sog. Hagen-Poiseuillesches Gesetz dar. Es ist gültig unter der Voraussetzung, daß eine inkompressible Flüssigkeit in einem starren Rohr mit konstantem Radius R fließt, keine äußeren Kräfte (z.B. Schwerkraft) wirken, eine laminare Strömung mit konstanter mittlerer Geschwindigkeit vorliegt und die Viskosität konstant ist. Näherungsweise gilt dieses Gesetz für die laminare Blutströmung in peripheren Blutgefäßen.

Die mittlere Fließgeschwindigkeit $\bar{v}$ des Blutes durch eine Gefäß mit der Querschnittsfläche A_Q ist proportional zum Stromzeitvolumen V_t. Es gilt die Beziehung

$$\bar{v} = \frac{V_t}{A_Q}.$$

Analog zum Ohmschen Gesetz der Elektrizitätslehre läßt sich das „Ohmsche Gesetz der Hämodynamik" formulieren. Dabei ist die Druckdifferenz zwischen Rohranfang und -ende Δp analog zur elektrischen Spannung, das Stromzeitvolumen V_t (Volumen pro Zeit) analog zum elektrischen Strom (Ladung pro Zeit) und der hämodynamische Widerstand W analog zum elektrischen Widerstand zu verstehen. Daher gilt

$$\Delta p = W \cdot V_t. \tag{2.6}$$

Schreiben wir das Gesetz von Hagen-Poiseuille etwas um, erhalten wir einen Ausdruck für den hämodyamischen Widerstand des Gefäßes

$$V_t = \frac{\pi \cdot R^4}{8 \cdot \eta \cdot L} \cdot \Delta p = W^{-1} \cdot \Delta p \quad \text{und damit} \quad W = \frac{8 \cdot \eta \cdot L}{\pi \cdot R^4}.$$

Der hämodynamische Widerstand eines Gefäßes ist also reziprok proportional zur vierten Potenz der Gefäßradius. Das hat zur Folge, daß eine Halbierung des Gefäßradius zu einer Versechszehnfachung des Gefäßwiderstandes führt.

Extreme Gefäßwiderstandserhöhungen führen letztlich zu turbulenten Blutströmungen. Dieses läßt sich künstlich durch starke Kompression der Arterien erreichen. Bei großen Arterien sind diese Turbulenzen so stark, daß sie mit einem geeigneten Instrument (Stethoskop) sogar hörbar gemacht werden können. Dieses nutzt man zur unblutigen oder indirekten Blutdruckmessung (im Gegensatz zur „blutigen" Blutdruckmessung, bei der eine Drucksonde in die geöffnete Arterie eingeführ wird und dort den Druck registriert). Nach dem Verfahren von Riva-Rocci wird mit einer Armmanschette, deren Innendruck man mit einem Manometer messen kann, die große Armarterie im Bereich des Oberarms vollständig komprimiert. Danach wird der Druck in der Manschette kontinuierlich gesenkt. Ist der Druck, der durch die Manschette auf die Arterie ausgeübt wird, etwa gleich dem größmöglichen (systolischen) Blutdruck, kann pulsierend eine geringe Menge Blut durch das Gefäßt gepumpt werden, wobei eine turbulente Strömung entsteht, der mit dem Stethoskop hörbar ist. Der Manschettendruck wird weiter fortlaufend vermindert, bis die Strömungsgeräusche verschwinden. Dann ist die turbulente Strömung in einer laminare unhörbare Strömung übergegangen. Dieses geschieht beim kleinstmöglichen Blutdruck in der Arterie, dem diastolischen Blutdruck. Der systolische Blutdruck beträgt beim gesunden Menschen mittleren Alters etwa 120 mmHg, während der diastolische Blutdruck bei ca. 80 mmHg („Millimeter Quecksilbersäule") liegt. Die Einheit mmHg darf in der Medizin verwendet werden, obwohl sie nicht dem physikalischen MKSA-System entspricht. Hier ist die physikalische Einheit des Drucks das Pascal (Pa), wobei 1 Pascal gleich 1 Newton/m^2 ist.

Aber nicht nur zur Messung des arteriellen Blutdrucks tritt eine in diesem Falle künstlich erzeugte turbulente Strömung auf. Durch Ablagerungen in den Wänden der Arterien („Arterienverkalkung") treten Strömungswiderstände in Gefäßen auf, die lokal Strömungsturbulenzen erzeugen. Diese lassen sich mit geeigneten Instrumenten messen. Auf diese Weise erhält man Informationen über Orte und Ausmaß solcher Verkalkungsprozesse.

2.5   Regelungsprozesse

Um ein konstantes inneres Milieu, die sogenannten Homöostase aufrecht erhalten zu können, bedient sich die Natur Regulationsmechanismen. Sie ähneln den in der Technik bekannten Regelungsprozessen. Aus diesem Grunde versucht man, biologische und technische Regelungen im Rahmen der Biokybernetik zusammenzubringen. Dieses ermöglicht neben der qualitativen auch eine quantitative Beschreibung von Regelungsprozessen in der Humanbiologie.

Führungsgröße

Regler

Rezeptor

Stellgröße

Regel strecke

Stell- glied

Regelgröße

Störgröße

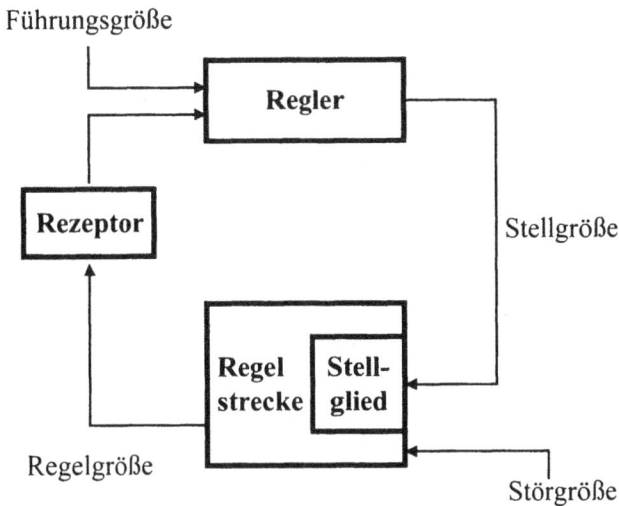

Bild 2.4: Schema eines Regelkreises

Unter Regelung wollen wir einen geschlossenen Wirkungskreis verstehen, der den Funktionsablauf eines biologischen Systems vollständig beschreibt. Dazu ist zunächst eine Größe konstant zu halten; diese bezeichen wir als Regelgröße. In der Biologie sind solche Regelgrößen, z.B. Substratkonzentrationen im Blut oder im Intra- bzw. Extrazellulärraum, der Blutdruck, die Körpertemperatur, der Muskelanspannung (Tonus), usw. Diese Regelgrößen können mit speziellen biologischen Sensoren oder Fühlern gemessen werden, den Rezeptoren. Sie repräsentieren den tatsächlichen Wert der Regelgröße. Ihr gegenüber steht der Sollwert, welcher von einer Führungsgröße bereitgestellt wird. Das Regelzentrum, welches meistens im ZNS lokalisiert ist, vergleicht Ist- und Sollwert. Weichen beide voneinander ab, versucht der Regler die Abweichung über eine Stellgröße (z.B. eine nervale oder hormonale Informationsübertragung) zu korrigieren. Die Stellgröße beeinflußt das Stellglied, welches ein Muskel, eine Drüse, eine Zellmembran oder ein Stoffwechselvorgang sein kann. Dieses erfolgt innerhalb einer bestimmten Körperregion, die technisch als Regelstrecke bezeichnet wird. Regelstrecke und Stellglied bilden zusammen das „geregelte System". Die Ursache für die Abweichung des Istwertes vom Sollwert ist die sogenannte Störgröße, welche durch die Wirkung des Regelkreises kompensiert wird („negative Rückkopplung"). Das Bild 2.4 zeigt den formalen Aufbau eines solchen Regelkreises.

2.6   Humanbiologische Modelle

Biologische Modelle stellen lebende biologische (Teil-)Systeme dar, mit dere Hilfe biologische Thesen, z.B. über Prozeßabläufe, überprüft werden können. Ihre Grundlage bildet ein vitales (lebendens) biologisches System. Daher sind biologische Modelle insbesondere zu unterscheiden von solchen Modellen, die sich auf mathematisch-physikalischen Methoden gründen. Auf diese wollen wir im nächsten Kapitel ausführlich eingehen.

Zur Erforschung komplexer biologischer Vorgänge wird in vielen Fällen nach wie vor das Gesamt-Tier als biologisches Modell benutzt. Ergänzend dazu sind neuerdings Modelle entwickelt worden, die auf excidierte (d.h. dem Tierkörper entnommene) Organe oder Gewebe basieren. Man bezeichnet solche Gewebe auch *in vitro*-Gewebe. So verwendet man für viele biomedizinische Untersuchungen, z.B. Untersuchungen der Wechselwirkungen zwischen Substanzen und Zellen, sogenannte Gewebeschnittpräparate, die im Laborjargon auch als „slices" bezeichnet werden. Diese werden aus Versuchstieren entnommenen Organen angefertigt, indem diese Organe in sehr dünne planparallele Scheiben geschnitten werden. Die Dicke solcher Präparate beträgt nur etwa 300-400 µm. Die Präparate selbst werden in einer Nährlösung aufbewahrt und können über viele Stunden hinweg experimentell untersucht werden.   Da durch die Präparation der Schnitte eine normale Versorgung der Zellen mit Substraten und Sauerstoff aus dem Blutkreislauf nicht mehr möglich ist, müssen diese per Diffusion aus dem Bad in das Gewebe gelangen. Um dieses effektiv zu machen, sind die Diffusionsstrecken zwischen Bad und zentral gelegenen Zellschichten möglichst gering zu halten. Andererseits werden durch den Schneidevorgang beim Präparieren oberflächlich gelegene Zellen zerstört. Daher ist eine Mindestdicke des Präparates in der genannten Größenordnung notwendig, um genügend unbeschädigtes vitales Gewebe zu erhalten. Dieses wird auch dadurch erreicht, daß Präparate zwar in der Vertikalen eine Dicke von weniger als 0.5 mm aufweisen, in der Horizontalen jedoch eine Ausdehnung von etwa 1 cm haben.

Da die Präparate eine einfache geometrische Form besitzen, und zudem die Transportmöglichkeiten von Substanzen sich fast ausschließlich auf Diffusionsprozesse beschränkt, ist sowohl eine einfache experimentelle Handhabung als auch eine relativ einfache mathematische Modellierung des Substanztransportes zwischen Badlösung und Präparat möglich. Da die Dicke des Präparates im Verhältnis zur horizontalen Ausdehnung gering ist, verhält sich ein Präparat geometrisch wie eine unendlich ausgedehnte planparalle Platte. Diffusionsprozesse erfolgen primär in vertikaler Richtung, sind also eindimensional. Dadurch vereinfacht sich auch die Berechnung der durch die Diffusion erzeugten Konzentrationsverteilungen im Gewebe, wie im nächsten Kapitel gezeigt wird.

Neben den Gewebeschnittpräparaten spielen Zellkulturen als biologische Modelle eine zunehmend bedeutendere Rolle. Embryonales Gewebe wird auf geeignete Nährböden ausgebreitet. Die Zellen teilen sich in Anwesenheit geeigneter Nährlösungen und bilden eine meist monozellulär geschichtete Zellansammlung, die sogenannte Zellkultur. An diesen Zellen lassen sich nun gezielt Experimente durchführen. Diese Zellkultur-Methode ist auch für die experimentelle Tumorforschung von großer Bedeutung, denn auf diese Weise lassen sich auch Tumorzellen züchten und *in-vitro* untersuchen (biologisches Tumormodell).

Insgesamt sind biologische Modelle für die biowissenschaftliche Forschung unverzichtbar, denn erst sie ermöglichen die Annahme oder Ablehnung einer biologischen Hypothese durch gezielte experimentelle Untersuchungen. Neben den biologischen Modellen werden zunehmend auch mathematische Modelle erfolgreich in den Biowissenschaften eingesetzt. In Verbindung mit Computern lassen sich damit komplexe biologische Prozesse simulieren. Diese bilden zusammen mit den biologischen Modellen die Basis für eine moderne biologisch-medizinische Grundlagenforschung. Wir wollen im nächsten Kapitel auf einfache mathematische Modelle, die auch für die Medizintechnik im weitesten Sinne relevant sind, näher eingehen.

2.7 Aufgaben

Aufgabe 2.1

Der Diffusionskoeffizient für gelöstes Kalium (Kaliumionen, K^+) in Wasser hat einen Wert von ca. $D=1.5\cdot10^{-7}$ cm²/s. Wie groß ist das mittlere Verschiebungsquadrat $<r^2>$ eines K^+-Ions bei freier Diffusion in Wasser (ohne elektrischer Felder) nach

a) 1 s

b) 1 min

c) 1 h

d) 1 d ?

Aufgabe 2.2

Ein Gewebepräparat mit einem ellipsenförmigen Querschnitt habe eine Dicke von 400 µm. Die beiden Halbachsen der Querschnittsellipse betragen $a=0.8$ cm bzw. $b=1.2$ cm.

a) Wie groß ist das Volumen des Präparates?

b) Wieviele Zellen sind im Präparat zu vermuten, wenn bei konstant angenommener Zelldichte 10^3 Zellen pro cm³ vorhanden sind.

Aufgabe 2.3

Die u.g. Abbildung zeigt den zeitlichen Verlauf eines intrazellulär registrierten
Aktionspotentials AP(t) an einer Nervenzelle:

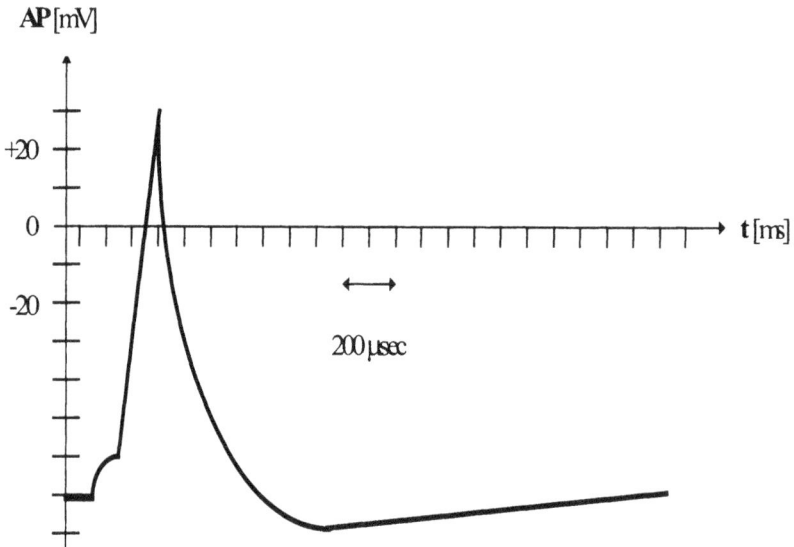

Mit welcher Abtastfrequenz sollte dieses Signal diskretisiert werden?

Aufgabe 2.4

a) Wie groß ist die mittlere Fließgeschwindigkeit des Blutes in der Aorta des Menschen, wenn dort ein Stromzeitvolumen (=Herzminutenvolumen) von $V_t = 5 \cdot 10^3$
cm^3/min vorliegt und der Durchmesser der Aorta 2 cm beträgt?

b) Berechnen Sie mit Hilfe des Ohmschen Gesetzes der Hämodynamik den Widerstand W_g des gesamten Kreislaufsystems des Menschen. Das Gesamt-
Stromzeitvolumen beträgt 80 cm^3/s, die mittlere Druckdifferenz zwischen linker
Herzkammer und rechtem Vorhof liegt bei 100 mmHg. Geben Sie den Widerstand
in der Einheit $[W] = N \cdot s \cdot m^{-5}$ an.

Aufgabe 2.5

Wie läßt sich der Patellarsehnenreflex regelungstechnisch beschreiben?

2.8 Weiterführendes Studium

Die in diesem Kapitel vorgestellten humanbiologischen Prozesse bieten lediglich eine sehr grobe Übersicht über die morphologischen und physiologisch/pathophysiologischen Grundlagen der Humanmedizin. Primäres Ziel war es, für die medizintechnische Informatik wichtige Definitionen und Zusammenhänge zu benennen und auch bereits Ansätze zur Abstraktion biomedizinischer Prozesse aufzuzeigen. Darüber hinaus soll dieses Kapitel als Anreiz dienen, mit Hilfe weiterführender Literatur (siehe nachfolgende Lehrbuchauswahl) das biologisch-medizinische Grundlagenwissen gezielt zu vertiefen.

Lehrbuchauswahl:

Alberts B., Bray D., Lewis J., Raff M., Roberts K., Watson J.D.: Molekularbiologie der Zelle, VCH Verlagsgesellschaft, Weinheim, 1994.

Cruse H.: Biologische Kybernetik. VCH Verlagsgesellschaft, Weinheim, 1981.

Czihak G., Langer H., Ziegler H. (Hrsg.): Biologie – ein Lehrbuch. Springer, Berlin, Heidelberg, NewYork, 1990.

Hassenstein B.: Biologische Kybernetik. Quelle und Meyer. Heidelberg, 1977.

Karlson P.: Kurzes Lehrbuch der Biochemie. Thieme Verlag, Stuttgart, 1984.

Keidel W.D.: Kurzgefaßtes Lehrbuch der Physiologie, Thieme, Stuttgart, 1985.

Mörike K.D., Betz E., Mergenthaler W.: Biologie des Menschen. Quelle & Meyer, Wiesbaden, 1998.

Pschyrembel W.: Klinisches Wörterbuch. De Gruyter, Berlin, New York, 1994.

Roche Lexikon der Medizin. Urban und Schwarzenberg, München, Wien, Baltimore, 1987.

Schmidt R.F., Thews G.: Physiologie des Menschen, Springer, Berlin, Heidelberg, New York, 1987.

Schütz E., Caspers H., Speckmann J.: Physiologie, Urban und Schwarzenberg, München, Berlin, Baltimore, 1982.

Silbernagel S., Despopoulos A.: Taschenatlas der Physiologie. Thieme, Stuttgart, 1989.

Sobotta J., Becher H., Atlas der Anatomie des Menschen, Urban und Schwarzenberg, Berlin, Wien, 1988.

Thews G., Mutschler E., Vaupel, P.: Anatomie, Physiologie und Pathophysiologie des Menschen. Band 1–3. Wissenschaftliche Verlagsgesellschaft, Stuttgart, 1989.

Waldeyer A., Mayet, A.: Anatomie des Menschen. Band 1 und 2, De Gruyter, Berlin, New York, 1993.

3 Modellierung und Simulation humanbiologischer Prozesse

Unter dem Begriff Modell versteht man allgemein ein vereinfachtes Abbild der Wirklichkeit. Es ermöglicht eine Untersuchung der Eigenschaften von den Prozessen, welche den Modellen zugrunde liegen. Dieses gelingt mit Hilfe von Rechenmaschinen, wenn das Modell in geeigneter Form, etwa als Algorithmus, auf einen Rechner übertragen werden kann. Die Ausführung dieses Algorithmus wird als Simulation bezeichnet.

Im Bereich der Medizintechnik werden insbesondere diejenigen biologischen Prozesse mit Hilfe mathematisch-physikalischer Modelle beschrieben, die einer Messung zugänglich sind. Da die biomedizinischen Prozesse im allgemeinen sehr komplex sind, werden sie durch die Modelle nur näherungsweise beschrieben. Wir wollen im folgenden Kapitel Beispiele einfacher Modelle kennenlernen. Zu ihnen gehören Modelle von biochemischen Prozessen, Stofftransportprozessen und Wachstumsprozessen. Sie lassen sich mit einfachen mathematischen Mitteln modellieren und in Form von Prozeduren abfassen, welche eine Simulation der den Modellen zugrunde liegenden biologischen Vorgängen ermöglichen.

3.1 Modellierung enzymatischer Reaktionen

Stoffwechselvorgänge in biologischen Systemen, in zunehmendem Umfang aber auch moderne medizintechnische Biosonden, basieren auf komplexen biochemischen und biophysikalischen Reaktionen. In diesem Zusammenhang spielen die Enzyme als Biokatalysatoren eine entscheidende Rolle, denn sie bestimmen in erster Linie den Ablauf der biochemischen Reaktionen. Zu diesen Enzymen gehören u.a.

- die Oxidoreduktasen, welche die biologische Oxidation und Reduktion beeinflussen;
- die Transferasen, die chemische Gruppen übertragen können;
- die Hydrolasen, die hydrolytische Spaltungen katalysieren;
- die Isomerasen, die Umlagerungen innerhalb eines Moleküls bewirken;

- die Ligasen, die Verbindungen knüpfen unter gleichzeitiger Spaltung von energiereichen Phosphaten (ATP).

Bei der chemischen Reaktion erster Ordnung ist die Änderung der Konzentration einer an der Reaktion beteiligten Substanz proprotional zu ihrer Konzentration, wobei insgesamt ein Substratverbrauch vorliegen soll (sog. Einkomponenten-Reaktion). Dieser Prozeß wird durch die kinetische Gleichung

$$\frac{dc}{dt} = -k \cdot c \tag{3.1a}$$

beschrieben. Diese Differentialgleichung läßt sich lösen, indem zuerst eine Variablentrennung durchgeführt wird:

$$\frac{dc}{c} = -k \cdot dt \; .$$

Die anschließende Integration liefert unter Berücksichtigung des Anfangszustandes den Ausdruck:

$$\int_{c_0}^{c} \frac{dc'}{c} = -k \cdot \int_{0}^{t} dt' \; .$$

Damit erhalten wir die Lösung

$$c = c_0 \cdot \exp\{-k \cdot t\} \tag{3.1b}$$

wobei c_0 die Ausgangskonzentration zur Zeit $t{=}0$ und k die Reaktionskonstante darstellen. Der Kehrwert des Proportionalitätsfaktors k ist die Zeitkonstante der chemischen Reaktion. Die Gleichung beschreibt eine Reaktion erster Ordnung. Eine solche Reaktion liegt beim thermischen Zerfall chemischer Verbindungen und bei hydrolytischen Spaltungen, z.B. von Saccharose in Fructone und Glucose, und beim radioaktiven Zerfall vor.

Für eine Einkomponentenreaktion kann eine Reaktion 2.Ordnung definiert werden. Sie läßt sich durch die folgende kinetische Gleichung beschreiben:

$$\frac{dc}{dt} = -k \cdot c^2 \; .$$

Die Lösung dieser Gleichung erhalten wir wieder durch Integrieren, wobei zum Zeitpunkt $t{=}0$ die Substratkonzentration c_0 vorliegen möge. Es gilt dann:

$$c = \frac{c_0}{c_0 \cdot k \cdot t + 1} \; .$$

Hier hat die Proportionalitätskonstante k eine andere Bedeutung als bei der Reaktion erster Ordnung. Sie ist ein Maß für den Substanzabbau pro Konzentrations- und Zeiteinheit. Beispiele für Reaktionen 2. Ordnung sind Metallkomplexbindungen, biomolekulare Gasreaktionen, etwa die Jodwasserstoff-Reaktion, sowie Vereste-rungsreaktionen.

Allgemein lassen sich Einkomponentenreaktionen *m*-ter Ordnung durch die Diffe-rentialgleichung

$$\frac{dc}{dt} = -k \cdot c^m \qquad (3.2a)$$

beschreiben. Ihre Lösung lautet für die Anfangsbedingung $c(t{=}0){=}c_0$

$$c(t) = \left[\frac{1}{c_0^{1-m} + k \cdot t / (m-1)} \right]^{1/(m-1)} \qquad (3.2b)$$

falls m≠1 (den Fall m=1 haben wir bereits diskutiert, Formel (3.1a,b)).

Die folgende Prozedur erlaubt bei einer vorgegebenen Anfangskonzentration c_0 und der Geschwindigkeitskonstanten *k* die Berechnung der Substanzkonzentration *c* zu *n* vorgegebenen äquidistanten Zeitpunkten t_i für eine Reaktion *m*-ter Ordnung:

```
PROCEDURE SINGLE_COMPONENT_REACTION
              (IN: DT, C0, N, K, M; OUT: T, C)
BEGIN
       REAL ARRAY T(1:N), C(1:N)
       MM1=M-1; F=1/MM1
       FOR I = 1 TO N DO
              T(I)=DT*I
              IF M=1 THEN
                     C(I)=C0*EXP(-K*T(I))
              ELSE
                     C(I)=(C0**(-MM1)+K*T(I)/MM1)**F
              END IF
       END DO
RETURN
END
```

Mit Hilfe diese Prozedur lassen sich die beschriebenen biochemischen Reaktionen simulieren.

Bislang haben wir Reaktionen betrachtet, an denen nur eine Substanz beteiligt ist. Bei den meisten biochemischen Reaktionen wirken jedoch mehrere Substanzen zusammen. Für zwei Substanzen A und B, die miteinander reagieren und dabei ein biochemisches Produkt C entstehen lassen, können wir formal die chemische Reaktionsgleichung schreiben:

$$A + B \xrightarrow{k} C .$$

Sie besagt, daß die beiden Ausgangssubstanzen A und B miteinander reagieren und dabei die Substanz C entsteht. Die Geschwindigkeit, mit der die chemische Reaktion abläuft, wird durch die Reaktions-Konstante k festgelegt.

Die zugehörige kinetische Reaktionsgleichung für das Substrat A lautet:

$$\frac{dc_A}{dt} = -k \cdot c_A \cdot c_B$$

(für das Substrat B würde die Gleichung analog zu schreiben sein). Um diese Differentialgleichung lösen zu können, müssen wir berücksichtigen, daß aus stöchiometrischen Gründen

$$c_{A0} - c_A(t) = c_{B0} - c_B(t)$$

gilt, wobei c_{A0} und c_{B0} die Ausgangskonzentrationen der beteiligten Substrate zum Zeitpunkt $t=0$ sind.

Wir erhalten damit eine Lösung für das sich im Laufe der Zeit t bildende Verhältnis der Konzentrationen der beiden beteiligten Substrate:

$$\frac{c_A}{c_B} = \frac{c_{A0}}{c_{B0}} \cdot \exp\{(c_{A0} - c_{B0}) \cdot k \cdot t\} .$$

Alle bislang betrachteten Reaktionen verliefen unidirektional, also in Richtung Substratabbau bzw. -synthese. Die meisten Reaktionen sind jedoch reversibel, d.h. Rückreaktionen treten auf, bis ein Gleichgewichtszustand (quasi-stationärer Zustand) erreicht ist. Am Beispiel der (thermischen) Dissoziation, die den reversiblen Zerfall einer chemischen Verbindung infolge erhöhter thermischer Energiezufuhr beschreibt, läßt sich dieser Prozeß durch folgende chemische Gleichung verdeutlichen:

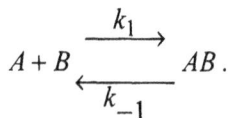

$$A + B \; \underset{k_{-1}}{\overset{k_1}{\rightleftarrows}} \; AB .$$

Das Molekül AB entsteht durch Synthese der Ausgangsprodukte (Atome oder Moleküle) A und B. Nach Zufuhr der thermischen Energie zerfällt das Produkt AB

wieder in seine Bestandteile. Dabei gilt für die beteiligten Konzentrationen (bei konstanter Temperatur):

$$\frac{c_A \cdot c_B}{c_{AB}} = \frac{k_1}{k_{-1}} = const. = K \, .$$

Der Ausdruck k_1 stellt die Reaktionskonstante der Hinreaktion, der Ausdruck k_{-1} die Reaktionskonstante der Rückreaktion dar. Die Gleichung repräsentiert das so-genannte Massenwirkungsgesetz, welches die Gleichgewichtslage der Reaktion be-schreibt.

Wenden wir uns wiederum den Enzymreaktionen zu. Sei E das Enzym, S das Sub-strat und ES der sich unter Enzymeinwirkung bildende Enzym-Substratkomplex. Diese biochemische Reaktion läßt sich durch die chemische Gleichung

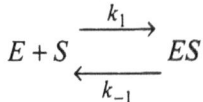

$$E + S \xrightarrow[\;k_{-1}\;]{\;k_1\;} ES$$

ausdrücken. Mit Hilfe des Massenwirkungsgesetzes erhalten wir daraus folgende Beziehung für die Bildung des Komplexes:

$$\frac{c_E \cdot c_S}{c_{ES}} = K_S \, .$$

Aus dem Komplex S heraus erfolgt die eigentliche enzymatische Reaktion, bei dem Produkte P unter Freisetzung des Enzyms entstehen. Dieser Vorgang läßt sich durch folgende chemische Gleichung beschreiben:

$$ES \xrightarrow{\;k_2\;} P + E$$

wobei k_2 die Reaktionsgeschwindigkeitskonstante für den Produktbildungsprozeß darstellt. Für seine Reaktionsgeschwindigkeit v gilt dann

$$v = \frac{dc_P}{dt} = k_2 \cdot c_{ES} \, .$$

Die kinetische Gleichung für den Enzym-Substratkomplex lautet

$$\frac{dc_{ES}}{dt} = k_1 \cdot c_E \cdot c_S - k_{-1} \cdot c_{ES} - k_2 \cdot c_{ES} \, .$$

Im stationären Fall ist $dc_{ES}/dt = 0$, und es gilt

$$\frac{c_E \cdot c_S}{c_{ES}} = \frac{k_{-1} + k_2}{k_1} = K_m \, .$$

Die Konstante K_m heißt Michaelis-Konstante. Sie charakterisiert die Enzymkinetik. Beachten wir, daß die Gesamtenzym-Konzentration c_g gleich der Summe aus c_E und c_{ES} ist, dann ergibt sich folgender Zusammenhang:

$$c_{ES} = \frac{c_S \cdot c_g}{c_S + K_m} .$$

Damit folgt für die Reaktionsgeschwindigkeit v der Produktbildung

$$v = k_2 \cdot \frac{c_S \cdot c_g}{c_S + K_m} .$$

Bei konstanter Gesamtenzym-Konzentration zeigt die Reaktionsgeschwindigkeit v mit zunehmender Substratkonzentration ein Sättigungsverhalten; demnach erhalten wir eine maximale Reaktionsgeschwindigkeit v_{max} für $c_S \to \infty$ mit $v_{max} = k_2 \cdot c_g$.

Die halbe Maximalgeschwindigkeit erlaubt eine Interpretation der Michaeliskonstanten. Setzen wir für v genau $v = \frac{1}{2}\, v_{max}$ in die Reaktionsgeschwindigkeitsgleichung für den quasi-stationären Fall ein, so erhalten wir

$$v = \frac{v_{max}}{2} = \frac{k_2 \cdot c_g}{2} = \frac{k_2 \cdot c_g \cdot c_{S'}}{c_{S'} + K_m}$$

wobei $c_S{}'$ die Substratkonzentration bei halbmaximaler Reaktionsgeschwindigkeit darstellt. Daraus folgt, daß K_m gleich $c_s{}'$ ist; d.h., die Michaelis-Konstante entspricht der Substratkonzentration bei halbmaximaler Geschwindigkeit. Damit läßt sich die Michaelis-Kinetik (die bisweilen in der Literatur auch als Michaelis-Menten-Kinetik bezeichnet wird) formulieren:

$$v = v_{max} \cdot \frac{c_S}{c_S + K_m} \qquad\qquad (3.3)$$

Es gibt Stoffe, welche die Enzymaktivität beeinflussen können. Man nennt sie Effektoren. Sie können als Aktivatoren die Enzymaktivität steigern, als Inhibitoren die Aktivität hemmen. Wir wollen zwei verschiedene Inhibitorentypen kennenlernen. Zunächst diskutieren wir die sog. kompetitive Hemmung („Verdrängungs-Hemmung").

Besetzt ein Hemmstoff (Inhibitor) H das aktive Zentrum eines Enzyms, so tritt es in Konkurrenz mit den Substrat S. Daher laufen gleichzeitig zwei Reaktionen ab, die durch folgendes Schema dargestellt werden können:

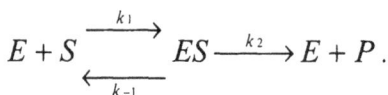

$$E + S \underset{k_{-1}}{\overset{k_1}{\rightleftharpoons}} ES \xrightarrow{k_2} E + P .$$

Für den Inhibitor gilt dann analog

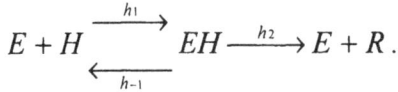

$$E + H \xrightarrow[\ h_{-1}\ ]{\ h_1\ } EH \xrightarrow{\ h_2\ } E + R \ .$$

Hier treten die Reaktionskonstanten h_1, h_{-1} und h_2 auf. R ist das alternative Produkt der enzymatischen Reaktion; es entsteht, wenn $h_2 \neq 0$ ist. Der reine Inhibitor liegt im Falle $h_2 = 0$ vor. Die Gesamt-Enzymkonzentration c_g bei Anwesenheit von H ist dann

$$c_g = c_E + c_{ES} + c_{EH} \ .$$

Analog zur Michaelis-Konstante K_m läßt sich eine Gleichgewichtskonstante K_H für den Inhibitor angeben:

$$\frac{c_H \cdot c_S}{c_{EH}} = \frac{h_{-1} + h_2}{h_1} = K_H \ .$$

Damit erhält man die quasi-stationäre Reaktionsgeschwindigkeit v' dieses Prozesses

$$v' = \frac{k_2 \cdot c_S \cdot c_g}{c_S + K_m \cdot \left(1 + \dfrac{c_H}{K_H}\right)} \ .$$

Betrachten wir erneut den Übergang $c_S \to \infty$, so folgt, daß die maximale Reaktionsgeschwindigkeit nicht durch den Inhibitor beeinflußt wird. Allerdings läßt sich auch ableiten, daß die *halb*maximale Reaktionsgeschwindigkeit bei Vorliegen eines Inhibitors erst bei höheren Substratkonzentrationen erreicht wird.

Abschließend wollen wir uns noch einem zweiten Enzyminhibitor-Typ zuwenden, der allosterischen Hemmung. Hier wird durch reversible Bindung des Hemmstoffes an das Enzym die Protein-Konformation geändert. Dadurch wird die Bindung des Substrates an das Enzym erschwert, was sich durch eine Zunahme des Wertes der Michaeliskonstante und, da die Reaktion selbst langsamer abläuft, zu einer Abnahme der maximalen Reaktionsgeschwindigkeit führt. Die Reaktionsgeschwindigkeitskurve nimmt dadurch einen sigmoidalen Verlauf. Dieses kann durch die folgende Gleichung beschrieben werden:

$$v' = v'_{max} \cdot \frac{c_S{}^n}{c_S{}^n + K_m} \ .$$

Diese Gleichung wird Hill-Gleichung genannt, der Parameter n wird als Hill-Koeffizient bezeichnet. Dieser kann entsprechend der Gleichung

$$n = \log\left(\frac{v' \cdot K_m}{v'_{max} - v'}\right) / \log(c_S) \qquad (3.4)$$

berechnet werden.

3.2 Stofftransport

Der Stofftransport spielt in biologischen Sytemen eine bedeutende Rolle, denn er sorgt dafür, daß alle lebensnotwendigen Substrate zu den Zellen gelangen können und alle Abbauprodukte des Stoffwechsels von dort entfernt werden. Im folgenden Abschnitt werden einfache Modelle verschiedener biologischer Transportphänome vorgestellt. Zunächst betrachten wir ein einfaches kinetisches Modell, welches den transmembranösen Transport beschreibt.

3.2.1 Membranpermeabilität

Wir modellieren eine biologische Zelle durch einen geschlossenen dreidimensionalen Körper mit dem Volumen V und der Oberfläche A. Die Oberfläche des Körpers stellt im Modell die Zellmembran dar. Über diese Membran hinweg sollen Moleküle aus dem extrazellulären Raum, den die Zelle umgibt, in das Zellinnere transportiert werden (oder umgekehrt). Dieses kann prinzipiell auf drei Arten erfolgen: Einmal kann der Stoff passiv über die Zellmembran aufgrund eines Konzentrationsunterschiedes wandern, zum zweiten kann er ebenfalls passiv durch Zellporen (Kanäle) diffundieren und drittes kann er mit Hilfe bestimmter Transportmoleküle aus dem Extrazelluläraum in den Intrazellulärraum gelangen.

Wir beschränken uns im folgenden auf den passiven Transport. Er läßt sich durch den transmembranösen Strom j beschreiben, welcher die Anzahl der Moleküle angibt, die pro Zeit- und Flächeneinheit senkrecht durch die Zellmembran hindurchwandern. Experimente haben ergeben, daß ein solcher transmembranöser Strom fließt, wenn sich die intrazelluläre Konzentration c_i und die extrazelluläre Konzentration c_a einer Substanz unterscheiden. Es existiert also ein Konzentrationsgefälle zwischen Innen- und Außenraum eine Zelle, ein sogenannter Konzentrationsgradient. In diesem Falle ist der Strom j näherungsweise proportional zum bestehenden Konzentrationsunterschied. Die Proportionalitätskonstante ist die Membranpermeabilität P, die bei vielen biologischen Membranen etwa 10^{-5} cm/s beträgt. Dieser Zusammenhang läßt sich mathematisch durch

$$j = P \cdot (c_i - c_a)$$

ausdrücken. Weiterhin ist die zeitliche Änderung der Konzentration in der Zelle proportional zum Strom j, wobei die zugehörige Proportionalitätskonstante gleich dem Quotienen aus Zelloberfläche A und Volumen V ist. Daher gilt unter der Voraussetzung, daß sich die extrazelluläre Konzentration im Laufe der Zeit nicht ändert (das ist z.B. näherungsweise gegeben, wenn das extrazelluläre Volumen wesentlich größer ist als das Zellvolumen) folgender Zusammenhang

$$\frac{dc_i}{dt} = -\frac{A}{V} \cdot j \, .$$

Das Minuszeichen ergibt sich aus der Tatsache, daß die Substanz vom Ort der höheren zum Ort der niedrigeren Konzentration transportiert wird. Daher folgt

$$\frac{dc_i}{dt} = (c_a - c_i)/\tau$$

mit

$$\tau = \frac{V}{P \cdot A} \, .$$

Als physikalische Einheit der Membranpermeabilität verwendet man in der Biologie meist cm/s, für das Volumen cm^3 und für die Oberfläche cm^2. Daher repräsentiert τ eine bestimmte Zeit, die in unserem Beispiel die Einheit Sekunde hat. Deshalb wird τ auch als die Zeitkonstante des Transportprozesses bezeichnet.

Berücksichtigen wir den Anfangszustand des Transportvorganges zur Zeit $t = 0$ mit $c_i\,(t=0) = 0$ und $c_a = c_0 > 0$, so läßt sich durch Integration die zeitliche Änderung der intrazellulären Konzentration für einen zelleinwärts fließenden Strom ermitteln:

$$\int_0^{ci} \frac{dc_i{'}}{c_a - c_i{'}} = \frac{1}{\tau} \int_0^t dt' \, .$$

Damit erhalten wir für die zeitabhängige Konzentration im Zellinneren den Ausdruck

$$c_i(t) = c_0 \cdot [1 - \exp\{-t/\tau\}] \, .$$

Er beschreibt den Anstieg der intrazellulären Konzentration infolge eines in die Zelle hineinfließenden Molekülstroms, wobei τ die Zeitkonstante des Transportvorgangs darstellt. Ein auswärtsfließender Strom läßt sich modellieren, wenn wir die Anfangsbedingungen entsprechend modifizieren. Nehmen wir an, daß zum Zeitpunkt t=0 die intrazelluläre Stoffkonzentration $c_i(t=0)=c_1 > 0$ ist; im Extrazellulärraum hingegen möge die Stoffkonzentration $c_a=0$ sein. Analog gilt dann

$$c_i(t) = c_1 \cdot \exp\{-t/\tau\} \, .$$

Sind sowohl die intra- als auch die extrazelluläre Anfangskonzentration von Null verschieden, lassen sich die Berechnungen zur allgemeinen Membranstrom-Gleichung zusammenfassen:

$$c_i(t) = c_0 + (c_1 - c_0) \cdot \exp\{-t / \tau\}$$ (3.5a)

Der Parameter τ hängt von der Geometrie der Zelle und der Membranpermeabilität ab. Kugel und Zylinder sind einfache geometrische Körper, die sich auch bei vielen Zellen und Zellkompartimenten wiederfinden. So sind die Somata der Nervenzellen näherungsweise kugelförmig, Nervenzell-Fortsätze sind ebenso zylinderförmig wie etwa Skeletmuskelzellen. Für diese einfachen geometrischen Körper läßt sich τ durch einen einfachen Ausdruck angeben. Für die Kugel gilt:

$$\tau = \tau_{Kugel} = \frac{R}{3 \cdot P}$$ (3.5b)

und für den Zylinder

$$\tau = \tau_{Zylinder} = \frac{R}{2 \cdot P}$$ (3.5c)

Damit kann der zeitliche Verlauf der Konzentration im Innern dieser einfachen geometrischen Körper berechnet werden. Die folgende Prozedur beinhaltet einen Algorithmus, der wahlweise die Berechnung der Konzentrationswerte $c_i(t)$ für einen kugelförmigen (GTYP=1) oder für einen zylinderförmigen Körper (GTYP=0) ermöglicht. Übergeben werden der Prozedur Werte für die Parameter Geometrie (GTYP), Radius (R), Membranleitfähigkeit (P), Zeitinkrement (DT), Innen- und Außenkonzentration zu Beginn (C0, C1) und die Anzahl der Beobachtungszeitpunkte N. Berechnet werden ein Array T, welches die Beobachtungszeiten beinhaltet, und ein Array C mit den korrespondierenden Konzentrationswerten innerhalb der Zelle.

```
PROCEDURE MEMBRANE_CURRENT
            (IN: GTYP, R, P, DT, C0, C1, N; OUT: T, C)
REAL ARRAY T[0:N], C[0:N]
BEGIN
        C(0)=C1; T(0)=0; TAUI=P*(GTYP+2)/R
        FOR I=0 TO N DO
            T(I)=DT*I
            C(I)=C0+(C1-C0)*EXP(-T(I)*TAUI)
        END DO
RETURN
END
```

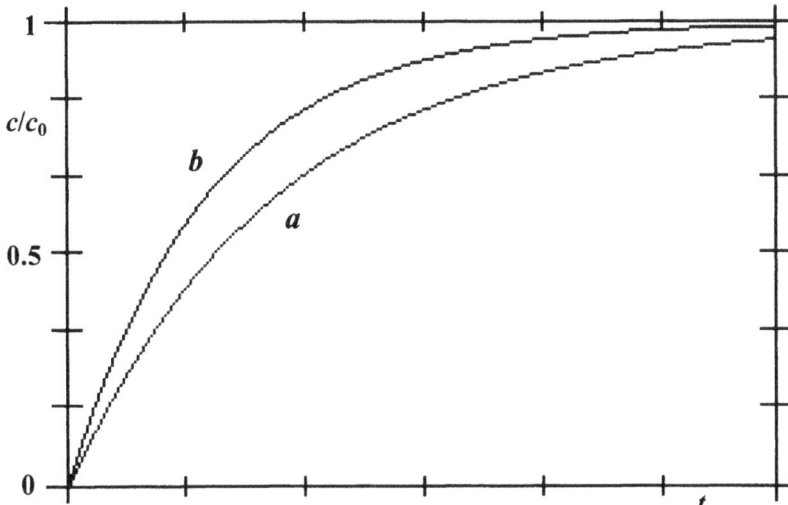

Bild 3.1: Verlauf der Konzentration c in Einheiten der Außenkonzentration c_0 im Inneren einer Kugel (a) und eines unendlich ausgedehnten Zylinders (b) mit gleichem Radius im Laufe der Zeit t.

Das Bild 3.1 zeigt das Ergebnis einer Simulation, die mit Hilfe der Prozedur *MEMBRANE_CURRENT* durchgeführt wurde. Dargestellt ist der Anstieg der intrazellulären Konzentration in Einheiten der Außenkonzentration für ein kugelförmiges und ein zylinderförmiges Zellmodell.

Wird eine Substanz aufgrund eines Konzentrationsgefälles transportiert, so nennt man diesen Transportprozess allgemein Diffusion. So gesehen handelt es sich bei dem hier betrachteten Prozeß des Membranstroms zwar prinzipiell um einen Diffusionsvorgang. Dieser wird allerdings dadurch eingeschränkt, daß hier genaugenommen ein ortsunabhängiger kinetischer Transportprozeß angenommen wird. Die Verteilung der Substanz erfolgt innerhalb der Zelle so rasch, daß als alleiniger Parameter nur die Membranpermeabilität den Transportvorgang bestimmt und der Diffusionskoeffizient unberücksichtigt bleibt (vergleiche auch Kapitel 2). Da biologische Zellen so klein sind, daß es nur mit großem meßtechnischen Aufwand möglich ist, intrazellulär Konzentrationsgradienten zu bestimmen, reicht der einfache kinetische Ansatz in vielen Fällen aus, den zeitlichen Verlauf der Konzentration im Zellinneren größenordnungsmäßig zu modellieren, zumal Experimente gezeigt haben, daß offenbar die Membranpermeabilität den Transportvorgang tatsächlich dominiert.

Dennoch spielt insbesondere bei der extrazellulären Stoffverteilung die ortsabhängige Diffusion eine große Rolle. Im folgenden Abschnitt sollen einige Modelle biologischer Diffusionsprozesse vorgestellt werden.

3.2.2 Freie Diffusion

Grundlage der (ortsabhängigen) Diffusion ist die thermische Eigenbewegung eines Moleküls. Diese läßt sich mit Hilfe eines Zufallszahlen-Generators simulieren. Ein „Molekül" wandert dabei entlang der Knotenpunkte eines (zwei- oder dreidimensionalen) Gitters, wobei es zum Zeitpunkt i zufällig seine Richtung ändert. Bei einem ebenen Diffusionsprozeß kann das „Molekül", ausgehend von den Koordinaten (x_{i-1}, y_{i-1}), nach dem Zufallsprinzip zum Ort (x_i, y_i) bewegt werden. Diese Koordinaten können z.B. die Werte $(x_{i-1} \pm z, y_{i-1})$ oder $(x_{i-1}, y_{i-1} \pm z)$ annehmen, wobei z entweder ein konstanter Wert (z.B. gleich Eins) ist oder eine (z.B. normalverteilte) Zufallszahl darstellt. In diesem Zusammenhang spricht man vom „zellulären Automaten". Für das Verschiebungsquadrat R_i^2 eines solchen Automaten zum Zeitpunkt i gilt dann

$$R_i^2 = (x_i - x_{i-1})^2 + (y_i - y_{i-1})^2 .$$

Das mittlere Verschiebungsquadrat des „Moleküls" läßt sich nach n Schritten berechnen

$$\overline{R_a^2} = \frac{1}{n} \cdot \sum_{i=1}^{n} R_i^2 .$$

Die Simulationszeit wird bestimmt durch die Anzahl n von durchgeführten Schritten. Diese soll der realen Beobachtungszeit t proportional sein, also $t = a \cdot n$. Analog gelte dieses auch für die zurückgelegte Wegstrecke, also $r_i = b \cdot R_i$. Dann ergibt sich für die Proportionalitätskonstanten a und b:

$$\frac{b^2}{a} = \frac{4 \cdot D \cdot n}{\sum_i R_i^2} .$$

Dieser Zusammenhang ermöglicht die Anpassung der Simulation an reale Gegebenheiten. Die folgende Prozedur *BOWNIAN_MOTION* beinhaltet einen Algorithmus zur Simulation einer ebenen Brownschen Molekularbewegung. X0 und Y0 sind die Startkoordinaten, S ist die (feste) Schrittweite und N die maximale Anzahl der stattfindenden Bewegungen. Die Koordinaten des zurückgelegten Weges werden in das zweidimensionale Array R abgelegt, wobei die i-te Position mit den Koordinaten (x_i, y_i) dem Array-Wertepaar (R(I,0), R(I,1)) zugeordnet wird.

Durch das Ziehen einer ersten Zufallszahl wird die zu verändernde Koordinate bestimmt (K), eine weitere Zufallszahl (Z) legt fest, ob die Koordinate vergrößert oder verringert wird.

PROCEDURE *2D_BROWNIAN_MOTION*

(IN: X0, Y0, S, N, ; **OUT:** R)

```
BEGIN
        REAL ARRAY R(0:N; 0:1)
        R(0,0)=X0; R(0,1)=Y0
        FOR I=1 TO N DO
                K=INT(RANDOM*2)
                Z=2*INT(RANDOM*2)-1
                R(I,K)=R(I-1,K)+Z*S
        END DO
    RETURN
    END
```

Das Array R kann nach Durchlaufen der Prozedur graphisch dargestellt („visualisiert") werden.

Das Bild 3.2 zeigt das visualisierte Ergebnis der Simulation einer Brownschen
Molekularbewegung, welche auf der Basis der Prozedur *BROWNIAN_MOTION*
durchgeführt wurde.

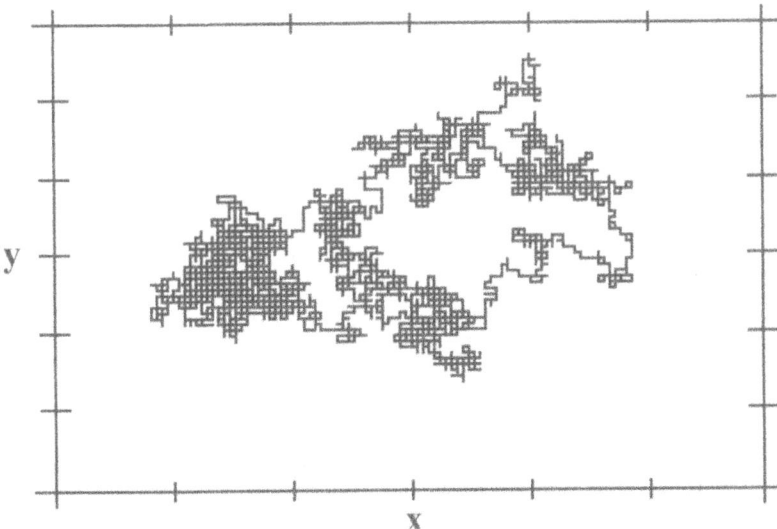

Bild 3.2: Simulation und Visualisation der ebenen Brownschen Molekularbewegung eines
gedachten Teilchens („zellulärer Automat").

3.2.3   Diffusion in porösen Medien

Innerhalb zellulärer Strukturen (Intrazellulärraum) und biologischer Gewebe (Extrazellulärraum) kann die Diffusion einer Substanz nicht völlig frei erfolgen. So gibt es für die diffundierende Substanz Barrieren etwa in Form von biologischen Membranen oder sonstigen Eiweißstrukturen, die die Diffusion behindern oder gar unmöglich machen. Aus diesem Grunde hat sich für biologische Gewebe die Modellvorstellung eines porösen Mediums bewährt. Wir wollen auf die Eigenschaften eines solchen porösen Mediums am Beispiel der extrazellulären Diffusion näher eingehen. Dabei sei der Extrazellulärraum (in der Biologie spricht man in diesem Zusammenhang genauer vom extrazellulären Microenvironment) der Porenraum, die Zellen, in die die Substanz nicht einzudringen vermag, faßt man zur Matrix des porösen Mediums zusammen.

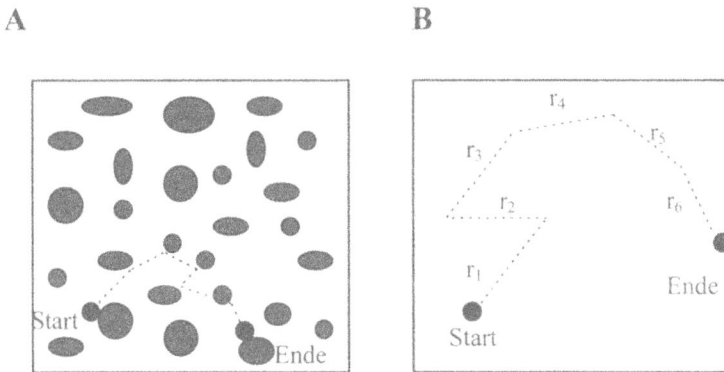

Bild 3.3: Diffusionsstrecken in porösen Medien (A) und bei freier Diffusion (B). Das mittlere Verschiebungsquadrat ist bei freier Diffusion größer als bei einer Diffusion im porösen Medium.

Eine Substanz möge nun innerhalb dieses Extrazellulärraums diffundieren (siehe Bild 3.3). Falls an den Porenwänden, also an den Zellmembranen keine Adsorption (Anlagerung) erfolgt und die Wände für die Substanz undurchlässig sind, gilt die Randbedingung

$$\underline{j} \cdot \underline{n} = 0$$

wobei $\underline{j}$ der Diffusionsstrom ist und $\underline{n}$ der Einheitsvektor, der senkrecht auf der Grenzfläche S_q von Poren und Matrix steht.

Ein makroskopisch homogen erscheinendes poröses Material kann in mikroskopisch kleinen Bereichen durchaus inhomogen sein. Im folgenden wird daher die Diffusion in einem gemittelten, sogenannten repräsentativen Elementarvolumen

(REV) betrachtet. Auf diese Weise können mikroskopisch kleine Schwankungen des räumlichen Aufbaus im porösen Medium vernachlässigt werden.

Sei V das Gesamtvolumen, V_q das zugehörige Porenvolumen und V' das Matrixvolumen eines REV, so gilt $V=V'+V_q$. Physikalische Größen innerhalb des REV, wie z.B. Diffusionsstrom j und Konzentration c, werden im folgenden durch spitze Klammern gekennzeichnet. Die Konzentration c der betrachteten Substanz im REV läßt sich dann (bezogen auf das Gesamtvolumen) durch

$$\langle c \rangle = \frac{1}{V} \int_{V_q} c \cdot dV$$

und (bezogen auf das Porenvolumen) durch

$$\langle c \rangle_q = \frac{1}{V_q} \int_{V_q} c \cdot dV$$

beschreiben. Das Verhältnis dieser beiden Konzentrationen ist die sogenannte Porosität α, die in der Biologie bisweilen auch als Volumenfraktion bezeichnet wird. Für sie gilt:

$$\alpha = \frac{\langle c \rangle}{\langle c \rangle_q} = \frac{V_q}{V}.$$

Die Volumenfraktion stellt also das Verhältnis von Porenvolumen zu Gesamtvolumen dar. In biologischen Geweben nimmt dieser Parameter Werte zwischen 0.2 und 0.3 an. Aufgrund dieser Definition lauten die Diffusionsgleichungen für das REV

$$\langle \underline{j} \rangle = -D \cdot \langle \nabla c \rangle$$

und

$$\nabla \cdot \langle \underline{j} \rangle + Q + \Lambda + \frac{\partial}{\partial t} \langle c \rangle = 0.$$

Der Term

$$\Lambda = \frac{1}{V} \int_{S_q} \underline{j} \cdot \underline{n} \cdot da$$

beschreibt dabei den Anteil des Substanzaustausches mit der Matrix des porösen Mediums, also in den Zellen. Q stellt die Quellen- bzw. Senkendichte dar. Wir wollen uns auf eine quellen- und senkenfreie extrazelluläre Diffusion beschränken; daher sind Q und Λ gleich Null.

Die Terme <∇c> und ∇<c> sind durch eine lineare Transformation ineinander überführbar:

$$\langle \nabla c \rangle = \underline{\underline{K}} \cdot \nabla \langle c \rangle$$

wobei $\underline{\underline{K}}$ die konzentrationsunabhängige Transformationsmatrix darstellt. Unter der Voraussetzung einer ortsunabhängigen Porosität ergibt sich dann

$$\langle \nabla c \rangle = \alpha \cdot \underline{\underline{K}} \cdot \nabla \langle c \rangle_q \, .$$

Mit dieser Gleichung lassen sich das erste und zweite Ficksche Gesetz für das REV formulieren:

$$\langle \underline{j} \rangle = -\alpha \cdot D \cdot \underline{\underline{K}} \cdot \langle \nabla c \rangle_q$$

bzw.

$$\nabla \cdot (D \cdot \underline{\underline{K}} \cdot \nabla \langle c \rangle_q) = \frac{\partial}{\partial t} \langle c \rangle_q$$

In einem homogenen und isotropen porösen Medium kann die Transformationsmatrix durch eine skalare Größe λ^2 repräsentiert werden. Diese als Tortuositätsfaktor bezeichnete Größe verknüpft $\underline{K}$ mit der Einheitsmatrix $\underline{E}$:

$$\underline{\underline{K}} = \frac{1}{\lambda^2} \cdot \underline{\underline{E}} = \begin{bmatrix} \lambda^{-2} & 0 & 0 \\ 0 & \lambda^{-2} & 0 \\ 0 & 0 & \lambda^{-2} \end{bmatrix} .$$

Die zunächst nur im REV gültigen Gleichungen des modifizierten ersten und zweiten Fickschen Gesetzes lassen sich aber auf das gesamte homogene und isotrope Medium übertragen. Insgesamt lauten die modifizierten Diffusionsgesetze für ein poröses Medium

$$j = -\alpha \cdot D* \cdot \nabla c = -\Omega \cdot \nabla c \qquad (3.6a)$$

(modifiziertes erstes Ficksches Gesetz) und

$$D* \nabla^2 c = \frac{\partial}{\partial t} c \qquad (3.6b)$$

(modifiziertes zweites Ficksches Gesetz) wobei

$$D* = D / \lambda^2 \qquad (3.6c)$$

ist.

Mit Hilfe des modifizierten zweiten Fickschen Gesetzes läßt sich das mittlere Verschiebungsquadrat eines diffundierenden Teilchens im porösen Medium berechnen; es lautet:

$$\overline{r^{*2}} = 2m \cdot D^* \cdot t \qquad (3.7)$$

Das Verhältnis von mittlerem Verschiebungsquadrat bei freier Diffusion einer Substanz und ihrem mittleren Verschiebungsquadrat im homogenen und isotropen porösen Medium ist gleich dem Tortuositätsfaktor:

$$\frac{\overline{r^2}}{\overline{r^{*2}}} = \frac{2 \cdot m \cdot D \cdot t}{2 \cdot m \cdot D^* \cdot t} = \lambda^2 .$$

Das Modell der Diffusion in porösen Medien hat für biologische und experimentell-medizinische Untersuchungen eine große Bedeutung. Die Parameter α und λ^2 charakterisieren dabei das Gewebe. Darüber hinaus ermöglicht das Modell eine präzise Analyse von Transportzeiten im Gewebe.

Die hier vorgestellten Diffusionsgleichungen gelten sowohl für elektrisch neutrale als auch für elektrisch geladene Moleküle (Ionen) im biologischen Gewebe bei vorhandenen Konzentrationsgradienten. Wenn äußere elektrische Felder auf die Ionen einwirken, haben diese einen zusätzlichen Einfluß auf die Ionendiffusion, wie der folgende Abschnitt zeigt.

3.2.4 Ionenströme

Wir wollen uns bei der Ableitung der Gleichungen für Ionenströme auf den eindimensionalen Fall (bei freier Diffusion) beschränken. Der eindimensionale Ionenstrom j wird definiert als die Zahl der Ionen, die im Zeitraum t parallel zur x-Richung und senkrecht durch eine Fläche A transportiert werden (siehe Bild 3.4). Mit Hilfe dieser Definition läßt sich ableiten, daß j gleich dem Produkt aus Konzentration c und Geschwindigkeit v der transportierten Ionen ist, also

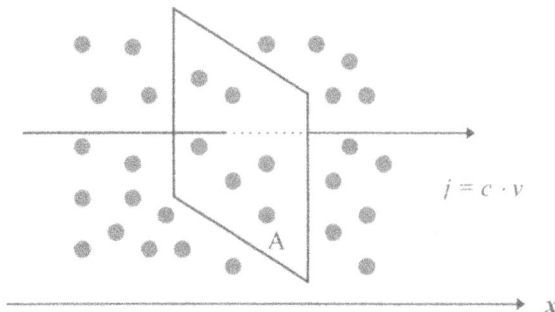

$$j = c \cdot v$$

Bild 3.4: Ionenstrom j durch die Fläche A senkrecht zur Ausbreitungsrichtung x bei gegebener Ionenkonzentration c und mittlerer Ausbreitungsgeschwindigkeit v.

$$j = \frac{n}{A \cdot t} = \frac{n}{A \cdot x} \cdot \frac{x}{t} = c \cdot v \,,$$

wobei $x > 0$ ist und das Produkt $A \cdot x$ das betrachtete Volumen V; ferner gilt für die Konzentration (Teilchenzahl n pro Volumeneinheit) $c = n/V$ und für die mittlere Ionengeschwindigkeit $v = x/t$. In biologischen Geweben können sowohl Konzentrationsgradienten als auch elektrische Felder die Ursache für einen Ionenstrom sein. Daher setzt sich der Gesamt-Ionenstrom $j = j_g$ additiv aus dem Diffusionsstrom j_d und dem elektrischen Strom j_e zusammen. Betrachten wir zunächst die auf ein Ion wirkende elektrische Kraft K_e. Für sie gilt der folgende physikalische Zusammenhang

$$K_e = z \cdot e_0 \cdot E = -z \cdot e_0 \cdot \frac{d\Phi}{dx}$$

wobei E die wirkende elektrische Feldstärke, z die Ladungszahl des Ions, e_0 die Elementarladung und Φ das skalare elektrische Potential ist, aus dem sich die Feldstärke E ableiten läßt. Die Kraft, die auf das Ion wirkt, bestimmt die (mittlere) Geschwindigkeit v mit der es sich bewegt. Da sich das Ion im biologischen Gewebe in einer wässrigen Lösung bewegt, tritt ein Reibungseffekt mit anderen Molekülen auf. Er kann mit Hilfe des Newtonschen Reibungsgesetzes berechnet werden. Es lautet

$$v = K / f$$

wobei f der sogenannte Newtonsche Reibungskoeffizient ist. Damit ergibt sich für die Geschwindigkeit des Ions folgende Gleichung

$$v = -\frac{z \cdot e_0}{f} \cdot \frac{d\Phi}{dx} \,.$$

Berücksichtigt man einige physikalische Zusammenhänge, wie etwa: $f = kT/D$, $k = R/L$ und $e_0 = F/L$ (k ist die bereits genannte Boltzmannkonstante, T die absolute Temperatur, D der Diffusionskoeffizient, R die allgemeine Gaskonstante, L die Loschmidtzahl und F die Faradaykonstante), so folgt für die Geschwindigkeit des Ions

$$v = -D \cdot \frac{z \cdot F}{R \cdot T} \cdot \frac{d\Phi}{dx} \,.$$

Damit erhalten wir für den elektrischen Ionenstrom

$$j_e = -D \cdot c \cdot \frac{z \cdot F}{R \cdot T} \cdot \frac{d\Phi}{dx} \,.$$

Betrachten wir nun den Diffusionsstrom j_d bei freier Diffusion. Er läßt sich aus dem ersten Fickschen Gesetz ableiten:

$$j_d = -D \cdot \frac{dc}{dx}.$$

Damit erhält man für den Gesamtstrom

$$j_g = -D \cdot \left(\frac{dc}{dx} + c \cdot \frac{z \cdot F}{R \cdot T} \cdot \frac{d\Phi}{dx} \right) \tag{3.8}$$

Diese Gleichung wird Nernst-Planck-Gleichung genannt. Aus ihr läßt sich ein sog. Gleichgewichtspotential für den Fall ableiten, daß j_g=0 ist:

$$\int_{c_1}^{c_2} \frac{dc}{c} = -\frac{zF}{RT} \cdot \int_{\Phi_1}^{\Phi_2} d\Phi.$$

Nach Integration dieser Gleichung erhält man folgenden Ausdruck für das Gleichgewichtspotential:

$$\Phi_1 - \Phi_2 = \Delta\Phi = \frac{RT}{zF} \cdot \ln\frac{c_2}{c_1} \tag{3.9a}$$

Für die praktische Berechnung des Gleichgewichtspotentials verwendet man anstelle des natürlichen Logarithmus der beteiligten Konzentrationen den Briggschen (Zehner)-Logarithmus. Damit ergibt sich für einwertige Ionen bei Zimmertemperatur ein einfacher Zusammenhang zwischen dem Gleichgewichtspotential und den beteiligten Konzentrationen:

$$\Delta\Phi = -58mV \cdot \lg\frac{c_1}{c_2} \tag{3.9b}$$

Die folgende einfache Prozedur erlaubt die Berechnung von N Werten $\Delta\Phi$ bei gegebenen N Konzentrationswerten c_1 in Bezug zu einem festen Wert c_2:

```
PROCEDURE STEADY_STATE_POTENTIAL
          (IN:C1, C2, N ; OUT: DELTA_PHI )
BEGIN
        REAL ARRAY C1(1:N), DELTA_PHI(1:N)
        FOR I=1 TO N DO
                DELTA_PHI(I)=-58.0*LG(C1(I)/C2)
        END DO
RETURN
END
```

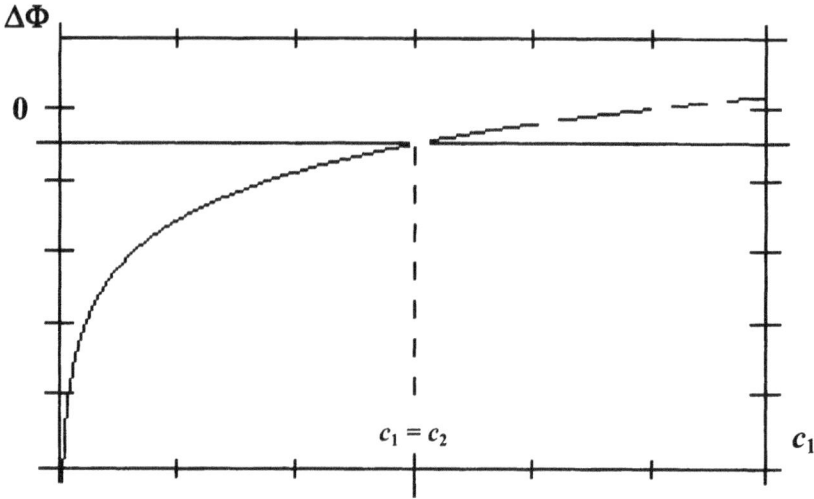

Bild 3.5: Gleichgewichtspotential $\Delta\Phi$ an einer Membran in Abhängigkeit von c_1.

Bild 3.5 zeigt den prinzipiellen Verlauf des Gleichgewichtspotentials in Abhängigkeit von c_1 bei festem c_2. Bei gleichen Ionenkonzentrationen an der Innen- und Außenseite der Membran ($c_1 = c_2$) ist das Potential gleich Null, falls $c_1 < c_2$ negativ (und umgekehrt).

Im folgenden wollen wir das Verhalten von Ionenströmen an Membranen untersuchen. Am Ort $x = 0$ möge das Potential Φ_1, am Ort $x = \delta$ das Potential Φ_2 vorliegen. Die bislang durchgeführten Rechnungen gelten zunächst nur für eine Ionensorte. Sind $n > 1$ verschiedene Ionensorten an transmembranösen Strömen beteiligt, gilt für jede einzelne Ionensorte k ($k=1, 2,..., n$) die Nernst-Planck-Gleichung.

$$j_k = -D_k \cdot \left(\frac{dc_k}{dx} + \frac{z_k F}{RT} \cdot c_k \cdot \frac{d\Phi}{dx} \right).$$

Durch Umstellen der Gleichung ergibt sich der Zusammenhang

$$j_k \cdot \frac{RT}{D_k \cdot z_k \cdot F \cdot c_k} \cdot dx = -\left(\frac{R \cdot T}{z_k \cdot F \cdot c_k} \cdot dc_k + d\Phi \right).$$

Die Integration dieser Gleichung liefert den Ausdruck:

$$j_k \cdot R_k = -V_g + V_m \, ,$$

wobei j_k gleich dem Strom, R_k gleich dem (Membran-)Widerstand und V_m-V_g gleich der elektrischen Spannung ist, die sich aus der Differenz von Membranpotential V_m und Ionengleichgewichtspotential V_g ergibt. Für den Membranwiderstand gilt ferner

$$R_k = \int\limits_{innen}^{aussen} \frac{R \cdot T \cdot c_k}{F \cdot D_k} \cdot dx \, .$$

Das Ionengleichgewichtspotential beschreibt die Gleichung

$$V_g = \frac{R \cdot T}{F} \cdot \int \frac{dc_k}{c_k} \, ,$$

und für das Membranpotential erhalten wir $V_m = \int\limits_{innen}^{aussen} d\Phi$.

Definieren wir die Leitfähigkeit der Membran g_k als Kehrwert des Membranwiderstandes R_k , so erhalten wir folgende wichtige Beziehung:

$$j_k = g_k \cdot (V_m - V_g) \tag{3.10}$$

Sie entspricht formal dem allgemeinen Ohmschen Gesetz, das sich in der bekannten Form $j = \sigma \cdot E$ darstellen läßt, wobei j die Stromdichte, σ die Leitfähigkeit und E die elektrische Feldstärke darstellen.

3.2.5 Statische Diffusionsprozesse

Im folgenden wollen wir statische Diffusionsprozesse betrachten. Da in desem Fall keine zeitliche Änderung der Konzentration vorliegt, also $\partial c / \partial t$ gleich Null ist, reduziert sich das zweite Ficksche Gesetz auf folgenden Ausdruck:

$$\nabla^2 c(r,t) = Q \, .$$

Ist die Verbrauchsrate Q konstant (= Q_d) und der Diffusionsprozeß eindimensional, so erhalten wir die Differentialgleichung

$$\frac{d^2 c}{dx^2} = Q_d / D$$

Durch zweifache Integration ergibt sich als Lösung der Gleichung für den stationären Diffusionsprozeß eine Polynom zweiter Ordnung

$$c(x) = \frac{Q_d}{2D} \cdot x^2 + \alpha \cdot x + \beta$$

wobei α und β die Integrationskonstanten sind, die sich aus den Randbedingungen
des Diffusionsprozesses ergeben.

Wenden wir dieses statische Diffusionsproblem auf den Stofftransport im Gewebeschnittpräparat an. Ein solches Präparat befinde sich in einer Badlösung. Von dieser Badlösung aus möge eine Substanz aufgrund des Konzentrationsgradienten in
das Präparat diffundieren. Mit den modifizierten Fickschen Gesetzen lassen sich
die entsprechenden Diffusionsgleichungen ableiten, mit denen die Konzentrationsverteilung an jedem Ort x sowohl innerhalb des Präparates als auch in der Badlösung berechnet werden kann. Wir legen ein kartesisches Koordinatensystem in das
Zentrum des Präparates, wobei die x-Achse die Raumkoordinate repräsentiert, in
welcher der Diffusionsprozeß abläuft. Die Grenzschicht von Bad und Gewebe möge sich bei $x = \pm h$ befinden. Für die Badlösung, in der die betrachtete Substanz
nicht verbraucht wird, gilt das klassische zweite Ficksche Gesetz in der eindimensionalen Form

$$D \cdot \frac{d^2 c}{dx^2} = 0$$

wobei D der Diffusionskoeffizient der diffundierenden Substanz und c ihre Konzentration in der Badlösung ist. Wegen der Symmetrie in Bezug zur x-Achse gilt
ferner

$$c(x) = c(-x) \, .$$

Der aus dem Bad in die Grenzschicht von Bad und Gewebe fließende Diffusionsstrom j ist gleich dem Diffusionsstrom aus der Grenzschicht in das Gewebe. Innerhalb des Präparates gilt

$$j = -\Omega \cdot \frac{dc}{dx} \qquad \text{(1. modifiziertes Ficksches Gesetz)}$$

und

$$\frac{d^2 c}{dx^2} = \frac{s}{\Omega} = q = const. \quad \text{(2. modifiziertes Ficksches Gesetz)}$$

Die allgemeine Lösung dieser einfachen Differentialgleichung lautet

$$c(x) = \frac{q}{2} \cdot x^2 + \alpha \cdot x + \beta \, .$$

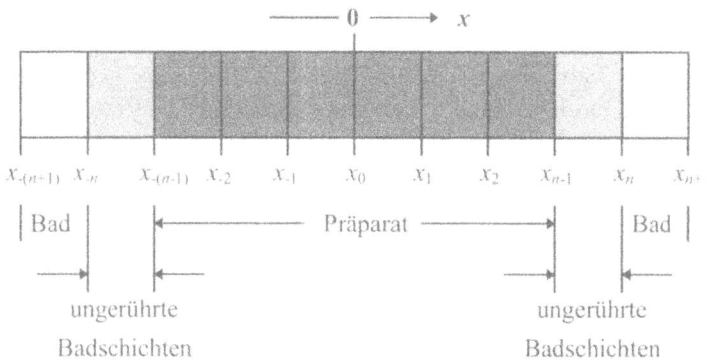

Bild 3.6: Modell eines planparallelen homogen geschichteten Slice-Präparates mit gewebe-oberflächennahen ungerührten Badschichten.

Wegen der Symmetriebedingung $c(x)=c(-x)$ und weil $\dfrac{dc}{dx}(x = 0) = 0$ ist, folgt für die Konstanten

$$\alpha = 0 \text{ und } \beta = c_0 - \frac{q}{2} \cdot h^2 \,.$$

Innerhalb des homogenen und isotropen Schnittpräparates stellt sich dann bei konstanter Stoffverbrauchsrate folgendes Konzentrationsprofil $c(x)$ ein:

$$c(x) = c_0 - \frac{q}{2} \cdot (h^2 - x^2) \qquad\qquad (3.11)$$

Bereits 1927 wurde diese Gleichung von Otto Warburg entwickelt, um den Sauerstoffverbrauch in exzidiertem Tumorgewebe zu untersuchen (allerdings ohne die Volumenfraktion und die Tortuosität zu berücksichtigen). Wir wollen das Warburg-Modell erweitern, indem wir von einer planparallelen Schichtung des Schnittpräparates ausgehen, wobei in jeder betrachteten Schicht unterschiedliche Verbrauchsraten q_i mit $-(n-1) \leq i \leq (n+1)$ existieren mögen (siehe Bild 3.6).

Ober- bzw. unterhalb der Geweebeschichten $i = \pm (n-1)$ soll eine Schicht mit ungerührter Badflüssigkeit existieren ($i=\pm n$). Diese läßt sich sowohl experimentell nachweisen als auch strömungstheoretisch berechnen, da an den oberflächennahen Schichten des Präparates die Strömungsgeschwindigkeit eines Inkubationsbades praktisch gleich Null ist. Erfolgt keine Umwälzung der Badflüssigkeit, ist also das Bad praktisch ungerührt, dann tritt diese Grenzschicht dennoch auf, weil die Nachdiffusion von Molekülen aus weiter entfernten Bereichen des Bades zeitaufwendig ist. Die im Gewebe bereits „verbrauchten" O_2-Moleküle können per Diffusion nicht so schnell nachtransportiert werden, so daß sich im Gleichgewichtszustand hier ein lineares Konzentrationsprofil ergibt, wie experimentell bestätigt werden konnte.

Ab dieser Schicht habe das vollständig gerührte Bad eine konstante Sauerstoff-Konzentration c_0. Damit erhalten wir folgendes Gleichungssystem

$$c_1(x) = \frac{1}{2} \cdot q_1 \cdot x^2 + \alpha_1 \cdot x + \beta_1$$

$$c_2(x) = \frac{1}{2} \cdot q_2 \cdot x^2 + \alpha_2 \cdot x + \beta_2$$

$$\vdots$$

$$c_{n-1}(x) = \frac{1}{2} \cdot q_{n-1} \cdot x^2 + \alpha_{n-1} \cdot x + \beta_{n-1}$$

$$c_n(x) = \alpha_n \cdot x + \beta_n$$

$$c_{n+1}(x) = c_0.$$

Dieses können wir formal durch den Ausdruck

$$
\begin{bmatrix} c_1 \\ \cdots \\ c_{n-1} \\ c_n \\ c_{n+1} \end{bmatrix}
=
\begin{bmatrix} \frac{q_1}{2} & \alpha_1 & \beta_1 \\ & \cdots & \\ \frac{q_{n-1}}{2} & \alpha_{n-1} & \beta_{n-1} \\ & \alpha_n & \beta_n \\ & & c_0 \end{bmatrix}
\cdot [x^2 \quad x \quad 1]^T
$$

beschreiben. Folgende Randbedingungen treffen zu:

(i)   Symmetriebedingung $\dfrac{dc_1}{dx}(x = 0) = 0$

(ii) Stetigkeit $c_i(x = x_i) = c_{i-1}(x = x_i)$

und

(iii) Gleichheit der Ströme $\Omega_i \cdot \dfrac{dc_i}{dx}(x = x_i) = \Omega_{i-1} \cdot \dfrac{dc_{i-1}}{dx}(x = x_i)$

Ausgehend von α_{j-1} läßt sich α_j rekursiv berechnen:

$$\alpha_j = \frac{\Omega_{j-1}}{\Omega_j} \cdot (q_{j-1} \cdot x_{j-1} + \alpha_{j-1}) - q_j \cdot x_j,$$

analog läßt sich β_{j-1} aus β_j ableiten

$$\beta_{j-1} = \frac{1}{2} \cdot (q_j - q_{j-1}) \cdot x_{j-1}^2 + (\alpha_j - \alpha_{j-1}) \cdot x_{j-1} + \beta_j .$$

Die folgende Prozedur *SLICE_PROFILE* beinhaltet den o.g. Algorithmus zur Berechnung der Konzentrationsverteilung im planparallel geschichteten Slicemodell. Übergeben werden die numerischen Werte der Parameter OMEGA, Q, C0, X und XP sowie die Größen N und M. Danach werden zunächst die Parameter-Arrays ALFA und BETA berechnet. Abschließend erfolgt die Berechnung und nachfolgend die Übergabe der Konzentrationswerte CP entlang des Profils X.

```
PROCEDURE  SLICE_PROFILE
            (IN: OMEGA, Q, C0, X, XP, N, M;
            OUT: ALFA, BETA, CP)
BEGIN
            REAL ARRAY OMEGA(1:N), Q(1:N), X(1:N), XP(1:M),
                    ALFA(1:N), BETA(1:N), CP(1:N)
            ( Berechnung der Parameter-Arrays ALFA und BETA )
            ALFA(1)=0
            FOR J=2 TO N DO
                ALFA(J)=OMEGA(J-1)/OMEGA(J)*
                (Q(J-1)*X(J-1)+ALFA(J-1))-Q(J)*X(J)
            END DO
            BETA(N)=C0-ALFA(N)*X(N)
            FOR J=N TO 2 STEP -1 DO
                BETA(J-1)=0.5*(Q(J)-Q(J-1))*X(J-1)**2+
                (ALFA(J)-ALFA(J-1))*X(J-1)+BETA(J)
            END DO
            ( Berechnung der Konzentrationswerte entlang des Profils )
            FOR I=1 TO M DO
                XPA=ABS(XP(I))
                IF XPA>=X(N) THEN
                    CP(I)=C0
                ELSE
                    L=1
                    FOR J=1 TO N-1 DO
                        IF XPA>=X(J) AND XPA<X(J+1)
                                THEN L=J+1
```

```
                   CP(I)=0.5*Q(L)/OMEGA(L)*
                            XPA**2+ALFA(L)*XPA
                            + BETA(L)
              END DO
          END IF
      END DO
   RETURN
   END
```

In zahlreichen praktischen Fällen kann man von einem homogen aufgebauten Gewebepräparat ausgehen, bei dem die Stoffverbrauchsrate konstant ist. Damit reduziert sich die Anzahl der Schichten auf $n=2$. Das homogene Gewebe bildet die erste Schicht ($s=1$); es habe die Dicke $2h$. Darüber liege die nicht-ideal gerührte
Schicht mit der Dicke $d - h$ ($s=2$). Danach beginne das ideal gerührte, unendlich
ausgedehnte Inkubationsbad ($j=3$) mit der konstanten Konzentration c_0. Damit läßt
sich das Modell durch drei einfache Gleichungen vollständig bescheiben. Diese
lauten:

(i)   für $0 \leq \mid x \mid < h$:

$$c_1(x) = c_0 - \frac{q}{\Omega} \cdot (h^2 - x^2) - q \cdot h \cdot (d - h) / D \qquad (3.12a)$$

(ii)   für $h \leq \mid x \mid < d$

$$c_2(x) = c_0 - q \cdot h \cdot (d - x) / D \qquad (3.12b)$$

(iii)   für $d \leq \mid x \mid < \infty$

$$c_3(x) = c_0. \qquad (3.12c)$$

Bild 3.7 zeigt den typischen Verlauf eines simulierten Konzentrationsprofils durch
ein Gewebeschnittpräparat (Gewebe=c_1) mit ungerührter Badrandzone (u-Zone=c_2)
und Bad (c_3). Die Existenz solcher Profilverläufe konnte experimentell nachgewiesen werden.

Die Verbrauchsrate Q muß nicht konstant, sondern kann eine Funktion der verfügbaren Konzentration c sein. Als einfachsten Fall nehmen wir an, daß $Q=Q_p$ proportional zur Konzentration c ist:

$$Q_p = p \cdot c$$

(p ist der zugehörige Proportionalitätsfaktor). Die entsprechende Differentialgleichung dieses stationären Diffusionsvorganges lautet:

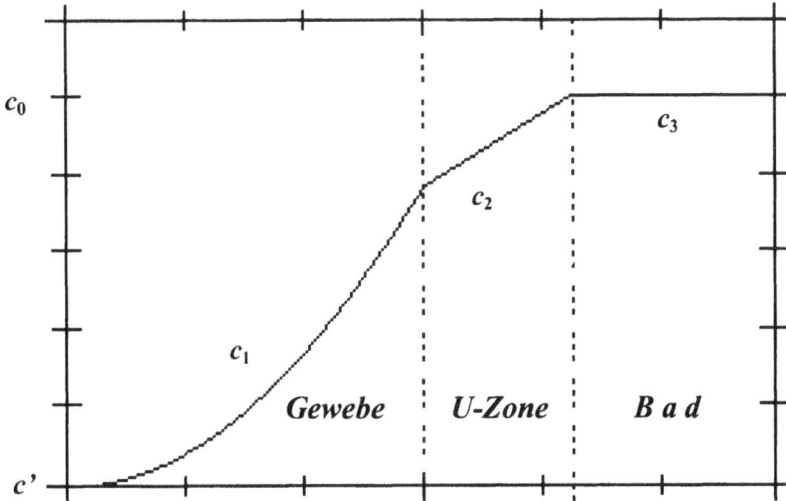

Bild 3.7: Sauerstoffprofil im Gewebeschnittpräparat (*Gewebe*), der ihn umgebenden nicht-gerührten Badzone (*u-Zone*) und dem gerührten Bad (*Bad*).

$$\frac{d^2c}{dx^2} = p \cdot c \, .$$

Die zweifache Integration dieser Differentialgleichung ergibt für p>0

$$c(x) = A_1 \cdot \cosh(\sqrt{p} \cdot x) + A_2 \cdot \sinh(\sqrt{p} \cdot x) \, ,$$

wobei $A_{1,2}$ die Integrationskonstanten darstellen.

Für das Slice-Problem wird A_2 gleich Null. Für A_1 folgt dann

$$A_1 = \frac{C_0}{\cosh(\sqrt{p} \cdot h)} \, ,$$

so daß das Konzentrationsprofil $c(x)$ durch den Ausdruck

$$c(x) = \frac{C_0}{\cosh(\sqrt{p} \cdot h)} \cdot \cosh(\sqrt{p} \cdot x)$$

berechnet werden kann.

Ein bekannter biochemischer Zusammenhang zwischen Substanzverbrauch und vorhandener Substanzkonzentration ist die Michaelis-Menten-Beziehung. Hier ist die Verbrauchsrate $Q=Q_m$ nicht-linear von der Konzentration abhängig:

$$Q_m = q \cdot \frac{c}{k + c}$$

(q ist die maximale Verbrauchsrate, k die sog. Michaelis-Konstante).

Das stationäre Diffusionsproblem mit Michealis-Menten-Verbrauchskinetik hat leider keine analytische Lösung, sondern ist nur numerisch lösbar (siehe z.B. Bassom et al., 1997).

3.2.6   Kompartiment-Analyse

Die Ausführungen der vorherigen Abschnitte haben die Komplexität des Stofftransports in biologischem Gewebe verdeutlicht. Während Transportprozesse in einzelnen Zellen oder Gewebepräparaten mit den gezeigten Verfahren noch einigermaßen zufriedenstellend modelliert und simuliert werden können, ist das Zusammenspiel unterschiedlicher Organe und Organsysteme bei Transportprozessen kaum noch mit Hilfe mathematischer Gleichungen lösbar. Daher versucht man komplizierte Transportwege zwischen verschiedenen biologischen Organen mit stark vereinfachten Modellen zu simulieren. Dazu werden Verteilungsräume, auch Kompartimente genannt, definiert, die einzelne Organe oder Organsysteme repräsentieren. Am Beispiel eines zwei-Kompartimentmodells wollen wir die Eigenschaften solcher Modelle untersuchen.

Aus einem fiktiven Reservoir A möge eine Substanz in das Kompartiment K1 fließen, die dort die Konzentration c_1 bildet. Von K1 aus fließt die Substanz zu einem Teil in ein weiteres fiktives Reservoir **B** und zum anderen Teil in ein zweites Kompartiment K2, wo sie in der Konzentration c_2 vorliegt. Vom Kompartiment K2 gelangt ein Teil der Substanz wiederum in das Kompartiment K1 zurück. In das Kompartiment K2 möge die Substanz analog zu K1 aus einem Reservoir C zu- und in ein weiteres Reservoir D abfließen. Die Zusammehänge verdeutlicht das Bild 3.8. Die vier Kreise symbolisieren die Reservoirs A – D, die Quadrate die beiden Kompartimene K1, K2 und die Pfeile deuten die jeweile Flußrichtung der Substanz an.

Der Prozeß läßt sich durch die folgenden kinetischen Gleichungen beschreiben:

$$\frac{dc_1}{dt} = (k_A - k_B - k_{12}) \cdot c_1 + k_{21} \cdot c_2 = \alpha_1 \cdot c_1 + \alpha_2 \cdot c_2$$

bzw. $$\frac{dc_2}{dt} = k_{12} \cdot c_1 + (k_C - k_D \cdot k_{21}) \cdot c_2 \, ,$$

wobei k_i die konstanten Transportparameter sind. Dieses Differentialgleichungssystem läßt sich lösen, wenn die Anfangsbedingungen $c_{1,2}(t=0)$ bekannt sind. Dazu schreibt man das Differentialgleichungssystem zunächst in Matrixform:

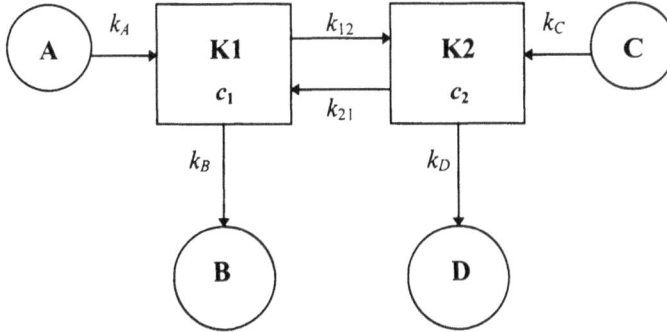

Bild 3.8: Ein einfaches Kompartiment-System mit den Reservoiren A – D und den Kompartimenten K1 und K2 mit den Konzentrationen $c_{1,2}$. Die Pfeile zeigen mögliche Transportrichtungen der betrachteten Substanz. k_j sind die Transportparameter.

$$\frac{d}{dt}\underline{c}(t) = \begin{bmatrix} \dfrac{dc_1(t)}{dt} \\ \dfrac{dc_2(t)}{dt} \end{bmatrix} = \begin{bmatrix} \alpha_1 & \alpha_2 \\ \beta_1 & \beta_2 \end{bmatrix} \cdot \begin{bmatrix} c_1(t) \\ c_2(t) \end{bmatrix} = \underline{\underline{M}} \cdot \underline{c}(t) .$$

Als Lösungsansatz wählen wir einen exponentiellen zeitlichen Verlauf für $\underline{c}(t)$:

$$\underline{c}(t) = \begin{bmatrix} c_1(t) \\ c_2(t) \end{bmatrix} = \begin{bmatrix} S_1 \\ S_2 \end{bmatrix} \cdot \exp\{\lambda \cdot t\} = \underline{S} \cdot \exp\{\lambda \cdot t\} .$$

Die Eigenwerte der Matrix $\underline{\underline{M}}$ und die charakteristische Gleichung liefern die Werte für $\underline{S}$. Wegen $(\underline{\underline{M}} - \lambda \cdot \underline{\underline{E}}) \cdot \underline{S} = 0$ folgt, daß

$$\begin{bmatrix} \alpha_1 - \lambda & \alpha_2 \\ \beta_1 & \beta_2 - \lambda \end{bmatrix} \cdot \begin{bmatrix} S_1 \\ S_2 \end{bmatrix} = \begin{bmatrix} 0 \\ 0 \end{bmatrix} = \underline{0} .$$

Mit Hilfe der Gleichung

$$\lambda^2 - \lambda \cdot spur(\underline{\underline{M}}) + \det(\underline{\underline{M}}) = 0$$

läßt sich λ berechnen. Zur Verdeutlichung dieser Kompartiment-Modellierung wollen wir ein einfaches Beispiel konkret berechnen.

Wir beschränken uns hier wieder auf zwei Kompartimente, reduzieren jedoch die Anzahl der Reservoirs auf eines, nämlich D (vergl. Bild 3.9). Dann sind die Konstanten k_A, k_B und k_C gleich Null, und das Gleichungssystem reduziert sich auf

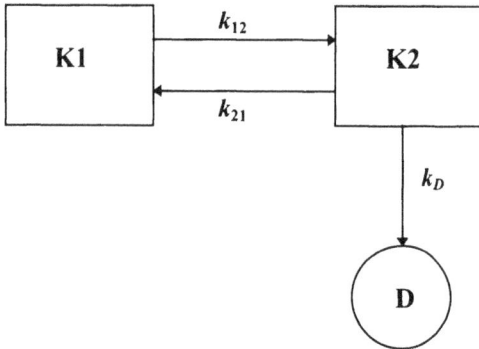

Bild 3.9: Vereinfachtes Kompartimentsystem, bestehend aus zwei Kompartimenten (K1, K2) und einem Reservoir (D).

$$\frac{dc_1}{dt} = -k_{12} \cdot c_1 + k_{21} \cdot c_2$$

bzw. $\quad \dfrac{dc_2}{dt} = k_{12} \cdot c_1 - (k_D + k_{21}) \cdot c_2 .$

Als Anfangsbedingung wählen wir $c_1(t{=}0){=}c_{10}{=}$const. und $c_2(t{=}0){=}0$. Die Lösung ist trotz einfacher Modellannahme schon recht komplex; sie lautet:

$$c_1(t) = A_1 \cdot \exp\{\lambda_1 \cdot t\} + A_2 \cdot \exp\{\lambda_2 \cdot t\} \qquad (3.13a)$$

bzw.

$$c_2(t) = A_1 \cdot \frac{\lambda_1 + k_{12}}{k_{21}} \cdot \exp\{\lambda_1 \cdot t\} +$$
$$+ A_2 \cdot \frac{\lambda_2 + k_{12}}{k_{21}} \cdot \exp\{\lambda_2 \cdot t\}. \qquad (3.13b)$$

Für die Konstanten λ_j und A_j gilt:

$$\lambda_{1,2} = [-(k_{12} + k_{21} + k_D)$$
$$\pm \sqrt{(k_{12} + k_{21} + k_D)^2 - 4 \cdot k_{21} \cdot k_D}\,]/2 \qquad (3.13c)$$

und

$$A_1 = (\lambda_2 + k_{12}) \cdot c_{10} / (\lambda_2 - \lambda_1) \qquad (3.13d)$$

bzw.

$$A_2 = -(\lambda_1 + k_{12}) \cdot c_{10} / (\lambda_2 - \lambda_1) \qquad (3.13e)$$

Für die beiden betrachteten Kompartimente K1 und K2 gilt, daß sich die Stoffe dort unendlich schnell verteilen. Man bezeichnet den Zustand eines solchen Kompartiments auch als „ideal gerührten Topf". Innerhalb der Kompartimente bestehen keine Konzentrationsgradienten; diese existieren nur zwischen einzelnen Kompartimenten. Da auf diese Weise die geometrischen Verhältnisse der bei der Stoffverteilung beteiligten Organe extrem vereinfacht werden, sind die zugehörigen kinetischen Gleichungen innerhalb eines Kompartimentes ortsunabhängig und hängen nur dort nur noch von der Zeit ab.

3.3 Biologische Wachstums- und Degenerationsmodelle

Wachstum ist eines der wesentlichen Merkmale des Lebens. Neben dem biologischen Aspekt stellt sich die Frage nach der Modellierbarkeit von Wachstumsvorgängen. Im folgenden Abschnitt werden einige einfache aber wichtige Wachstumsmodelle vorgestellt. Im Anschluß daran wollen wir anhand zweier konkreter Beispiele biologisches Wachstum aus medizinischer Sicht betrachten.

3.3.1 Wachstumsmodelle

Prinzipiell stellt Wachstum eine quantitative Änderung des Volumens, der Länge, der Anzahl und der Masse von biologischen Strukturen dar (siehe auch Kapitel 1). Hieran sind insbesondere die Zellen durch Zellvermehrung und Zunahme der Zellgröße beteiligt, wobei eine Vermehrung der Zellzahl ein Wachstum über eine Volumenzunahme von Tochterzellen bewirkt. Physiologischerweise erfolgt ein Wachstum unter kontrollierten Bedingungen, während bei Krebsgeschwülsten diese Kontrolle gestört ist und ein nahezu unbeschränktes Wachstum einsetzt. Mit Hilfe von mathematischen Modellen lassen sich verschiedene Wachstumsformen beschreiben. Einige elementare Modelle zeitabhängiger Populationen $x(t)$ werden im folgenden gezeigt.

Grundlage dieser mathematischen Modelle ist die Kinetik des Wachstumsprozesses. Die kinetischen Gleichungen haben die aus Abschnitt 3.1 bekannte Form

$$\frac{dx(t)}{dt} = F(x, t; p_1, \dots, p_n) \,.$$

t ist die Zeit, $x(t)$ ist die Population, also die Größe, die einem Wachstum unterliegt, z.B. Zellen. $p_1 \dots p_n$ sind konstante Einflußgrößen.

Wir befassen uns zunächst mit dem linearen Wachstum. Hierfür gilt die kinetische Gleichung

$$\frac{dx(t)}{dt} = const. = a$$

d.h, die zeitliche Änderung der Population x ist konstant und gleich dem Wachstumsfaktor $a > 0$. Durch Integration dieser Gleichung erhält man für den linearen Wachstumsprozeß den Ausdruck

$$x(t) = a \cdot t$$

wobei die Anfangsbedingung $x(t=0)=0$ gelte. Wir wollen nun die Beobachtung des Wachstumsprozesses diskretisieren, d.h. wir beobachten x wiederkehrend zu festen Zeiten t_n bei einem vorgegebenen konstanten Zeitintervall Δt. Dann läßt sich die Größe x zum Zeitpunkt t_{n+1} aus der Beobachtung zur Zeit t_n berechnen:

$$x_{n+1} = a \cdot (t_n + \Delta t)$$

Da $t_n = x_n/a$, kann man folgende rekursive Wachstumsformel ableiten:

$$x_{n+1} = x_n + a \cdot \Delta t$$

Wir beginnen zum Zeitpunkt $n=0$ mit der Bedingung, daß $t_n = t_0 > 0$ ist. Zu diesem Zeitpunkt habe x den Wert (*Seed*wert) x_0. Dann berechnen wir x für die diskreten Zeitpunkte $n=1, 2, ..., m, m+1$. Für die Wachstumsformel gilt:

$$x_1 = x_0 + a \cdot \Delta t$$
$$x_2 = x_1 + a \cdot \Delta t$$

$$...$$

$$x_m = x_{m-1} + a \cdot \Delta t$$
$$x_{m+1} = x_m + a \cdot \Delta t.$$

Dieser Wachstumsalgorithmus läßt sich durch die folgende Prozedur *LINEAR_GROWTH* darstellen. Übergeben werden der Prozedur numerische Werte für die Parameter Startwert (SEED), Wachstumsfaktor (A), Zeitintervall (DT) sowie Anzahl der Generationen (N=m+1). Berechnet wird die Größe X des Wachstumsprozesses der 2. bis N-ten Generation.

```
PROCEDURE LINEAR_GROWTH
        (IN: SEED, A, DT, N; OUT: X)
BEGIN
      REAL ARRAY X[0:N]
      X(0)=SEED
      FOR I=1 TO N DO
          X(I)=X(I-1)+A*DT
      END DO
  RETURN
  END
```

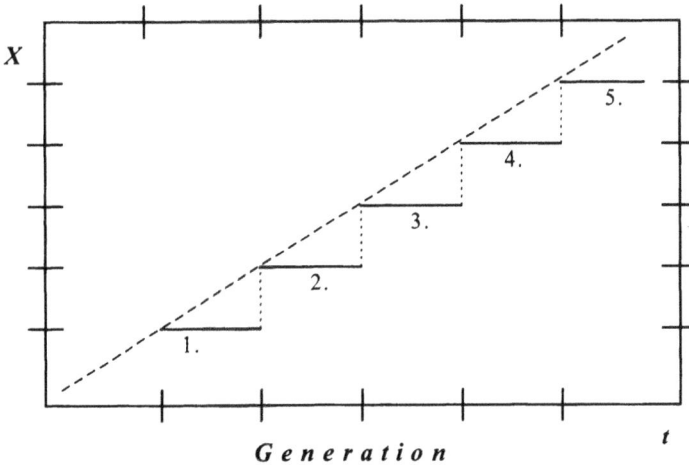

Bild 3.10: Lineares Wachstum als lineare Zeitfunktion $x(t)$ (-------) und als stufenförmig verlaufende Wachstumsfunktion in Abhängigkeit von der Generation.

Das Bild 3.10 zeigt das lineare Wachstum einer Population als kontinuierliche lineare Zeitfunktion und in Abhängigkeit von der Generationenzahl.

Analog können wir verfahren, wenn wir ein quadratisches Wachstum betrachten. Für dieses gilt die kinetische Gleichung

$$\frac{dx(t)}{dt} = 2a \cdot t$$

(auch hier setzen wir a > 0). Die Integration dieser Gleichung liefert

$$x(t) = a \cdot t^2 ,$$

wobei wir wiederum annehmen, daß $x(t=0)=0$ sein möge. Auch für diese Kinetik läßt sich analog zum linearen Wachstum ein rekursiver Zusammenhang finden. Zunächst gilt

$$x_{n+1} = a \cdot (t_n + \Delta t)^2 .$$

Setzt man in diese Formel den Ausdruck $t_n = \sqrt{\dfrac{x_n}{a}}$ ein, ergibt sich die rekursive

Wachstumsformel

$$x_{n+1} = x_n + 2\sqrt{\frac{x_n}{a}} \cdot \Delta t + (\Delta t)^2 .$$

Allgemein läßt sich ein Wachstumspotenzgesetz ableiten. Es folgt dem Ansatz

$$\frac{dx(t)}{dt} = n \cdot a \cdot t^{n-1}, \, n=1, 2, 3, \ldots$$

und hat, falls $x(t{=}0){=}0$ ist, die allgemeine zeitabhängige Potenzform

$$x(t) = a \cdot t^n.$$

Bislang haben wir nur zeitabhängige kinetische Wachtumsgleichungen behandelt. Im folgenden betrachten wir Wachstumsgleichungen, die auch von $x(t)$ selbst abhängen. Hierzu zählt z.B. das exponentielle Wachstum. Die zugehörige kinetische Gleichung lautet:

$$\frac{dx(t)}{dt} = a \cdot x(t).$$

Auch diese kinetische Gleichung läßt sich durch Integration analytisch lösen:

$$x(t) = \exp\{a \cdot t\}.$$

Die rekursive Wachstumsformel lautet analog zu den bisher ermittelten Wachstumsformeln

$$x_{n+1} = x_n \cdot \exp\{a \cdot \Delta t\}.$$

Alle bislang betrachteten Wachstumsvorgänge stellen ein uneingeschränktes Wachstum dar.

Wachstum kann durch Konkurrenz begrenzt werden. Ein einfaches Modell, das diesen Sachverhalt widerspiegelt, wird durch folgende kinetische Gleichung beschrieben:

$$\frac{dx(t)}{dt} = a \cdot x \cdot (1 - x).$$

Sie läßt sich nach erfolgter Variablentrennung durch Integration analytisch lösen. Es folgt

$$\ln \frac{x(t)}{1 - x(t)} = a \cdot (t - t_0)$$

und damit

$$x(t) = \frac{x_0}{1 + \exp\{-a \cdot (t - t_0)\}} \tag{3.14}$$

Dieser Wachstumsprozeß wird logistisches Wachstum genannt. Dieses Wachstum ist beschränkt; denn alle x-Werte liegen für alle Zeitwerte $-\infty < t < +\infty$ im Intervall $[0, x_0]$. Zum Zeitpunkt $t{=}t_0$ hat x gerade die Hälfte des maximalen Populationswertes erreicht. Während bis zu diesem Zeitpunkt die Population stetig wächst, wird ihr Zuwachs danach immer geringer, bis der Maximalwert x_0 erreicht ist. Daraus ergibt sich der typische sigmoidale Verlauf der logistischen Wachstumskurve in Abhängigkeit von der Zeit.

Auch das logistische Wachstum läßt sich rekursiv berechnen. Hat die Population zum Zeitpunkt t_n den Wert x_n, so folgt

$$\ln \frac{x_n}{1 - x_n} = a \cdot t_n .$$

Analog gilt für den Zeitpunkt t_{n+1}:

$$\ln \frac{x_{n+1}}{1 - x_{n+1}} = a \cdot t_{n+1} = a \cdot (t_n + \Delta t) .$$

Setzen wir noch $c = \exp(-a \cdot \Delta t)$, ergibt sich für das logistische Wachstum folgendes Iterationsschema:

$$x_{n+1} = \frac{x_n}{x_n + c \cdot (1 - x_n)} .$$

Abschließend wollen wir noch eine besonders interessante, weil ungewöhnliche, Wachstumskinetik betrachten. Sie wird durch folgende rekursive Wachstumsformel beschrieben:

$$x_{n+1} = 4 \cdot \zeta \cdot x_n \cdot (1 - x_n) ,$$

wobei $0 < \zeta$ ist. Die dieser Gleichung zugrunde liegende Wachstumskinetik wird als Verhulst-Dynamik bezeichnet. Wir leiten sie nicht mit Hilfe einer kinetischen Gleichung, sondern mit einer als relatives Wachstum definierten Funktion ab. Die Wachstumsfunktion W sei das Verhältnis von x_{n+1} zu x_n:

$$W = \frac{x_{n+1}}{x_n} .$$

Ist W konstant, so liegt ein exponentielles Wachstum vor. Der niederländische Mathematiker Verhulst hingegen nahm an, daß W selbst eine Funktion von x_n und damit abhängig von der Generation ist. Dabei ging er davon aus, daß $W = 4 \cdot \zeta \cdot (1 - x_n)$ ist. Setzt man beide Ausdrücke für das Wachstum einander gleich, ergibt sich die Rekursionsformel für die Verhulst-Dynamik.

Analog zum Algorithmus für den linearen Wachstumsprozeß, läßt sich die Verhulst-Dynamik mit Hilfe folgender Prozedur simulieren:

PROCEDURE *VERHULST_DYNAMICS*

        (**IN**: SEED, ZETA, N; **OUT**: X)

   BEGIN

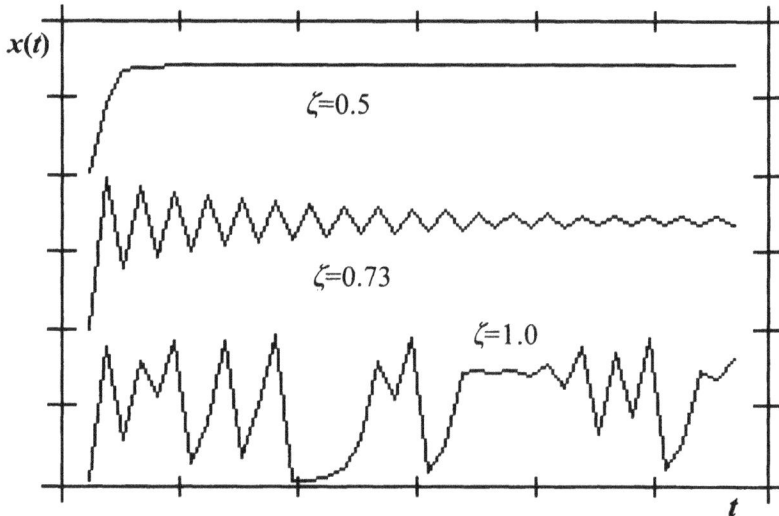

Bild 3.11: *Verhulst*-Dynamik für einen Seed-Wert von 0.2 und verschiedenen Werten für den Parameter ζ.

```
REAL ARRAY X(0:N)
X(0)=SEED
FOR I=1 TO N DO
        X(I)=4 * ZETA * X (I – 1) * (1 – X (I – 1) )
END DO
RETURN
END
```

Nimmt ζ einen Wert von etwa ½ an, so steigt die Populationsgröße x mit der Anzahl n der Generationen sigmoidal an, bis ein Plateauwert erreicht wird. Erhöht man ζ auf etwa ¾, so oszilliert der Plateauwert von x zwischen zwei festen Werten mit abnehmender Größe („gedämpfte Oszillation"). Wird ζ weiter auf etwa 1 erhöht, so schwankt die Populationsgröße ab einem bestimmten Generationswert völlig unregelmäßig. Man spricht in diesem Zusammenhang auch vom „chaotischen" Wachstum (siehe hierzu auch Bild 3.11).

Nachdem wir uns mit den mathematischen Aspekten von Wachstumsprozessen auseinandergesetzt haben, betrachten wir im folgenden zwei medizinisch relevante Anwendungsbeispiele.

Generation   Population

0   1

1   2

2   4

3   8

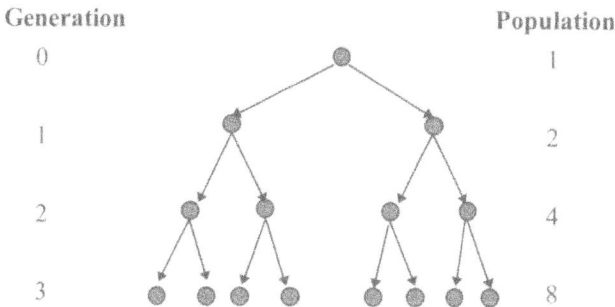

Bild 3.12: Wachstum einer Population durch eine Zellzahlverdopplung.

Beginnen wollen wir mit dem Zellteilungsprozeß. Das Bild 3.12 verdeutlicht den Anstieg der Populationszahl $x(n)$ mit zunehmender Generationenzahl n bei Zellzahlverdopplung. Dahinter verbirgt sich das Wachstumsgesetz

$$x(n) = 2^n, \; n=0, 1, 2, \ldots$$

Wenn von einem Zellteilungsvorgang zum nächstfolgenden die Zeit Δt vergeht, dann läßt sich der Teilungsprozeß auch durch

$$x(t) = 2^{\text{int} (t / \Delta t)}$$

beschreiben, wobei der Operator „int" aus dem Quotienen $t / \Delta t$ ganze Zahlen formt. D.h., Änderungen im Exponenten treten nur sprunghaft auf, wenn t ein ganzzahliges Vielfaches von Δt ist. Betrachten wir nicht nur eine Mutterzelle (Generation = 0), sondern einen großen sich durch Teilung verdoppelnden Zellpool mit der Anfangspopulation x_0, dann läßt sich die Populationsgröße $x(t)$ durch den Ansatz

$$x(t) = x_0 \cdot 2^{\, t / \Delta t}$$

beschreiben. Die zugehörige kinetische Wachstumsgleichung lautet:

$$\frac{dx(t)}{dt} = \frac{\ln(2)}{\Delta t} \cdot x(t) \, .$$

Aus dem Gezeigten ergibt sich, daß Zellteilungsprozesse, die auf einer Zellverdopplung basieren, exponentielle Wachstumsprozesse sind und durch entsprechende Gleichungen formal beschrieben werden können. Typisch sind diese Prozesse etwa für das Bakterienwachstum.

Als zweites Beispiel betrachten wir ein sehr einfaches Tumorwachstumsmodell. Bei vielen experimentell erzeugten Tumoren finden sich exponentielle Volumenzunahmen, wie man es für reine Zellteilungsprozesse auch erwartet. Unter bestimmten Bedingungen sind jedoch auch Tumormodelle auf der Basis polynomialer Wachstumsraten denkbar, wie die folgenden Beispiele zeigen.

Wir gehen von einem kugelförmigen Tumor mit dem Volumen V_T aus. Zudem möge der betrachtete Tumor eine homogene Zellverteilung mit konstanter Dichte ρ_T haben. Dann folgt für die Tumormasse M_T, die ein Maß für die Populationsgröße des Wachstumsprozesses darstellt:

$$M_T = \rho_T \cdot V_T = \rho_T \cdot \frac{4\pi}{3} r(t)^3,$$

wobei $r(t)$ den Radius des kugelförmigen Tumors zum Zeitpunkt t darstellt. Wächst der Tumor mit konstanter radialer Wachstumsgeschwindigkeit $dr(t)/dt=v_0$, und sei der Radius r zum Zeitpunkt der Tumorentstehung, also bei $t=0$, gleich Null, dann folgt das Tumorwachstumsgesetz

$$M_T = \rho_T \cdot \frac{4\pi}{3} (v_0 \cdot t)^3 \propto t^3.$$

Ein anderer Ansatz bestünde in der Annahme, daß der Tumor gleichmäßig beschleunigt wachse, also $dv(t)/dt = \text{const.}=a_0$ ist. Wenn zudem $v(t=0)=0$ ist, dann folgt $v(t)=a_0 \cdot t$ und damit ist

$$r(t) = \frac{a_0}{2} \cdot t^2.$$

In diesem Falle gilt für die Tumormasse der Zusammenhang

$$M_T(t) = \rho_T \cdot \frac{4\pi}{3} \cdot (\frac{a_0}{2} \cdot t^2)^3 = \rho_T \cdot \frac{\pi \cdot a_0^3}{6} \cdot t^6 \propto t^6.$$

Tumormodelle, die auf die genannten Grundannahmen zurückzuführen sind, repräsentieren also potenzförmige Wachstumsprozesse. Solche Tumormodelle beschreiben insbesondere experimenelle Tumorformen.

Mit einem weiteren einfachen Modell wollen wir den Einfluß einer therapeutischen Maßnahme (z.B. Chemotherapie oder Strahlentherapie) berücksichtigen. Dazu machen wir folgende Annahme. In einer initialen Phase soll die Zunahme der Wachstumsgeschwindigkeit, also die Wachstumsbeschleunigung, durch den Ausdruck

$$a(t) = \frac{a_0}{\varepsilon} \cdot t \quad \text{für } 0 \leq t \leq \varepsilon \text{ und } a_0 = \text{const.}$$

beschreibbar sein. Für Zeiten $\varepsilon \leq t < \infty$ hingegen möge die Wachstumsbeschleunigung als Folge der therapeutischen Maßnahme kontinuierlich linear mit der Zeit abnehmen, also

$$a(t) = a_0 - b \cdot t \ .$$

Nach einer extrem kurzen Wachstumsphase bis zum Einleiten der Therapie erhalten wir bei $t = \varepsilon$ die Wachstumsgeschwindigkeit $v(t=\varepsilon)$ und den Radius $r(t=\varepsilon)$ des Tumors mit

$$v(\varepsilon) = \frac{a_0}{2} \cdot \varepsilon \quad \text{und} \quad r(\varepsilon) = \frac{a_0}{6} \cdot \varepsilon^2 .$$

Da ε sehr klein ist, also $\varepsilon \to 0$ gilt, ist sowohl die Anfangsgeschwindigkeit als auch der Tumorradius zu Beginn der Therapie praktisch vernachlässigbar, denn v geht linear, r sogar quadratisch gegen Null. Mit Einsetzen der Therapie für $\varepsilon \le t$ wächst der Tumor, wenn auch gebremst, weiter, bis er seine maximale Ausdehnung erreicht. Danach wird er schrumpfen. Für die Tumor-Wachstumsgeschwindigkeit $v(t)$ und den Tumorradius $r(t)$ gelten die Beziehungen

$$v(t) = a_0 \cdot t - \frac{b}{2} \cdot t^2 \quad \text{bzw.} \quad r(t) = \frac{a_0}{2} \cdot t^2 - \frac{b}{6} \cdot t^3 ,$$

welche sich nach einfacher bzw. zweifacher Integration der Gleichung $a(t)$ ergeben.

Drei Zeitpunkte sind von besonderem Interesse: Zum Zeitpunkt t_1 sei die Wachstumsgeschwindigkeit maximal, bei t_2 werde der größte Tumorradius und damit das größte Tumorvolumen erreicht, bei t_3 sei der Tumor vollständig degeneriert. Für diese drei Zeiten liefert das Modell die einfache Beziehung

$$t_1 = \frac{a_0}{b} \qquad t_2 = \frac{2 \cdot a_0}{b} = 2 \cdot t_1 \qquad t_3 = \frac{3 \cdot a_0}{b} = 3 \cdot t_1 .$$

Im Gegensatz zu den experimentellen Tumoren gehorchen viele harte Tumore *in vivo* anderen Wachstumsraten. Eine der wichtigsten ist

$$\frac{dV(t)}{dt} = \eta \cdot e^{-\kappa \cdot t} \cdot V(t) ; \quad \eta, \ \kappa = \text{const.}$$

Auch diese Differentialgleichung läßt sich analytisch lösen. Sie lautet

$$V(t) = V_0 \cdot \exp\left\{ \frac{\eta}{\kappa} \cdot (1 - e^{\kappa \cdot t}) \right\} .$$

Dieser Audruck ist unter der Bezeichnung Gompertz-Gesetz bekannt.

3.3.2 Degenerative Prozesse

Analog zu den Wachstumsprozessen lassen sich auch „negative Wachstumsprozesse", die sogenanten degenerativen Prozesse durch einfache kinetische (Differential-)Gleichungen beschreiben. Wir haben gesehen, daß bei den Wachstumsprozessen die Wachstumskonstante a eine wichtige Rolle spielt. Diese Konstante ist hier positiv. Bei degenerativen Vorgängen ist diese Konstante negativ, da sie hier ein abnehmendes Wachstum repräsentiert. Die kinetische Grundgleichung für einen allgemeinen degenerativen Prozess lautet:

$$\frac{dx(t)}{dt} = f(x,t;p_1,\ldots,p_n) < 0 \,.$$

Für den linearen Degenerationsprozeß gilt die Beziehung

$$\frac{dx(t)}{dt} = -a \,.$$

Durch Integration dieser Differentialgleichung erhalten wir eine analytische Lösung für das lineare Degenerationsproblem, wobei wir vom Anfangswert $x_0 = x(t{=}0) > 0$ ausgehen wollen. Damit lautet die Lösung für die lineare Degeneration

$$x(t) = x_0 - a \cdot t \,.$$

Aus Plausibilitätsgründen (die Population x kann nicht kleiner als Null werden) ist der degenerative Prozeß grundsätzlich zeitlich begrenzt. Wir erhalten für den linearen Fall die maximale Degenerationszeit t_{max} mit

$$t_{\max} = \frac{x_0}{a} \,,$$

wenn $x(t_{\max})=0$ ist. Als zeitlich nicht-lineareren Prozeß haben wir zuerst das quadratische Wachstum kennengelernt. Wir definieren einen entsprechenden degenerativen Prozeß durch die kinetische Gleichung

$$\frac{dx(t)}{dt} = -a \cdot t \,.$$

Die Integration dieser Gleichung liefert

$$x(t) = x_0 - \frac{a}{2} \cdot t^2 \,.$$

Die zugehörige maximale Dauer $t_{\max}$ des Prozesses läßt sich durch

$$t_{\max} = \sqrt{\frac{2x_0}{a}}$$

angeben. Da $\dfrac{d^2 x}{dt^2}$ zu jedem Zeitpunkt negativ ist, kann man auch von einem negativ beschleunigten oder „accelerierten" degenerativen Prozeß sprechen.

Einen exponentiellen degenerativen Prozeß kann man analog zu den Wachstumsmodellen durch die kinetische Gleichung

$$\frac{dx(t)}{dt} = -a \cdot x(t)$$

beschreiben. Die Integration der Gleichung ergibt

$$x(t) = x_0 \cdot \exp\{-a \cdot t\} \, .$$

Im Gegensatz zu den beiden erstgenannten degenerativen Prozessen, die nach endlicher Zeit $t_{\max}$ beendet sind, findet dieser sein Ende erst für $t \to \infty$.

Die Beschleunigung $\dfrac{d^2 x}{dt^2}$ dieses Prozesses ist zu jedem Zeitpunkt positiv. Daher handelt es sich um einen gebremsten oder „decelerierten" Degenerationsprozeß.

Eine sigmoidale Charakteristik eines degenerativen Prozesses läßt sich durch folgenden Ansatz erreichen

$$\frac{dx(t)}{dt} = -a \cdot t \cdot x(t) \, .$$

Die Gleichung hat die Lösung

$$x(t) = x_0 \cdot \exp\{-a \cdot t^2\} \, ,$$

welche einer Gaußschen Glockenkurve entspricht.

3.4 Modell und Experiment

Wenn Modelle vereinfachte Abbildungen der Wirklichkeit sind, sollte der Grad ihrer Übereinstimmung mit der Wirklichkeit bestimmbar sein. Zu diesem Zweck werden Experimente durchgeführt, welche es ermöglichen, die Modelle auf ihre Aussagekraft hin zu überprüfen. Diese Vorgehensweise ist für die Naturwissenschaften typisch. Im biomedizinischen Bereich hingegen ist dieses nur sehr eingeschränkt möglich. So ist bereits die Modellierung eines biomedizinischen Prozesses häufig problematisch. Der Abgleich mit experimentellen Daten führt dann nicht immer zu befriedigenden Resultaten, weil die das Modell bestimmenden Parameter wegen der Komplexität des betrachteten biomedizinischen Prozesses und der Komplexität des Untersuchungsgegenstandes *Mensch* oft nicht direkt oder hinreichend genau genug gemessen werden können. In den Naturwissenschaften nimmt das Modell eine zentrale Rolle ein. Es wird zunächst entworfen, danach werden gezielt Experimente durchgeführt, welche Daten liefern, die Annahme oder Ablehnung des Modells erlauben. Diese Vorgehensweise ist für die biomedizinischen Bereiche nicht unbedingt typisch. Beobachtungen am Menschen zeigen häufig Ergebnisse, die erst nachträglich durch ein Modell verständlich werden.

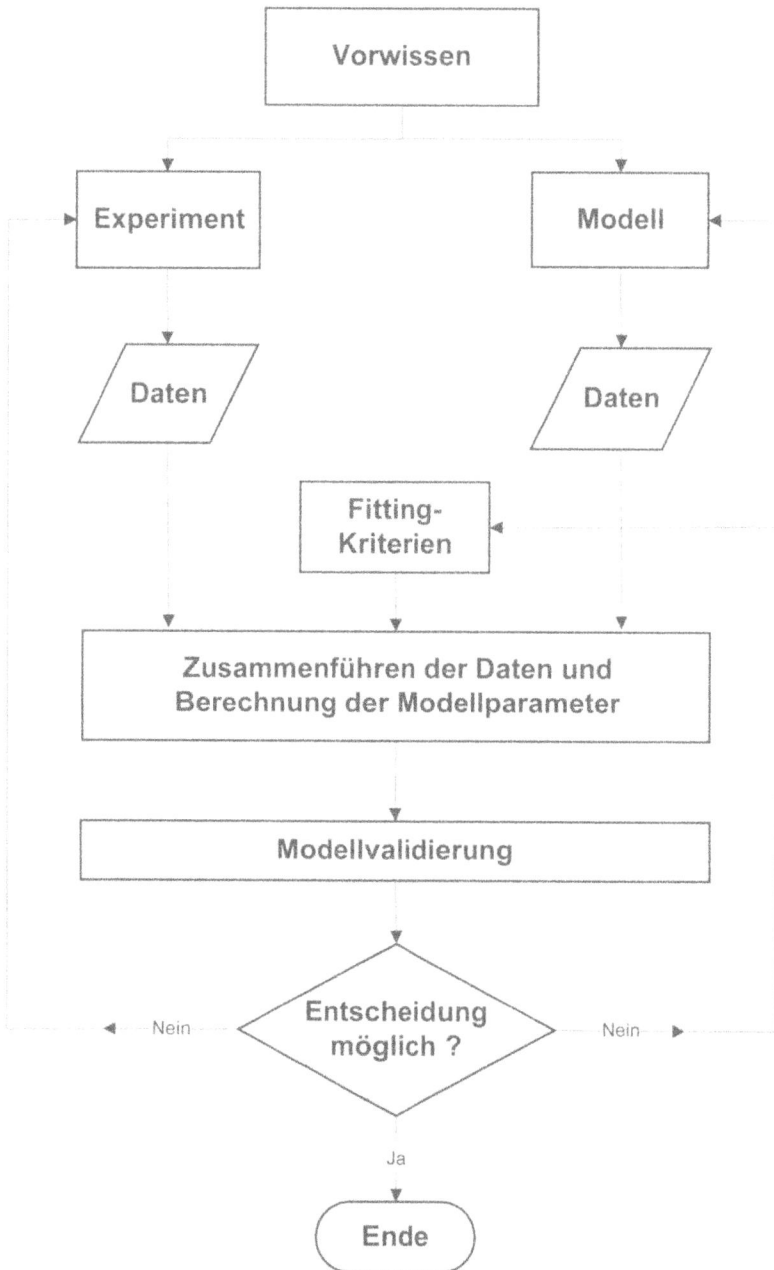

Bild 3.13: Schema eines Modellierungszyklus (modifiziert nach *Ljung*).

Der Modellierungprozeß benötigt zu Beginn ein bestimmtes Vorwissen, sowohl um das Modell zu erstellen, als auch das zugehörige Experiment zu planen und durchzuführen. Experiment und Modell liefern dann Daten, die in einem weiteren Schritt miteinander verglichen werden müssen. Dazu werden Vergleichskriterien definiert, die es erlauben, aus den zusammengeführten Daten mögliche Modellparameter zu berechnen. Die Ergebnisse der Datenzusammenführung und die berechneten Modellparameter bilden die Entscheidungsbasis dafür, ob das Modell bestätigt werden kann oder abgelehnt werden muß („Modellvalidierung"). Weichen Modelldaten und experimentelle Daten voneinander ab, muß zunächst überlegt werden, ob entweder das Modell, das Experiment oder die Vergleichskriterien modifiziert werden können, um zu einer Modellbestätigung zu kommen. Ist diese Modifikation durchgeführt, kann erneut entschieden werden, ob das Modell nun angenommen werden kann. Führen die Modifikationen zu keinem Ergebnis, die eine Modellakzeptanz rechtfertigen, muß das Modell endgültig abgelehnt werden. Diesen Vorgang bezeichnet man als Modellierungszyklus. Das Bild 3.13 zeigt schematisch seinen Ablauf.

Die Kriterien, welche zum Datenabgleich (Fitting) und zur Modellvalidierung herangezogen werden können, sind sehr vielfältig. Einige einfache Verfahren werden im folgenden Kapitel vorgestellt.

3.5 Übungsaufgaben

Aufgabe 3.1

Innerhalb einer Nervenzelle betrage die Kaliumkonzentration $cK^+ = 150$ mmol/l, die Natriumkonzentration sei $cNa^+ = 10$ mmol/l. Extrazellulär gelten folgende Größen: $cK^+ = 5$ mmol/l und $cNa^+ = 120$ mmol/l. Berechnen Sie das daraus resultierende Kalium- bzw. Natriumgleichgewichtspotential.

Aufgabe 3.2

Ein zellulärer Automat bewege sich zufällig in einem quadratischen Gitter der Kantenlänge 256. Sein Bewegungsablauf werde durch gleichverteilte Zufallszahlen realisiert. Pro Bewegung werde die Distanz von 1 pixel zurückgelegt. Wie groß ist die maximale Verschiebung des Automaten im betrachteten Quadrat im Mittel, wenn ein einmal belegtes Gitterelement nicht noch einmal vom Automaten belegt werden darf („self avoiding walk")?

Aufgabe 3.3

Simulieren Sie das zeitliche Verhalten eines Zwei-Kompartiment-Modells nach Abb. 3.9 mit der Nebenbedingung $k_{12} / k_{12} = $const.$ = K_1$ bzw. $k_{21} / k_D = $const.$ = K_2$. Variieren Sie dabei die Größe der Konstanten K_1 und K_2.

Aufgabe 3.4

Unter welchen Bedingungen liegen im gesamten 3-Schicht-Slicemodell (3.12 a-c) immer Sauerstoffkonzentrationswerte vor, die größer als Null sind?

Aufgabe 3.5

Ein kugelförmiger, isotrop und homogen wachsender Tumor zeige unter zwischenzeitlich begonnener Therapie folgendes Beschleunigungsverhalten bezüglich seiner Radialkomponente r:

$$\frac{d^2r(t)}{dt^2} = \frac{dv(t)}{dt} = \begin{cases} a \cdot t + b \cdot t^2 & \text{falls} \quad t > 0 \\ \\ 0 & \text{sonst} \end{cases}.$$

$v(r)$ ist die radiale Wachstumsgeschwindigkeit, a und b sind Konstanten. Ferner gelten die Anfangsbedingungen $v(t=0) = r(t=0) = 0$.

a) Zu welcher Zeit $t*$ besitzt der Tumor seine maximale Ausdehnung?

b) Berechnen Sie mit $t*$ den maximalen Tumor-Durchmesser d_{max} und das zugehörige Tumor-Volumen V_{max}.

c) Zu welcher Zeit $t**$ ist der Tumor vollständig verschwunden?

d) Geben Sie Werte für $t*$, $t**$, d_{max} und V_{max} an, wenn bei $t=0$ und $t=10$ Monate keine radiale Wachstumsbeschleunigung vorliegt, also

$$\frac{dv(t = 0)}{dt} = \frac{dv(t = 10 \, Monate)}{dt} = 0$$

ist. Die größte Wachstumsbeschleunigung liege bei $t=5$ Monate vor und habe den Wert

$$\frac{dv(t = 5 \, Monate)}{dt} = 0.2 \, mm / \, Monat^2 .$$

e) Skizzieren Sie den zeitlichen Verlauf von $v(t)$ und $r(t)$ für $0 \leq t \leq t**$ für die unter d) berechneten Werte.

f) Identifizieren Sie die Phasen des positiven und negativen Wachstums des Tumors. Wie lauten die zugehörigen Wachstumskinetiken?

3.6   Weiterführendes Studium

Ein tieferes Verständnis der Modellierung und Simulation humanbiologischer Prozesse setzt entsprechende mathematische und naturwissenschaftliche Studien voraus. Deterministische Modelle benötigen spezielle Verfahren zur Aufstellung und Lösung von Differentialgleichungen bzw. Differentialgleichungssystemen, während für stochastische Modelle insbesondere Simulationstechniken der zellulären Automaten in Frage kommen. Die u.a. Lehrbücher geben einen ersten Überblick über verschiedene deterministische und stochastische Modellierungs- und Simulationstechniken und ihre Anwendungen in Biologie und Medizin. Die sich daran anschließenden Hinweise auf Zeitschriftenartikel ermöglichen es dem Leser, sich in aktuelle Forschungsprobleme der biomedizinischen Modellierung einzuarbeiten.

Lehrbuchauswahl:

Banks R.B.: Growth and diffusion phenomena. Springer, Berlin, Heidelberg, New York, 1991.

Bohl E.: Mathematische Grundlagen für die Modellierung biologischer Vorgänge, Springer, Berlin, Heidelberg, 1987.

Braun M.: Differentialgleichungen und ihre Anwendungen. Springer, Berlin, Heidelberg, New York, 1979.

Brown D., Rothery P.: Models in Biology. John Wiley & Sons, Chichester, Singapore, 1993.

Dai F.: Lebendige virtuelle Welten. Springer, Berlin, Heidelberg, New York, 1997.

Edelstein-Keshet L.: Mathematical models in biology. Random House / Birkhäuser, New York, Toronto, 1988.

Eisen M.: Mathematical methods and models in the biological sciences. Prentice Hall, Englewood Cliffs, 1988.

Gaylord R.J., Nishidate K.: Modeling nature. Cellular automata simulations with Mathematica. Springer, Berlin, Heidelberg, New York, 1997.

Gerthsen Chr., Vogel H.: Physik. Springer, Berlin, Heidelberg, New York, 1993.

Gold H.J.: Mathematical Modeling of biological Systems. John Wiley&Sons, New York, London, Sydney, Toronto, 1977.

Hoppenstaedt F.C., Peskin C.S.: Mathematics in medicine and the life sciences. Springer, Berlin, Heidelberg, New York, 1991.

Knuth D.E.: The art of computer programming. Volume II: Seminumerical algorithms. Addison-Wesley. Reading (MA), 1981.

Ljung, L.: System identification. Theory for users. Prentice Hall, Englewood Cliffs (N.J.), 1987.

Murray J.D., Mathematical Biology. Springer, Berlin, 1989.

Seelos H.-J. (Hrsg.): Medizinische Informatik, Biometrie und Epidemiologie. de-Gruyter, Berlin, New York, 1997.

Timischl, W.: Biomathematik. Spinger, Wien, New York, 1995.

Zeitschriftenartikel:

Bassom A.P., Ilchmann A., Voß H.: Oxygen diffusion in tissue preparations with Michaelis-Menten Kinetics. J. theor.Biol. 185(1997), 119-127.

Becka M., Urfer W.: Aspects of compartmental modelling and statistical analysis in toxicolgy, in order to characterize and quantify kinetic processes. Inform. Biometr. Epidem. in Med. Biol. 25 (1994), 265-274.

Biasi J.de, Rekik L.: Four compartment mammilary model applied to the pharmacokinetics of a spiroarsorane adminisered orally to rabbits. J. Biomed. Eng. 13 (1991), 439-440.

Bingmann D., Kolde G.: PO2-Profiles in hippocampal slices of the guinea pig. Exp. Brain Res. 48 (1982), 89-96.

Byers J.A.: Basic algorithms for random sampling and treatment randomization. Comput. Biol. Med. 21 (1991), 69-77.

Cherruault Y., Sarin V.B.: A four compartment open model with first oder absorption. Int. J. Biomed. Comput. 32 (1993), 111-120.

Chiarella C.: An example of diabetes compartment modelling. Mathm. Mod. 7 (1986), 1239-1986.

Gleason J.M: Statistical tests of the IBM PC pseudorandom number generator. Comput. Meth. and Progr. in Biomedicine, 30 (1989), 43-46.

Guzy S., Hunt C.A.: Measures of uncertainty for pharmacokinetic and pharmacodyamic parameters estimates: a new computerized algorithm. Comp. Biomed. Res. 29 (1996), 466-481.

Holmgren M., Budelli R., Diez-Martinez O.: Computer simulation of diffusion processes as a teaching aid. Comput. Meth. Progr. Biomed. 27 (1988), 1-5.

Lipinski H.-G., Bingmann D.: Diffusion in slice preparations bathed in unstirred solutions. Brain Res. 437 (1987), 26-34.

Lipinski H.-G.: Model calculations of oxygen supply to tissue slice preparations. Phys. Med. Biol. 34 (1989), 1103-1111.

Lipinski H.-G.: Monte Carlo simulation of extracellular diffusion in brain tissue. Phys. Med. Biol. 35 (1990), 441-447.

Lipinski H.-G.: Simulation and animation of intracellular diffusion. In: D. Schomburg and U.Lessel (eds.), Bioinformatics – from nuclear acids and proteins to cell metabolism. GBF-Monographs Vol. 18, VCH Weinheim, New York, 1995.

Nebot A., Cellier F.E., Vallverdú M.: Mixed quantitative/qualitative modeling and simulation of the cardiovascular system. Comput. Meth. Progr. Biomed. 55(1998), 127-155.

Nicholson C., Phillips J.M.: Ion diffusion modified by tortuosity and volume fraction in the extracellular microenvironment of the rat cerebellum. J. Physiol. (London) 312 (1981), 225-257.

Rudnik J., Gaspari G.: The shapes of random walks. Science 237 (1987), 384-389.

Segel L.A., Slemrod M.: The quasi-steady-state assumption – a case study in perturbation. Siam Rev. 31(1989), 446-477.

Toffoli T.: Cellular automata as an alternative to (rather than an approximation of) differential equations in modeling physics. Physica 10D (1984), 117-127.

Veitl M., Schweiger U., Berger M.L.: Stochastic simulation of ligand-receptor interactions. Comput. Biomed. Res. 30(1997), 427-450.

Wada D.R., Stanski D.R., Ebling W.F.: A PC based graphical simulator for physiological pharmacokinetic models. Comput. Meth. Progr. Biomed. 46 (1995), 245-255.

Warburg O.: Versuche am überlebenden Karzinomgewebe. Biochem. Z. 142 (1923), 317-333.

Watabe H., Hatazawa J., Ishiwata K.: Linearized method – a new approach for kinetic analysis of central dopamine receptor specific binding. IEEE Transact. Med. Imag. 14(1995), 688-696.

4 Aufbereitung und Analyse diskreter Daten

Einzeldaten und Einzeldatensätze (Meßreihen) lassen sich z. B. durch einfaches, ggf. wiederholtes Ablesen von Anzeigeinstrumenten und anschließendes Protokollieren erfassen. Typische Beispiele aus der Medizin sind etwa das über den Tag verteilte wiederholte Messen und Protokollieren des arteriellen Blutdrucks, der Körperkerntemperatur oder der Blutzuckerkonzentration.

Häufig vergeht zwischen zwei Messungen viel Zeit, und die Zeitabstände sind darüber hinaus nicht gleichlang. Möglicherweise wird auch eine Messung vergessen. Dann stellt sich die Aufgabe, die Daten durch ergänzende Berechnungen zu komplettieren, um sie etwa durch einen Kurvenzug graphisch darzustellen. Man spricht in diesem Zusammenhang von Dateninterpolation. Die Mathematik stellt dafür verschiedene Verfahren zur Verfügung. Einige einfache Interpolationsverfahren werden im folgenden Abschnitt gezeigt

4.1 Interpolation

Das Hauptproblem der Interpolation besteht darin, den zu interpolierenden Wert $y_i=f(x_i)$ für ein vorgegebenes x_i so zu bestimmen, daß y_i einen sinnvollen Wert annimmt. Die einfachste Methode ist die *lineare Interpolation*. Dabei wird der Kurvenverlauf zwischen zwei aufeinander folgenden Punkten $P_1 \equiv (x_1, y_1)$ und $P_2 \equiv (x_2, y_2)$, auch Stützstellen genannt, als linear angesehen. Die beiden Punkte P_1 und P_2 werden also durch eine Gerade miteinander verbunden. Geben wir nun einen x-Wert vor, wobei $x_1 \leq x \leq x_2$ ist, kann der zu interpolierende Wert y mit Hilfe des Ausdrucks

$$y = y_1 + (x - x_1) \cdot (y_2 - y_1) / (x_2 - x_1) \tag{4.1}$$

berechnet werden (siehe Bild 4.1).

Gehen wir von einer diskreten Punktefolge $P_i \equiv (x_i, y_i)$ ($i=1,..., N$) aus. Für ein vorgegebenes x soll der zugehörige Funktionswert y durch lineare Interpolation ermittelt werden. Die folgende Prozedur *LINEAR_INTERPO-LATION* ermöglicht die

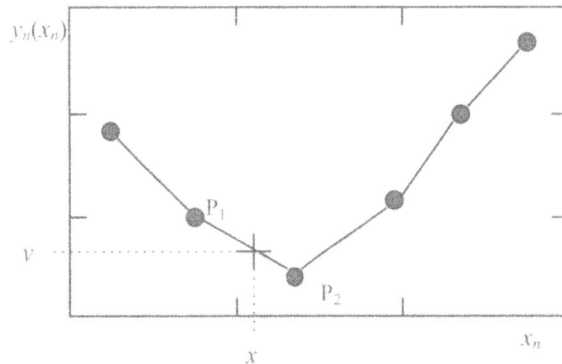

Bild 4.1: Beispiel einer stückweisen linearen Interpolation bei vorgegebenen diskreten Funktionswerten $y_n(x_n)$. Interpoliert wird der Punkt $P\equiv(x,y)$ aus unmittelbar benachbarten Punkten P_1 und P_2. Die dabei entstehende Kurve wird als Polygon bezeichnet.

Berechnung von y. Dazu werden zwei Arrays der Prozedur übergeben. Sie beinhalten die diskreten Argumentwerte (XP) und die zugehörigen Funktionswerte (YP). Für ein vorgegebenes X werden zunächst die korrespondierenden Intervallgrenzen bestimmt, so daß für einen bestimmten Indexwert I die Bedingung $XP(I) \leq X \leq XP(I+1)$ erfüllt ist. Danach wird der entsprechende Funktionswert Y durch lineare Interpolation ermittelt.

```
PROCEDURE LINEAR_INTERPOLATION
            (IN: XP, YP, N, X; OUT: Y)
BEGIN
        REAL ARRAY XP(1:N), YP(1:N)
        IF X<XP(1) OR X>XP(N) THEN RETURN
        FOR I=1 TO N-1 DO
            IF XP(I) <= X AND X < XP(I+1) THEN
            Y=YP(I)+(X-XP(I))*
                    (YP(I+1)-YP(I))/(XP(I+1)-XP(I))
            ELSE
                IF X=XP(N) THEN Y=YP(N)
            END IF
        END DO
    RETURN
    END
```

In vielen Fällen führt eine lineare Interpolation zu keinem befriedigenden Ergebnis, sondern man erzielt mit einer quadratischen Interpolation bessere Resultate. Dabei wird durch drei aufeinander folgende Punkte $P_1 \equiv (x_1, y_1)$, $P_2 \equiv (x_2, y_2)$ und $P_3 \equiv (x_3, y_3)$ ein Polynom zweiter Ordnung gelegt. Es hat die allgemeine Form

$$y = a_1 + a_2 \cdot x + a_3 \cdot x^2$$

Trägt man die gemessenen Wertepaare x_i, y_i in die quadratische Gleichung ein, so erhält man das Gleichungssystem

$$y_1 = a_1 + a_2 \cdot x_1 + a_3 \cdot x_1^2$$

$$y_2 = a_1 + a_2 \cdot x_2 + a_3 \cdot x_2^2$$

$$y_3 = a_1 + a_2 \cdot x_3 + a_3 \cdot x_3^2$$

welches sich auch in Matrix-Form schreiben läßt:

$$\begin{bmatrix} y_1 \\ y_2 \\ y_3 \end{bmatrix} = \begin{bmatrix} 1 & x_1 & x_1^2 \\ 1 & x_2 & x_2^2 \\ 1 & x_3 & x_3^2 \end{bmatrix} \cdot \begin{bmatrix} a_1 \\ a_2 \\ a_3 \end{bmatrix}$$

In der allgemeinen Form lautet die Gleichung

$$\underline{Y} = \underline{\underline{X}} \cdot \underline{A} \,.$$

Bestimmt man von der Matrix $\underline{\underline{X}}$ die Inverse $\underline{\underline{X}}^{1}$, dann lassen sich die Parameter a_1 ... a_3 berechnen; denn es gilt

$$\underline{A} = \underline{\underline{X}}^{-1} \cdot \underline{Y} \,.$$

Prinzipiell kann man die Interpolation auch mit beliebigen Polynomen vom Grade m durchführen. Dazu benötigt man $m+1$ Stütz- bzw. Meßwertepaare, um die $m+1$ Parameter a_1, ..., a_{m+1} bestimmen zu können. Allerdings sind Interpolationspolynome, deren Grad größer als 4 ist, häufig problematisch, da sie lokale Zwischenminima und -maxima erzeugen, die durch die augenscheinliche Lage der Stützwerte nicht gerechtfertigt sind (sog. Runge-Meray-Phänomen).

Häufig läßt sich dieses Problem der Interpolation durch eine stückweise Polynomapproximation umgehen. Dabei wird für jedes der durch die Stützwerte (x_1, y_1), ... , (x_N, y_N) vorgegebenen $(N-1)$ Intervalle ein separates Polynom P dritter Ordnung gelegt. Dann folgt für ein beliebiges Intervall n

$$P_n(x) = a_{1n} + a_{2n} \cdot z_n + a_{3n} \cdot z_n^2 + a_{4n} \cdot z_n^3 = \sum_{j=1}^{4} a_{jn} \cdot z_n^{j-1} \,,$$

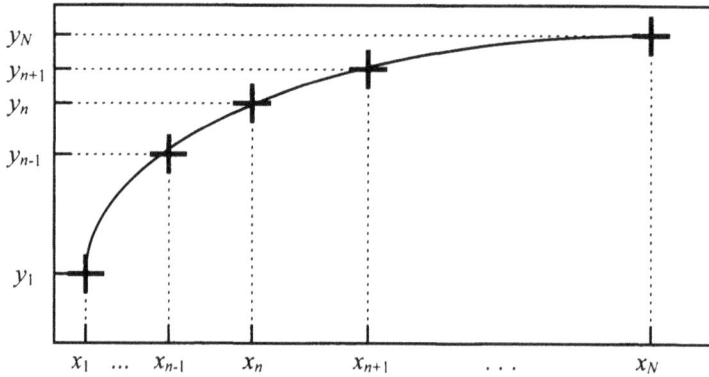

Bild 4.2: Nicht-lineare Interpolation zwischen Stützstellen $y_1(x_1)$, ... , $y_{n-1}(x_{n-1})$, $y_n(x_n)$, $y_{n+1}(x_{n+1})$, ... , $y_N(x_N)$, welche durch + angegeben sind.

wobei $z_n = x - x_n$ und $x_n \le x \le x_{n+1}$ mit $1 \le n \le N-1$ (vergl. Bild 4.2). Da für jedes Intervall nur zwei Stützwerte vorliegen, lassen sich damit zunächst die 4 Koeffizienten $a_{1n},...,a_{4n}$ nicht eindeutig bestimmen. Mit Hilfe der zweiten Ableitung der Polynome an den Stützwerten hingegen ist es möglich, alle vier Koeffizienten a_{jn} ($j = 1,...,4$) für jedes Intervall zu berechnen. Dieses wird im folgenden gezeigt, wobei die Abkürzung $d_n = x_n - x_{n-1}$ verwendet wird.

Die Polynome an den Stützwerten nehmen folgende Werte an:

$$P_n(x_n) = a_{1n} = y_n$$

$$P_n(x_{n+1}) = \sum_{j=1}^{4} a_{jn} \cdot d_n^{j-1} = y_{n+1}$$

$$P_n'(x_n) = a_{2n} = y_n'$$

$$P_n'(x_{n+1}) = \sum_{j=2}^{4} a_{jn} \cdot (j-1) \cdot d_n^{j-2} = y_{n+1}'$$

$$P_n''(x_n) = a_{3n} = y_n''$$

$$P_n''(x_{n+1}) = \sum_{j=3}^{4} a_{jn} \cdot (j-1) \cdot (j-2) \cdot d_n^{j-3} = y_{n+1}''$$

Kombinieren wir diese sechs Gleichungen, erhalten wir Ausdrücke für die vier Koeffizienten a_{1n} – a_{4n}, welche nur von den Stützwerten und den zweiten Ableitungen der Stützwerte abhängen. Im einzelnen gilt für die Koeffizienten

$$a_{1n} = y_n$$

$$a_{2n} = (y_{n+1} - y_n) / d_n - d_n \cdot (y''_{n+1} + 2 \cdot y''_n)$$

$$a_{3n} = y''_n / 2$$

$$a_{4n} = (y''_{n+1} - y''_n) / 6d_n$$

Für die Koeffizientenberechnung benötigen wir neben den Stützwerten also nur die zweiten Ableitungen an den Intervallgrenzen. Diese lassen sich folgendermaßen berechnen. Wir betrachten zusätzlich die Stützstelle n-1 und nutzen aus, daß die erste Ableitung der Interpolationspolynome P_{n-1} und P_n an den Grenzen der beiden zugehörigen Intervalle stetig sind, also

$$P'_{n-1}(x_n) = P'_n(x_n)$$

gilt. Somit erhalten wir für $1 \leq n \leq N$ das Gleichungssystem

$$d_{n-1} \cdot y''_{n-1} + 2 \cdot (d_{n-1} + d_n) \cdot y''_n + d_n \cdot y''_{n+1} = 6 \cdot (\frac{y_{n+1} - y_n}{d_n} - \frac{y_n - y_{n-1}}{d_{n-1}}),$$

welches sich auch in der Form $\underline{\underline{D}} \cdot \underline{Y}'' = \underline{R}$ schreiben läßt, wobei

$$\underline{\underline{D}} = \begin{bmatrix} 2(d_1 - d_2) & d_2 & 0 & 0 & 0 \\ d_2 & 2(d_2 - d_3) & d_3 & 0 & 0 \\ 0 & d_3 & 2(d_3 - d_4) & d_4 & 0 \\ 0 & 0 & ... & ... & ... \\ 0 & 0 & 0 & d_{N-2} & 2(d_{N-2} - d_{N-1}) \end{bmatrix}$$

$$\underline{Y}'' = \begin{bmatrix} y''_2 \\ y''_3 \\ \vdots \\ y''_{N-2} \\ y''_{N-1} \end{bmatrix} \quad \text{und} \quad \underline{R} = \begin{bmatrix} 6 \cdot (q_2 - q_1) - d_1 \cdot y''_1 \\ 6 \cdot (q_3 - q_2) \\ \vdots \\ 6 \cdot (q_{N-2} - q_{N-3}) \\ 6 \cdot (q_{N-1} - q_{N-2}) - d_{N-1} \cdot y''_N \end{bmatrix}$$

sind.

Die Matrix $\underline{\underline{D}}$ läßt sich in zwei Teilmatrizen D_1 und D_2 so zerlegen, daß

$$\underline{\underline{D_1}} \cdot (\underline{\underline{D_2}} \cdot \underline{Y}'') = \underline{\underline{D_1}} \cdot \underline{S} = \underline{R} \quad \text{mit} \quad \underline{\underline{D_2}} \cdot \underline{Y}'' = \underline{S}$$

Für die Teilmatrizen gilt

$$\underline{\underline{D_1}} = \begin{bmatrix} v_1 & & & & \\ u_2 & v_2 & & & \\ & u_3 & v_3 & & \\ & & & \cdot & \cdot \\ & & & u_n & v_n \end{bmatrix} \quad \text{bzw.} \quad \underline{\underline{D_2}} = \begin{bmatrix} 1 & w_2 & & & \\ & 1 & w_3 & & \\ & & \cdot & \cdot & \\ & & & 1 & w_n \\ & & & & 1 \end{bmatrix}$$

so daß für das Produkt $\underline{\underline{D_1}} \cdot \underline{\underline{D_2}}$ folgt

$$\underline{\underline{D_1}} \cdot \underline{\underline{D_2}} = \begin{bmatrix} v_1 & v_1 w_1 & & & \\ u_2 & u_2 w_2 + v_2 & v_2 w_3 & & \\ & u_3 & u_3 w_3 + v_3 & v_3 w_3 & \\ & & \cdot & \cdot & \cdot \\ & & & u_n & u_n w_n + v_n \end{bmatrix}$$

Ein Vergleich der Koeffizienten der Matrix $\underline{\underline{D}}$ mit der Produktmatrix $\underline{\underline{D_1}} \cdot \underline{\underline{D_2}}$ ergibt den Zusammenhang

$$s_i = (r_i - h_i \cdot s_{i-1}) / v_i .$$

Die Prozedur D2Y_SOLVE berechnet die zweiten Ableitungen der Stützwerte 2
bis N-1 unter der Voraussetzung, daß die zweite Ableitung an den Endstützwerten
1 und N gleich Null ist.

```
PROCEDURE D2Y_SOLVE (IN: X, Y, N; OUT: D2Y)
BEGIN
        REAL ARRAY X(N), Y(N), D2Y(N), G(N), F(N)
        G(1)=0; F(1)=0
        FOR K= 1 TO N-1 DO
                H2=X(K+1)-X(K)
                R2=(Y(K+1)-Y(k))/H2
                IF K>1 THEN
                        H=6.*(R2-R1)
                        Z=1./(2.*(H1+H2)-H1*G(K1))
                        G(K)=Z*H2
                        F(K)=Z*(H-H1*F(K1))
                END IF
                K1=K
                H1=H2
                R1=R2
        END DO
        D2Y(N-1)=F(N-1)
        FOR K=2 TO N-2 DO
                D2Y(N-K)=F(N-K)-G(N-K)*D2Y(N-K+1)
        END DO
        RETURN
END
```

Sind die zweiten Ableitungen in allen Stütztwerten bekannt, so lassen sich für jedes Intervall die vier Koeffizienten des Polynoms dritter Ordnung berechnen.

Um die Interpolation eines Funktionswerts $f(x)$ bestimmen zu können, muß man zunächst herausfinden, zu welchem Intervall x gehört. Danach berechnet man die Koeffizienten und bestimmt anschließend $f(x)$ mit Hilfe der zugehörigen Polynomgleichung. Die Interpolationsfunktion, die auf diese Weise zustande kommt, wird als natürliche kubische Splinefunktion (kurz: natürlicher kubischer Spline) bezeichnet. Das Bild 4.3 zeigt eine solche Spline-Interpolation für 12 vorgegebene Stützwerte.

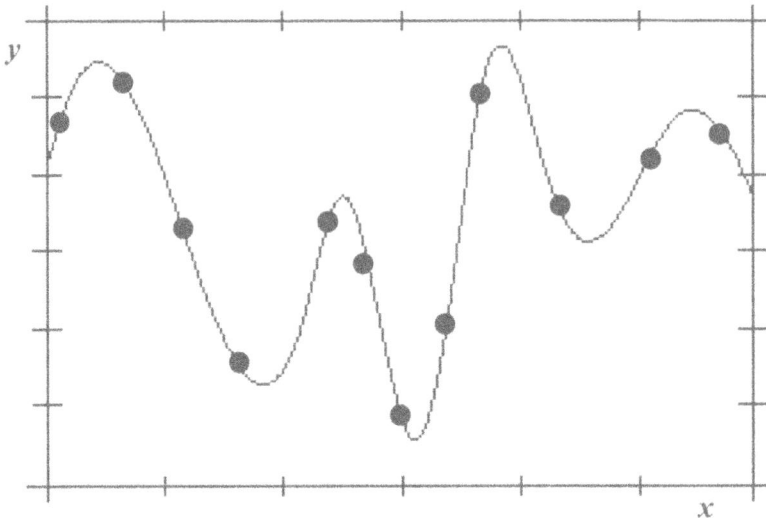

Bild 4.3: Interpolation von Stützwerten (•) durch eine natürliche Splinefunktion.

Wir wollen uns nun einem anderen Kurvenkonstruktionsverfahren zuwenden. Jeder beliebige Punkt P auf der ebenen Kurve kann prinzipiell durch die Koordinatenpaare $P \equiv (x_i, y_i)$ angegeben werden. Wir zerlegen die Komponenten x und y mit Hilfe eines Parameters t in eine Vektorfunktion, so daß $x = x(t)$, $y = y(t)$ und $P_i(t) \equiv (x_i(t), y_i(t))$ ist, wobei t über das Intervall $[0,1]$ definiert, also $0 \leq t \leq 1$ ist. Wir wollen eine Kurve nun so konstruieren, daß sie durch vier Führungs- oder Kontrollpunkte $P_0 - P_3$ bestimmt werden kann. Diese Punkte haben die Eigenschaften

$$P(0) = P_0; \qquad\qquad\qquad P(1) = P_3;$$
$$P'(0) = 3 \cdot (P_1 - P_0); \qquad\qquad P'(1) = 3 \cdot (P_3 - P_2).$$

Über diese vier Kontrollpunkte soll ein Polynom dritter Ordnung gezeichnet werden:

$$P(t) = \sum_{j=0}^{3} a_j \cdot t^j \,.$$

Wegen der o.g. Eigenschaften der Kontrollpunkte folgt für die Koeffizienten a_j:

$$a_0 = P(0) = P_0$$
$$a_1 = P'(0) = 3 \cdot (P_1 - P_0)$$
$$a_2 = 3 \cdot (P_0 - 2P_1 + P_2)$$

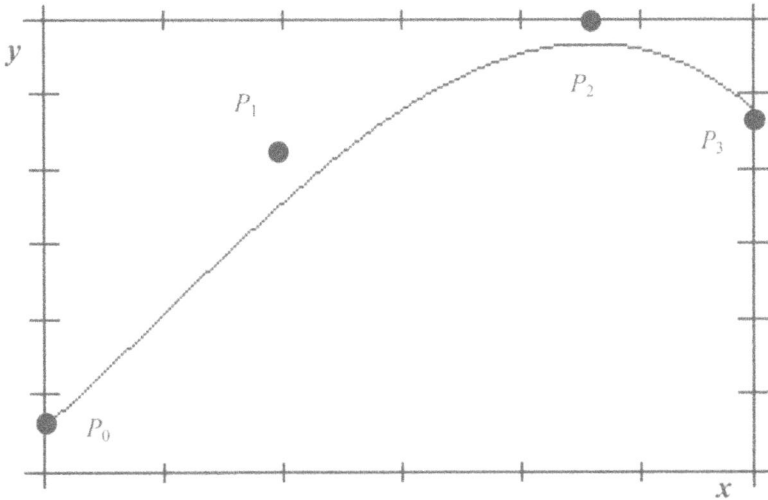

Bild 4.4: Freiform-Kurve durch 4 Stützwerte (•) berechnet nach dem Verfahren von Bezier. Die Kurve verläuft durch P_0 und P_3 und wird durch P_1 und P_2 begrenzt.

$$a_3 = -P_0 + 3 \cdot P_1 - 3 \cdot P_2 + P_3.$$

Damit läßt sich das Polynom dritten Grades auch in der Form

$$P(t) = (1-t)^3 \cdot P_0 + 3t \cdot (1-t)^2 \cdot P_1 + 3t^2 \cdot (1-t) \cdot P_2 + t^3 \cdot P_3$$

schreiben, wobei $0 \leq t \leq 1$ ist. Dieser Ausdruck wird als Bezier-Gleichung bezeichnet. Diese lautet in Matrixform:

$$P(t) = \begin{bmatrix} 1 & t & t^2 & t^3 \end{bmatrix} \cdot \begin{bmatrix} 1 & 0 & 0 & 0 \\ -3 & 3 & 0 & 0 \\ 3 & -6 & 3 & 0 \\ -1 & 3 & -3 & 1 \end{bmatrix} \cdot \begin{bmatrix} P_0 \\ P_1 \\ P_2 \\ P_3 \end{bmatrix} \qquad (4.2)$$

oder allgemein

$$P(t) = \begin{bmatrix} 1 & t & t^2 & t^3 \end{bmatrix} \cdot \underline{\underline{M}} \cdot \begin{bmatrix} P_0 \\ P_1 \\ P_2 \\ P_3 \end{bmatrix}.$$

Die Matrix $\underline{\underline{M}} = (m_{ij})$ wird als „magische Matrix" der Kurvenkonstruktion bezeichnet. Sie hat u.a. die Eigenschaft

$$\sum_{j=1}^{4} m_{ij} = \begin{cases} 1 & \text{falls} \quad i = 1 \\ 0 & \text{sonst} \end{cases}.$$

Um die zugehörige Bezier-Kurve praktisch konstruieren zu können, unterteilt man das Intervall $[0,1]$ in n Teile und berechnet auf diese Weise die Koordinaten von n Stützwerten, die für die Visualisierung durch kurze (und damit nicht direkt sichtbare) Geraden miteinander verknüpft werden (sog. Polygonapproximation). Die Bezier-Kurve verläuft nur durch die Punkte P_0 und P_3, während sie von den beiden Kontrollpunkten P_1 und P_2 eingehüllt wird. Das Bild 4.4 zeigt ein Beispiel für eine solche Freiform-Konstruktion durch ein Bezier-Polynom dritter Ordnung.

Stehen nicht nur 4 Kontrollpunkte zur Verfügung, sondern allgemein $N+1$ ($N > 2$), dann läßt sich $P(t)$ durch die allgemeine Bezier-Formel

$$P(t) = \sum_{i=0}^{N} B_i^N \cdot P_i$$

darstellen. In diesem Ausdruck stecken die sogenannten Bernsteinpolynome:

$$B_i^N = \binom{N}{i} \cdot t^i \cdot (1-1)^{N-i},$$

wobei N der Grad des Bernsteinpolynoms ist und

$$\binom{N}{i} = \frac{N!}{i!(N-i)!}$$

bedeutet.

Der Nachteil der Bezier-Kurven besteht darin, daß nur Anfangs- und Endwert der Kontrollwerte auf der Kurve liegen. Während dieses etwa für die Konstruktionszeichnungen von Maschinenteilen etc. vorteilhaft sein kann, ist auf diese Weise jedoch keine sinnvolle graphische Darstellung von Meßdaten möglich. Eine ähnliche Interpolationsmethode, bei der die approximierten Kurven durch die Stützwerte führen und daher die Nachteile der Bezierkurve für die Meßwertdarstellung vermeidet, stellt die der kubischen Catmull-Rom Splines dar.

Beschränken wir den Grad des Basis-Polynoms für den Catmull-Rom Spline wiederum auf $m=3$ und machen ausschließlich von vier aufeinander folgenden Stützwerten Gebrauch, die sich in unmittelbarer Nachbarschaft zu einem zu interpolierenden Wert $P^* \equiv (x_p, y_p)$ befinden (siehe Bild 4.5).

P^* liegt zwischen den Stützstellen $n \leq n+1$, sodaß $x_n \leq x_p \leq x_{n+1}$ und $y_n \leq y_p \leq y_{n+1}$ ist. Ferner gelte $k = p - n$; dann lauten die Koordinaten des zu interpolierenden Punktes P^*

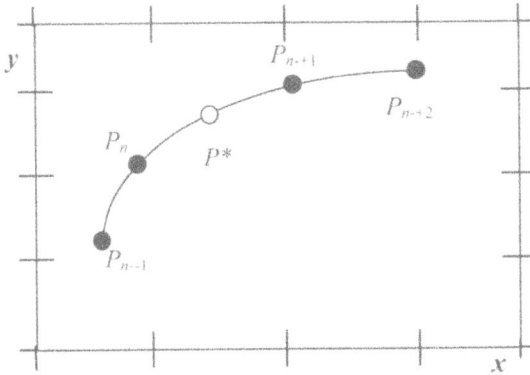

Bild 4.5: Vier lokale Stützwerte P als Basis für die Interpolation des Punktes $P*$

$$x_p = q \cdot \underline{\underline{M}} \cdot \begin{bmatrix} x_{n-1} \\ x_n \\ x_{n+1} \\ x_{n+2} \end{bmatrix} \tag{4.3a}$$

$$yp = q \cdot \underline{\underline{M}} \cdot \begin{bmatrix} y_{n-1} \\ y_n \\ y_{n+1} \\ y_{n+2} \end{bmatrix} \tag{4.3b}$$

mit $\quad q = \begin{bmatrix} 1 & k & k^2 & k^3 \end{bmatrix}$ (4.3c)

und der „magischen Matrix"

$$\underline{\underline{M}} = \frac{1}{2} \cdot \begin{bmatrix} 0 & 2 & 0 & 0 \\ -1 & 0 & 1 & 0 \\ 2 & -5 & 4 & -1 \\ -1 & 3 & -3 & 1 \end{bmatrix}. \tag{4.3d}$$

Auch für diese Matrix gilt, daß die Summe der Elemente der ersten Matrixzeile gleich Eins ist, während für alle weiteren Zeilen die Summe der Elemente gleich Null ist.

Spline-Interpolationen zur Darstellung ebener Kurven werden insbesondere für die Darstellung von Isolinien verwendet, für die eine feste Anzahl von Stützwerten (Meßwerte) vorliegt. Die Prozedur *CATMULLROM_SPLINE* zeigt einen möglichen Algorithmus, der auf diesem Interpolationsverfahren basiert. Der Prozedur übergeben werden die magische Matrix MAGIC, die Koordinaten der Stützwerte XVEC bzw. YVEC und die Anzahl der zu interpolierenden Punkte NEWPOINTS. Berechnet werden die zu interpolierenden Koordinanten XP und YP.

```
PROCEDURE CATMULLROM_SPLINE
    (IN: MAGIC, XVEC,YVEC,NEWPOINTS; OUT: XP, YP)
BEGIN
        REAL  ARRAY XVEC(1:4), YVEC(1:4)
        REAL  ARRAY XP(1:NEWPOINTS)
        REAL  ARRAY YP(1:NEWPOINTS)
        INTEGER ARRAY MAGIC(1:4,1:4)
        INTEGER ARRAY INVEC1(1:4)
        INTEGER ARRAY INVEC2(1:4)
        SUMI=0
        INVEC1(4)=0.5
        INTERV=1/(NEWPOINTS+1)
        FOR J=1 TO NEWPOINTS DO
            SUMI=SUMI+INTERV
            FOR K=1 TO 3 DO
                INVEC1(4-K)=0.5*SUMI**K
            END DO
            FOR K=1 TO 4 DO
                INVEC2(K)=0
                FOR M=1 TO 4 DO
                    INVEC2(K)=INVEC2(K)+
                        INVEC1(M)*MAGIC(M,K)
                END DO
            END DO
            XP=0; YP=0
            FOR K=1 TO 4 DO
                XP(J)=XP(J)+INVEC2(K)*XVEC(K)
                YP(J)=YP(J)+INVEC2(K)*YVEC(K)
            END DO
        END DO
RETURN
END
```

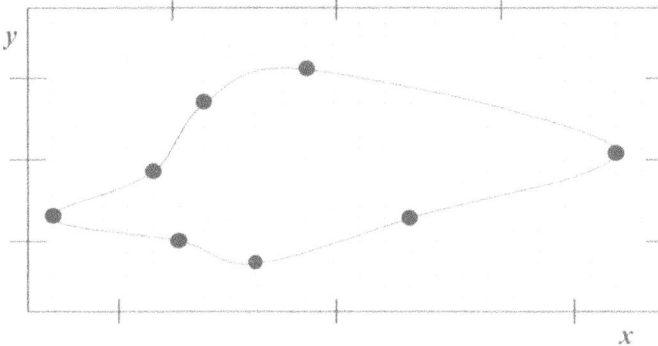

Bild 4.6: Interpolation einer geschlossenen Kurve mit Hilfe eines Catmull-Rom-Splines (Stützwerte sind durch • gekennzeichnet).

Bild 4.6 zeigt eine Anwendung dieses Interpolationsverfahrens für einen ebenen geschlossenen Kurvenzug, der auf 8 Stützwerten basiert.

4.2 Approximation

Betrachten wir die lineare Funktion $y(x) = a_1 + a_2 \cdot x$ und nehmen an, daß N gemessene diskrete Funktionswerte y_n ($1 \leq n \leq N$) einer solchen Geradengleichung genügen. Streuen die Meßwerte um die Gerade, lassen sich die Parameter a_1 und a_2 mit der nachfolgend geschilderten Methode bestimmen. Dazu wird die Differenz der Ordinatenwerte $S_n = y_n - y(x_n)$ bestimmt, welche man als Residuum bezeichnet. Die Summe der Quadrate dieser Residuen, also

$$ S^2 = \sum_{n=1}^{N} S_n^2 \ , $$

soll ein Minimum annehmen. Diese Bedingung entspricht dem sogenannten Gaußschen Prinzip der kleinsten Quadrate. Wir wollen nun diejenigen a_i auffinden, bei denen diese Bedingung erfüllt ist. Das ist genau dann der Fall, wenn die partiellen Ableitungen nach den Parametern a_i an diesen Stellen verschwinden. Dabei gilt allgemein

$$ \frac{\partial}{\partial a_i} S^2 = \frac{\partial}{\partial S} S^2 \cdot \frac{\partial}{\partial a_i} S = 2S \cdot \frac{\partial}{\partial a_i} S $$

Wenden wir diesen Ausdruck auf die lineare Funktion an, so erhalten wir das folgende Gleichungssystem:

$$a_1 \cdot N + a_2 \cdot \sum_{n=1}^{N} x_n = \sum_{n=1}^{N} y_n$$

$$a_1 \cdot \sum_{n=1}^{N} x_n + a_2 \cdot \sum_{n=1}^{N} x_n^2 = \sum_{n=1}^{N} x_n \cdot y_n$$

oder in Matrizenschreibweise

$$\begin{bmatrix} \sum y_n \\ \sum x_n \cdot y_n \end{bmatrix} = \begin{bmatrix} N & \sum x_n \\ \sum x_n & \sum x_n^2 \end{bmatrix} = \begin{bmatrix} a_1 \\ a_2 \end{bmatrix}$$

Es umfaßt zwei Gleichungen mit zwei Unbekannten, nämlich den Parametern a_1 und a_2. Diese lassen sich aus dem Gleichungssystem eindeutig bestimmen; sie lauten

$$a_1 = (\sum_{n=1}^{N} y_n - a_2 \cdot \sum_{n=1}^{N} x_n) / N \qquad\qquad (4.4a)$$

bzw $\quad a_2 = \dfrac{\displaystyle\sum_{n=1}^{N} x_n \cdot y_n - (\sum_{n=1}^{N} x_n \cdot \sum_{n=1}^{N} y_n) / N}{\displaystyle\sum_{n=1}^{N} x_n^2 - (\sum_{n=1}^{N} x_n \cdot \sum_{n=1}^{N} x_n) / N} \qquad\qquad (4.4b)$

Die folgende Prozedur *LINEAR_APPROX* ermöglicht die Berechnung der Parameter a_1 (=A1) *und* a_2 (=A2) für gegebene Meßwertpaare X, Y:

```
PROCEDURE LINEAR_APPROX (IN: X, Y; OUT: A1, A2 )
BEGIN
        REAL ARRAY X(1:N), Y(1:N)
        SX=0:SY=0:XY=0:SXX=0
        FOR I=1 TO N DO
             SX=SX+X(I)
             SY=SY+Y(I)
             SXY=SXY+X(I)*Y(I)
             SXX=SXX+X(I)*X(I)
        END DO
        A2=(SXY-SX*SY/N)/(SXX-SX*SX/N)
        A1=(SY-A1*SX)/N
RETURN
END
```

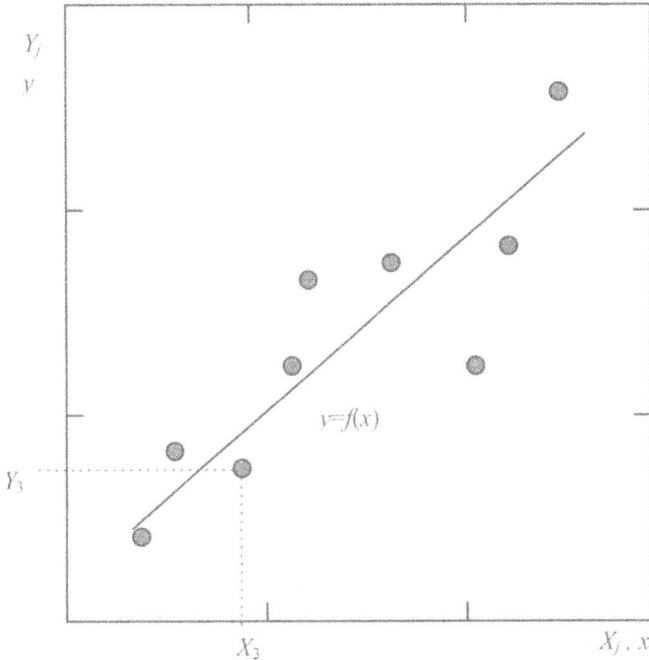

Bild 4.7: Beispiel eines linearen Ausgleichsproblems. Eingezeichnet ist die Ausgleichsgerade $y = f(x)$ von 9 diskreten Meßwerten $Y_j = f(X_j)$.

Das Bild 4.7 zeigt ein Beispiel für eine Ausgleichsgerade, die mit Hilfe der Prozedur *LINEAR_APPROX* berechnet wurde.

Einfacher gestaltet sich das Problem der linearen Approximation, wenn der Parameter a_1 fest vorgegeben ist. In diesem Falle gilt die einfache Beziehung $y = a \cdot x + b$, wobei $a_1 = b$ und $a_2 = a$ und b bekannt ist. Dann kann a folgendermaßen berechnet werden:

$$a = \frac{\sum\limits_{n=1}^{N} x_n \cdot y_n - b \cdot \sum\limits_{n=1}^{N} x_n}{\sum\limits_{n=1}^{N} x_n^2} \tag{4.5}$$

Die Formel läßt sich weiter vereinfachen, wenn eine Ursprungsgerade vorliegt. In diesem Falle ist $b=0$.

Prinzipiell lassen sich auf diese Weise nicht nur lineare, sondern auch nicht-lineare Funktionen zur Approximation von Meßwertepaaren verwenden. Häufig jedoch wird versucht, eine nicht-lineare Funktion durch eine lineare Funktion zu ersetzen. Dazu betrachten wir als einfaches Beispiel die Funktion $y = \exp(a \cdot x)$. Logarithmiert man beide Seiten der Gleichung, erhält man den Ausdruck $\ln(y)=a{\cdot}x$. Substituiert man $\ln(y)$ durch den Ausdruck z, so ergibt sich die lineare Gleichung $z = a{\cdot}x$. Der Parameter a kann dann leicht berechnet werden, wenn $y \neq 0$ ist; z.B. durch die folgende Prozedur *EXPONENTIAL_APPROXIMATION*. Ihr werden die bekannten Wertepaare X und Y übergeben; berechnet wird daraus die Konstante A:

```
PROCEDURE EXPONENTIAL_APPROXIMATION
              (IN: X, Y ; OUT: A)
BEGIN
        REAL ARRAY X(1:N), Y(1:N)
        FOR I=1 TO N DO
            IF Y(I)>< 0 THEN
                    SXY=SXY+X(I)*LN(Y(I))
                    SXX=SXX+X(I)*X(I)
            ELSE
                    STOP
            END IF
        END DO
        A=SXY/SX
    RETURN
    END
```

Mit Hilfe dieser Prozedur ist es möglich, z.B. kinetische Reaktionen erster Ordnung oder auch einfache Transportprozesse, die sich durch monoexponentielle Zeitfunktionen beschreiben lassen, zu bestimmen. Auch die bekannte Michaelis-Menten-Kinetik läßt sich in Form einer linearen Gleichung beschreiben. Damit kann man dann sowohl die maximale Reaktionsgeschwindigkeit als auch die Michaelis-Konstante bestimmen, wie die folgende Ableitung zeigt.

Die Michaelis-Menten Kinetik läßt sich durch die Gleichung (vergl. Kapitel 3)

$$v = v\max \cdot \frac{c}{K+c}$$

angeben. Sie ist in eine lineare Form überführbar, wenn wir ihre Kehrwerte betrachten:

$$\frac{1}{v} = \frac{K+c}{v\,\text{max}\cdot c} = \frac{1}{v\,\text{max}} + \frac{K}{v\,\text{max}}\cdot\frac{1}{c}.$$

Setzen wir $y=1/v$, $x=1/c$, $1/v_{\text{max}}=a_1$ und $K/v_{\text{max}}=a_2$, so erhalten wir die übliche lineare Darstellung in der Form $y = a_1 + a_2 \cdot x$.

Wir können das Approximationsproblem auch verallgemeinern, indem wir anstelle der linearen Funktion ein beliebiges Polynom P_m vom Grade m verwenden. Für dieses gilt:

$$P_m = \sum_{i=0}^{m} a_{i+1}\cdot x^i .$$

Für die partiellen Ableitungen der Quadrate der Residuen nach den Parametern a_i ergibt sich allgemein

$$\frac{\partial}{\partial a_i}S^2 = 2\cdot \sum_{n=1}^{N}(P_m(x_n)-y_n)\cdot x_n^{i-1} .$$

Somit lautet das Gleichungssystem

$$\begin{bmatrix} \sum x_n^0\cdot y_n \\ \sum x_n^1\cdot y_n \\ \sum x_n^2\cdot y_n \\ \cdots \\ \sum x_n^m\cdot y_n \end{bmatrix} = \begin{bmatrix} \sum x_n^0 & \sum x_n^1 & \sum x_n^2 & \cdots & \sum x_n^m \\ \sum x_n^1 & \sum x_n^2 & \sum x_n^3 & \cdots & \sum x_n^{m+1} \\ \sum x_n^2 & \sum x_n^3 & \sum x_n^4 & \cdots & \sum x_n^{m+2} \\ \cdots & \cdots & \cdots & \cdots & \cdots \\ \sum x_n^m & \sum x_n^{m+1} & \sum x_n^{m+2} & \cdots & \sum x_n^{2m} \end{bmatrix}\cdot \begin{bmatrix} a_1 \\ a_2 \\ a_3 \\ \cdots \\ a_{m+1} \end{bmatrix}$$

oder vereinfacht ausgedrückt

$$\underline{Z} = \underline{\underline{T}}\cdot \underline{A}$$

Die Elemente T_{ij} der Matrix $\underline{\underline{T}}$ lassen sich leicht berechnen:

$$T_{ij} = \sum x_n^{i+j-2}$$

mit $1 \le i \le m$ und $1 \le j \le m+1$. Durch Invertierung dieser Gleichung läßt sich der Komponentenvektor $\underline{A}$ bestimmen:

$$\underline{A} = \underline{\underline{T}}^{-1}\cdot \underline{Z}$$

Um $\underline{A}$ zu erhalten, müssen wir also nur die zu $\underline{\underline{T}}$ inverse Matrix $\underline{\underline{T}}^{-1}$ ermitteln. Dann läßt sich $\underline{A}$ mit Hilfe von $\underline{Z}$ und $\underline{\underline{T}}^{-1}$ berechnen. Die folgende Prozedur POLY_APPROXIMATION setzt diesen Algorithmus um. Übergeben werden die Arrays A und Z sowie der Polynomgrad M, berechnet wird die Koeffizientenmatrix

A unter Zuhilfenahme einer externen Prozedur zur Matrizeninvertierung (*MATRIX_INVERSION*).

```
PROCEDURE POLY_APPROXIMATION (IN:Z,T,M,N; OUT:A)
BEGIN
        REAL ARRAY A(1:M+1), Z(1:M+1),
                T(1:M+1,1:M+1),TI(1:M+1,1:M+1)
        SX=0
        FOR I=1 TO N DO
                SX=SX+X(I)
        END DO
        FOR I=1 TO M+1 DO
                FOR J=1 TO N DO
                        Z(I)=Z(I)+Y(J)*X(J)**(J-1)
                END DO
                FOR J=1 TO M+1
                        T(I,J)=SX**(I+J-2)
                END DO
        END DO
        CALL MATRIX_INVERSION (T,TI)
        FOR I=1 TO M+1 DO
                A(I)=0
                FOR J=1 TO M+1 DO
                        A(I)=A(I)+TI(I,J)*Z(J)
                END DO
        END DO
END
```

Auf diese Weise lassen sich die Parameter eines auf Polynomen vom Grade m basierten Modells aus den Meßdaten berechnen. Dabei gilt für jeweils eine unabhängige und abhängige Variable, daß maximal $m+1$ Parameter geschätzt werden können, wenn die Anzahl der Meßwerte mindestens so groß ist wie der Grad des Polynoms, also $N \geq m$. Für praktische Berechnungen sollte $N \gg m$ sein. In vielen Fällen ist es möglich, einen nicht-linearen Zusammenhang zwischen unabhängiger und abhängiger Variabler, die als Meßgrößen erfaßt werden können, als lineares Approximationsproblem zu behandeln. In diesem Falle muß der Zusammenhang „linearisierbar", also durch eine Geradengleichung beschreibbar sein. Dieses ist aber nur dann möglich, wenn die Anzahl der zu schätzenden Parameter nicht größer als zwei ist.

4.3 Wahrscheinlichkeitsrechnung und beschreibende Statistik

Unter streng deterministischen Vorgängen wollen wir solche Vorgänge verstehen, die sich eindeutig vorhersagen lassen und reproduzierbar sind. Ihre gesetzmäßigen Zusammenhänge sind i.a. durch mathematische Formeln darstellbar. Daß deterministische Vorgänge nicht in jedem Fall eindeutig vorhersagbar sind, haben wir bereits bei der Verhust-Dynamik kennengelernt. Man bezeichnet solche Vorgänge als deterministisches Chaos. Stochastische Vorgänge, also Zufallsergeignisse, sind im Ergebnis rein zufällig und daher ebenfalls nicht vorhersagbar. Es lassen sich hier jedoch keine strengen gesetzmäßigen Beziehungen angeben, die das Ergebnis bestimmen. Aussagen lassen sich bei vielen solcher Ereignisse nur über die Häufigkeit ihres Auftretens machen.

Ist ein Ereignis absolut sicher, so hat es die Wahrscheinlichkeit $p=1$. Ist es dagegen unmöglich, dann hat es Wahrscheinlichkeit $p=0$. Daraus ist zu folgern, daß die Wahrscheinlichkeit p, mit der ein Ereignis eintreten kann, immer im Intervall $0 \leq p \leq 1$ liegt. Wir wollen uns im folgenden auf diese Fälle konzentrieren.

Gehen wir zunächst davon aus, daß wir die Wahrscheinlichkeit p für das Auftreten von n gewünschten Ereignissen bei Vorliegen von insgesamt n_g verschiedenen möglichen Fällen berechnen wollen. Dann ist p durch den Quotienten

$$p = \frac{n}{n_g}.$$

gegeben. Ein typisches Anwendungsbeispiel ist die Angabe der Wahrscheinlichkeit, beim Würfeln eine bestimmte ganze Zahl z ($1 \leq z \leq 6$) zu ziehen. Sie beträgt $p=1/6$. Die Wahrscheinlichkeit p, eine gerade ganze Zahl zu ziehen, ist dann gleich $p=3/6=1/2$. Die Wahrscheinlichkeit für das Eintreffen eines Ereignisses ist also gleich der Anzahl der gewünschten bzw. günstigen Fälle zur Zahl der möglichen Fälle.

Diese Berechnungsmöglichkeit von p besteht nur „theoretisch". In einem praktischen Experiment, also beim konkreten Ziehen einer Zahl mit Hilfe eines Würfels, läßt sich eben nicht voraussagen, welche Zahl tatsächlich gezogen wird. Erst wenn wir viele Male hintereinander den Würfel werfen und die Häufigkeit des Auftretens der sechs möglichen Zahlen bestimmen, kommen wir zu Aussagen, die der theoretischen Annahme über die Wahrscheinlichkeit des Auftretens einer bestimmten Zahl entspricht. Sei $h_n(Z)$ die Häufigkeit, mit der eine bestimmte Zahl Z nach n Würfen gezogen wurde, dann ist die relative Häufigkeit $h_n{}^r$ definiert als

$$h_n^r = \frac{h_n}{n}.$$

Mit wachsendem n geht $h_n{}^r$ in $p = p(Z)$ über:

$$\lim_{n \to \infty} h_n^r(Z) = p(Z).$$

Die Prozedur *P_WURF* veranschaulicht diesen Zusammenhang. Hier wird N-mal hintereinander eine Zufallszahl Z mit Hilfe eines Zufallszahlengenerators (RANDOM) gezogen, für die $0 \le Z < 1$ gilt („Zufalls-Experiment").

```
PROCEDURE P_WURF (IN: N, OUT: P)
BEGIN
        FOR I=1 TO N DO
                Z=RANDOM
                IF Z<1/6 THEN P=P+1
        END DO
        P=P/N
RETURN
END
```

Danach wird die Häufigkeit ihres konkreten Eintreffens bestimmt. Für sehr große N kann das Abweichen des Wertes P vom theoretischen Wert 1/6 als Maß für die Präzision eines Zufallszahlengenerators gewertet werden.

Das Ergebnis eines Zufallsexperiments wollen wir als Ereignis bezeichnen. Die Menge, zu der alle möglichen Ereignisse des betreffenden Zufallsexperiments gehören, heißt Ereignisraum. Das Ereignis, eine Zahl k ($1 \le k \le 6$) zu würfeln, bezeichnen wir mit A_k. Dann gilt für den Ereignisraum E:

$$E = \left\{ A_1, A_2, A_3, A_4, A_5, A_6 \right\} = \bigcup_{k=1}^{6} \{A_k\} = \left\{ \bigcup_{k=1}^{6} A_k \right\}.$$

$\{A_k\}$ ist ein Elementarereignis. Elementarereignisse schließen sich gegenseitig aus (sind disjunkt), d.h.:

$$\{A_i\} \cap \{A_k\} = \varnothing \quad \text{für } i \neq k.$$

Die Wahrscheinlichkeit, genau eines von k zufälligen Ereignissen zu erhalten, die sich gegenseitig ausschließen, ist gleich der Summe der jeweiligen Einzelwahrscheinlichkeiten. Gemeint ist die Wahrscheinlichkeit p dafür, daß das Ereignis A_1 oder das Ereignis A_2 oder das Ereignis A_3 usw. auftritt. Dann gilt allgemein

$$p(A) = \left\{\bigcup A_k\right\} = p(A_1) + p(A_2) + \dots + p(A_n) = \sum_{k=1}^{n} p(A_k)$$

Wollen wir die Wahrscheinlichkeit p ermitteln, mit der beim Würfeln eine Zahl gezogen wird, die entweder durch 2 <u>oder</u> durch fünf teilbar ist, so gilt nach diesem Summensatz für disjunkte Ereignisse

$$p(Z) = \frac{3}{6} + \frac{1}{6} = \frac{2}{3}.$$

Ist die Wahrscheinlichkeit p des Auftretens von Ereignissen gefragt, welche eine „oder"-Verknüpfung zweier sich nicht gegenseitig ausschließender Ereignisse A und B darstellt, dann gilt der Zusammenhang

$$p(A \cup B) = p(A) + p(B) - p(A \cap B).$$

In unserem Würfel-Beispiel liegt ein solches Problem vor, wenn wir nach der Wahrscheinlichkeit des Auftretens einer geraden Z_g oder einer durch drei teilbaren Zahl Z_3 fragen. $p(Z_g)=3/6$ und $p(Z_3)=2/6$, während $p(Z_g \cap Z_3)= 1/6$ ist. Demnach ist $p(Z_g \cup Z_3)=3/6+2/6-1/6=2/3$.

Die Summe der Wahrscheinlichkeiten p für das Eintreten eines bestimmten Ereignisses A und dem Nicht-Eintreten dieses Ereignisses $\neg A$ ist stets gleich 1:

$$p(A \cup \neg A) = p(A) + p(\neg A) = 1$$

bzw.

$$p(A) = 1 - p(\neg A).$$

Dieser Zusammenhang wird als Komplementärsatz bezeichnet.

Die Wahrscheinlichkeiten zweier oder mehrerer beliebiger, voneinander unabhängiger Ereignisse $A_1, \dots, A_n$ werden multiplikativ miteinander verknüpft, wenn nach der Wahrscheinlichkeit p für ihr gleichzeitiges Eintreten gefragt ist. Demnach lautet der Multiplikationssatz für voneinander unabhängige Ereignisse

$$p(A_1 \cap A_2 \cap \dots \cap A_n) = p\left(\bigcap_{k=1}^{n} A_k\right) = p(A_1) \cdot p(A_2) \cdot \dots \cdot p(A_n) = \prod_{k=1}^{n} A_k$$

In vielen Fällen sind die gleichzeitig auftretenden Ereignisse nicht unabhängig. Der Ausdruck $p(B/A)$ heißt bedingte Wahrscheinlichkeit für das Eintreten des Ereig-

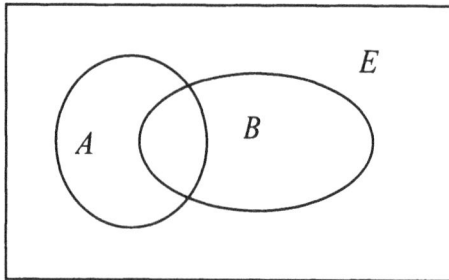

Bild 4.8: Vennsches Diagramm des Ereignisraums E

nisses B unter der Voraussetzung bzw. Bedingung, daß A schon eingetreten ist. Für diese zwei Ereignisse A und B gilt dann der modifizierte Multiplikationssatz

$$p(A \cap B) = p(B) \cdot p(A / B)$$

bzw.

$$p(A \cap B) = p(A) \cdot p(B / A)$$

Die Wahrscheinlichkeit, daß im Ereignisraum E ein Ereignis A eintritt unter der Voraussetzung, daß ein Ereignis oder Zustand B vorliegt, läßt sich allgemein durch das Vennsche Diagramm verdeutlichen (siehe Bild 4.8).

B läßt sich wegen A, $B \subseteq E$ in der Form

$$B = (A \cap B) \cup (\overline{A} \cap B)$$

ausdrücken. Dann gilt für die Wahrscheinlichkeit p, daß B eintritt

$$p(B) = p((A \cap B) \cup (\neg A \cap B)) \,.$$

Zur Vereinfachung der Ausdrücke substituieren wir $C = A \cap B$ und $D = \neg A \cap B$. Da sich C und D gegenseitig ausschließen, folgt nach dem Summensatz

$$p(B) = p(C) + p(D) = p(A \cap B) + p(\neg A \cap B).$$

Aus den Zusammenhängen

$$p(A \cap B) = p(B \cap A) \text{ (Kommutativgesetz)},$$

$$p(B \cap A) = p(B \cap A) \cdot p(A) / p(A) = p(B/A) \cdot p(A)$$

und

$$p(A / B) = \frac{p(A \cap B)}{p(B)} = \frac{p(A \cap B)}{p(A \cap B) + p(\neg A \cap B)}$$

folgt schließlich

$$p(A/B) = \frac{p(B/A).p(A)}{p(B/A) \cdot p(A) + p(B/\neg A) \cdot p(\neg A)}. \qquad (4.6a)$$

Dieses ist der Satz von Bayes, der die bedingte Wahrscheinlichkeit für das gleichzeitige Auftreten zweier Ereignisse beinhaltet.

Die Bayessche Formel kann für mehr als eine Bedingung und mehr als ein Ereignis erweitert werden. Zunächst leiten wir diese für eine Bedingung und n Ereignisse ab.

Es sei $\{A_1, A_2, \dots, A_n\}$ ein vollständiges System von $n > 0$ Ereignissen, und B sei ein Ereignis (=Bedingung) mit $p(B) > 0$. Dann folgt aus der Formel für die bedingte Wahrscheinlichkeit für ein Ereignis A_j

$$p(A_j / B) = p(A_j \cap B) / p(B) \quad \text{und} \quad p(B / A_j) = p(A_j \cap B) / p(A_j),$$

so daß

$$p(A_j / B) = p(B / A_j) \cdot p(A_j) / p(B)$$

ist.

Da

$$p(B) = p\left(B \cap \left(\bigcup_{j=1}^{n} A_j\right)\right) = p\left(\bigcup_{j=1}^{n} (B \cap A_j)\right) = \sum_{j=1}^{n} p(B \cap A_j) =$$

$$= \sum_{j=1}^{n} p(B / A_j) \cdot p(A_j)$$

ist, ergibt sich die Bayessche Formel für eine Bedingung und n Ereignisse A_j:

$$p(A_j) = \frac{p(B / A_j) \cdot p(A_j)}{\sum_{j=1}^{n} p(B / A_j) \cdot p(A_j)}. \qquad (4.6b)$$

Analog läßt sich die Bayessche Formel auch für <u>ein</u> Ereignis A und m Bedingungen B_j ($m > 1$) entwickeln. Sie lautet

$$p\left(A / \bigcap_{j=1}^{m} B_j\right) = \frac{p(A) \cdot \prod_{j=1}^{m} p(B_j / A)}{\prod_{j=1}^{m} p(B_j)}. \qquad (4.6c)$$

Liegen schließlich n Ereignisse A_k und m Bedingungen B_j vor, dann gilt die allgemeine Bayessche Formel

$$p(A_k \,/ \bigcap_{j=1}^{m} B_j) = \frac{p(A_k) \cdot \prod_{j=1}^{m} p(B_j \,/ A_k)}{\sum_{i=1}^{k} p(A_i) \cdot \prod_{j=1}^{m} p(B_j \,/ A_k)} . \tag{4.6d}$$

Betrachten wir eine Größe X, die ein gewisses Merkmal repräsentiert und N-mal gemessen wurde. Dabei möge X Werte x_i annehmen, die jeweils h_i-mal auftreten mit $h_i = h(x_i)$ und $\Sigma h_i = N$. Wir nennen die Funktion h Häufigkeitsverteilung der Größe X. Die relative Häufigkeit $h_r(x_i)$ läßt sich berechnen, indem wir $h(x_i)$ durch N dividieren. Sie ist ein Maß für die Wahrscheinlichkeit, mit der die Zufallsvariable X den Wert x_i annimmt. Man nennt h auch Wahrscheinlichkeitsfunktion oder Dichtefunktion der Verteilung. Unter dem Begriff Summenhäufigkeit oder Summenfunktion $H(x_i)$ verstehen wir den Ausdruck

$$H(x_j) = \frac{1}{N} \sum_{i=1}^{j} h(x_j) . \tag{4.7}$$

Er ist ein Maß für die Wahrscheinlichkeit, daß die Größe X kleiner oder gleich dem gemessenen Wert x_j ist. Für $j=N$ ist sie gleich Eins. Die Summenfunktion steigt also monoton an, bis sie diesen Wert annimmt.

Häufigkeitsverteilungen können prinzipiell auch in Form kontinuierlicher Funktionen $f(x)$ vorliegen, die auch als Dichtefunktionen bezeichnet werden. Dabei gibt $f(x) \cdot dx$ die Wahrscheinlichkeit dafür an, daß die Zufallsvariable x im Bereich $x \pm dx$ zu finden ist. Die Funktion f kann als die erste Ableitung einer Verteilungs- oder Summenfunktion $F(x)$ nach dem Merkmalswert x definiert werden. Diese Beziehung ermöglicht damit auch die Berechnung der (kontinuierlichen) Summenfunktion F:

$$F(x) = \int_{\zeta=-\infty}^{x} f(\zeta) \cdot d\zeta , \tag{4.8}$$

wobei, analog zur diskreten Summenfunktion, $F(x \to \infty) = 1$ ist. Sind die Merkmalswerte x im Intervall $[a,b]$ gleichverteilt, tritt also jeder Wert x mit gleicher Wahrscheinlichkeit auf, dann lautet die zugehörige Dichtefunktion

$$f(x) = \begin{cases} q \ falls \ x \in [a,b] \\ 0 \ sonst \end{cases} \qquad \text{(vergl. Bild 4.9).}$$

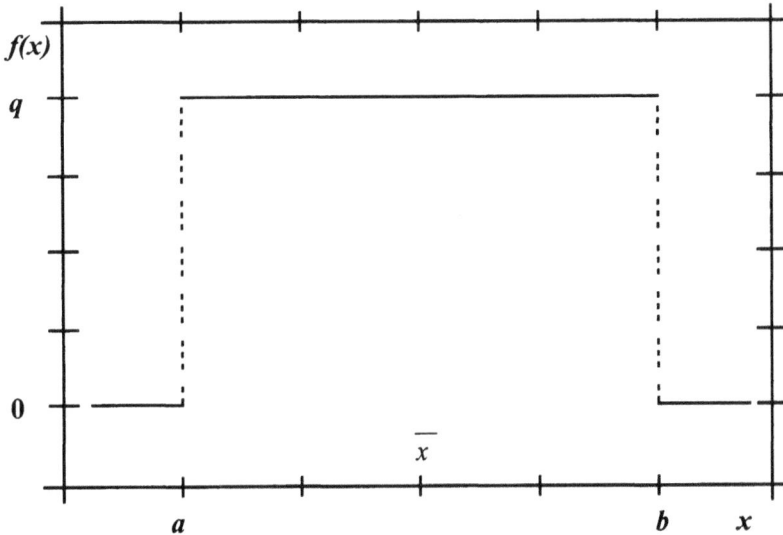

Bild 4.9: Dichtefunktion einer Gleichverteilung.

Die Konstante q läßt sich über die Summenfunktion ermitteln. Sie lautet in diesem Falle

$$F(x) = \int_{-\infty}^{x} f(\zeta) \cdot d\zeta = \int_{a}^{x} q \cdot d\zeta = q \cdot (x - a)$$

Da für $x=b$ die Summenfunktion $F(b) = q \cdot (b - a) = 1$ ist, folgt für die Konstante q:

$$q = \frac{1}{b-a}.$$

Durch Bilden des Erwartungswertes

$$E(\xi(x)) = \overline{x} = \int_{-\infty}^{+\infty} \xi(x) \cdot f(x) \cdot dx$$

können Kennwerte und Kennfunktionen von Verteilungen abgeleitet werden. Mit ξ $(x)=x^L$ erhält man als Erwartungswerte Momente der Verteilungsdichten; für $L=1$ bzw. $L=2$ sind es der Mittelwert und die Varianz σ^2 einer Verteilung. Im Fall kontinuierlicher Verteilungen erhält man für den Erwartungswert ($q=x$ und $L=1$) den folgenden Ausdruck

$$E\{x\} = \overline{x} = \int\limits_{-\infty}^{+\infty} x \cdot f(x) \cdot dx \, .$$

Für die Gleichverteilung ergibt sich beispielsweise der Mittelwert zu

$$\overline{x} = \int\limits_{a}^{b} x \cdot q \cdot dx = \frac{q \cdot (b^2 - a^2)}{2} = \frac{a+b}{2}$$

Die Varianz ($\xi = (x - \overline{x})^L$, L=2) läßt sich mit Hilfe des Ausdrucks

$$E\{(x - \overline{x})^2\} = \sigma^2 = \int\limits_{-\infty}^{+\infty} (x - \overline{x})^2 \cdot f(x) \cdot dx$$

berechnen. Für eine Gleichverteilung folgt

$$\sigma^2 = \frac{(b-a)^2}{12} \, .$$

Viele Compiler stellen im Rahmen von Bibliotheksfunktionen Zufallszahlengeneratoren zur Verfügung, die gleichverteilte Zufallszahlen z im Intervall [0,1) generieren. Eine gleichverteilte Zufallszahl z kann daher mit gleicher Wahrscheinlichkeit einen beliebigen Wert $0 \le z < 1$ annehmen. Für eine solche Verteilung ist der Erwartungswert $\overline{x} = \frac{1}{2}$ und die Varianz $\sigma^2 = 1/12$.

Neben der Gleichverteilung spielt die Gaußsche Normalverteilung eine besondere Rolle. Die zugehörige Dichtefunktion $g(x)$ lautet

$$g(x) = \frac{1}{\sqrt{2\pi \cdot \sigma^2}} \cdot \exp\{-\frac{(x-\mu)^2}{2\sigma^2}\} \qquad (4.9)$$

(siehe Bild 4.10). Sie wird bestimmt durch zwei Parameter, dem Erwartungswert $\overline{x} = \mu$, der auch als Lagemaß bezeichnet wird, und der Varianz σ^2, die man auch als Maßstabsparameter bezeichnen kann. Die zugehörige Verteilungs- oder Summenfunktion $G(x)$ läßt sich in diesem Fall nicht als geschlossener analytischer Ausdruck angeben. Sie kann aber mit numerischen Näherungsverfahren berechnet werden und liegt zudem auch tabellarisch vor (vergl. z.B. *Abramowitz und Stegun*).

Die Wendepunkte der Gaußverteilung $g(x)$ liegen bei $x_w = \mu \pm \sigma$, der Scheitelpunkt findet sich bei $x_s = \mu$ und $g(\mu) = (2\pi \cdot \sigma^2)^{-\frac{1}{2}}$.

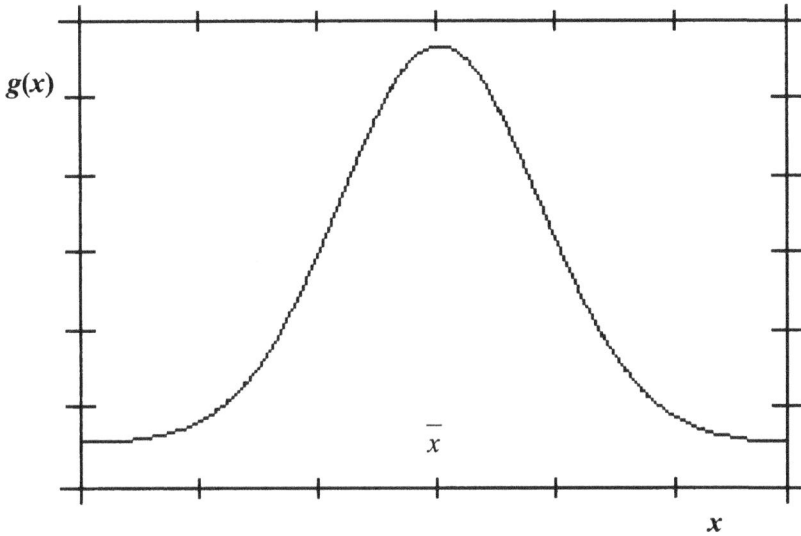

Bild 4.10: Graph einer Gaußschen Normalverteilung $g(x)$ mit dem Mittelwert $\bar{x}$.

Liegen N normalverteilte Daten als diskrete Werte x_i in Form einer Stichprobe) vor, so kann man relativ einfach sowohl den Erwartungswert, der in diesem Falle auch arithmetisches Mittel genannt wird, als auch die Varianz der zugehörigen Normalverteilung schätzen. Dabei gilt für den Erwartungswert dieser Stichprobe

$$E\{x(i)\} = \bar{x} = \frac{1}{N} \cdot \sum_{i=1}^{N} x_i \qquad (4.10a)$$

und für ihre Varianz

$$s^2 = \frac{1}{N-1} \cdot \sum_{i=1}^{N} (x_i - \bar{x})^2 \qquad (4.10b)$$

(die Quadratwurzel aus der Varianz bezeichnet man auch als Standardabweichung s der Stichprobe).

Diskrete Zufallszahlen z_g, die einer Gaußschen Normalverteilung entsprechen, lassen sich aus gleichverteilten Zufallszahlen z erzeugen. Häufig wird dazu die Methode von Box-Muller angewendet (siehe z.B. Knuth, 1981). Einfacher geht es auf folgende Weise. Zunächst ziehen wir N gleichverteilte Zufallszahlen z_i. Die Summe dieser Zufallszahlen wird einer Variablen x_j zugeordnet:

$$x_j = \sum_{i=1}^{N} z_i$$

Dieser Vorgang wird N-mal wiederholt, so daß Summenwerte $x_1,...x_N$ vorliegen. Von diesen Summenwerten bilden wir das arithmetische Mittel $\bar{x}$:

$$\bar{x} = \frac{1}{N}\sum_{j=1}^{N} x_j = \frac{1}{N}\sum_{j=1}^{N}\sum_{i=1}^{N} z_i = \sum_{j=1}^{N}\frac{1}{N}\sum_{i=1}^{N} z_i = \sum_{j=1}^{N}\bar{z} = N\cdot\bar{z}$$

Analog erhalten wir für die Varianz bzgl. der Variablen z bzw. x:

$$\sigma_x = N\,\sigma_z$$

Wir wissen, daß der Mittelwert im Intervall [0,1) gleichverteilter Zufallszahlen gegen ½ strebt. Ziehen wir 12mal hintereinander eine gleichverteilte Zufallszahl, so ist der Mittelwert

$$\bar{x} = 12\cdot\bar{z} = 12\cdot 0.5 = 6$$

und die Standardabweichung beträgt

$$s = \sqrt{12\cdot\frac{1}{12}} = 1.$$

Eine normalverteilte Zufallszahl ergibt sich, wenn wir von 12 hintereinander gezogenen und aufsummierten gleichverteilten Zufallszahlen x_j den Wert 6 abziehen:

$$z_{gj} = x_j - 6$$

Die Werte z_{gj} sind normalverteilt und streuen um den Erwartungswert $\overline{z_{gj}} = 0$ mit der Varianz $s^2 = 1$. Durch eine einfache Transformation lassen sich aus diesen (0,1)-normalverteilten Zufallszahlen, die auch als standard-normalverteilte Zufallszahlen bezeichnet werden, Zufallszahlen w_{gj} mit dem Mittelwert $\bar{w} \neq 0$ und der Standardabweichung $s_g \neq 1$ bestimmen:

$$w_{gj} = \bar{w} + s_g\cdot z_{gj} \qquad\qquad (4.11)$$

Mit Hilfe der Prozedur *NORM_DIST_RANDOMNUMBER* kann man aus zwölf im Intervall [0,1) gleichverteilten Zufallszahlen eine normalverteilte Zufallszahl berechnen. Der Prozedur wird der Erwartungswert UQUER und die Standardabweichung SG übergeben, berechnet wird eine normalverteilte Zufallszahl UG:

```
PROCEDURE NORM_DIST_RANDOMNUMBER
            (IN: UQUER, SG; OUT: UG)
BEGIN
        ZG=- 6
        FOR I=1 TO 12 DO
                ZG=ZG+RANDOM
        END DO
        UG=UQUER + SG*ZG
RETURN
END
```

Für beliebige, insbesondere empirisch gefundene Häufigkeitsverteilungen $h(x)$ der Merkmalsausprägung x läßt sich ein einfaches Verfahren zur Erzeugung von Zufallszahlen, die dieser Verteilung genügen, finden. Sei $h(x)$ eine kontinuierliche Dichtefunktion, dann läßt sich daraus die zugehörige Verteilungsfunktion (relative kontinuierliche Summenfunktion) $H(x)$ durch Integration

$$H(x) = q \cdot \int_{-\infty}^{x} h(x')dx'$$

gewinnen, wobei q so gewählt wird, daß $H(x \to \infty) = 1$ wird. Eine gleichverteilte Zufallszahl z^* läßt sich in eine der Verteilung $h(x)$ gehorchenden Zufallszahl x^* umwandeln, wenn wir formal $z^* \equiv H(x^*)$ setzen. Da H eine monoton wachsende Funktion ist, gibt es genau ein x^*, so daß $x^* = H^1(z^*)$ ist, wobei H^1 die Umkehrfunktion von H bedeutet. Für die praktische Anwendung ist der diskrete Fall von besonderer Bedeutung. Liegt $h(x)=h(x_n)= h_n$ ($n =1,...,N$) als diskrete Häufigkeitsverteilung vor, so läßt sich über die relative Summenhäufigkeit

$$H_n = \frac{1}{H_N} \cdot \sum_{k=1}^{n} h_k$$

aus einer gleichverteilten Zufallszahl z eine Zufallszahl z^* finden, welche der zugrundeliegenden Häufigkeitsverteilung $h(x)$ genügt. Dazu bestimmen wir $H_n \leq z < H_{n+1}$ und setzen für $z^* = H_n$. Auf diese Weise ergeben sich Zufallszahlen analog zur vorliegenden diskreten Häufigkeitkeitsverteilung. Durch Interpolation zwischen den Intervallen erhält man eine feinere Gliederung der Zufallszahlen z^*. Im einfachsten Falle erfolgt eine lineare Interpolation zwischen den Intervallgrenzen i und $i+1$. Dann gilt für x^*

$$H(x^*) = \frac{H(x_{i+1}) - H(x_i)}{x_{i+1} - x_i} \cdot (x^* - x_i) + H(x_i) \equiv z \, .$$

Daraus erhalten wir die gesuchte Zufallszahl

$$x^* = \frac{x_{i+1} - x_i}{H(x_{i+1}) - H(x_i)} \cdot (z - H(x_i)) + x_i \qquad\qquad (4.12)$$

Anstelle der linearen Interpolation läßt sich auch eine nicht-lineare Interpolation verwenden, allerdings könnte diese zusammen mit der notwendigen Invertierung des Interpolationsausdrucks zu einem beträchtlichem Rechenaufwand führen.

4.4   Allgemeine Parameterschätzung

Gehen wir von einem biomedizinischen Prozeß aus, der durch m Parameter a_1, ..., a_m beschrieben werden kann, welche nicht direkt meßbar sein mögen. Allgemein gilt zwischen den Parametern und dem wahren Wert $y(k)$ der meßbaren Größe die Beziehung

$$y(k) = f(a_1, a_2, ..., a_m ; k).$$

Die gemessenen und i.a. fehlerhaften Meßwerte $y_M(k)$ dienen zur Schätzung der Parameter a_j. Tatsächlich können die Parameter a_j aber nur in der Weise geschätzt werden, daß sie am besten mit den gemessenen Werten übereinstimmen. Es gilt also

$$y_M(k) = f(a_{M,1}, a_{M,2}, ..., a_{M,m} ; k),$$

wobei die Parameter a_{Mj} die geschätzten Parameter darstellen. Die Parameter lassen sich als Vektoren auffassen:

$$\underline{A} = (a_1, a_2, ..., a_m), \text{ bzw.}$$

$$\underline{A}_M = (a_{M,1}, a_{M,2}, ..., a_{M,m}).$$

Gehen wir von N Messungen aus; sie weisen genau dann einen systematischen Fehler (Bias) auf, wenn für die Erwartungswert E gilt:

$$E\{ \underline{A}_M - \underline{A} \} = E\{ \underline{A}_M \} - \underline{A} = \underline{c} \neq 0.$$

Für eine sogenannte erwartungstreue, auch biasfrei genannte Schätzung gilt

$$E\{ \underline{A}_M - \underline{A} \} = 0.$$

Wird der Schätzwert umso genauer, je größer die Anzahl N der Meßwerte ist, so bezeichnet man eine solche Schätzung als konsistent. Es gilt also allgemein

$$\lim_{N \to \infty} p[(\underline{A}_M(N) - \underline{A}) = 0] = 1$$

Dieses besagt aber nur, daß bei konsistenter Schätzung für unendlich viele Meß-werte der Schätzwert gegen den wahren Wert konvergiert. Dagegen wird hierdurch nichts über die Güte des Schätzwertes bei endlichem N ausgesagt. Daher können bei <u>endlichem N</u> konsistente Schätzungen durchaus einen Bias haben. Ein biasfrei-er Schätzwert muß auch nicht konsistent sein. Eine konsistente Schätzung ist je-doch <u>asymptotisch</u> immer biasfrei.

Eine Schätzung wird als konsistent im quadratischen Mittel bezeichnet, wenn zu-sätzlich für die Varianz gilt

$$\lim_{N \to \infty} E\{(\underline{A}_M(N) - \underline{A})^2\} = 0$$

In diesem Falle streben sowohl der Bias als auch die Varianz asymptotisch gegen Null.

Wir wollen auf dieser Grundlage für den Mittelwert und die Varianz einer stocha-stischen Variablen $v(1)$, $v(2)$, ..., $v(N)$ prüfen, ob beide biasfrei und konsistent sind.

Die Schätzwerte seien für den Mittelwert

$$\overline{v}_s = \frac{1}{N} \cdot \sum_{k=1}^{N} v(k)$$

bzw. für die Varianz

$$\sigma^2_{s,v} = \frac{1}{N} \cdot \sum_{k=1}^{N} (v(k) - \overline{v}_s)^2 \; .$$

Dann gilt allgemein für den Erwartungswert

$$E\{\overline{v}_s\} = E\{\frac{1}{N} \sum_{k=1}^{N} v(k)\} = \frac{1}{N} E\{\sum_{k=1}^{N} v(k)\} = \frac{1}{N} \sum_{k=1}^{N} E\{v(k)\} = \frac{N}{N} E\{v(k)\} = \overline{v}$$

Der Schätzwert des Mittelwertes ist also biasfrei. Wenn alle $v(k)$ statistisch unab-hängig sind, dann gilt für die Varianz des Fehlers des Schätzwertes

$$E\{(\overline{v}_s - \overline{v})^2\} = E\{[\frac{1}{N} \sum_{k=1}^{N} v(k) - \overline{v}]^2\} = \frac{1}{N^2} E\{\sum_{k=1}^{N} (v(k) - \overline{v})^2\} = \frac{\sigma^2_v}{N}$$

Im Grenzübergang $N \to \infty$ geht auch die Varianz des Schätzwertes gegen Null. Da-her ist der Schätzung des Mittelwertes konsistent im quadratischen Mittel.

Wenden wir uns nun dem Schätzwert der Varianz zu. Es gilt unter Berücksichti-gung von

$$\sum_{k=1}^{N} (v(k) - \overline{v}_s)^2 = \sum_{k=1}^{N} ((v(k) - \overline{v}) - (\overline{v}_s - \overline{v}))^2 = \sum_{k=1}^{N} (v(k) - \overline{v})^2 - N \cdot (\overline{v}_s - \overline{v})^2$$

für den Schätzwert der Varianz

$$E\{\sigma_{s,v}^2\} = E\{\frac{1}{N} \cdot \sum_{k=1}^{N}(v(k) - \overline{v_s})^2\} = \frac{1}{N} \cdot (N \cdot \sigma_v^2 - \sigma_v^2) = \sigma_v^2 - \frac{1}{N} \cdot \sigma_v^2$$

Für ein endliches N hat der Schätzwert der Varianz offenbar einen Bias, der für $N \rightarrow \infty$ verschwindet. Damit ist der Schätzwert asymptotisch biasfrei und damit konsistent. Um auch für ein endliches N eine biasfreie Schätzung der Varianz zu erhalten, ist sie nach der (bekannten) Gleichung

$$\sigma_{s,v}^2 = \frac{1}{N-1} \cdot \sum_{k=1}^{N}(v(k) - \overline{v_s})^2 = s^2$$

zu berechnen.

4.5   Bewertende Statistik

Häufig stellt sich im Rahmen der Datenanalyse die Frage, ob zwei Mittelwerte einer Beobachtungsgröße trotz unterschiedlicher Zahlenwerte als gleichgroß anzusehen sind. Dazu wird in jedem Falle zunächst der numerische Wert der Irrtumswahrscheinlichkeit, auch Signifikanzniveau α genannt, festgelegt. Dieses besagt, daß man die gemachte Annahme, auch Null-Hypothese H_0 genannt, mit einer vorgegebenen Irrtumswahrscheinlichkeit annimmt oder verwirft. Die Statistik liefert unterschiedliche Testverfahren, mit denen die Annahme oder die Ablehnung von Nullhypothesen möglich werden. Einige dieser Verfahren werden im folgenden dargestellt.

Zu ihnen gehören parametrische Tests. Sie sind dadurch gekennzeichnet, daß die Verteilung der Grundgesamtheit explizit bekannt und durch unterschiedliche Parameter determiniert ist. Ein Beispiel für eine solche Verteilung ist die Gaußsche Normalverteilung. Sie wird durch die Parameter μ und σ bestimmt. Wenn man nun die Mittelwerte $\overline{x_1}$ und $\overline{x_2}$ zweier verschiedener Stichproben daraufhin testen möchte, ob sie sich signifikant voneinander unterscheiden, muß zunächst untersucht werden, ob die beiden Verteilungen $N_1(x; \mu_1, \sigma_1)$ und $N_2(x; \mu_2, \sigma_2)$, zu denen die Datensätze als Stichproben gehören, identisch sind, d.h. in beiden Fällen sowohl die Varianzen σ_1 und σ_2 als auch die Erwartungswerte μ_1 und μ_2 einander gleich sind.

In einem ersten Schritt werden die beiden zugehörigen Datensätze mit den Umfängen n_1 und n_2 daraufhin untersucht, ob sie der vorgegebenen Verteilung genügen; d.h. es muß überprüft werden, ob jeder der Datensätze normalverteilt ist. Dazu wird eine Null-Hypthese formuliert, z.B. H_0 : Datensatz ist normalverteilt bei vorgegebenem Signifikanzniveau α. Um die Null-Hypothese zu testen, kann man verschie-

Tabelle 4.1: Tabelle für den F-Test ($\alpha = 0.05$) für verschiedene Freiheitsgrade .

f_1 \ f_2	5	10	20	40	120
5	7.15	6.62	6.43	6.18	6.07
10	4.24	3.72	3.42	3.26	3.14
20	3.29	2.77	2.46	2.29	2.16
40	2.90	2.39	2.07	1.88	1.72
120	2.67	2.16	1.82	1.61	1.43

dene Testverfahren heranziehen. Besonders eignen sich der Kolmogorow-Smirnow-Test sowie der Test von Shapiro und Wilk für Datensatzlängen $4 \leq N \leq 50$ bzw. der D'Agostino-Test für $N > 50$ (auf diese Testverfahren können wir hier allerdings nicht näher eingehen; vgl. z.B. *Zar*).

Wenn beide Datensätze als normalverteilt angesehen werden können, wird in einem zweiten Schritt überprüft, ob Gleichheit auch bezüglich des Parameters σ besteht. Dazu wendet man einen speziellen Test, den Fischer-Test, kurz F-Test genannt, an. Er untersucht, ob zwei normalverteilte Datensätze bei vorgegebener Irrtumswahrscheinlichkeit die gleiche Varianz haben, also $\sigma_1 = \sigma_2$ ist. Der F-Test ist demnach ein Varianztest. Die zugehörige Null-Hypothese lautet H_0: $\sigma_1 = \sigma_2$ bei vorgegebenem Signifikanzniveau α. Nun wird eine Prüfgröße F berechnet:

$$F^* = \frac{s_1^2}{s_2^2} \tag{4.13}$$

(falls $F^* < 1$, wird anstelle von F^* der reziproke Wert F^{*-1} als Prüfgröße genommen). Diese Prüfgröße wird nun mit einem Tabellenwert F_0 verglichen. Einige dieser Tabellenwerte sind der Tabelle 4.1 zu entnehmen. F_0 hängt von den Freiheitsgraden f_1 und f_2 der Verteilung ab, wobei $f_1 = n_1 - 1$ bzw. $f_2 = n_2 - 1$ ist.

Ist der Tabellenwert größer als die Prüfgröße, so kann mit einer Irrtumswahrscheinlichkeit α eine gleiche Varianz angenommen werden; anderenfalls ist die Nullhypothese zu verwerfen und damit die Testung der Mittelwerte auf signifikanten Unterschied auf die im folgenden beschriebene Weise nicht mehr möglich. Ergibt dieser Test jedoch, daß beide Varianzen gleich sind, dann wird in einem letzten Schritt getestet, ob die beiden Mittelwert $\overline{x}_1$ und $\overline{x}_2$ als gleich zu betrachten sind. Die Null-Hypothese lautet also H_0: $\mu_1 = \mu_2$ bei vorgegebenem Signifikanzniveau α. Ihre Prüfung erfolgt mit Hilfe des Student-t-Tests. Dazu wird zunächst die Prüfgröße

Tabelle 4.2: Student-t-Test Tabelle für ausgewählte Freiheitsgrade f bei unterschiedlichen Irrtumswahrscheinlichkeiten α.

α	5%	1%	0.1%
f=2	4.3	9.9	31.6
f=3	3.18	5.84	12.94
f=5	2.57	4.03	6.86
f=10	2.23	3.17	4.59
f=20	2.09	2.85	3.85
f=40	2.02	2.70	3.55
f=120	1.98	2.62	3.37

$$t^* = \frac{|\overline{x_1} - \overline{x_2}|}{Q} \cdot \sqrt{\frac{n_1 \cdot n_2}{n_1 + n_2}} \qquad (4.14a)$$

mit

$$Q = \sqrt{\frac{(n_1 - 1) \cdot s_1^2 + (n_2 - 1) \cdot s_2^2}{n_1 + n_2}} \qquad (4.14b)$$

berechnet.

Diese Prüfgröße t^* wird nun mit der tabellarisch vorliegenden Größe t_0 verglichen. Ist $t^* < t_0$, so muß H_0 angenommen werden. D. h., die beiden Mittelwerte unterscheiden sich nicht signifikant voneinander. Anderenfalls unterscheiden sich die beiden Mittelwerte mit einer Irrtumswahrscheinlichkeit α. Der Tabellenwert hängt wiederum von der Anzahl f der Freiheitsgrade ab. Für f gilt: $f = n_1 + n_2$. Die Tabelle 4.2 zeigt Tabellenwerte t_0 für verschiedene Freiheitsgrade f.

Der t-Test ist in der angegebenen Form für zwei voneinander unabhängige Stichproben gültig. Nun ist aber auch der Fall denkbar, daß zwei Meßreihen mit n Meßwerten voneinander abhängig sind. Dazu ein Beispiel: Ein medizinisches Meßgerät liefert zu Beginn Testdaten x_{1i}. Nach einer gewissen Betriebsdauer werden unter den gleichen Bedingungen erneut Testdaten x_{2i} gemessen. Wir können paarweise die Unterschiede zu Beginn und nach einer gewissen Betriebsdauer ermitteln: $d_i = x_{1i} - x_{2i}$. Mit Hilfe eines speziellen t-Tests, dem sogenannten Paar-Differenz-t-Test, kann man überprüfen, ob sich der Mittelwert $\overline{d}$ der gemessenen Differenzwerte d_i signifikant vom Erwartungswert Null unterscheidet. Da wir es in diese Falle nur mit <u>einer</u> Normalverteilung zu tun haben, ist ein F-Test nicht erforderlich. Zunächst muß allerdings überprüft werden, ob die Reihe der paarweise ermittelten Differenzwerte normalverteilt ist. Trifft dieses zu, wird das arithmetische Mittel $\overline{d}$ und die Standardabweichung s berechnet. Um die Null-Hypothese H_0: $\mu=0$ zu testen, wird ein Signifikanzniveau α festgelegt und eine Prüfgröße t_d berechnet:

$$t_d = |\bar{d}| \cdot \frac{\sqrt{n}}{s}. \tag{4.15}$$

Die Null-Hypothese wird mit einer Irrtumswahrscheinlichkeit α angenommen, wenn die Prüfgröße t_d kleiner oder gleich dem entsprechenden Tabellenwert t_0 ist.

Zwei jeweils normalverteilte Datensätze lassen sich mit einer Irrtumswahrscheinlichkeit α zu einem Datensatz zusammenfassen, wenn mit Hilfe des F-Tests bzw. des t-Tests nachgewiesen wurde, daß sich Varianzen bzw. Mittelwerte beider Datensätze nicht unterscheiden. Dann gehorchen sie der gleichen Normalverteilung und können demnach zusammengefaßt werden.

Der Mittelwert eines normalverteilten Datensatzes allein sagt wenig über die Einzeldaten aus. Erst zusammen mit der Standardabweichung gewinnt man zusätzliche Informationen über die statistische Qualität des Resultates. In Verbindung mit der Anzahl n der Meßwerte läßt sich der Streubereich berechnen. Dieser wird gebildet durch das Produkt von Standardabweichung und t-Wert, den man aus der Student-t-Tabelle für einen bestimmten Vertrauensbereich α entnehmen kann. In diesem Falle berechnet sich der Freiheitsgrad f der Verteilung zu $f = n - 1$. Der Mittelwert wird dann durch den Ausdruck

$$Ergebnis = \bar{x} \pm s \cdot t = \bar{x} \pm \Theta \text{ mit } (\pm s; \alpha; n)$$

dargestellt. Ein Mittelwert von $\bar{x} = 5.231$, der von einem aus 11 Werten bestehenden Datensatz berechnet wurde, und dessen Standardabweichung $s = \pm 0.342$ betrage, hätte für ein Signifikanzniveau von $\alpha=95\%$ demnach einen Streubereich von $\Theta = s \cdot t = \pm 0.342 \cdot 2.23 = \pm 0.763$; und wir schreiben

$$Ergebnis/Streubereich = 5.231 \pm 0.763 \ (\pm 0.342; 95\%; 11).$$

Somit liegen 95% aller möglichen Einzelmessungen im Bereich von $\bar{x} - \Theta$ und $\bar{x} + \Theta$; in unserem Beispiel also zwischen 4.468 und 5.994. Θ stellt dabei den Streubereich der Einzelwerte dar. Soll hingegen der Streubereich des Mittelwertes angegeben werden, so erfolgt dieses über den sogenannten Vertrauensbereich. Er läßt sich durch $\Theta^* = \Theta / \sqrt{n}$ angeben. In unserem Beispiel wäre das Ergebnis

$$Ergebnis/Vertrauensbereich = \bar{x} \pm \frac{\Theta}{\sqrt{n}} = \bar{x} \pm \Theta^* = 5.231 \pm 0.435.$$

Mit einer Irrtumswahrscheinlichkeit von 5% liegt in unserem Beispiel der Mittelwert der Grundgesamtheit zwischen 4.796 und 5.666.

Bei parametrischen Tests wird eine durch Parameter beschreibbare (bekannte) Verteilung vorausgesetzt. Die Datensätze müssen dieser Verteilung genügen. Diese kann in vielen Fällen aber explizit nicht nachgewiesen werden. Von Meßdaten z.B. erwartet man, daß sie normalverteilt sind. Führt man die entsprechenden Tests aus, so zeigt sich häufig, daß gemessene Daten doch keiner Normalverteilung, sondern einer anderen Verteilung entsprechen. Ist diese Verteilung nicht bekannt, müssen Daten verteilungsunabhängig getestet werden. Diese Tests werden als nicht-parametrische Tests bezeichnet. Ein solcher Test wird im folgenden vorgestellt, der sogenannte U-Test von Wilcoxon, Mann und Whitney.

Anstelle von Meßwerten arbeitet dieser Test mit Rangzahlen, die den Meßwerten zugewiesen werden. Dabei werden die Daten aus beiden Meßreihen in einer gemeinsamen Reihe ihrer Größe nach sortiert und jedem ein Rangwert zugeordnet. Um dieses zu verdeutlichen, soll folgendes Beispiel dienen. Durchgeführt wurden zwei Messungen M_1 und M_2. Die Tabelle 4.3 beinhaltet die zugehörigen Meßdaten.

Tabelle 4.3: Meßdatenreihe M_1 und M_2

M_1	12	16	16	14	16
M_2	13	11	10	12	11

Zunächst werden die Daten der beiden Meßreihen in aufsteigender Reihenfolge $M(i)$ geordnet (siehe Tabelle 4.4):

Tabelle 4.4: Geordnete Meßdatenreihe $M(i)$

M	10	11	11	12	12	13	14	16	16	16
i	1	2	3	4	5	6	7	8	9	10

Die Rangnummern werden entsprechend der Größe des Meßwertes vergeben. Sind zwei oder mehr Meßwerte gleichgroß, so erhalten sie den gleichen Rang, wobei der jeweilige Rangwert durch das arithmetische Mittel der aufeinander folgenden Rangplätze gebildet wird. Für die o.g. Meßreihe bedeutet dies (siehe Tabelle 4.5a,b):

Tabelle 4.5a: Rangfolge R der Meßdaten M

M	10	11	11	12	12	13	14	16	16	16
R	1	2.5	2.5	4.5	4.5	6	7	9	9	9

Tabelle 4.5b: Rangfolge R der Meßdaten nach Gruppen i, $R(i)$

$R(1)$				4.5	7	9	9	9
$R(2)$	1	2.5	2.5	4.5	6			

Je nach Zugehörigkeit zur ersten (M_1) oder zur zweiten Meßreihe (M_2), werden die Rangnummern getrennt addiert. Man erhält somit zwei Rangnummern $R_i(M_i)$, $i=1,2$. Als weitere Information benötigen wir nur noch den Umfang der beiden Messungen n_1 bzw. n_2. Dann lassen sich zwei Größen U_1 und U_2 berechnen:

$$U_1 = n_2 \cdot n_1 + \frac{n_1 \cdot (n_1 + 1)}{2} - R_1 \qquad (4.16a)$$

bzw.

$$U_2 = n_1 \cdot n_2 + \frac{n_2 \cdot (n_2 + 1)}{2} - R_2 \qquad (4.16b)$$

Die Summe der beiden Größen ist gleich dem Produkt der Anzahl der Meßdaten aus beiden Messungen:

$$U_1 + U_2 = n_1 \cdot n_2$$

Dieser Zusammenhang ermöglicht es zu überprüfen, ob die Größen U_1 und U_2 numerisch richtig berechnet wurden.

Für die o.g. Meßdaten ergeben sich folgende Werte $R_1 = 38.5$ und $R_2 = 16.5$. Daraus folgt für die Größen $U_1 = 40 - 38.5 = 1.5$ bzw. $U_2 = 40 - 16.5 = 23.5$. Aus U_1 und U_2 läßt sich eine Prüfgröße P ableiten, für die gilt

$$P = \min (U_1 , U_2).$$

Tabelle 4.6: Kritische Werte für den U-Test für unterschiedliche Stichprobenumfänge n_1 und n_2 ($\alpha = 0.05$)

	$n_2 = 5$	$n_2 = 10$	$n_2 = 15$	$n_2 = 20$
$n_1 = 5$	2			
$n_1 = 10$	8	23		
$n_1 = 15$	14	39	64	
$n_1 = 20$	20	55	90	127

Die Null-Hypothese für diesen Test lautet H_0: $\mu_1 = \mu_2$. Man vermutet also, daß kein signifikanter Unterschied zwischen den Mittelwerten der jeweiligen Meßreihen besteht. Ist die kleinere der beiden Größen U_i , also die Prüfgröße P größer oder gleich einem kritischen Tabellenwert U_0, so ist die Null-Hypothese mit einer vorher festzulegenden Irrtumswahrscheinlichkeit α anzunehmen.

Die Tabelle 4.3 zeigt Tabellenwerte für den U-Test für ausgewählte Stichprobenumfänge. Ist P kleiner oder gleich einem kritischen Tabellenwert, dann ist die Null-Hypothese abzulehnen. In unserem Zahlenbeispiel ist $P = 1.5$. Bei einer Irrtumswahrscheinlichkeit von 5% ist der kritische Tabellenwert gleich 2, also größer als die Prüfgröße P. Daher müssen wir die Null-Hypothese ablehnen.

Die Durchführung des U-Tests erfordert insgesamt zwei Schritte, bevor die Prüfgrößen berechnet werden können. In einem ersten Schritt werden die Meßdaten der Größe nach geordnet. Dieses ermöglicht die u.g. Prozedur *SORT*. Sie basiert auf einem einfachen und leicht nachvollziehbaren Algorithmus. Der Prozedur werden N zu ordnende Werte mit dem Array Y übergeben. Zuerst wird unterschieden, ob ein zu ordnender Wert Y(K) größer als der größte bisher bestimmte Wert aus dem Array der sortierten Werte ist. Ist dieses der Fall, wird der neue Wert lediglich den bereits sortierten angefügt. Trifft dieser Fall nicht zu, wird zuerst das Intervall P festgelegt, in das der neu zu ordnende Wert gehört. Danach werden alle bereits sortierten bis zu diesem Intervall um eine Position verschoben. Dann wird das zu sortierende Element eingefügt.

```
PROCEDURE SORT (IN: Y,N; OUT: S)
BEGIN
        REAL ARRAY Y(1:N), S(1:N)
        S(1)=Y(1)
        FOR  K=2 to N DO
              IF Y(K)>S(K-1) THEN
                S(K)=Y(K)
              ELSE
                P=1; I=1; FLAG=0
                DO
                      IF S(I)<Y(K) and Y(K)<=S(I+1) THEN
                        P=I+1
                        FLAG=1
                      END IF
                      I=I+1
                WHILE FLAG=0 and I<K
```

```
                    FOR I=K TO P+1 STEP -1 DO
                        S(I)=S(I-1)
                    END DO
                    S(P)=Y(K)
                END IF
            END DO
        RETURN
        END
```

In einem zweiten Schritt wird die Rangfolge bestimmt. Dieses ermöglicht die Prozedur *RANG*. Das Array S mit den geordneten Werten wird der Prozedur übergeben, ein Array R, welches die korrespondierenden Rangfolgen beinhaltet, wird berechnet und ausgegeben.

```
        PROCEDURE RANG (IN: S,N; OUT: R)
        BEGIN
            REAL ARRAY S(1:N), R(1:N)
            I=1
            DO
                    J=1
                    DO
                        J=J+1
                    WHILE S(I+J)=S(I) AND J<=N-I
                    FOR K=I TO I+J-1 DO
                        R(K)=I+(J-1)/2
                    END DO
                    I=I+K
            WHILE I<=N
        RETURN
        END
```

Kombiniert man diese beiden Prozeduren mit der Zusatzinformation über die Gruppenzugehörigkeit, dann können auch die für den U-Test relevanten Prüfgrößen U_1 und U_2 berechnet werden.

Mit Hilfe der Rangbildung läßt sich auch ein „Mittelwert" finden, der bei Meßdaten, die nicht normalverteilt sind, einen sinnvollen Wert liefert: der *Median*. Er ist
definiert als derjenige Wert, der eine nach Rängen geordnete Meßreihe halbiert.
Bei einer geraden Anzahl von Meßwerten ist dazu noch das arithmetische Mittel
aus beiden „mittleren" Meßwerten zubilden. Zur Verdeutlichung ein Beispiel. Gegeben sei eine Meßreihe, die aus den Werten 7, 3, 6, 8, 2, 9, 3 bestehe. Sie umfaßt
sieben und damit eine ungerade Anzahl Meßwerte. Ordnen wir die Meßreihe der
Größe nach, so erhalten wir die Reihe 2, 3, 3, 6, 7, 8, 9. Der Median *Med* ist der
mittlere, also vierte Wert dieser Reihe; er lautet *Med*=6. Erhöht sich die Anzahl
der Meßwerte um einen Wert, z.B. erneut die 8, so lautet die in aufsteigender Reihenfolge geordnete Meßreihe 2, 3, 3, 6, 7, 8, 8, 9. Der Median wird nun aus dem
arithmetischen Mittel der beiden „mittleren" Werte gebildet, also beträgt der Median *Med* = ½ (6+7)=6.5. Das arithmetische Mittel der Meßreihe beträgt hingegen
5.75.

Der Berechnung des Medians liegt ebenso wie der Durchführung des U-Tests ein
Datensortierproblem zugrunde.

4.6   Korrelationsanalyse

Wir gehen nun von zwei Meßreihen M_1 und M_2 aus, die je ein Merkmal repräsentieren und an einem Merkmalsträger (paarweise) gemessen wurden. Dann stellt
sich die Frage, ob und wie diese gemessenen Größen möglicherweise zusammenhängen. Hängt eine Größe von einer anderen ab, so spricht man von Regression,
bei linearem Zusammenhang also von linearer Regression. Gegeben seien die
Meßwerte der beiden Meßreihen durch

$$x_i \in \{M_1\} = \{x_1, x_2, ..., x_N\} \text{ und}$$

$$y_i \in \{M_2\} = \{y_1, y_2, ..., y_N\}$$

Wir wollen überprüfen, in wieweit die beiden Merkmale linear voneinander abhängen. Dazu können wir x_i als unabhängige und y_i als abhängige Variable benennen,
also allgemein

$$y = f(x) = a_x + b_x \cdot x$$

annehmen. In diesem Falle spricht man von linearer Regression von y auf x. Andererseits kann auch y_i die abhängige und x_i die unabhängige Variable sein, die lineare Regressionsgerade also durch

$$x = f(y) = a_y + b_y \cdot y$$

beschrieben werden. Dann spricht man von linearer Regression von x auf y.

Mit Hilfe der Methode der kleinsten Quadrate (s.o.!) lassen sich die Parameter der Regressionsgeraden aus den Meßwerten bestimmen. Für die Steigung der Regressionsgeraden y auf x gilt dann

$$b_x = \frac{\sum\limits_{i=1}^{N} x_i \cdot y_i - \frac{1}{N}(\sum\limits_{i=1}^{N} x_i \cdot \sum\limits_{i=1}^{N} y_i)}{\sum\limits_{i=1}^{N} x_i^2 - \frac{1}{N}(\sum\limits_{i=1}^{N} x_i)^2}$$

Durch Vertauschen von unabhängiger und abhängiger Variabler erhält man den reziproken Wert der Steigung der Regressionsgrade x auf y in folgender Weise

$$\frac{1}{b_y} = \frac{\sum\limits_{i=1}^{N} y_i \cdot x_i - \frac{1}{N}(\sum\limits_{i=1}^{N} y_i \cdot \sum\limits_{i=1}^{N} x_i)}{\sum\limits_{i=1}^{N} y_i^2 - \frac{1}{N}(\sum\limits_{i=1}^{N} y_i)^2}$$

Aus dem Quotienten der beiden Steigungen kann der (empirische) Korrelationskoeffizient r berechnet werden. Für ihn gilt

$$r^2 = \frac{b_x}{b_y} = \frac{(\sum x_i \cdot y_i - \frac{1}{N}\sum x_i \cdot \sum y_i)^2}{[\sum x_i^2 - \frac{1}{N}(\sum x_i)^2]\cdot[\sum y_i^2 - \frac{1}{N}(\sum y_i)^2]} \qquad (4.17)$$

Der Ausdruck $r = \sqrt{r^2}$ kann dabei die Werte $-1 \le r \le +1$ annehmen. Ist $|r| = 1$, so liegt eine vollständige empirische Abhängigkeit zwischen y und x vor. Ist $r < 0$, spricht man von negativer Korrelation (eine Zunahme von x bewirkt eine Abnahme von y und umgekehrt), ist $r > 0$, so liegt eine positive Korrelation vor. Der Grad der Korreliertheit wird durch den Wert von r angegeben. Liegt $|r|$ nahe bei 1, so spricht man von hoher Korrelation zwischen den Beobachtungsgrößen, liegt $|r|$ nahe bei Null, liegt praktisch keine oder, im Extremfall, wenn $|r| = 0$, gar keine Korrelation vor. Mäßige Korrelationen liegen bei $|r| \approx \frac{1}{2}$ vor. Die Korrelation zwischen den Meßwerten x_i und y_i kann einmal dadurch gegeben sein, daß sie sich auch kausal gegenseitig beeinflussen oder durch eine dritte Größe beeinflußt werden; eine gute Korrelation kann jedoch auch zufällig zustandegekommen und damit unsinnig sein.

2. Merkmale und Klassifikation

Allgemein zeichnen sich Objekte durch Merkmale aus. Mit Hilfe dieser Merkmale lassen sich Objekte in Kategorien oder Klassen ordnen, was man als Klassifikation bezeichnet. Klassen sind also Zusammenfassungen von Objekten mit gleichen oder ähnlichen Merkmalen. Betrachten wir *n* Objekte mit *m* Merkmalen, so spannen diese einen *m*-dimensionalen Merkmalsraum M_s auf. Ein Objekt O_j, das Element dieses Merkmalsraums ist, stellt einen Vektor dar, dessen Komponentenzahl gleich der Dimension des Merkmalsraums ist:

$$O_j = (o_{j,1}, o_{j,2}, ..., o_{j,m}) \quad \in \quad M_s \quad mit \quad j = 1,2,...,n \, .$$

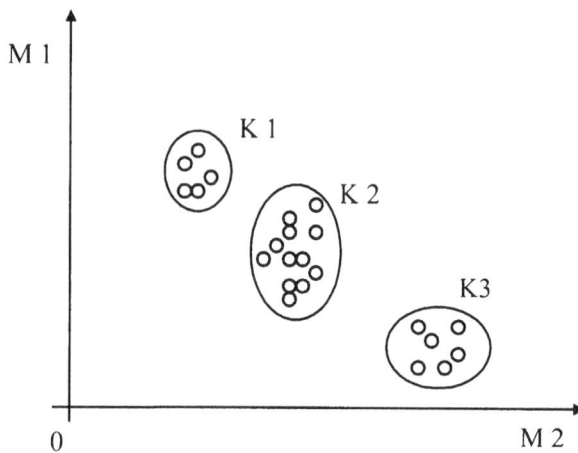

Bild 4.11: Merkmale (M1, M2) und Klassenzuordnung (K1-K3)

Betrachten wir zur Verdeutlichung ein einfaches Beispiel. Gegeben seien *n* Objekte, die sich durch zwei Merkmale auszeichnen. Dann hat der Merkmalsraum genau zwei Dimensionen, und wir können ihn z.B. in Form eines ebenen kartesischen Koordinatensystems darstellen (siehe Bild 4.11). Jedes Element dieses Merkmalsraumes stellt einen Vektor mit genau zwei Komponenten (M2≡*x*, M1≡*y*) dar. Innerhalb des Merkmalsraumes können Objekte unterschiedlich weit voneinander entfernt liegen und ggf. lokale Häufungen bilden. Solche Häufungen lassen sich zu Klassen zusammenfassen. Um sie voneinander zu trennen, sind Trennungsverfahren notwendig. Diese stellen das eigentliche Klassifikationsverfahren dar. Ein solches besteht z.B. darin, eine Klasse dadurch zu charakterisieren, daß die Distanz zwischen den darin enthaltenen Merkmalsvektoren und den Klassenzentren minimal ist (sog. Minimum-Distance Klassifikator).

Grundsätzlich kann man zwei verschiedene Arten von Klassifikationen unterscheiden: die überwachte Klassifikation (Klassifikation 1.Art) und die nicht-überwachte Klassifikation (Klassifikation 2. Art). Bei der überwachten Klassifikation sind die Klassen von vornherein festgelegt (Musterklassen). Diese können z.B. durch die Angabe eines Klassenzentrums und eines Radius um dieses Zentrum herum festgelegt werden. Dazu wird eine Stichprobe benötigt. Aus ihr werden die Schwerpunktkoordinaten (auch Mittelpunktskoordinaten oder mittlere Koordinaten genannt) der zu einer Klasse gehörenden Merkmalsvektoren berechnet, indem das arithmetische Mittel aller x- bzw. y-Koordinaten der betrachteten Objekte gebildet wird. Diese bilden das Klassenzentrum. Zusätzlich zu den Mittelpunktkoordinaten wird die zugehörige Varianz der Koordinaten der Merkmalsvektoren berechnet. Als Grenzverlauf der Klasse ergibt sich eine Ellipse um das Klassenzentrum, deren Halbachsen den zugehörigen (ggf. mit Faktoren $n_{x,y}$ gewichteten) Standardabweichungen entsprechen. Für einen zweidimensionalen Merkmalsvektor mit den Koordinaten (x, y) und den Koordinaten des Klassenzentrums (x_o, y_o) gilt für die Klassenzuweisung die Voraussetzung

$$\frac{(x_o - x)^2}{(n_x \cdot \sigma_x)^2} + \frac{(y_o - y)^2}{(n_y \cdot \sigma_y)^2} \leq 1.$$

Analog ergibt sich für einen m-dimensionalen Merkmalsraum die Zuweisungsvoraussetzung für n Klassen

$$\sum_{i=1}^{m} \frac{(x_{i,j,o} - x_i)^2}{(n_{i,j} \cdot \sigma_{i,j})^2} \leq 1,$$

wobei $x_{i,j,0}$ die i-te Koordinate des j-ten Klassenzentrums ($i=1, 2,...,m$ und $j=1, 2, ...,n$), x_i die i-te Koordinate des zu klassifizierenden Merkmalsvektors und $n_{i,j}$ bzw. $\sigma_{i,j}$ die i-te Koordinate des Gewichtungsfaktors bzw. der Standardabweichung der j-ten Klasse darstellen.

Anstelle der empirisch gewonnenen Varianzen, läßt sich die Klassengrenze auch über eine maximal zulässige Distanz d_{max} des Merkmalsvektors in Bezug zur Klassenmitte definieren. Die Distanz d eines Objektes vom Klassenzentrum kann z.B. mit Hilfe der sogenannten „City-Block Distanz"

$$d = |x_o - x| + |y_o - y|$$

berechnet werden. Alle Objekte, deren Distanz d vom Klassenzentrum höchstens den Wert d_{max} aufweisen, werden der Klasse zugeordnet:

$$d = |x_o - x| + |y_o - y| \leq d_{max}.$$

Mit der Festlegung einer maximal erlaubten Distanz läßt sich auch eine unüberwachte Klassifikation durchführen. Dazu wird der Merkmalsraum systematisch nach Merkmalsvektoren durchsucht. Wird der erste gefunden, so bildet er das Zentrum der ersten Klasse. Alle weiteren Merkmalsvektoren werden dieser Klasse zugeordnet, wenn ihr Abstand zum Zentrum die maximale Distanz nicht überschreitet. Sonst wird eine neue Klasse mit einem neuen Zentrum definiert, und die weiteren Merkmalsvektoren werden dieser Klasse zugeordnet, bis auch hier der zulässige Abstand zum Zentrum überschritten wird usw.

Ein statistisches Klassifikationsverfahren stellt die sogenannte Diskriminanzanalyse dar. Wir wollen ihre prinzipiellen Eigenschaften anhand eines einfachen Beispieles kennenlernen. Wir gehen davon aus, daß die Ausprägung x des Klassifikationsmerkmals in zwei Gruppen $G_{1,2}$ normalverteilt sei. Beide Normalverteilungen müssen die gleiche Varianz aufweisen (was mit Hilfe des F-Testes nachzuweisen ist). Eine lineare Diskriminanzfunktion läßt sich dann folgendermaßen definieren: Für die zwei Gruppen G_1 und G_2 gelten folgende Dichtefunktionen f_1 und f_2

$$f_1(x) = \frac{1}{\sqrt{2\pi \cdot \sigma^2}} \cdot \exp\{-\frac{(x-\mu_1)^2}{2 \cdot \sigma^2}\}$$

bzw.

$$f_2(x) = \frac{1}{\sqrt{2\pi \cdot \sigma^2}} \cdot \exp\{-\frac{(x-\mu_2)^2}{2 \cdot \sigma^2}\} .$$

Sei p_j die Wahrscheinlichkeit für die jeweilige Gruppe G_j; dann erfolgt eine Zuordnung zur Gruppe G_1, wenn $p_1 \cdot f_1(x) > p_2 \cdot f_2(x)$ ist. Durch Logarithmieren der Gleichung erhält man den Ausdruck

$$\ln(\frac{p_2}{p_1}) < \frac{\mu_1 - \mu_2}{2 \cdot \sigma^2} \cdot x - \frac{\mu_1^2 - \mu_2^2}{2 \cdot \sigma^2} = L(x) . \qquad (4.18)$$

L heißt lineare Diskriminanzfunktion. Eine Merkmalsausprägung x gehört zur Gruppe G_1 genau dann, wenn $L(x) > \ln(p_1/p_1)$; im anderen Falle gehört es zur Gruppe G_2.

Die Zuordnung eines Merkmalsvektors zu einer Klasse kann falsch sein. Mit den Maßzahlen Spezifität Z_{sp} und Sensivität Z_{se} läßt sich ein Entscheidungsverfahren bewerten. Für unser Zwei-Klassenproblem gilt

$$Z_{sp} = \frac{n_{G1}}{\sum n_{G1}^*} \quad \text{bzw.} \quad Z_{se} = \frac{n_{G2}}{\sum n_{G2}^*} ,$$

wobei n_{G1} die Anzahl der der Gruppe 1 zugewiesenen Fälle, $\sum n^*_{G1}$ die Summe aller zu G_1 gehörenden, n_{G2} diejenigen Fälle darstellen, die der Gruppe 1 zugewiesen wurden, obwohl sie zur Gruppe 2 gehören, und $\sum n^*_{G2}$ die Anzahl aller, die zu G_2 gehören, darstellen. Die Differenz $\sum n^*_{G1} - n_{G1}$ bezeichnet man als „falsch Positive", die Differenz $\sum n^*_{G2} - n_{G2}$ als „falsch Negative". Eigentlich sollten für eine gute Klassifizierung beide Maßzahlen nahezu bei Eins liegen. Es hat sich jedoch gezeigt, daß bei Optimierung einer der beiden Maßzahlen die andere oft nur einen kleinen Wert besitzt. Daher verwendet man in der Praxis häufig als Gütemaß Z_g das arithmetische Mittel aus beiden Maßzahlen: $Z_g = \frac{1}{2}(Z_{sp} + Z_{se})$. Ist eine gute Klassifikation durchgeführt worden, liegt dieses Gütemaß nahe bei Eins.

2. Aufgaben

Aufgabe 4.1

Gegeben sei folgendes Meßprotokoll, das den zeitlichen Verlauf der Konzentration c [relative Einheiten] einer Substanz in einer Lösung beinhaltet:

Zeit	10 s	20 s	30 s	40 s	50 s	60 s	70 s	80 s
c	2.1	2.2	?	2.3	2.4	?	2.8	2.9

a) Bestimmen Sie die „fehlenden" Konzentrationswerte durch Interpolation. Welches Interpolationsverfahren wenden Sie an?

b) Stellen Sie die Meßreihe graphisch dar.

Aufgabe 4.2

Schreiben Sie in Anlehnung an die Prozedur *P_WURF* ein Programm, welches einen Münzwurf simuliert. Bestimmen Sie die Häufigkeit, mit der eine Münzseite (z.B. „Zahl") realisiert wird und stellen das Ergebnis graphisch dar. Nach wievielen Würfen wird für diese Münzseite eine um höchstens 0.1 % vom theoretischen Wert abweichende relelative Häufigkeit erreicht?

Aufgabe 4.3

Gegeben seien folgende Dichtefunktionen (kontinuierliche relative Häufigkeitsverteilungen):

    (i) $h_1(x) = a = const. = 1$ für $0 \leq x \leq 1$

    (ii) $h_2(x) = a + b \cdot x$ mit $a, b = $ const. und

            $h_2(0) = 0$ und $h_2(1) = 1$.

    (iii) $h_3(x) = \dfrac{1}{2 + e^{a \cdot x} + e^{-a \cdot x}}$ mit $-\infty < x < +\infty$.

Außerhalb der Intervallgrenzen seien die Dichtefunktionen h_1 und h_2 gleich Null.

a) Bestimmen Sie für diese drei Dichtefunktionen $h_i(x)$ die relativen Summenhäufigkeitsverteilungen $H_{ir}(x)$. Stellen Sie alle Verteilungen $h_i(x)$ und $H_{i\,r}(x)$ graphisch dar.

b) Mit Hilfe gleichverteilter Zufallszahlen sollen Merkmalsausprägungen x generiert werden, die den o.g. Verteilungen entsprechen. Entwerfen Sie einen Algorithmus, der dieses Vorgehen ermöglicht.

Aufgabe 4.4

Für die Lebensdauer L eines medizinischen Meßgerätes lasse sich folgende Häufigkeitsverteilung aufstellen (n = Anzahl der Meßgeräte, die im Zeitintervall ausgefallen sind):

n	12	34	76	112	81	29	9
L	2 Jahre	3 Jahre	4 Jahre	5 Jahre	6 Jahre	7 Jahre	8 Jahre

a) Stellen Sie die Häufigkeitsverteilung graphisch dar.

b) Bestimmen Sie die Summenhäufigkeit und stellen auch diese graphisch dar.

c) Wie groß ist die mittlere Lebensdauer des Gerätes (arithmetisches Mittel und Median)?

d) Schreiben Sie ein Programm, welches Ihnen eine Lebensdauer-Simulation für das o.g. Gerät ermöglicht (vergl. Aufgabe 4.3).

Aufgabe 4.5

Unter Anwesenheit eines Enzyms wird die Reaktionsgeschwindigkeit v eines biochemischen Prozesses in Abhängigkeit von der Substratkonzentration s gemessen. Das Ergebnis dieser Messung zeigt folgende Wertetabelle:

v	0.0831	0.2213	0.32141	0.39080	0.41671	0.43099
s	0.2	0.4	0.6	0.8	1.0	1.2

Dabei wird v in 1/min und s in mmol/l gmessen. Genügt die gemessene Reaktion der Hill-Gleichung? Wenn ja, welcher Hill-Exponent n, welche maximale Reaktionsgeschwindigkeit v_{max} und welche Michaelis-Konstante K_m liegen der Reaktion zugrunde?

Aufgabe 4.6

Bei zehn Beatmungsgeräten (B) traten Störungen im Betriebsauflauf nach folgenden Zeiträumen T [Stunden] auf:

B	1	2	3	4	5	6	7	8	9	10
T	1200	1280	1160	1070	1255	1073	1089	1094	1120	1210

Innerhalb welcher Grenzen kann man aufgrund dieser Stichprobe eine mittlere störungsfreie Betriebsdauer $<T>$ bezüglich einer Vertrauenswahrscheinlichkeit von 95% annehmen (die Daten seien normalverteilt)?

Aufgabe 4.7

Der Ausfall eines medizinischen Diagnosegerätes möge auf genau vier Ursachen U_i zurückführbar sein:

U_1:   Ausfall des Vorverstärkers

U_2:   Ausfall des Kopplungskondensators

U_3:   Ausfall des Impedanzwandlers

U_4:   Ausfall der Ausgangsstufe

Mit Hilfe einer Testapparatur T soll die Wahrscheinlichkeit $p(U_i/T)$ für das Vorliegen einer der vier Ursachen angegeben werden. Empirisch gefunden wurden folgende Daten für die Wahrscheinlichkeit des Vorliegens einer der vier Ursachen $p(U_i)$ sowie die Wahrscheinlichkeit $p(T/U_i)$ für das Vorliegen eines positiven Testergebnisses, wenn gleichzeitig die Ursache U_i vorliegt:

i	$p(U_i)$	$p(T/U_i)$
1	0.7	0.2
2	0.3	0.1
3	0.2	0.9
4	0.4	0.1

Wie groß ist die Wahrscheinlichkeit $p(U_i/T)$ für jede der vier Ursachen U_i, wenn der Test T positiv ist?

Aufgabe 4.8

Gegeben seien folgende (normalverteilte) Meßreihen **A** und **B**.

A	3.1	3.5	3.4	3.6	3.4	3.5	3.5	3.6	3.7	3.6	3.5
B	3.2	3.3	3.4	3.3	3.5	3.4	3.3	3.3	3.4	3.5	3.3

Bestimmen Sie für jede der beiden Meßreihen den arithmetischen Mittelwert $\overline{x}$ und die Standardabweichung s. Können beide Meßreihen zu einer Meßreihe zusammengefaßt werden? Wenn ja, wie groß sind $\overline{x}$ und s für die zusammengefaßte Meßreihe?

Aufgabe 4.9

Ein Merkmalsraum habe die Dimension $m=3$, welcher durch ein kartesisches Koordinatensystem repräsentiert werde. Eine Klasse K1 besitze die Schwerpunktkoordinaten $(x_s, y_s, z_s) = (4.2, 8.7, 9.2)$. Die zugehörigen Varianzen lauten $\sigma_x^2=12.4$, $\sigma_y^2=21.9$ und $\sigma_z^2=18.1$. Welche der folgenden Merkmalsvektoren $V_j = (x_j, y_j, z_j)$ gehören zu K1?

    a) $V_1 = (5.9, 7.7, 12.3)$

    b) $V_2 = (6.3, 9.1, 10.4)$

    c) $V_3 = (4.8, 8.5, 8.6)$

    d) $V_4 = (7.1, 7.5, 9.3)$

    e) $V_5 = (3.9, 8.2, 9.7)$

Aufgabe 4.10

Die Konzentration c eines Farbstoffes in einer Zelle möge sich durch die folgende Dichteverteilung beschreiben lassen:

$$f_k(c) = \frac{1}{\sqrt{2\pi \cdot \sigma^2}} \cdot \exp\{-\frac{(c-\mu_k)^2}{2 \cdot \sigma^2}\}$$

Für die Zelle vom Typ T1 betrage $\mu_1= 14.2$ für die Zelle vom Typ T2 betrage $\mu_2 = 18.7$. Die Varianz betrage für beide Zelltypen $\sigma^2 = 42.1$. Der Zelltyp T1 tritt viermal häufiger auf als der Zelltyp T2. In einer Zelle wurde eine relative Konzentration von $c =16.8$ gemessen. Zu welchem Typ gehört diese Zelle?

4.7   Weiterführendes Studium

Zur Aufbereitung und Verarbeitung diskreter Daten gehört die Interpolation, die insbesondere für die graphische Präsentation der Daten von Bedeutung ist. Die nachfolgenden Literaturhinweise beinhalten einige Lehrbücher, die sich mit dieser Problematik beschäftigen. Die eigentliche Datenanalyse basiert weitgehend auf statistischen Methoden. Viele wichtige Verfahren werden in der angegebenen Literatur behandelt. Darüber hinaus dienen die vorgeschlagenen Lehrbücher auch dazu, den in diesem Kapitel behandelten Stoff zu vertiefen.

Lehrbuchauswahl:

Abramowitz M., Stegun I.: Handbook of mathematical functions. Dover Publications, New York, 1982.

Adam J. (Hrsg.): Einführung in die medizinische Biometrie. G. Fischer, Jena, Stuttgart, 1992.

Bosch K.: Elementare Einführung in die angewandte Statistik. Vieweg, Braunschweig, Wiesbaden, 1994.

Deichsel G., Trampisch H.-J.: Clusteranalyse und Diskriminanzanalyse. G.Fischer, Stuttgart, New York, 1985.

Encarnacao J., Straßer W., Klein R.: Graphisch Datenverarbeitung. Oldenbourg, München, Wien, 1996.

Giloi W.K.: Interactive computer graphics. Prentice Hall, Englewood Cliffs, NJ, 1978

Kinder H.-P., Osius G., Timm J.: Statistik für Biologen und Mediziner. Vieweg, Braunschweig, Wiesbaden, 1982.

Knuth D. E.: The art of computer programming. Volume II: Seminumerical algorithms. Addison-Wesley. Reading (MA), 1981.

Locher F.: Numerische Mathematik für Informatiker. Springer, Berlin, Heidelberg, New York, 1993.

McLachlan G.: Discriminant analysis and statistical pattern recognition. Wiley, New York, 1992.

Newman W.M., Sproull R.F.: Grundzüge der interaktiven Computergraphik. McGraw-Hill, Hamburg, 1986

Ridgeman W.J.: Experiment und Statistik in der Biologie. G. Fischer, Stuttgart, New York, 1981.

Sachs L.: Angewandte Statistik. Springer, Berlin, 1978.

Seelos H.-J. (Hrsg.): Medizinische Informatik, Biometrie und Epidemiologie. de-Gruyter, Berlin, New York, 1997.

Trampisch H.-J., Windeler J.: Medizinische Statistik, Springer, Berlin, 1997.

Zar J.H.: Biostatistical Analysis. Prentice-Hall, Englewood Cliffs, N.J., 1984.

Zavodnik R., Kopp H.: Graphische Datenverarbeitung. Hanser, München, Wien, 1995.

5 Erfassung und Verarbeitung von Biosignalen

5.1 Signalerfassung

Signale sind Informationen, die durch physikalische Größen dargestellt werden können. Solche Größen sind z.B. Wärme, Licht, mechanische Kraft und insbesondere die elektrische Spannung. Die Informationen finden sich im momentanen Wert der Größe und in ihrer zeitlichen Veränderung.

Prinzipiell können Signale beliebiger physikalischer Größen durch geeignete Wandler in elektrische Signale umgewandelt werden. Thermosonden, Fotowiderstände und Dehnungsmeßstreifen ändern ihren elektrischen Widerstandswert bei Wärme-, Licht- bzw. mechanischer Krafteinwirkung. Über ein entsprechendes Widerstandsnetzwerk (z.B. eine Brückenschaltung) führt die Widerstandsänderung zu einer elektrischen Spannungsänderung, welche nun die übermittelte Information widerspiegelt und mit elektronischen Geräten weiter verarbeitet werden kann.

Da elektrische Größen von besonderer Bedeutung für die Signalerfassung sind, wollen wir uns in diesem Abschnitt mit ihnen beschäftigen. Zunächst wird anhand eines Beispiels gezeigt, wie mit einfachen elektronischen Schaltungen ein elektrisches Signal generiert werden kann. Dann werden beispielhaft Möglichkeiten der elektronischen Signalbeeinflussung durch Filterung, der Signalverstärkung mit Hilfe von Verstärkerschaltungen und der Signaldiskretisierung mit Analog-Digital-Wandlern vorgestellt. In einem weiteren Abschnitt wenden wir uns dann verschiedenen Biosignal-Meßverfahren zu.

5.1.1 Elektrische Schwingungen

Ein harmonisches periodisches Signal $s(t)$ läßt sich durch sinusförmige Funktionen beschreiben. Es lautet in seiner einfachsten Form

$$s(t) = A \cdot \sin(\omega_0 \cdot t + \varphi),$$

wobei A die Amplitude, ω_0 die Kreisfrequenz des Signals und φ die Phasenverschiebung darstellen. Die Kreisfrequenz läßt sich aus der Periodendauer T_0 ermitteln; dabei besteht zwischen T_0, ω_0 und der Signalfrequenz f_0 die Beziehung

$$\omega_0 = \frac{2\pi}{T_0} = 2\pi \cdot f_0 \, .$$

Die Phasenverschiebung φ läßt sich als zeitliche Verschiebung T_p des Signals gegenüber seiner Ursprungsform deuten; es gilt also

$$s(t) = A \cdot \sin(\omega_0 \cdot (t + T_p)) \, .$$

Damit gilt für φ der Zusammenhang

$$\varphi = \omega_0 \cdot T_p \, .$$

Ein Signal, das diese Eigenschaften aufweist, läßt sich mit einfachen elektronischen Bauteilen leicht erzeugen. Schaltet man einen Kondensator mit der Kapazität C, einen ohmschen Widerstand mit dem Widerstandswert R und eine Spule mit der Induktivität L zusammen, liegt ein schwingfähiges System vor. Fließt durch dieses System der Strom $I(t)$, treten unterschiedlich große, zeitabhängige Spannungen am Kondensator (U_C), an der Spule (U_L) und am ohmschen Widerstand (U_R) auf. Berücksichtigen wir ferner, daß für die im Schaltkreis bewegte elektrische Ladung Q der Zusammenhang

$$Q(t) = \int I \cdot dt \quad \text{bzw.} \quad I(t) = \frac{dQ(t)}{dt} \, ,$$

gilt, dann lassen sich die jeweiligen Spannungen an den Schaltelementen berechnen.

Die zeitliche Änderung der Spannung U_c an einem Kondensator mit der Kapaziät C ist proportional zum Strom I, wobei der Proportionalitätsfaktor gleich dem reziproken Wert der Kapazität ist. Es gilt also

$$\frac{dU_c}{dt} = \frac{I}{C} \quad \text{bzw.} \quad U_c = \frac{Q}{C} \, .$$

Das Ohmsche Gesetz gibt den Spannungsabfall U_R an einem Widerstand R an, durch den Strom I fließt:

$$U_R = R \cdot I \quad \text{bzw.} \quad U_R = R \cdot \frac{dQ}{dt} \, .$$

Durch die Induktivität L der Spule wird eine Spannung U_L induziert; sie errechnet sich mit Hilfe der Gleichung

$$U_L = L \cdot \frac{dI}{dt} \quad \text{bzw.} \quad U_L = L \cdot \frac{d^2Q}{dt^2}.$$

Wir schalten die Bauteile gemäß der Abbildung 5.1 zu einem Schaltkreis zusammen. Für die Gesamtspannung U_{ges} in dem Schaltkreis gilt

$$U_{ges} = U_C + U_R + U_L .$$

Unter Berücksichtigung der Formeln für die an den Bauteilen auftretenden Einzelspannungen ergibt sich daraus eine Differentialgleichung, die die zeitliche Abhängigkeit der elektrischen Ladung im Schaltkreis angibt:

$$U_{ges} = \frac{Q}{C} + R \cdot \frac{dQ}{dt} + L \cdot \frac{d^2Q}{dt^2}.$$

Sie stellt die elementare elektrische Schwingungsgleichung dar.

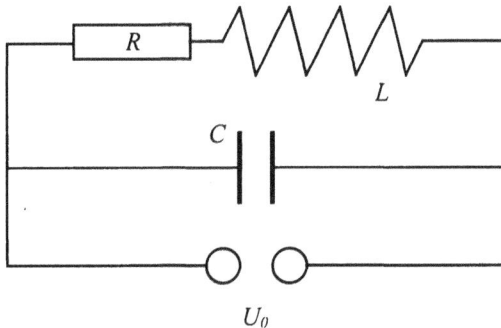

Bild 5.1: Einfacher elektronischer Schaltkreis, bestehend aus einem Ohmschen Widerstand mit dem Wert R, einer Spule mit der Induktivität L und einem Kondensator mit der Kapazität C. Die Schaltung wird mit der Spannung U_0 versorgt.

Wir wollen diese Differentialgleichung zunächst unter der Annahme lösen, daß ein kurzzeitiger Stromimpuls zur Zeit $t=0$ das System anregt und zudem der Ohmsche Widerstand vernachlässigt werden kann, also $R=0$ ist. Dann ist für $t > 0$ die Gesamtspannung im Schaltkreis gleich Null und es gilt

$$U_{ges} = \frac{Q}{C} + L \cdot \frac{d^2Q}{dt^2} = 0 .$$

Diese Gleichung repräsentiert einen harmonischen Oszillator. Die allgemeine Lösung der Oszillatorgleichung lautet in seiner komplexen Schreibweise:

$$Q(t) = A_1 \cdot \exp\{j \cdot a_1 \cdot t\} + A_2 \cdot \exp\{-j \cdot a_2 \cdot t\} ,$$

wobei $A_{1,2}$ und $a_{1,2}$ Konstanten sind und $j = \sqrt{-1}$ ist. Da Q beschränkt ist (also für eine zunehmende Zeit insbesondere nicht unendlich groß werden kann), muß die Konstante A_1 gleich Null sein. Damit reduziert sich der Lösungsansatz für $Q(t)$ auf den Ausdruck

$$Q(t) = A \cdot \exp\{-j \cdot a \cdot t\}.$$

Setzen wir diesen Lösungsansatz in die Oszillatorgleichung ein, erhalten wir den Zusammenhang

$$-L \cdot a^2 \cdot A \cdot \exp\{-j \cdot a \cdot t\} + \frac{1}{C} \cdot A \cdot \exp\{-j \cdot a \cdot t\} = 0.$$

Daraus folgt

$$a = \frac{1}{\sqrt{L \cdot C}}.$$

Die Schwingungsgleichung für den elektronischen Schaltkreis hat in seinem Realanteil die Lösung

$$Q(t) = A \cdot \cos(\frac{1}{\sqrt{L \cdot C}} \cdot t).$$

Allgemein läßt sich der harmonische Oszillator durch eine Sinus- bzw. Cosinusfunktion beschreiben. Die zugehörige Frequenz f des Signals lautet

$$f = \frac{1}{2\pi \cdot \sqrt{L \cdot C}}.$$

Ist der Ohmsche Widerstand R nicht vernachlässigbar, beeinflußt dieser sowohl die Amplitude A des Signals als auch seine Frequenz f. Für f gilt in diesem Falle

$$f = \frac{1}{2\pi} \cdot \sqrt{\frac{1}{LC} - \frac{R^2}{2L^2}}.$$

Zudem wird die Amplitude gedämpft. Beträgt sie zum Zeitpunkt $t=0$ noch A_0, nimmt sie im Laufe der Zeit exponentiell ab:

$$A = A_0 \cdot \exp\{-\frac{R \cdot t}{2L}\}.$$

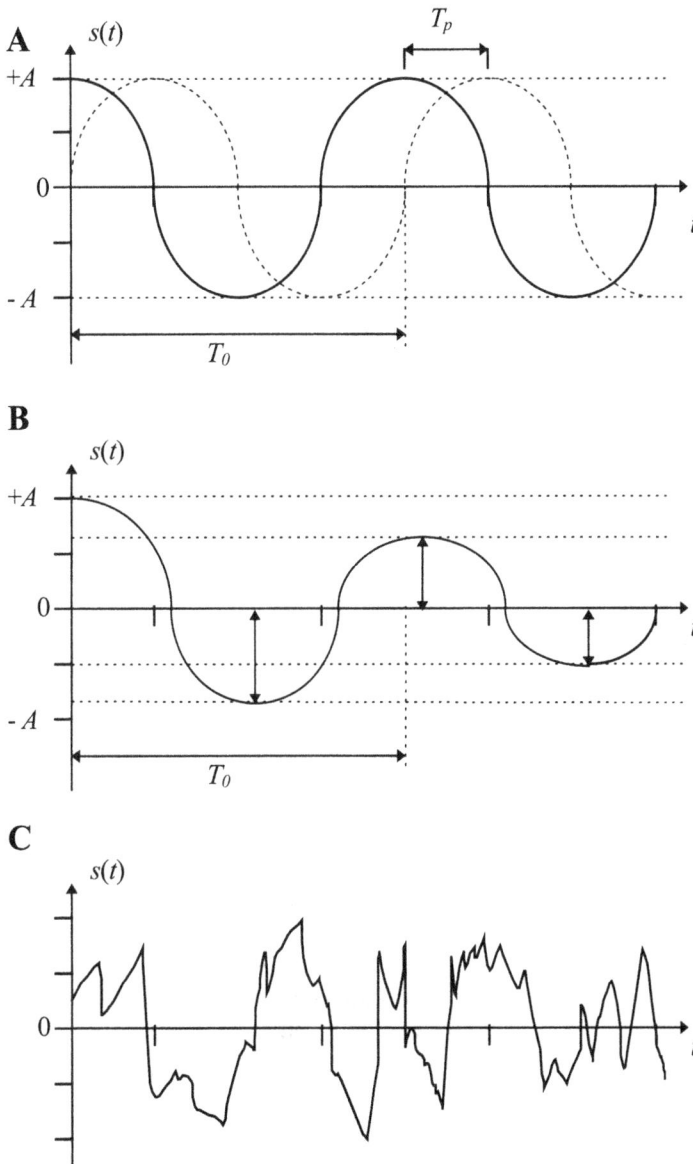

Bild 5.2: Signale unterschiedlicher Form. **A:** Beispiel zweier sinusähnlicher Signale $s(t)$ in Abhängigkeit von der Zeit t (Periodendauer T_0, Amplitude A), die zeitlich gegeneinander um eine feste Verschiebungszeit T_p phasenverschoben sind. **B:** Beispiel eines zeitlich gedämpften sinusähnlichen Signals mit der Periodendauer T'_0. Die Amplitude des Signals nimmt im Laufe der Beobachtungszeit kontinuierlich ab. **C:** Rauschähnliches Signal, das sich durch statistische Schwankungen auszeichnet.

Elektrische Schwingungen, die sich auf einen harmonischen Oszillator zurückführen lassen, zeichnen sich durch eine (konstante) Frequenz und eine (ggf. gedämpfte) Amplitude aus (siehe auch Bild 5.2 A,B). Grundsätzlich besteht aber auch die Möglichkeit, ein harmonisches Signal zu erzeugen, das aus mehr als einer Frequenz besteht. Es läßt sich durch die Summation von Signalen s_k gewinnen, welche für ein bestimmtes k (k=2, 3, 4,...) jeweils die Frequenz $k \cdot \omega_0$, als sogenannte (k-1)-te Oberwelle zur Grundfrequenz ω_0, enthält.

Im Gegensatz zur harmonischen Schwingung steht das „Rauschsignal". Es repräsentiert ein unregelmäßiges Signal, das statistischen, also zufälligen Schwankungen unterworfen ist (Bild 5.2C). Daher können Frequenz und Amplitude hier nicht direkt angegeben werden. Häufig wird für die momentane Auslenkung eines solchen Signals, also für den aktuellen Signalwert, die Bezeichnung „Amplitude" verwendet.

Für Signale, die sich aus mehr als einer Frequenz zusammensetzen, besteht die technische Möglichkeit, diese Zusammensetzung mit Hilfe von analogen Filtern zu verändern. Im nächsten Abschitt werden wir darauf eingehen.

5.1.2   Elektronische Analogfilter

Eine Veränderung der Frequenzzusammensetzung mit Hilfe einer speziellen Schaltung bezeichnet man als Filter. Die Schaltung selbst stellt das Filter dar. Es setzt sich, ähnlich den elektronischen Oszillatoren, i.a. aus Kondensatoren, Spulen und Widerständen zusammen. Die einfachste Bauform eines Filters sind Tiefpaß- bzw. Hochpaßfilter, die nur aus je einem Kondensator und einem Widerstand (RC-Glied) bestehen (siehe Bild 5.3/A1,2). Im idealen Fall kann das Signal bei einer Tiefpaßschaltung bis zur Grenzfrequenz f_T unbeeinflußt die Schaltung passieren, ab dieser Grenzfrequenz wird das Signal gleich Null. Alle Frequenzanteile im Signal, die größer als f_T sind, werden unterdrückt. Analog verhält sich das ideale Hochpaß- filter. Alle Frequenzen unterhalb einer Grenzfrequenz f_H werden vom Filter unterdrückt, alle höheren Frequenzen unverändert hindurchgelassen (vergl. Bild 5.3/B). Die Grenzfrequenz läßt sich für beide Filterarten durch die Formel

$$ f_H \equiv f_T = \frac{1}{2\pi \cdot R \cdot C} = \frac{\omega_H}{2\pi} = \frac{\omega_T}{2\pi} $$

berechnen. Der Idealfall einer Durchlaßcharakteristik, wie wir sie gerade beschrieben haben, läßt sich technisch allerdings nicht mit einem RC-Glied realisieren; denn sie zeigen kein sprunghaftes Verhalten bezüglich der Frequenzunterdrückung. Vielmehr setzt die Filterwirkung erst über einen größeren Frequenzbereich hinweg ein.

A1

A2

B

C1

C2

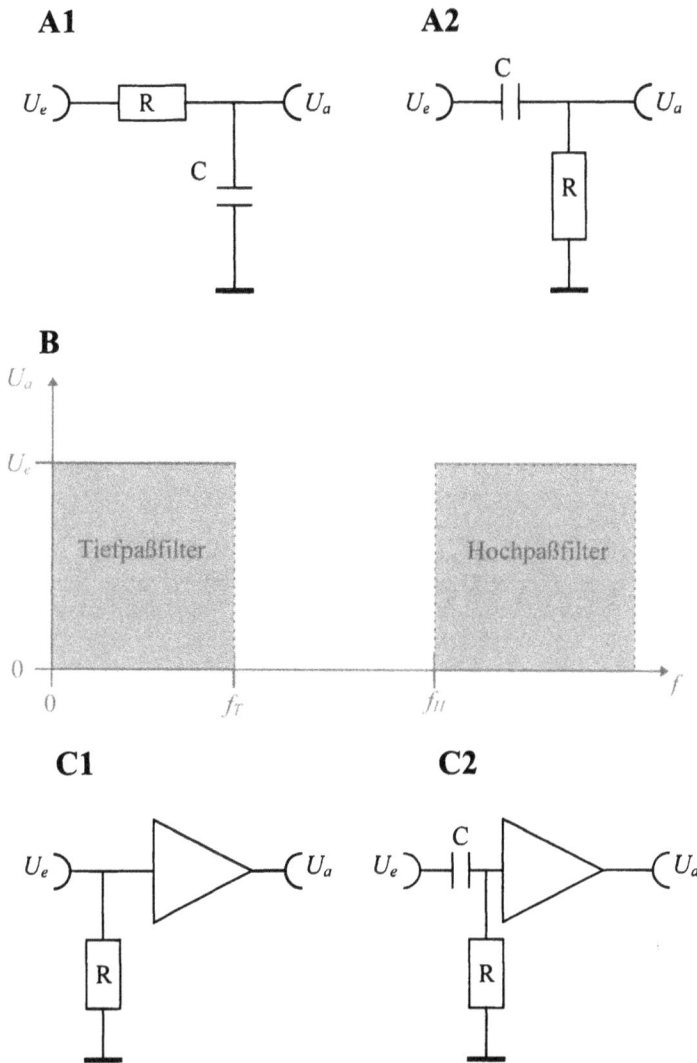

Bild 5.3: RC-Glieder als Filter. **A:** Analoge Filter mit der Eingangsspannung U_e und der Ausgangsspannung U_a; Tiefpaßfilter (**A1**) und Hochpaßfilter (**A2**). **B:** Idealisierte Durchlaßcharakteristik der Filter (Ausgangsspannung U_a in Abhängigkeit von der Frequenz f). Die Grenzfrequenz des Tiefpaßfilters liegt bei f_T, die des Hochpaßfilters bei f_H. **C:** Ankopplung eines Signals an einen Verstärker; DC-Kopplung (**C1**) und AC-Kopplung (**C2**).

Um dieses herzuleiten, müssen wir berücksichtigen, daß ein Kondensator bei sinusförmiger Eingangsspannung einen Blindwiderstand der Größe $X_C = (j \cdot \omega \cdot C)^{-1}$ besitzt. Damit folgt für die Ausgangsspannung am Tiefpaßfilter

$$U_a = U_e \cdot \frac{X_C}{R + X_C} = U_e \cdot \frac{1}{1 + j \cdot \omega \cdot R \cdot C}.$$

Der dimensionslose, frequenzabhängige Ausdruck

$$G(\omega) = \frac{U_a}{U_e} = \frac{1}{1 + j \cdot \omega \cdot R \cdot C}$$

wird als Übertragungsfunktion des als Tiefpaß geschalteten RC-Gliedes bezeichnet. Die komplexe Funktion $G(\omega)$ läßt sich auch in der Form $a + j \cdot b$ schreiben; sie lautet

$$G(\omega) = \frac{U_a}{U_e} = \frac{1}{1 + \omega^2 \cdot R^2 \cdot C^2} - j \cdot \frac{\omega \cdot R \cdot C}{1 + \omega^2 \cdot R^2 \cdot C^2}.$$

Hiermit lassen sich Betrag und Phase der Übertragungsfunktion berechnen; sie lauten

$$|G(\omega)| = \frac{|U_a|}{|U_e|} = \sqrt{\frac{1 + \omega^2 \cdot R^2 \cdot C^2}{(1 + \omega^2 \cdot R^2 \cdot C^2)^2}} = \frac{1}{\sqrt{1 + \omega^2 \cdot R^2 \cdot C^2}}$$

bzw.

$$\varphi = \arctan\,(\text{-}\,\omega \cdot R \cdot C).$$

Häufig verwendet man die logarithmierte quadratische (und damit reelle) Übertragungsfunktion G^*, welche die Einheit Bel besitzt. Es gilt allgemein

$$G^*(\omega) = \log\!\left(|G(\omega)|^2\right) = 2 \cdot \log\!\left(\frac{|U_e|}{|U_a|}\right) \quad Bel = 20 \cdot \log\!\left(\frac{|U_e|}{|U_a|}\right)\ dB$$

(dB ist ein Zehntel Bel, also ein Dezibel). Für die sinusförmige Eingangsspannung besitzt das RC-Glied die logarithmierte Übertragungsfunktion

$$G^*(\omega) = 20 \cdot \log(\frac{|U_a|}{|U_e|})dB = -10 \cdot \log(1 + \omega^2 \cdot R^2 \cdot C^2).$$

Setzen wir die Grenzfrequenz auf $\omega = \omega_g = 1/RC$ fest, dann erhalten wir die Beziehung

$$G^*(\omega) = -10 \cdot \log(1 + \frac{\omega^2}{\omega_g^2}) \qquad\qquad\qquad (5.1)$$

Ist $\omega \ll \omega_g$, dann nähert sich G^* dem Wert Null und G dem Wert Eins. Ist die betrachtete Frequenz ω des Eingangssignals gleich der Grenzfrequenz ω_g, dann beträgt $G^*(\omega = \omega_g) = -3dB$, während $G(\omega = \omega_g)$ näherungsweise gleich 0.7 ist. Ist $\omega \gg \omega_g$, dann gibt es zwischen der logarithmierten Übertragungsfunktion G^* und der betrachteten Frequenz ω einen einfachen linearen Zusammenhang:

$$G^*(\omega) = -20 \cdot \log(\omega/\omega_g) \, dB = 20 \cdot (\log(\omega_g) - \log(\omega))$$

wobei ω und ω_g die gleiche Einheit (z.B. Herz) haben müssen.

Die Ableitungen der Eigenschaften des RC-Gliedes als Tiefpaßfilter lassen sich sinngemäß auch auf ein als Hochpaßfilter geschaltetes RC-Glied anwenden. In diesem Falle erhalten wir für die Ausgangsspannung am Hochpaßfilter

$$U_a = U_e \cdot \frac{R}{R + X_C} = U_e \cdot \frac{j \cdot \omega \cdot R \cdot C}{1 + j \cdot \omega \cdot R \cdot C}.$$

Dementsprechend lautet die Übertragungsfunktion des RC-Hochpaßfilters bei sinusförmiger Eingangsspannung

$$G(\omega) = \frac{j \cdot \omega \cdot R \cdot C}{1 + j \cdot \omega \cdot R \cdot C}.$$

Für den Betrag der Übertragungsfunktion erhalten wir

$$|G(\omega)| = \frac{\omega \cdot R \cdot C}{\sqrt{1 + \omega^2 \cdot R^2 \cdot C^2}} = \frac{\omega/\omega_g}{\sqrt{1 + (\omega/\omega_g)^2}};$$

für die Phase gilt

$$\varphi = \arctan(\omega_g/\omega).$$

Die Ableitungen zeigen, daß das Frequenzverhalten eines realen RC-Tiefpaß- oder RC-Hochpaßfilters keine idealen Filtereigenschaften aufweisen. Eine ausgeprägte Filtersteilheit, also die sprunghafte Unterdrückung von Frequenzen oberhalb bzw. unterhalb einer Grenzfrequenz, läßt sich auf diese Weise nicht erzielen. Vielmehr erfordert es einen sehr hohen schaltungstechnischen Aufwand, um wenigstens näherungsweise ein solches ideales Filterverhalten zu ermöglichen.

Tief- und Hochpaßfilter lassen sich auch miteinander kombinieren. Schaltet man vor ein Hochpaßfilter ein Tiefpaßfilter und dimensioniert es so, daß $f_T < f_H$, können nur die Frequenzen das Filter unbeeinflußt passieren, die im Intervall $f_T < f < f_H$ liegen. Man bezeichnet ein solches Filter als Bandpaßfilter.

Ein reales elektrisches Signal wird nach seiner Messung mit einer Elektrode in der Regel einem Verstärker zugeführt. Dieses kann dem Verstärker direkt oder über einen Kondensator zugeführt werden (siehe Bild 5.3/ C1,2). Im ersten Fall spricht man von einer Gleichstromkopplung des Signals (DC-Kopplung), im zweiten Fall von einer Wechselstromkopplung (AC-Kopplung). Während bei einer DC-Kopplung Wechsel- und Gleichspannungsanteil eines Signals auf den nachgeschalteten Verstärker geleitet werden, wird bei der AC-Kopplung nur der Wechselspannungsanteil des Signals ab einer Grenzfrequenz verzerrungsfrei übertragen. Dieses ist leicht nachvollziehbar, denn die AC-Kopplung stellt mit ihrem Kondensator und dem Eingangswiderstand R ein RC-Glied in Form eines Hochpaßfilters (siehe Bild 5.3/C2) dar.

5.1.3   Sonden

Die Signalerfassung erfolgt über Signalaufnehmer, auch Sonden genannt. Sonden, mit denen elektrische Potentiale registriert werden können, bezeichnen wir als Elektroden. Andere Größen als die elektrischen (z.B. Wärme, Kraft, Druck, Geschwindigkeit, Beschleunigung, Gaspartialdruck, chemische Konzentration) werden mit speziellen Sonden registriert, die die registrierte physikalische Größe in eine elektrische Größe (Strom, Spannung, Widerstand) wandeln.

Sonden dienen dazu, Signale an der Körperoberfläche, aus dem Körperinneren, aus inkubierten Gewebe- oder Zellkulturen oder aus entnommenen Körperflüssigkeiten, die sich in entsprechenden Meßbehältern befinden, zu registrieren. Diese Sonden sind relativ groß und werden als Makrosonden oder Makroelektroden bezeichnet. Für die Messung im zellulären Bereich (in Geweben, an und innerhalb von Zellen) verwendet man entsprechend kleinere Sonden, zumeist Glasmikropipetten. Das Bild 5.4A zeigt schematisch den Aufbau einer solchen Glasmikropipette zur Registrierung von elektrischen Potentialen (Mikroelektrode, ME). Je nach Anwendung haben die ca. 5 cm langen Mikropipetten einen Spitzendurchmesser δ von 0.1 μm für intrazelluläre Messungen und von ca. 3 μm für extrazelluläre Registrierungen bioelektrischer Potentiale. Die Pipetten werden mit Hilfe eines Zuggerätes („Elektroden-Puller") gewonnen, welches ca. 12 cm lange Glasröhrchen mit einem Innendurchmesser von ca. 3 mm unter mechanischer Zugeinwirkung durch thermische Erhitzung des Glases mittig auseinanderzieht. Bei diesem Prozeß entstehen aus einem Glasröhrchen zwei Elektroden. Diese werden mit einer gesättigten Kaliumchloridlösung gefüllt. Das elektrische Potential pflanzt sich durch die sehr kleine Öffnung in der Elektrodenspitze in das Elektrodeninnere fort und kann dort durch eine Metallelektrode abgegriffen werden. Um metallische Kontaktpotentiale zu vermeiden, werden Silberelektroden verwendet, die zusätzlich chloriert worden sind, sogenannte Silber-Silberchlorid-Elektroden (Ag-AgCl).

Das Bild 5.4 B zeigt schematisch den Aufbau einer Makroelektrode, welche zur Registrierung von elektrischen Potentialen (z.B. EKG, EEG) an der Körperoberfläche dient. Über ein Kontaktgel wird die zu messende bioelektrische Spannung an einen Ag-AgCl-Draht, der die eigentliche Elektrode darstellt, gebracht und von dort über einen Kupferdraht weitergeleitet.

Für die Messung nicht-elektrischer Größen stehen „Elektroden" zur Verfügung, die eine nicht-elektrische physikalische Größe registrieren und diese dabei in eine elektrische umwandeln. Dabei unterscheiden wir solche, die primär eine Umwandlung in einen elektrischen Strom bzw. eine elektrische Spannung ermöglichen oder die Änderung eines elektrischen Widerstandswertes bewirken. Solche Elektroden wollen wir anhand einiger Beispiele kennenlernen.

Die Konzentration freier Wasserstoffionen (cH^+) in Körperflüssigkeiten ist eine wichtige Kenngröße für ein biologisches System. Sie drückt sich im sogenannten pH-Wert der Körperflüssigkeit aus. Dieser läßt sich mit einer pH-Sonde (pH-Elektrode) bestimmen. Das Bild 5.4D zeigt schematisch den Aufbau einer solchen Elektrode. In ein nach unten spitz zulaufendes Glasröhrchen, das mit einer gesättigten Kaliumchloridlösung gefüllt ist, ist ein weiteres Glasröhrchen eingelassen, das ebenfalls mit einer Kaliumchloridlösung gefüllt ist, die zusätzlich noch eine definierte Wasserstoffionenkonzentration cH_0^+ aufweist. An der Spitze der Elekrode befindet sich ein kugelförmiges Endstück, das aus einem speziellen Glas gefertigt ist und selektiv H^+-Ionen passieren läßt. Es stellt also im Prinzip eine semipermeable Membran bzgl. H^+ gegenüber dem Außenraum (Meßzelle) dar. Im Gleichgewichtszustand bildet sich zwischen den beiden Elektrodenteilen eine Spannungsdifferenz ΔE heraus, die sich nach der Nernst-Planck'schen Formel berechnen läßt:

$$\Delta E = 58mV \cdot \lg \frac{cH_0^+}{cH^+} \, ,$$

wobei cH^+ die aktuelle Wasserstoffionenkonzentration der Testflüssigkeit in der Meßzelle ist. Da cH_0^+ bekannt ist, gilt

$$\Delta E = 58mV \cdot \lg cH_0^+ - 58mV \cdot \lg cH^+ = const. - 58mV \cdot \lg cH^+ \, .$$

Der Zusammenhang zwischen ΔE und cH^+ wird linear, wenn wir den negativen dekadischen Logarithmus der zu messenden Wasserstoffionenkonzentration durch einen Faktor ersetzen, den sogenannten pH-Wert. Dann lautet die Beziehung:

$$\Delta E = const. + 58mV \cdot pH \, .$$

Der pH-Wert einer Flüssigkeit liegt i.a. zwischen 1 und 14, wobei ein pH-Wert von 7 eine neutrale Flüssigkeit darstellt. Geringere pH-Werte als 7 bedeuten eine saure, höhere pH-Werte eine alkalische Flüssigkeit. Im Blut und im Serum beträgt der pH-Wert physiologischerweise 7.41. Im Harn liegt der pH-Wert zwischen 4.8 und 7.9, während er im Magensaft einen Wert von 1.77 annimmt.

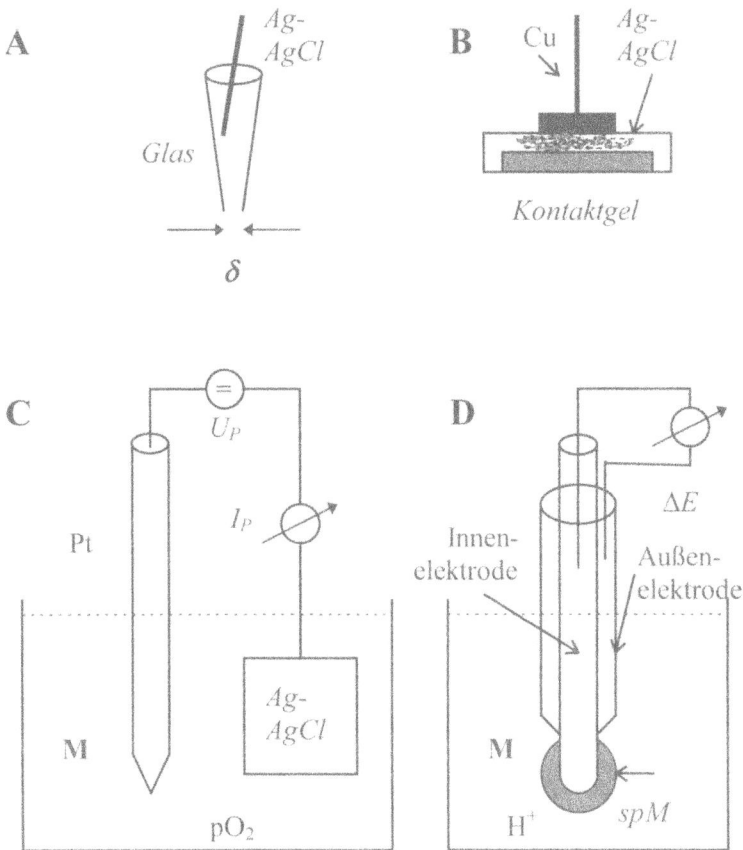

Bild 5.4: Elektroden. **A:** Glasmikropipette mit typischem Spitzendurchmesser δ von 3 bis 0.1 µm und Silber-Silberchlorid (*Ag-AgCl*)-Elektrode; **B:** Oberflächen-Makroelektrode, die den Abgriff eines elektrischen Potentials von der Körperoberfläche über ein Kontaktgel ermöglicht. Das Potential wird von einer Ag-AgCl-Elektode aufgenommen und über einen Kupferdraht (Cu) elektrisch weitergeleitet; **C:** Makro-Sauerstoffelektrode, bestehend aus einer Platinsonde (Pt) und einer Silber-Silberchlorid-Elektrode, die als Bezugelektrode benötigt wird. Eine angelegte Gleichspannung (Polarisationsspannung U_P) erzeugt einen Reduktionsstrom I_P, der umso größer ist, je größer der Sauerstoffpartialdruck (pO$_2$) in der Meßzelle M ist; **D:** pH-Elektrode, H$^+$-Ionen gelangen über eine semipermeable Membran (*spM*) von der zu testenden Flüssigkeit in die Innenelektrode. Nach dem Nernst-Planck'schen Gesetz tritt bei unterschiedlichen H$^+$-Ionenkonzentrationen in der Meßzelle M und der Innenelektrode eine elektrische Spannungsdifferenz ΔE zwischen der Innen- und der Außenelektrode auf, die ein Maß für den pH-Wert darstellt.

Zur Messung des Sauerstoffpartialdrucks in Flüssigkeiten verwendet man häufig die polarographische Meßmethode. Als polarographische Elektrode wird ein Platin (Pt)-Draht (hin und wieder auch ein Golddraht) verwendet, als Bezugselektrode kommt ein Ag-AgCl-Draht zum Einsatz (siehe Bild 5.4C). Beide werden in die zu testende Flüssigkeit, in der sich gelöster Sauerstoff befindet, verbracht. Eine sehr stabile Gleichspannung U_P, Polarisationsspannung genannt, die an beide Elektroden angelegt wird, erzeugt einen meßbaren Reduktionsstrom I_P von wenigen Nanoampere. Dieser kommt folgendermaßen zustande. Durch die angelegte Spannung entsteht ein Spannungsgefälle zwischen Pt-Elektrode und der sie umgebenden Flüssigkeit. Befinden sich in ihr physikalisch gelöste Sauerstoffmoleküle, so werden diese unter Aufnahme von Elektronen zu chemischen OH⁻-Komplexen reduziert. Diese Elektronenaufnahme bewirkt den Reduktionsstrom. Da durch den elektrochemischen Prozeß an der Pt-Elektrode Sauerstoff abgebaut wird, entsteht ein Sauerstoffkonzentrationsgradient, der eine Diffusion von Sauerstoffmolekülen hin zur Elektrode bewirkt. Je größer die Sauerstoffkonzentration und damit auch der Sauerstoffpartialdruck ist, desto größer ist auch der Reduktionsstrom. Bei konstant gehaltener Polarisationspannung hängt im Gleichgewichtszustand der Reduktionsstrom direkt vom Sauerstoffpartialdruck ab. Daher ist der Reduktionsstrom I_P ein Maß für den Sauerstoffpartialdruck (pO_2) in der Testflüssigkeit. Fließt der Strom I_P durch einen elektrischen Widerstand R, so fällt an diesem die Spannung $U = R \cdot I_P$ ab, die dann ihrerseits ein Maß für den pO_2-Wert ist.

Neben den Sonden, welche die gemessene physikalische Größe in einen elektrischen Strom bzw. in eine elektrische Spannung umwandeln, werden in der biomedizinischen Technik sehr häufig Sonden verwendet, bei denen die gemessenen physikalischen Größen die Änderung eines elektrischen Widerstandes bewirken. Zu ihnen gehören z.B. Temperatursonden in Form von Thermowiderständen, Lichtsonden in Form von Fotowiderständen und mechanische Sonden in Form von Dehnungsmeßstreifen oder piezoelektrische Drucksensoren o.ä.. Der veränderte Widerstandswert muß für die Weiterverarbeitung der darin enthaltenen Infomation in eine elektrische Spannung umgewandelt werden. Dazu dient die elektrische Brückenschaltung (siehe Bild 5.5). An das aus vier Widerständen bestehende Netzwerk der Brückenschaltung wird eine Versorgungsspannung U_0 gelegt. Bei abgeglichener Brücke, wenn also die Widerstände so gewählt werden, daß an den Abgreifpunkten a und b (siehe Bild 5.5) keine Spannungsdifferenz auftritt, fließt zwischen diesen beiden Punkten auch kein elektrischer Strom. Dieser Fall tritt ein, wenn

$$\frac{R_1}{R_2} = \frac{R_3}{R4}$$

ist. Ersetzen wir jedoch einen der vier Brückenwiderstände durch den Meßwiderstand, so ist i.a. die Brücke im Ungleichgewicht. Damit tritt an den Abgreifpunkten a und b eine Spannungsdifferenz auf, die sogenannte Brückenspannung ΔU.

Bei stromloser Messung dieser Brückenspannung erhalten wir die sogenannte Leerlaufspannung U_L. Für sie gilt

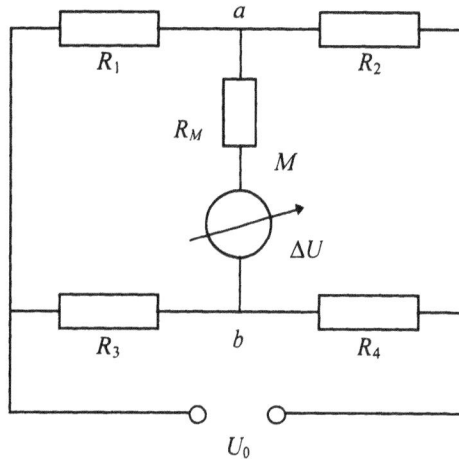

Bild 5.5: Elektrische Brückenschaltung, bestehend aus den 4 Brückenwiderständen R_1 bis R_4 sowie dem Voltmeter M mit Innenwiderstand R_M, welches die Brückenspannung ΔU an den Abgreifpunkten a und b registriert. U_0 ist die Versorgungsspannung.

$$U_L = U_0 \cdot \left(\frac{R_4}{R_3 + R_4} - \frac{R_2}{R_1 + R_2} \right).$$

Hat das Spannungsmeßgerät M einen endlichen Innenwiderstand R_M, dann folgt für die tatsächlich angezeigte Brückenspannung

$$\Delta U = \frac{R_M}{R_M + R_E} \cdot U_0,$$

wobei R_E den Ersatzwiderstand des Brückennetzwerkes darstellt. Ist R_E hinreichend groß, gilt näherungsweise $\Delta U \approx U_L$.

Wird die zu messende physikalische Größe durch einen veränderlichen Widerstandswert registriert, wählt man häufig eine Brückenschaltung mit drei gleichgroßen Brückenwiderständen R, während die zu messende Größe durch $R + \Delta R$ repräsentiert wird. In diesem Falle gilt für die Brückenspannung

$$\Delta U = U_0 \cdot \left(\frac{R + \Delta R}{2 \cdot R + \Delta R} - \frac{1}{2} \right) = U_0 \cdot \frac{\Delta R}{2 \cdot (2 \cdot R + \Delta R)}.$$

Ist ΔR klein bezüglich R, dann vereinfacht sich der Ausdruck zu

$$\Delta U = U_0 \cdot \frac{\Delta R}{4 \cdot R} \propto \Delta R \qquad\qquad (5.2)$$

Der Ausschlag des Meßinstrumentes ΔU ist in diesem Fall also proportional zur Widerstandsänderung ΔR.

Wir haben gesehen, daß die gemessenen physikalischen Größen durch geeignete Sonden und ihnen innewohnende Wandlereigenschaften prinzipiell in elektrische Spannungen umgewandelt werden können. Diese Spannungen wiederum sind oft nur sehr gering, so daß sie elektronisch verstärkt werden müssen. Im folgenden Abschnitt wenden wir uns den Eigenschaften von einfachen Verstärkerschaltungen zu, die für die Aufbereitung eines Signales in der Regel unverzichtbar sind.

5.1.4 Elektronische Verstärker

Die Grundlage moderner Verstärkerschaltungen bilden elektronische Operations-verstärker (OpAmps), die in der Regel als Differenzverstärker angelegt sind. Mit ihnen läßt sich die Differenz zweier Signale gegen eine Referenz (Masse) verstär-ken. Daher verfügen diese OpAmps über zwei Spannungseingänge, die durch ein „+" und ein „-" im Schaltungssymbol angegeben werden (siehe Bild 5.6). Der ne-gative Eingang wird als invertierend, der positive Eingang als nicht-invertierend bezeichnet. Die theoretische Verstärkung eines OpAmp beträgt 10^4-10^6 (Leerlauf-verstärkung). Diese läßt sich jedoch nicht direkt verwerten, da der OpAmp extern beschaltet werden muß. Eine solche Verschaltung beeinflußt seine tatsächliche Verstärkung, also das Verhältnis von Ausgangs- zu Eingangsspannng, wie im fol-genden gezeigt wird.

Die wohl am häufigsten verwendete OpAmp-Beschaltung ist die der negativen Rückkopplung, auch invertierende Verstärkerschaltung genannt (siehe Bild 5.6/A). Hierbei handelt es sich um eine unipolare Verstärkungsschaltung, da wir nur ein Signal verstärken und deshalb auch nur einen der beiden Verstärkereingänge benö-tigen. Das zu verstärkende Signal U_e gelangt über einen Eingangswiderstand R_1 auf den invertierenden Eingang, welcher zusätzlich über den Rückkopplungswider-stand R_2 mit dem Ausgang des OpAmps verbunden ist. Der zweite, nicht-invertierende Eingang des OpAmps wird auf Masse gelegt. Am Ausgang des OpAmps können wir die verstärkte Spannung U_a abgreifen. Der OpAmp selbst ha-be die Leerlaufverstärkung V.

Am Knotenpunkt, wo sich die beiden Widerstände und der invertierende Eingang treffen, liegt eine Spannung U' vor, welche mit Hilfe des OpAmps auf den Wert U_a verstärkt wird. Durch den Widerstand R_1 fließt ein Strom I_1, durch den Widerstand R_2 ein Strom I_2. Der Strom, der durch den OpAmp fließt ist vernachlässigbar klein. Daher müssen beide Ströme praktisch gleich groß sein. Dann folgt aus dem Ohm-schen Gesetz der Zusammenhang

$$\frac{U_e - U'}{R_1} = \frac{U' - U_a}{R_2} .$$

Berücksichtigen wir ferner, daß $V = -U_a/U'$ (invertierende Verstärkung), folgt für die Ausgangsspannung

$$U_a = -\frac{R_2}{R_1 + \dfrac{R_1 + R_2}{V}} \cdot U_e = -\frac{1}{1 + \dfrac{R_1}{R_2}} \cdot U_e.$$

Ist die Verstärkung V des OpAmps wesentlich größer als die Größe $1 + R_1 / R_2$ (was in der Praxis durch entsprechende Beschaltungsmaßnahmen erreicht werden kann), dann vereinfacht sich die Gleichung für die Berechnung der Ausgangsspannung; sie lautet nun

$$U_a = -\frac{R_2}{R_1} \cdot U_e. \qquad (5.3a)$$

Die tatsächliche Verstärkung des Signals durch den invertierenden Verstärker ist nur noch abhängig vom Verhältnis der beiden beteiligten Widerstände und nicht mehr von der Leerlaufverstärkung des OpAmps.

Auf die gleiche Weise läßt sich auch die tatsächliche Verstärkung einer bipolaren OpAmp-Schaltung berechnen, wie sie für Differenzverstärker verwendet wird (siehe Bild 5.4/B). Hier gilt für die Ausgangsspannung

$$U_a = -\frac{R_2}{R_1} \cdot (U_{e1} - U_{e2}). \qquad (5.3b)$$

Elektronische Verstärkerschaltungen müssen nicht unbedingt invertierende Schaltungen sein. Eine typische Schaltung für eine nicht-invertierende Verstärkung ist die Folger- oder Elektrometerschaltung (siehe Bild 5.4/C). Die Eingangsspannung wird auf den nicht-invertierenden Eingang gegeben, während mit zwei Widerständen eine Rückkopplung zwischen invertierendem Eingang und Ausgang bzw. Masse geschaltet ist. Zwischen dem nichtinvertierenden und dem invertierenden Eingang besteht in diesem Falle die Spannungsdifferenz

$$\Delta U = U_e - \frac{R_2}{R_1 + R_2} \cdot U_a.$$

Mit der Leerlaufverstärkung V erhalten wir die Ausgangsspannung U_a:

$$Ua = V \cdot (Ue - \frac{R2}{R1 + R2} \cdot Ua) = \frac{R1 + R2}{R2} \cdot \frac{Ue}{1 + \dfrac{R1 + R2}{V \cdot R2}}.$$

Gehen wir wiederum davon aus, daß die Leerlaufverstärkung sehr groß gegenüber den Widerstandswerten ist. Dann vereinfacht sich die Gleichung für die Ausgangsspannung erheblich; sie lautet nun:

A

B

C

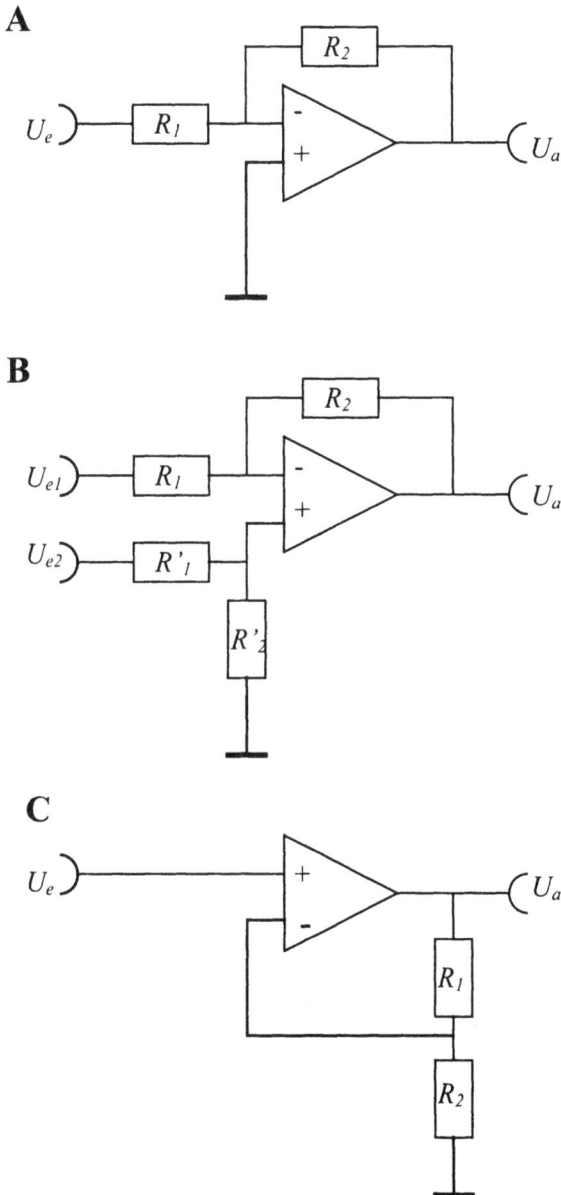

Bild 5.6: Elektronische Verstärkerschaltungen (Verstärkung $v = U_e/U_a$). **A:** Invertierender Verstärker ($v = -R_2/R_1$) für die unipolare Messung. **B:** Invertierender Differenzverstärker für die bipolare Messung. **C:** Nicht-invertierender Verstärker (Folgerschaltung; $v = (R_1+R_2)/R_2$) für die unipolare Messung.

$$U_a = \frac{R1 + R2}{R2} \cdot U_e. \qquad\qquad (5.3c)$$

Solche Folgerverstärkerschaltungen werden häufig zur Messung von Biosignalen eingesetzt, wenn das Eingangssignal sehr hochohmig ist. Da die Folgeverstärkerschaltung einen sehr großen Eingangswiderstand (Impedanz) aufweist, kann sie hochohmige Eingangssignale relativ verzerrungsfrei verstärken und selbst bei einer Verstärkung von Eins noch als Impedanzwandler dienen. Sie wandelt das hochohmige Eingangssignal in ein niederohmiges um, was die Weiterverarbeitung des Signals technisch vereinfacht.

Ist das gemessene Signal genügend verstärkt worden, wird es in einem nächsten Arbeitsschritt diskretisiert, damit es digital weiterverarbeitet werden kann (vergl. auch Abschnit 1.5).

5.1.5 Biosignale

Biosignale sind Signale, die von biologischen Systemen (z.B. Organismen, Organsystemen, Einzelorganen oder isolierten Geweben) mit Hilfe von Sensoren abgeleitet werden. Sie können als elektromagnetische, mechanische, chemische, optische oder thermische Signale auftreten. Bei den elektrischen Biosignalen handelt es sich um Biopotentiale, die aufgrund von elektrischen Vorgängen an Zellen auf natürliche Weise erzeugt werden. Die Potentiale können kontinuierlich oder diskontinuierlich, quasi-deterministisch oder stochastisch sein. Sie werden mit Elektroden am biologischen System oder Organismus abgegriffen. Nicht-elektrische Signale, wie etwa Stoffkonzentrationen (z.B. Elektrolyte, Sauerstoff, CO_2), Wärmestrahlung von Organismen, mechanische Vorgänge (z.B. Atmungsmechanik, Blutdruck), werden mit Hilfe spezieller Sensoren registriert, welche die nicht-elektrischen Signale registrieren und in elektrische umwandeln (siehe Abschnitt 5.1.4). Danach werden diese, wie die bioelektrischen Signale auch, gefiltert, einem Verstärker bzw. Impedanzwandler zugeführt, diskretisiert und danach ausgewertet.

Wegen ihrer herausragenden Bedeutung für die Medizin wenden wir uns im folgenden speziell den bioelektrischen Signalen zu. Zu ihnen gehören insbesondere das Membranpotential, das an einer einzelnen Zelle gemessen werden kann, das extrazellulär registrierte lokale Feldpotential sowie die an der Körperoberfläche registrierbaren Oberflächenpotentiale, die durch die elektrische Aktivität von Gehirn, Skelettmuskulatur, glatter Muskulatur und Herzmuskulatur entstehen. Sie unterscheiden sich insgesamt sowohl hinsichtlich des Entstehungsortes und des zeitlichen Ablaufes als auch der Frequenz und der Amplitude.

Aktionspotentiale werden mit Hilfe von feinen Glasmikroelektroden (ME) registriert (siehe auch Abschnitt 5.1.3). Dabei wird die Mikroelektrode durch die Membran hindurch in das Zellinnere gestochen. Damit die Zellmembran beim Einstechen nicht reißt und dadurch die Zelle platzt, muß die Mikroelektrode eine sehr feine Spitze haben. Für die intrazelluläre Ableitung des Membranpotentials werden MEs verwendet, deren Spitzendurchmesser unterhalb von 1 µm liegt. Damit kann man die Zellmembran penetrieren, ohne sie zu zerstören. Das mit der ME abgeleitete Membranpotential umfaßt einen Frequenzbereich von ca. 100 Hz bis etwa 10 kHz, wobei die Amplitude etwa 10 µV bis 100 mV beträgt. Der Vollständigkeit halber sei erwähnt, daß sich mit MEs auch extrazelluläre Potentiale registrieren lassen, indem man die Mikroelektrode im Extrazellulärraum plaziert.

Mit Hilfe von metallischen Nadelelektroden läßt sich die elektrische Aktivität von Nervenfasern extrazellulär registrieren. Dazu sticht man die Elektroden durch die Haut und bringt sie in die unmittelbare Nähe von Nervenfasern. Auf diese Weise wird das Elektroneurogramm (ENG) gemessen. Sein Frequenzbereich umfaßt etwa 100 Hz bis 1 kHz, die Amplitude liegt zwischen 5µV und 10 mV.

Großflächige chlorierte Silberelektroden ermöglichen die Ableitung des Elektroenzephalogramms (EEG) auf der Kopfoberfläche. Es hat üblicherweise einen Frequenzumfang von etwa 0.5 bis 100 Hz (wenn man vom Gleichspannungsanteil im EEG einmal absieht), während die Amplitude zwischen 1 und 100 µV liegt. Das EEG beinhaltet die Summation der postsynaptischen Aktivität von Nervenzellen in der Hirnrinde. Es läßt sich in verschiedene Frequenzbereiche einteilen (siehe Bild 5.7). Zu den wichtigsten gehören

• die Alpha-Wellen, sie umfassen den Frequenzbereich von 8 bis 13 Hz

• die Beta-Wellen, ihr typischer Frequenzbereich ist 14 bis 30 Hz

• die Delta-Wellen, der Frequenzbereich liegt hier bei 0.5 bis 3 Hz

• die Theta-Wellen, die einen Frequenzbereich von ca. 4 bis 7 Hz umfassen.

Während im Kindesalter vor allem niedrigere Frequenzen im EEG vorkommen, dominieren mit zunehmendem Reifungsgrad des Gehirns höherfrequente Signalanteile.

Um das EEG ableiten zu können, werden die Silberelektroden nach einem bestimmten Schema auf der Kopfoberfläche befestigt. Für die meisten Ableitungen wird dazu das „10-20"er System nach Jasper verwendet (siehe Bild 5.8). Durch dieses Schema ist es möglich, bilateral sowohl frontale und occipitale als auch zentrale, parietale und temporale Hirnrindenanteile zu erfassen. Jede einzelne Elektrodenposition wird bei diesem Schema durch einen Buchstaben und einen Index gekennzeichnet. Der Buchstabe gibt das Rindenareal (z.B. F für frontal) an, der Index ermöglicht eine Feinpositionierung und beschreibt zudem die betroffene Hemisphäre (linke oder rechte Hirnhälfte).

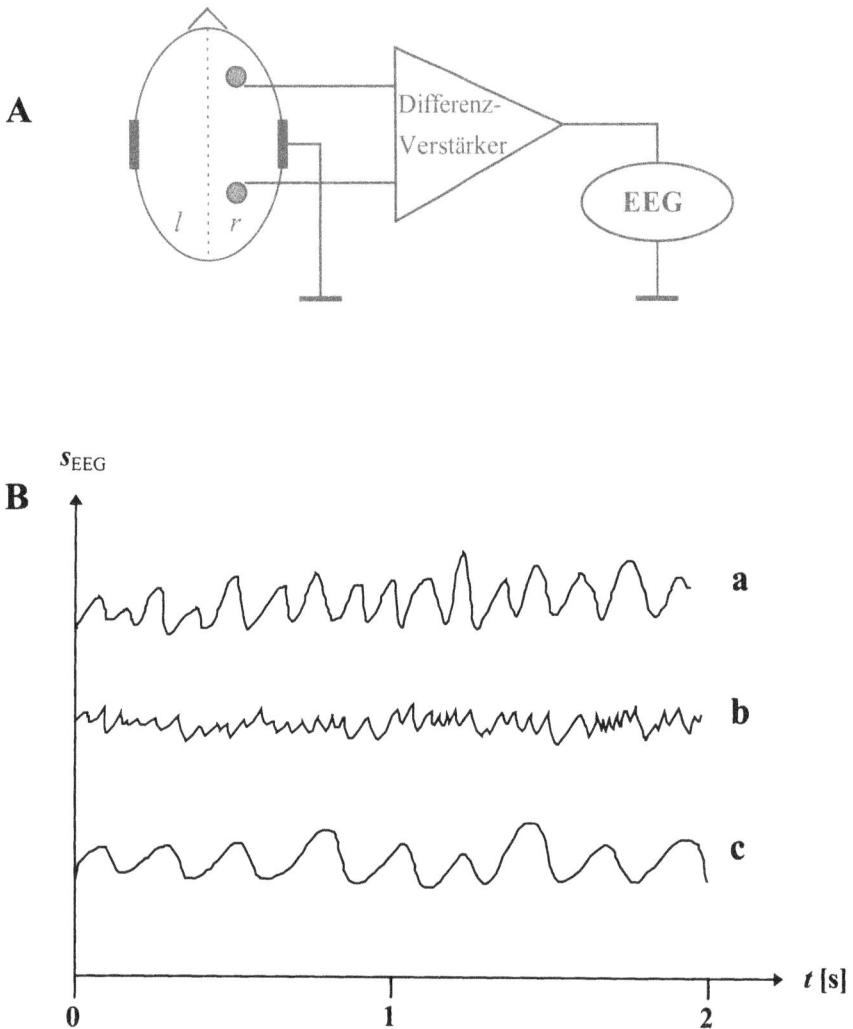

Bild 5.7: Das Elektroenzephalogramm (EEG). **A:** Schematische Darstellung eines EEG und seiner Ableitung als Einkanal-Differenzpotential, welches durch zwei Elektroden auf der Kopfhaut gemessen und einem Verstärker zugeführt wird. Das Differenzpotential wird dabei auf eine Referenzelektrode bezogen, die hier am Ohrläppchen befestigt ist. **B:** Drei typische EEG-Wellenformen: die Alpha-Wellen (**a**), die Beta-Wellen (**b**) und die Theta-Wellen (**c**).

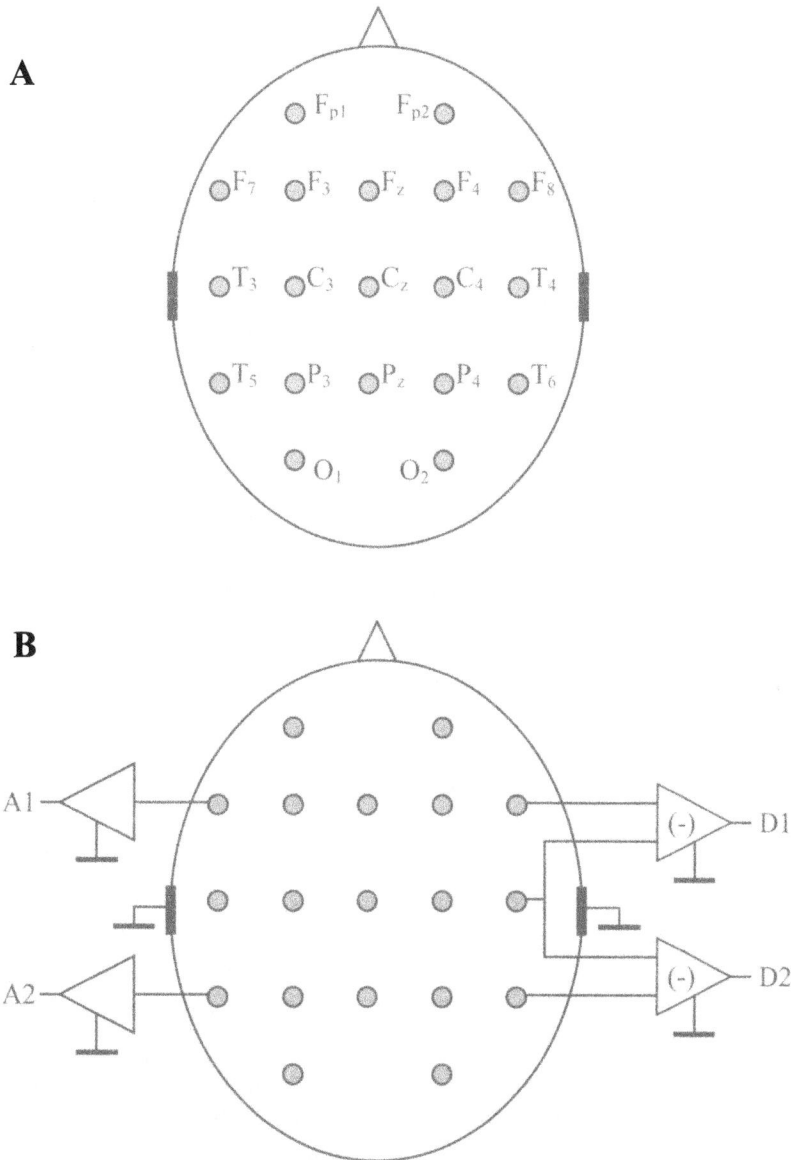

Bild 5.8: Schematische Darstellung der EEG-Ableitung auf der Kopfoberfläche (in der Aufsicht). **A**: Schema der Elektrodenpositionen nach dem „10-20"-System. **B**: Ableitungsarten. Unipolare Ableitung des EEG-Signals von F7 (A1) und T5 (A2) sowie bipolare Ableitung von F7, T4 und T6 mit Differenzsignalbestimmung F7 – T4 (D1) und T4 – T6 (D2).

Mit den Elektroden können die Signale prinzipiell unipolar oder bipolar abgeleitet werden. Allerdings werden in den meisten Fällen bipolare Ableitungen mit Differenzsignalbildung bevorzugt, welche gegen eine Referenzelektrode gemessen werden. Auf diese Weise können Störsignale leichter aus dem Signal entfernt werden.

Das EEG läßt sich beeinflussen, wenn periphere Sensorzellen durch adäquate Reize eine Stimulation erfahren. Dadurch entstehen typische Potentialveränderungen, die sogenannten Evozierten Potentiale (EP). Es sind Reaktionen des Gehirns auf die Stimulation, welche eine charakteristische Änderung des EEG um 1 bis 20 µV auslösen. Sie können durch visuelle/optische Reize (visuell evozierte Potentiale, VEP), durch elektrisch-mechanische Reize auf der Körperoberfläche (somatosensorische evozierte Potentiale, SEP) oder durch akustische Reize (akustisch evozierte Potentiale, AEP) ausgelöst werden. Visuell evozierte Potentiale haben einen Frequenzumfang von etwa 1 bis 300 Hz, somatosensorisch evozierte Potentiale liegen im Frequenzbereich von etwa 2Hz bis 3 kHz und akustisch evozierte Potentiale beeinflussen das EEG im Frequenzbereich von ca. 100 Hz bis 3 kHz.

Die elektrische Aktivität sowohl der Skelettmuskulatur als auch der glatten Muskeln, z.B. des Magen-Darm-Traktes, lassen sich mit Hilfe spezieller Ableitungstechniken messen. Das zugehörige bioelektrische Signal wird Elektromyogramm (EMG) genannt. Man kann es als Oberflächen-EMG mit Hilfe von Makroelektroden an der Körperoberfläche abgreifen. Dazu werden die Elektroden auf der Haut, die dem Muskel obliegt, fixiert. Die Amplitude des Oberflächen-EMG kann dabei Werte zwischen 50 µV und 5 mV annehmen. Der Frequenzbereich liegt bei der Skelettmuskulatur zwischen 2 Hz und 500 Hz, während die glatten Muskelzellen Oberflächenpotentiale zwischen 10 mHz und 1 Hz erzeugen.

Mit Hilfe von Nadelelektroden kann man auch aus dem Muskelinneren Signale ihrer Aktivität gewinnen, das sogenannte Tiefen-EMG. Dabei lassen sich sowohl die Aktivität einzelner Muskelfasern (single fiber EMG, SFEMG) als auch die Aktivität einer motorischen Einheit (motor unit action potential, MUAP) messen. Das SFEMG umfaßt einen Frequenzbereich von 500 Hz bis 10 kHz bei einem Amplitudenintervall von 1 bis 10 mV, während das MUAP Frequenzen von 5 Hz bis 10 kHz bei Amplituden von 0.1 mV bis 2 mV beinhaltet.

Für die klinische Diagnose von Herzerkrankungen ist das Signal der elektrischen Herzaktivität, das Elektrokardiogramm (EKG), von besonderer Bedeutung. Es wird mit Oberflächenelektroden am Körper abgegriffen. Der Frequenzbereich dieses Signals liegt zwischen 0.05 Hz und 100 Hz, wobei die Amplitude 1 mV bis 10 mV betragen kann.

A

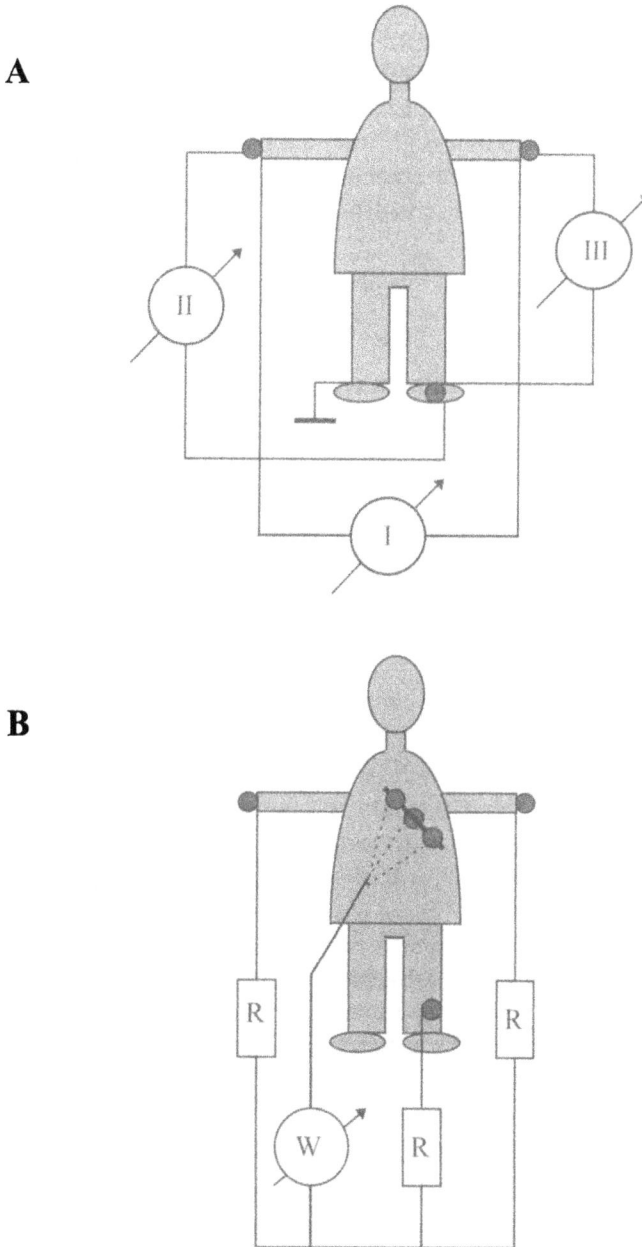

B

Bild 5.9: EKG-Ableitschema. **A**: Bipolare Ableitung nach Einthoven (I, II, III). **B**: Unipolare Brustwandableitung nach Wilson (Signal W), mit Zusammenschluß der Extremitätenelektroden über elektrische Widerstände (R≈5kOhm) als indifferente (Bezugs-)Elektrode.

Das EKG kann sowohl unipolar als auch bipolar abgeleitet werden. Das Extremi-täten-Ableitschema nach Einthoven ist ein Beispiel für eine bipolare EKG-Ableitung. Es ist eine der wichtigsten Standardableitungen der elektrischen Herz-aktivität, bei der die Potentialänderungen zwischen je zwei Extremitäten-Elektroden gemessen werden. Die Elektroden werden jeweils an den beiden Unter-armen und dem linken Fuß befestigt, während die Masseleitung („Erde") am rech-ten Fuß befestigt wird. Dadurch ergeben sich drei verschiedene Ableitungen, die mit den römischen Ziffern I, II und III bezeichnet werden (vergl. Bild 5.9/A). Im einzelnen gilt:

• Ableitung I: rechter Arm vs. linker Arm

• Ableitung II: rechter Arm vs. linker Fuß

• Ableitung III: linker Arm vs. linker Fuß.

Die Brustwandableitung nach Wilson ist eine typische unipolare Ableitung des EKG. Die Ableitung des EKG-Signals erfolgt über sechs Elektroden, die an genau festgelegten Punkten der Brustwand angebracht werden. Als indifferente Bezugs-Elektrode dient eine Schaltung, die aus Elektroden besteht, welche an den Extre-mitäten befestigt und über elektrische Widerstände zusammengefaßt sind (siehe Bild 5.9/B). Auf diese Weise kann ein sechskanaliges EKG-Signal unipolar regi-striert werden.

Das EKG besteht im wesentlichen aus 4 Signalteilen: der P-Welle, welche die Vorhoferregung repräsentiert, dem QRS-Komplex, der die Erregungsausbreitung im Kammermyocard beinhaltet, der T-Welle, die die Erregungsrückbildung im Kammermyocard widerspiegelt, und der manchmal vorhandenen U-Welle, die bei bestimmten Krankheiten verstärkt auftritt. Die zeitlichen Abstände zwischen den Signalteilen haben ebenfalls eine diagnostische Bedeutung. Aufgrund der elektri-schen Herzaktivität, die sich im EKG widerspiegelt, wird es zur Herz-Funktionsdiagnostik eingesetzt. Es ist das am häufigsten abgeleitete Biosignal mit einer außerordentlich großen diagnostischen Bedeutung. Daher gibt es auch seit längerem Bestrebungen, das EKG-Signal in Form eines einheitlichen Protokolls zu standardisieren und Verfahren zu entwickeln, die EKG-Daten zu komprimieren. Allerdings sind diese Dinge derzeit noch im Fluß, so daß wir hier nicht näher da-rauf eingehen wollen.

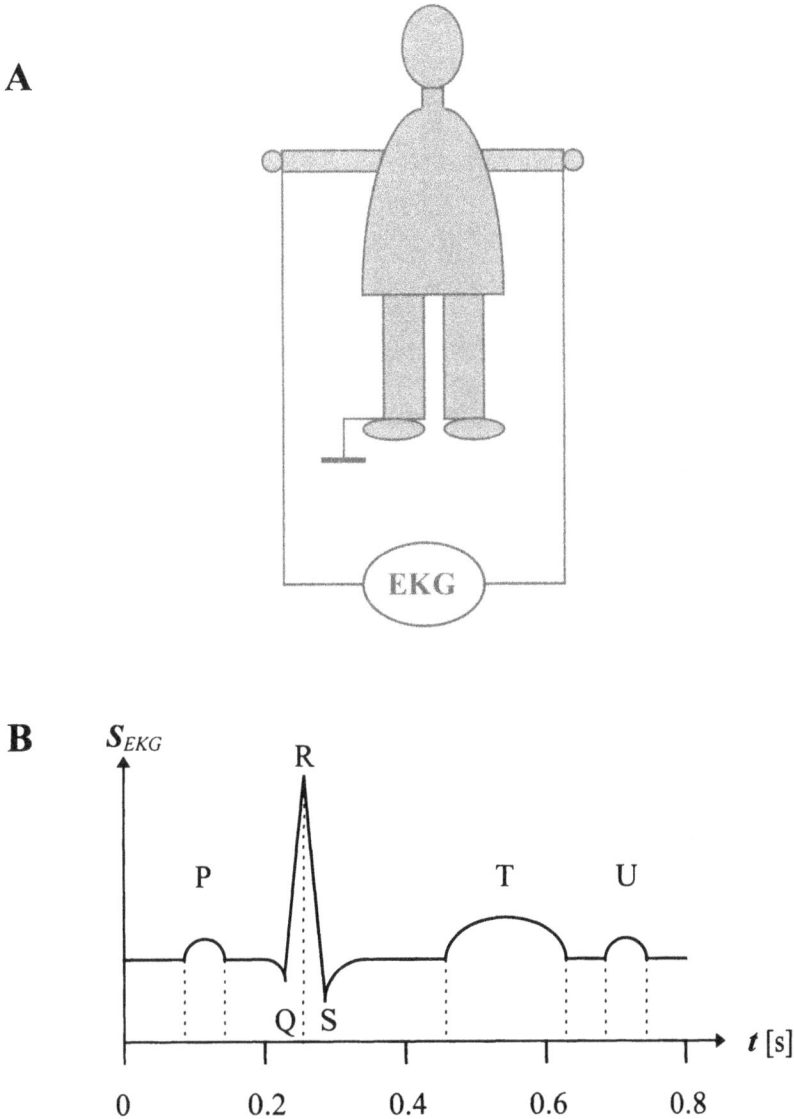

Bild 5.10: Schematische Darstellung eines Elektrokardiogramms (EKG) als zeitabhängige Signalfunktion $s_{EKG}(t)$. **A**: Ableitung nach dem Einthoven-Schema I. **B**: Signalform. Das EKG besteht aus der P-Welle, die die Vorhoferregung repräsentiert, dem QRS-Komplex, welcher die Erregungsausbreitung in den Kammern widerspiegelt, der T-Welle, die die Erregungsrückbildung in den Kammern darstellt, und der bei manchen Patienten vorhandenen U-Welle, die unter bestimmten pathologischen Situationen verstärkt auftritt. Typische Veränderungen im zeitlichen Ablauf und in der Form des EKG geben Hinweise auf Herzerkrankungen.

5.1.6   Biosignalverstärkung

Die mit Hilfe von Elektroden abgegriffenen bioelektrischen Spannungen werden, wie in Abschnitt 5.1.2 und 5.1.3 geschildert, analog gefiltert und einem Verstärker zugeführt. Dabei kann das Signal entweder gleichspannungsgekoppelt (DC-Kopplung) oder über einen Kondensator dem Verstärker zugeführt werden (AC-Kopplung). Die AC-Kopplung ermöglicht eine Signalübertragung als reine Wechselspannungsübertragung ohne Gleichspannungskomponente.

Ist eine Elektrode an einen Operationsverstärker angeschlossen, bildet die Streukapazität am Eingangskreis zusammen mit dem Elektrodenwiderstand ein Tiefpaßfilter, dessen Grenzfrequenz in der Größenordnung von 200–300 Hz liegt (vergl. Bild 5.11). Für viele biomedizinische Vorgänge ist diese Grenzfrequenz für eine sinnvolle Signalerfassung zu niedrig. Mit Hilfe eines technischen Tricks gelingt es, diese anzuheben und damit die Bandbreite des Verstärkers zu vergrößern.

Die am Knotenpunkt auftretende Spannung $U*$ sorgt dafür, daß sich der Kondensator mit der Kapazität C_s aufladen kann. Dabei fließt der Strom

$$i = C_s \cdot \frac{dU*}{dt}.$$

Verfügt der Verstärker über eine v-fache Verstärkung, gilt also $v \cdot U* = U_a$, dann wird über den Kondensator mit der Kapazität C_r ein Strom i_r fließen, der sich wie folgt berechnen läßt:

$$i_r = C_r \cdot \frac{d(U_a - U*)}{dt} = (v - 1) \cdot C_r \cdot \frac{dU*}{dt}.$$

Die Ströme am Knotenpunkt heben sich auf, wenn

$$C_r = \frac{C_s}{v - 1}$$

ist. Man kann also durch geeignete Wahl des Rückkopplungskondensators die Bandbreite des Verstärkers optimieren und auf diese Weise das Signal weitgehend unverfälscht registrieren.

A

B

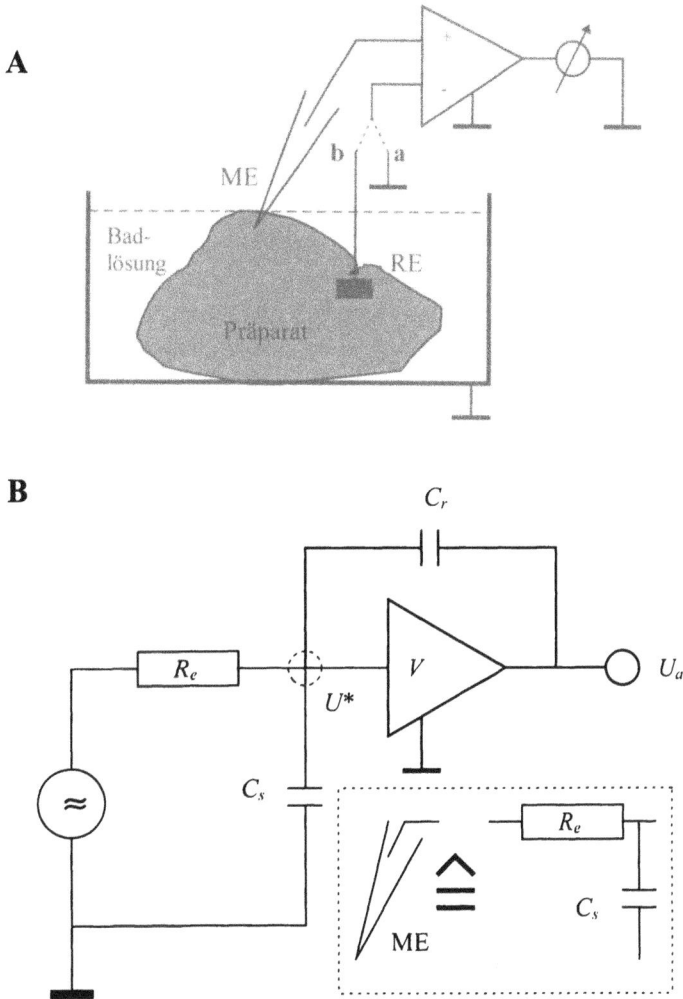

Bild 5.11: Messung von Biopotentialen in einem biologischen Präparat. **A:** Registrierung bioelektrischer Signale mit einer Mikroelektrode (ME) aus einem Präparat, welches in einer Badlösung inkubiert ist. Die Messung kann unipolar (Schalterstellung **a**) oder bipolar gegen eine Referenzelektrode (RE; Schalterstellung **b**) gemessen werden. **B:** Elektronisches Ersatzschaltbild der unipolaren Meßanordnung. Das Biosignal ($\approx$) wird mit der Elektrode (Widerstand R_e; Streukapazität der Meßanordnung C_s) gemessen und dem Verstärker (V) mit der Knotenspannung U^* zugeführt. Die Frequenzkompensation erfolgt über einen Rückkopplungskondensator mit der Kapazität C_r. Die Ausgangsspannung ist U_a.

5.1.7   Biosignal-Störungen

Bioelektrische Signale haben entweder eine sehr kleine Amplitude, wenn sie weit
entfernt von der Signalquelle mit niederohmigen Oberflächenelektroden gemessen
werden können, oder eine relative große Amplitude, wenn das Potential nahe an
seinem Entstehungsort mit sehr hochohmigen Elektroden registriert werden kann.
In beiden Fällen machen sich oft störende elektrische Einflüsse, sogenannte Störsignale, aus der Umgebung bemerkbar, die sich dem ungestörten Signale (Nutzsignal) überlagern. Im ersten Fall sind es kapazitive und induktive Einstreuungen
sowie das Eigenrauschen des nachgeschalteten Verstärkers, welche diese Störungen des Nutzsignals verursachen. Im zweiten Fall führen Widerstandsrauschen und
elektrische Einstreuungen benachbarter wechselspannungsführender Netzkabel zu
entsprechenden Störsignalen.

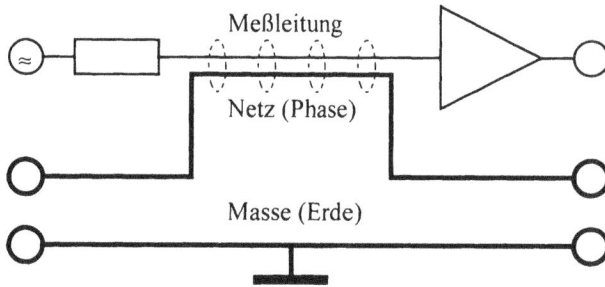

Bild 5.12: Beeinflussung des Nutzsignals ($\approx$) durch eingestreuten „Netzbrumm".

Die Größenordnungen dieser Störsignale wollen wir am Beispiel der kapazitiven
Eintreuung von Netzspannung („Netzbrumm") abschätzen. In einem bestimmten
Abstand von einer hochohmigen Elektrode befinde sich ein spannungsführendes
Netzkabel (siehe Bild 5.12). Dieses bildet zusammen mit der Elektrode eine fiktive
elektrische Kapazität C*. Über diese Kapazität fließt ein elektrischer Strom i in die
Eingangsleitung zum Verstärker. Der Strom berechnet sich zu

$$i = C* \cdot \frac{d(U*-U_0)}{dt}$$

wobei $U*$ die Netzspannung und U_0 das Meßsignal darstellen. Da U_0 wesentlich
kleiner als $U*$ und der Eingangswiderstand des Verstärkers wesentlich größer als
der Elektrodenwiderstand ist, fließt der Strom i über den Elektrodenwiderstand ab.
Dort ruft er einen Spannungsabfall

$$U_a = R_{el} \cdot i \approx R_{el} \cdot C* \cdot \frac{dU*}{dt}$$

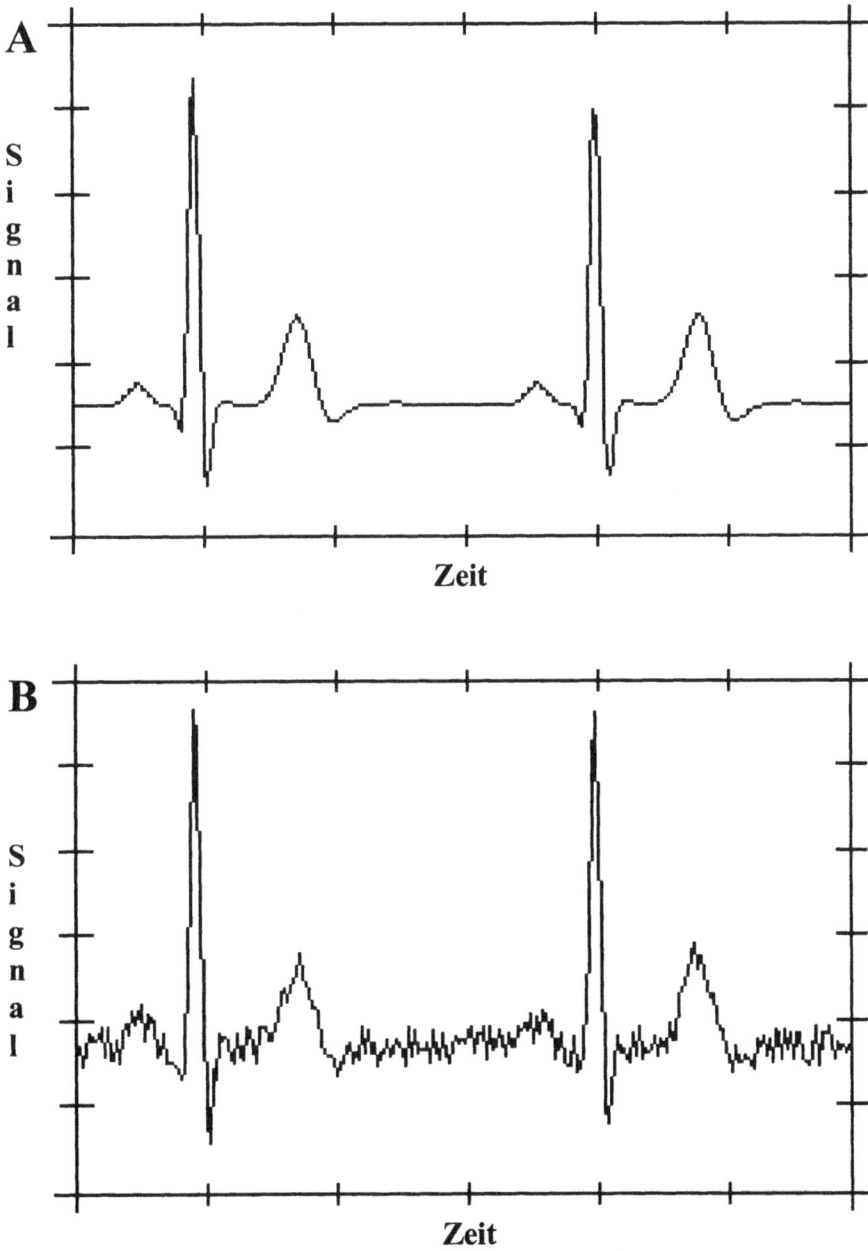

Bild 5.13 EKG-Signal. **A:** ungestörtes digitalisiertes EKG-Signal. **B:** EKG-Signal mit überlagertem Rauschsignal.

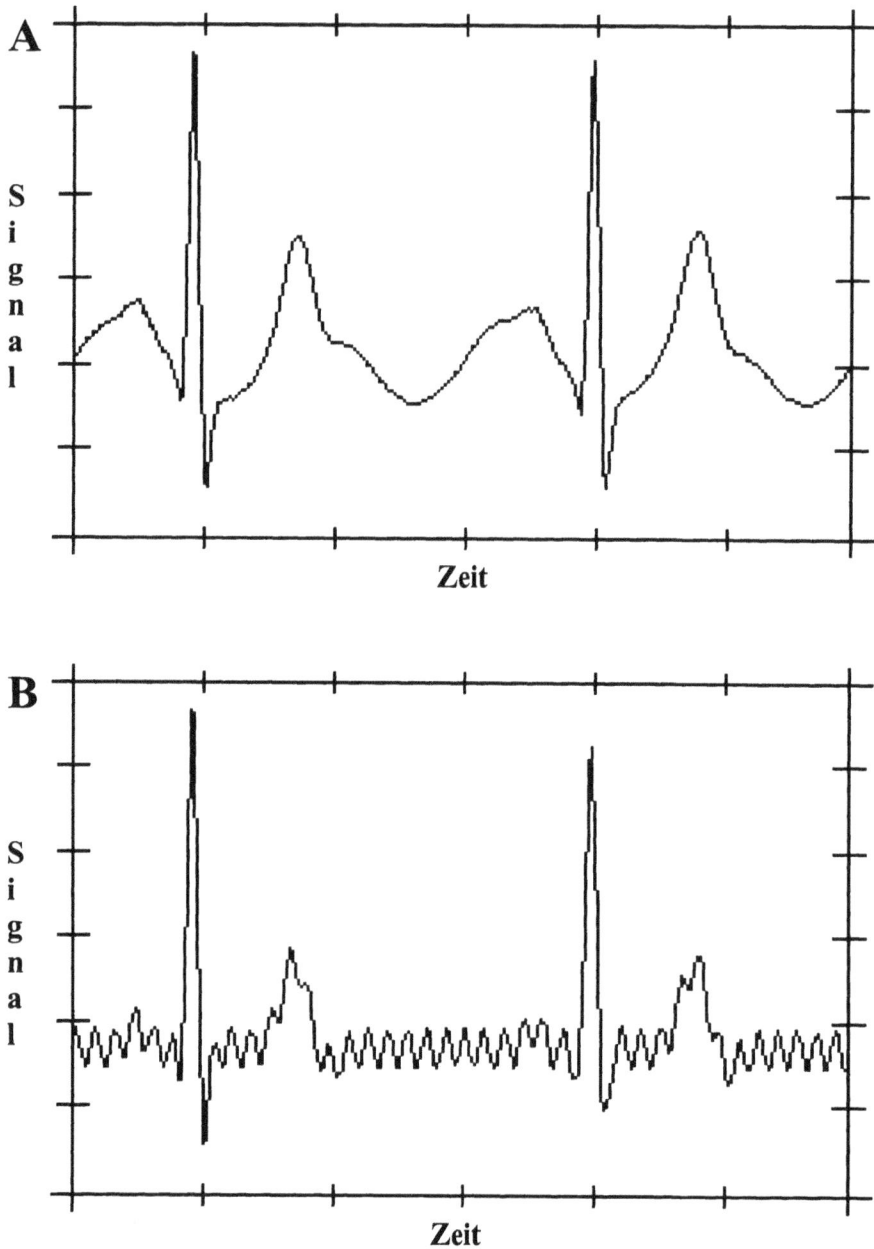

Bild 5.14 Gestörtes EKG-Signal. **A:** EKG-Signal mit überlagertem monofrequenten sinusförmigen Störsignal niedriger Frequenz. **B:** EKG-Signal mit überlagertem monofrequenten Störsignal hoher Frequenz.

hervor. Die Kapazität C* beträgt bei den üblichen Meßanordnungen etwa $3 \cdot 10^{-14}$ F/cm. Die Netzspannung läßt sich durch $U^* = 220 \cdot \sin(100\pi \cdot t)$ berechnen, wobei U^* in Volt und t in Sekunden anzugeben ist. Beträgt R_{el} einige Megaohm, ergeben sich Werte für U_a in der Größenordnung von einigen 10 Millivolt.

Auch das Eigenrauschen ohmscher Widerstände kann ein nicht unbeträchtliches Störsignal bedeuten. So liegen typische Wert bei Signalfrequenzen bis zu 1 kHz und Elektrodenwiderständen bis zu 100 MOhm bei etwa 50 μV. Allerdings unterscheidet sich die Störsignalform eines Rauschsignals deutlich von der des „Netzbrumms". Während im ersten Fall das Störsignal praktisch aus nur einer Frequenz, nämlich 50 Hz besteht, besitzt das Störsignal im zweiten Fall nahezu unendlich viele, meist hohe Frequenzanteile.

Das Bild 5.13 zeigt im Bildteil A ein ungestörts EKG-Signal, während im Bildteil B dem gleichen Signal ein Rauschsignal überlagert ist. Das Bild 5.14 zeigt das gleiche EKG-Signal, welches nun durch monofrequente Signale überlagert ist. Im Bildteil A ist dem EKG ein niederfrequentes, im Bildteil B ein höherfrequentes Signal überlagert, welches einem „Netzbrumm" entspricht.

Mit Hilfe von Filtern gelingt es, diese Störsignale wenigstens zum Teil zu eliminieren. Für Störsignale, die ähnlich dem „Netzbrumm" aus nur einer festen Frequenz bestehen, verwendet man inverse Bandpaßfilter, die einen engen Frequenzbereich um die Störfrequenz herum haben. Im Idealfall lassen sie alle Frequenzen bis auf die störende hindurch. Nur die Störfrequenz wird unterdrückt. Bei stochastischen Störsignalen versucht man mit Hilfe von elektronischen Filtern den Hochfrequenzanteil zu vermindern. Effektiver sind in diesem Falle jedoch digitale Signalverarbeitungsverfahren, auf die wir an anderer Stelle noch eingehen werden.

5.2 Signalcharakterisierung im Zeitbereich

5.2.1 Lagemaße

Signale sind entweder kontinuierliche zeitabhängige Funktionen $s(t)$ oder liegen, nach einer Digitalisierung von s, als diskrete zeitabhängige Funktionen $s_n = s(t_n)$ vor. Werden die diskreten Signale in zeitlich äquidistanten Schritten über eine Gesamtzeit T_g registriert, wobei über N-1 Zeitintervalle insgesamt N Signalwerte erfaßt sind, so gilt die Beziehung

$$t_n = n \cdot \frac{T_g}{N-1},$$

mit $0 \leq n \leq N$-1 und $0 \leq t_n \leq T_g$. Analog zum arithmetischen Mittelwert einer Meßreihe, die aus diskreten Daten besteht, läßt sich auch für ein diskretes Signal ein „Signal-Mittelwert" definieren; er lautet

$$\bar{s} = \frac{1}{N} \sum_{n=0}^{N-1} s(t_n) \,. \tag{5.4a}$$

Dieser Mittelwert kann nach Abschluß der Messung und Diskretisierung des Signals „off-line" durch den bereits bekannten Algorithmus des arithmetischen Mittels berechnet werden. Für den Signalmittelwert lautet er:

```
...
BEGIN
        REAL ARRAY S(0:N-1)
        FOR I=0 TO N-1 DO
                SQUER=SQUER+S(I)
        END DO
        SQUER=SQUER/N
END
...
```

Man kann den Mittelwert eines Signales aber auch fortlaufend bestimmen („online"). Dazu werden fortlaufend die Signalwerte s gelesen. Nach jeder Eingabe des Signalwertes wird der Signalmittelwert aktualisiert. Die folgende Prozedur *CONTINUOUS_MEAN* zeigt diese Berechnungsweise. Der Meßwert S wird über eine Eingabefunktion (hier mit INPUT S bezeichnet) eingelesen und fortlaufend summiert. Daraus wird der aktuelle Mittelwert (SQUER) berechnet und anschließend ausgegeben (OUTPUT SQUER).

```
PROCEDURE CONTINUOUS_MEAN
BEGIN
        SQ=0; N=0
        DO
                INPUT S
                N=N+1
                SQ=SQ+S
                SQUER=SQ/N
                OUTPUT SQUER
        WHILE TRIGGER = „1"
RETURN
END
```

Nicht nur für ein diskretes, sondern auch für ein kontinuierliches Signal läßt sich ein Mittelwert angeben. Er lautet in diesem Falle

$$\bar{s} = \lim_{T \to \infty} \frac{1}{T} \int_{-T/2}^{+T/2} s(t) dt . \qquad (5.4\text{b})$$

Zur Verdeutlichung berechnen wir ein einfaches Beispiel. Ein Signal $s(t)$ möge durch

$$s(t) = \cos(2\pi \cdot \frac{t}{T})$$

definiert sein. Wenden wir darauf unsere Definitionsgleichung an, erhalten wir

$$\bar{s} = \lim_{T \to \infty} \frac{1}{T} \int_{-T/2}^{+T/2} \cos(2\pi \cdot \frac{t}{T}) dt = \lim_{T \to \infty} \frac{1}{T} \left[\frac{T}{2\pi} \cdot \sin(2\pi \frac{t}{T}) \right]_{-T/2}^{+T/2} =$$

$$= \lim_{T \to \infty} \frac{\sin(\pi) - \sin(-\pi)}{2\pi} = 0 .$$

Ein cosinusförmiges Signal hat (ebenso wie ein sinusförmiges) einen Mittelwert von Null. Wie verhält es sich nun mit einem konstanten Signal $s(t)$=const.=a ? Wenden wir auch hierauf unsere Definitionsgleichung an:

$$\bar{s} = \lim_{T \to \infty} \frac{1}{T} \int_{-T/2}^{+T/2} a \cdot dt = \lim_{T \to \infty} \frac{a}{T} \cdot [t]_{-T/2}^{+T/2} = \lim_{T \to \infty} \frac{a}{T} \cdot T = a$$

Ein konstanter Signalanteil ist also gleich dem Mittelwert des Signals. Demnach erhalten wir für ein Signal des Typs $s(t)$=sin($2\pi t/T$)+a als Mittelwert den konstanten Signalanteil a. Handelt es sich bei dem Signal um ein elektrisches Signal, so wird a als Gleichspannungsanteil bezeichnet.

5.2.2   Häufigkeitsverteilungen

Eine weitere charakteristische Größe eines Signals ist die zeitliche Verteilung der Signalwerte. Häufig bezeichnet man den momentanen Signalwert als Signalamplitude. Die Häufigkeitsverteilung der Signalamplituden wird als Amplitudenhistogramm bezeichnet. Für bestimmte kontinuierliche Signale lassen sich solche Histogramme leicht bestimmen. Dazu einige Beispiele.

Wir betrachten ein sägezahnförmiges Signal $s_z(t)$. Es sei definiert durch

$$s_z(t) = \begin{cases} a \cdot t \; \textit{falls } 0 \le t \le +1 \\ 0 \; \textit{sonst} \end{cases} .$$

Im Zeitintervall $0 \leq t \leq +1$ treten alle Amplitudenwerte $0 \leq s_z \leq a$ genau einmal auf. Setzen wir das Signal n-mal periodisch fort, tritt jeder mögliche Amplitudenwert genau n-mal auf.

Betrachten wir nun das Signal $s(t)=\sin(t)$ mit $0 \leq t \leq n\pi$ mit $n=2, 4, 6, \dots$. Es stellt ein sinusförmiges Signal über $n/2$ Perioden dar. Die Signalamplituden $s(t)$ liegen im Intervall $-1 \leq s(t) \leq +1$. Bei $n/2$ Perioden treten genau $n+1$ Nullstellen, $\frac{1}{2}n$ Maxima ($s=+1$) und $\frac{1}{2}n$ Minima ($s=-1$) auf. Alle anderen Signalwerte $-1 < s(t) < +1$ erscheinen genau n-mal. Damit läßt sich das Histogramm vollständig beschreiben.

Bei diskreten Signalen ist es oft sinnvoll, die Amplituden zu Gruppen oder Klassen zusammenzufassen. Die Häufigkeit des Auftretens dieser Klassen kann man dann als Amplitudenhistogramm eines diskreten Signals definieren. Einfach ist die Berechnung des Histogramms, wenn die Signalwerte digital vorliegen. Sie umfassen z. B. einen Wertebereich von $0 \leq s_n \leq 2^m-1$, wobei der Wert m durch das angewendete Digitalisierungsverfahren (z.B. durch die Wortbreite des AD-Wandlers) festgelegt wird. Wir wollen jede Diskretisierungsstufe als eine Klasse verwenden und legen deshalb die N digitalisierten Meßwerte in das Array SN und das daraus errechnete Histogramm in das Array HISTO ab. Mit Hilfe der folgenden Prozedur *AMPLITUDEN_HISTOGRAMM* läßt sich das Histogramm-Array HISTO ermitteln:

```
        PROCEDURE AMPLITUDEN_HISTOGRAMM
                   (IN: SN, M, N; OUT: HISTO)
    BEGIN                        ·
            INTEGER ARRAY SN(1:N)
            INTEGER ARRAY HISTO(0:2**M-1)
            FOR I=1 TO N DO
                    HISTO(SN(I))=HISTO(SN(I))+1
            END DO
    END
```

5.2.3   Der Nulldurchgang

Neben der Amplitudenverteilung charakterisiert der Frequenzgang ein Signal. Um diesen Frequenzgang im Zeitbereich zu erfassen, kann man die Anzahl der sogenannten „Nulldurchgänge" eines Signals bestimmen. Ihre Zahl ist ein Maß für die „Schwingungsneigung" und damit der Frequenz eines Signals. Wir definieren den Nulldurchgang in Relation zu einer festzulegenden Bezugslinie a, die wir als „Null-Linie" bezeichnen wollen. Man kann dazu z.B. den Signalwert Null oder den mittleren Signalwert verwenden, aber auch andere, willkürlich festgelegte Bezugslinien sind denkbar. Für die Schätzung der Frequenz eines Signals sollte die Bezugslinie allerdings durch den Signalmittelwert gegeben sein.

Ein Nulldurchgang tritt ein, wenn ein Signalwert $s(i)$ den Wert a annimmt, wobei $s(i\text{-}1)$ und $s(i{+}1)$ nicht beide oberhalb bzw. unterhalb des Wertes liegen dürfen (in diesem Falle liegt ein lokales Extremum vor). Wechseln zwei aufeinander folgende Signale $s(i\text{-}1)$ und $s(i)$ von einem Wert größer als a auf einen Wert kleiner als a oder umgekehrt, dann liegt ebenfalls ein Nulldurchgang vor. In diesem Falle ist das Produkt $(s(i\text{-}1)\text{-}a)\cdot(s(i)\text{-}a)$ stets kleiner als Null. Der „wahre" Nulldurchgang zur Zeit i_0 liegt dann zwischen den Zeitpunkten $i\text{-}1$ und i. Da wir es aber mit diskreten Zeitwerten zu tun haben, läßt sich i_0 nicht direkt angeben. Daher ordnen wir i_0 entweder dem Zeitpunkt i -1 oder i willkürlich zu oder wählen den Zeitpunkt so aus, daß die Differenz $s(k)\text{-}a$ minimal wird (wobei k dann entweder $i\text{-}1$ oder i ist).

Die folgende Prozedur *NULLDURCHGANG* demonstriert die Berechnung des Nulldurchgangs relativ zur Bezugslinie A für ein gegebenes Signal. Der Prozedur werden N diskrete Signalwerte in Form des Arrays S übergeben, ausgegeben werden die Anzahl der Nulldurchgänge und, in Form des Arrays ZEROC, die Zeitpunkte i (mit $1 \leq i \leq N - 2$), an denen ein Nulldurchgang detektiert wurde. Die Anzahl der Nulldurchgänge gibt der Parameter K an.

```
PROCEDURE NULLDURCHGANG
            (IN:A, S; OUT: ZEROC, K)
BEGIN
      ARRAY S(0:N-1), ZEROC(1:N-2)
      K=0
      FOR I=1 TO N-2
            IF (S(I-1)-A)*(S(I)-A)<0
              OR ( S(I)=A AND (S(I-1)-A)*(S(I+1)-A) < 0 )
            THEN
                  K=K+1
                  ZEROC(K)=I
            END IF
      END DO
RETURN
END
```

Die Prozedur ermittelt die tatsächlichen Durchgänge durch die Referenzlinie A, zählt sie (Variable K) und registriert den (relativen) Zeitpunkt des Durchgangs (I) durch Ablegen in das Array ZEROC.

5.2.4   Lokale Signalspitzenwerte

Ein weiteres Kriterium zur Charakterisierung eines Signals im Zeitbereich sind die Signalspitzenwerte. Hierbei handelt es sich um die (lokalen) Maxima und Minima, die in einem Signal vorhanden sind. Sie werden nach unterschiedlichen Kriterien erfaßt. Generell hat ein lokales Minimum bzw. ein lokales Maximum folgende Eigenschaften (Spitzenwert-Detektion, Typ 1):

$s(n)$ ist lokales Minimum, falls $s(n-1)>s(n)$ und $s(n+1)>s(n)$

$s(n)$ ist lokales Maximum, falls $s(n-1)<s(n)$ und $s(n+1)<s(n)$.

In einem zweiten Verfahren (Spitzenwert-Detektion, Typ 2) wird zunächst eine Bezugslinie a definiert. Dann werden Intervalle k zwischen zwei Durchgängen betrachtet. Pro Intervall wird ein Spitzenwert $S_{S,k}$ festgelegt, nämlich derjenige, der die größte Betragsamplitude besitzt:

$$S_{S,k} = \max(\mathrm{abs}(s(n)-a))$$

In einem dritten Verfahren (Spitzenwert-Detektion, Typ 3) werden alle Maxima $S_{S,max}$ oberhalb der Bezugslinie und alle Minima $S_{S,min}$ unterhalb der Bezugslinie dektiert:

$$S_{S,max} = s(n) \text{ falls } s(n)-a > 0 \text{ und } s(n-1) < s(n) \text{ und } s(n+1) < s(n)$$

$$S_{S,min} = s(n) \text{ falls } s(n)-a < 0 \text{ und } s(n-1) > s(n) \text{ und } s(n+1) > s(n)$$

Für die praktische Berechnung werden nach der Festlegung des anzuwendenden Verfahrens die Zeitwerte (Indices) der detektierten Spitzenwerte in ein Array abgelegt. Eine weitere Signalcharakteristik ist die fortlaufend bestimmte Zeitspanne zwischen zwei Extremwerten. Dabei läßt sich die Zeitspanne zwischen einem Minimum und dem unmittelbar folgenden Maximum oder umgekehrt angeben und ebenfalls speichern.

Für hinreichend vielen Spitzenwerten kann sich auch die Berechnung eines Zeitspannen-Histogramms lohnen. Es gibt Auskunft über Häufigkeit des Auftretens bestimmter Zeitspannen zwischen den Spitzenwerten. Bei quasi-periodischen Funktionen erhalten wir eine geringe Anzahl von Zeitspannen, deren Häufigkeiten fast gleichgroß sind. Bei nicht-harmonischen Signalen, insbesondere rauschähnlichen Signalen, sind die Zeitspannen zwischen Extrema dagegen höchst unterschiedlich. Daher kann es durchaus von Interesse sein, die Zeitspannen zu bestimmen, um damit das registrierte Signal zu charakterisieren.

5.3   Signalmodellierung

Biosignale lassen sich nicht so einfach modellieren wie z.B. künstlich erzeugte elektrische Signale. Aufgrund der bekannten physikalischen Eigenschaften elektronischer Bauelemente lassen sich Differentialgleichungen aufstellen, die z.B. die

Schwingungseigenschaften elektronischer Schaltkreise beschreiben. Diese lassen sich lösen und damit das zugehörige Signal als Zeitfunktion berechnen (vergl. auch Abschnitt 5.1.1). Eine solche Vorgehensweise ist in biologischen Systemen in den meisten Fällen nicht möglich, da die signalgenerierenden Strukturen so kompliziert sind, daß sie sich im allgemeinen einer derartigen Beschreibung entziehen. Daher wendet man andere Techniken an, um Biosignale modellieren und damit simulieren zu können.

5.3.1   Simulation von Rauschsignalen

Beginnen wollen wir mit der Simulation von Rauschsignalen. Rauschsignale können einerseits reine Störsignale repräsentieren, andererseits sind sie unvermeidbarer Bestandteil vieler Biosignalformen. Ein diskretes (nahzu) „weißes" Rauschsignal, das eine Vielzahl von verschiedenen Frequenzen beinhaltet, können wir mit gleichverteilten Zufallszahlen simulieren. Dazu konstruieren wir uns eine Zeitreihe s_{wn}, die n gleichverteilte Zufallszahlen z_n umfaßt, wobei $0 \leq z_n < 1$ ist. Soll das Signal den Mittelwert Null und die maximale Amplitude a_m haben, so wenden wir die Transformation

$$s_{wn} = 2 \cdot a_m \cdot (z_n - 0.5)$$

an. Für die numerische Realisierung legen wir die transformierten Zufallszahlen in das Array SW ab. Die folgende Prozedur *WHITE_NOISE* erzeugt das (fast) weiße Rauschsignal mit der maximalen Amplitude AM:

```
PROCEDURE  WHITE_NOISE (IN: AM, N; OUT: SW)
BEGIN
        REAL ARRAY SW(1:N)
        FOR I=1 TO N DO
                SW(I)=2*AM*(RANDOM-0.5)
        END DO
RETURN
END
```

Da wir nur endlich viele, nämlich N Zufallszahlen mit der Funktion RANDOM ziehen, kommen im Signal nicht alle möglichen Frequenzen wirklich vor. Daher kann man dieses Signal auch nur als „pseudo-weißes" Rauschen bezeichnen.

Das Bild 5.15 zeigt ein solches pseudo-weißes Rauschsignal und das zugehörige Amplitudenhistogramm. Ihm kann man entnehmen, daß die berechneten Zufallszahlen, die für die Signalgenerierung herangezogen wurden, annähernd gleichverteilt waren.

Verwendet man anstelle gleichverteilter Zufallszahlen solche, die normalverteilt sind, läßt sich analog zum pseudo-weißen Rauschen auch ein pseudo-normalverteiltes, ein sogenanntes Gaußsches Rauschen generieren. Wir haben bereits gezeigt, daß eine normalverteilte Zufallszahl z_{gn} mit dem Mittelwert μ und der Standardabweichung σ aus gleichverteilten Zufallszahlen berechnet werden kann. Wird durch Aufruf des Zufallszahlengenerators ND_RANDOM (MY, SIGMA) eine normalverteilte Zufallszahl mit dem Mittelwert MY und der Standardabweichung SIGMA erzeugt, so läßt sich ein N diskrete Werte umfassendes Gaußsches Rauschsignal durch die folgende Prozedur *GAUSSIAN_NOISE* berechnen, wobei AM wiederum die maximale Amplitude des Rauschsignals bestimmt.

```
PROCEDURE  GAUSSIAN_NOISE
              (IN: MY, SIGMA, AM, N; OUT: SG)
BEGIN
      REAL ARRAY SG(1:N)
      FOR I=1 TO N DO
          SG(I)=AM*ND_RANDOM(MY,SIGMA)
      END DO
RETURN
END
```

Das Bild 5.16 A zeigt ein pseudo-Gaußsches Rauschsignal, das mit der Prozedur *GAUSSIAN_NOISE* erzeugt wurde. Auf den ersten Blick unterscheidet sich dieses Rauschsignal kaum vom weißen Rauschen auf dem Bild 5.15 A. Das zugehörige Amplitudenhistogramm (Bild 5.16B) zeigt jedoch nahezu normalverteilte Amplituden.

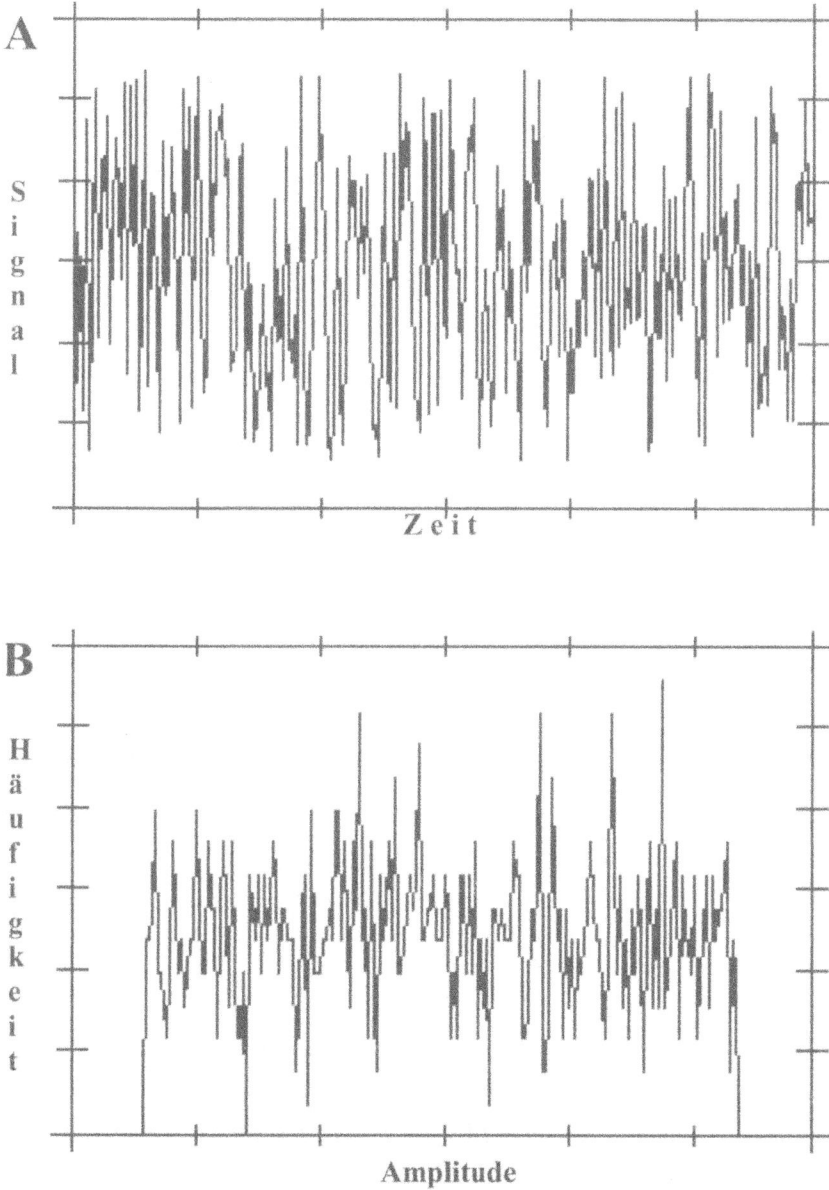

Bild 5.15 Rauschsignal, das mit einem Pseudo-Zufallszahlengenerator erzeugt wurde. **A:** Signal, welches näherungsweise einem Weißen Rauschen entspricht. **B:** Zugehöriges Amplitudenhistogramm.

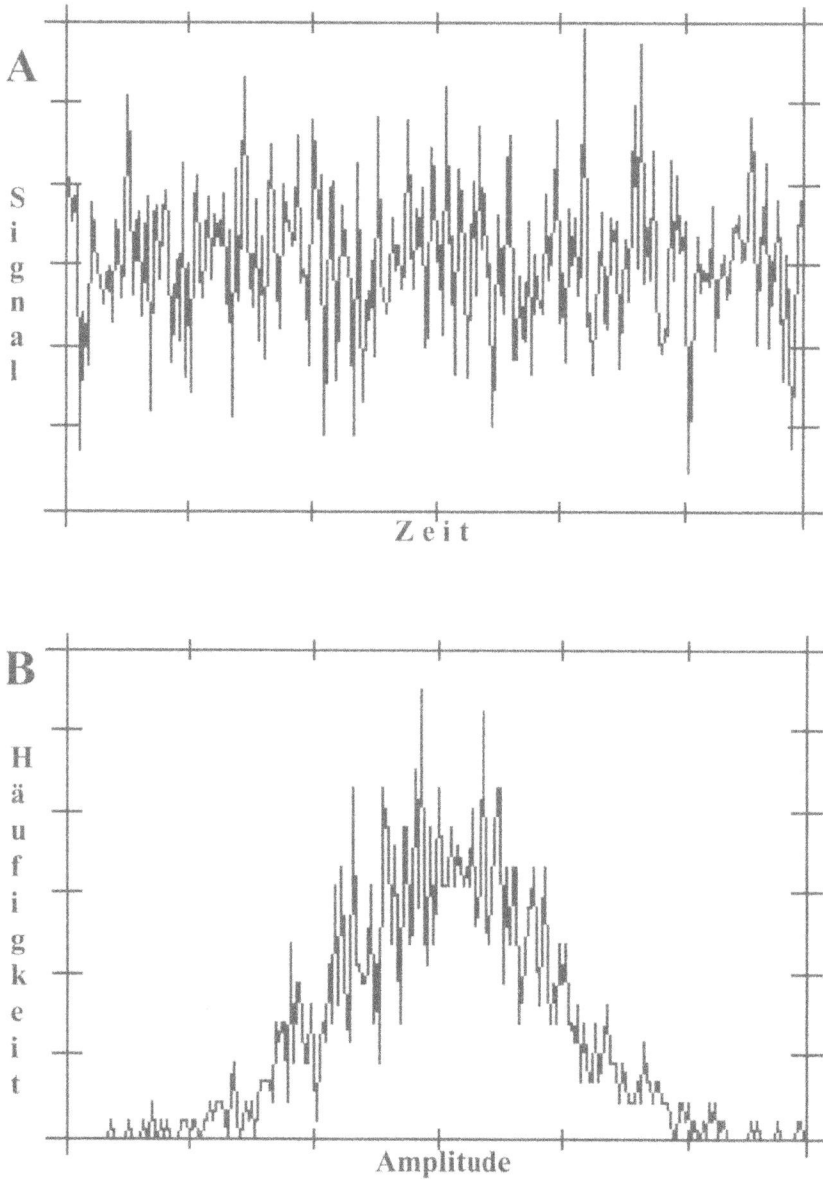

Bild 5.16 Rauschsignal. **A:** Signal, welches näherungsweise einem Gaußschen Rauschen entspricht. **B:** Zugehöriges Amplitudenhistogramm.

5.3.2 Approximation periodischer Signale

Trigonometrische Funktionen stellen periodische Funktionen dar und bieten deshalb eine Möglichkeit, ein beliebiges periodisches harmonisches Signal durch eine Reihe, welche aus Sinus- und Cosinustermen besteht, zu beschreiben. Die FOURIER-Reihe ermöglicht eine solche Signalmodellierung. Für ein periodisches Signal $s_P(t)$ lautet die zugehörige FOURIER-Reihe allgemein

$$s_F(t) = \frac{a_0}{2} + \sum_{k=1}^{M} a_k \cdot \cos(k \cdot \omega_0 \cdot t) + \sum_{k=1}^{M} b_k \cdot \sin(k \cdot \omega_0 \cdot t)$$

Ausgehend von einer Grundschwingung mit der Frequenz f_0 wird das Signal durch M-1 Oberwellen mit der Frequenz $k \cdot f_0$ (k=2, 3, ...M) charakterisiert. Die Periodendauer T_0 der Grundschwingung, die sich durch den Ausdruck $\omega_0 = 2\pi f_0 = 2\pi/T_0$ darstellen läßt, muß bekannt sein. Darüber hinaus steht die Anzahl N der diskreten Meßwerte, die Periodendauer T_0, (bzw. die Grundfrequenz f_0) die Abtastzeit T_a (bzw. die Abtastfrequenz f_a) und die Meßzeit t_n in folgender Beziehung zueinander:

$$T_a = T_0 / N \; , \quad f_0 = f_a / N \quad \text{und} \quad t_n = n \, T_a$$

Um das Signal $s_P(t)$ durch die Fourierreihe bis zur (M-1)-ten Oberwelle beschreiben zu können, sind die Konstanten a_0, a_1,..., a_M, b_1,..., b_M zu bestimmen. Dieses kann nur dann gelingen, wenn wenigsten $2M$+1 unabhängige Gleichungen vorliegen. Diese erhalten wir durch die Anzahl der Meßwerte N. Daher gilt die wichtige Beziehung

$$2M + 1 \leq N$$

Sie besagt, daß für die Approximation eines periodischen Signals durch eine Fourierreihe mit der maximalen Oberwelle M-1 mindestens $2M$+1 Meßwerte notwendig sind. Multiplizieren wir die Ungleichung mit der Grundfrequenz f_0 , so erhalten wir eine wichtige Aussage über die zu wählende Abtastfrequenz f_a:

$$(2M+1) \cdot f_0 \leq N \cdot f_0 = f_a . \tag{5.5}$$

Diese Formel bedeutet, daß die Abtastfrequenz größer als das Doppelte der höchsten im Signal vorkommenden Frequenz sein muß. Man nennt diesen Zusammenhang auch das Abtasttheorem (wir werden es weiter unten noch in einem anderen Zusammenhang kennenlernen).

Die Fourierkoeffizienten a_i und b_i lassen sich mit Hilfe des Prinzips der Minimierung der Summe S der Abstandsquadrate von Fourier-Reihe und korrespondierendem Signalwert gewinnen, also

$$S = \sum_{n=1}^{N} [s_F(t_n) - s_p(n)]^2 \rightarrow \min!$$

Wir erhalten dieses Minimum, indem wir S nach den Parametern a_i bzw. b_i partiell ableiten und diese Ableitungen gleich Null setzen

$$\frac{\partial S}{\partial a_j, b_j} \sum_{n=0}^{N-1} \{\frac{a_0}{2} + \sum_{k=1}^{M}[a_k \cdot \cos(k \cdot \omega_0 \cdot t_n) + b_k \cdot \sin(k \cdot \omega_0 \cdot t_n)] - sp(n)\}^2 = 0$$

Dieses führt auf ein Gleichungssystem mit $2M{+}1$ Gleichungen und gleich vielen unbekannten Koeffizienten. Die Auflösung des Gleichungssystems nach den Koeffizienten ergibt:

$$a_k = \frac{2}{N} \sum_{n=0}^{N-1} s_p(n) \cdot \cos(k \cdot \omega_0 \cdot t_n) \quad \text{für} \quad k = 0,1,...,M$$

bzw.

$$b_k = \frac{2}{N} \sum_{n=0}^{N-1} s_p(n) \cdot \sin(k \cdot \omega_0 \cdot t_n) \quad \text{für} \quad k = 1,2,...,M$$

Diesen Gleichungen ist zu entnehmen, daß wir für die Berechnung der Koeffizienten der Fourier-Reihe lediglich die diskreten Signalwerte $s_p(n)$, die korrespondierenden Meßzeiten t_n sowie die Grundfrequenz ω_0 des Signals benötigen. Befinden sich die diskreten Signalwerte im Array SP, können wir daraus die Fourierkoeffizienten bis zur $(M{-}1)$-ten Oberwelle mit Hilfe der Prozedur *FOURIER_COEF* berechnen. Diese legen wir dann in das zweidimensionale Array FC ab, wobei FC(i,0) die Koeffizienten a_i und FC(i,1) die Koeffizienten b_i beinhaltet.

```
PROCEDURE FOURIER_COEF
            (IN: SP, OMEGA0,TA,M,N; OUT: FC)
BEGIN
        REAL ARRAY SP(0:N-1), FC(0:M,0:1)
        FOR K=0 TO M DO
            FOR J=0 TO 1 DO
                FC(K,J)=0
                FOR I=0 TO N-1 DO
                    TN=I*TA
                    FC(K,J)=FC(K,J)+SP(I)*
                    COS(K*OMEGA_0*TN+J*PI/2)
            END DO
        END DO
```

        END DO

    RETURN

    END

Eine Fourierreihe läßt sich formal auch in komplexer Form darstellen. In dieser Schreibweise lautet sie:

$$s_F(t) = \sum_{k=-M}^{+M} c_k \cdot \exp\{j \cdot k \cdot \omega_0 \cdot t\}$$

mit

$$j = \sqrt{-1}$$

Zwischen den reellen Koeffizienten a_k bzw. b_k und den komplexen Koeffizienten c_k besteht ein einfacher Zusammenhang:

$$c_k = \frac{a_k - j \cdot b_k}{2} \quad bzw.$$

$$c_{-k} = c_k* = \frac{a_k + j \cdot b_k}{2}$$

Die Koeffizienten c_k und c_k* sind zueinander konjugiert komplex. Man kann die Koeffizienten c_k allerdings auch noch in der Form

$$c_k = |c_k| e^{j \cdot \varphi_k}$$

schreiben, wobei die beiden Größen $|c_k|$ bzw. φ_k durch

$$|c_k| = \frac{1}{2} \sqrt{a_k^2 + b_k^2}$$

bzw.

$$\varphi_k = -\arctan(\frac{b_k}{a_k})$$

definiert sind. Die Koeffizienten lassen sich analog zur reellen Darstellungsweise berechnen:

$$c_k = \frac{1}{N} \cdot \sum_{n=0}^{N-1} s_p(t_n) \cdot \exp\{-j \cdot k \cdot \omega_0 \cdot t_n\}$$

5.3.3   Autoregressionsmodelle

Biosignale beinhalten nicht nur weiße oder Gaußsche Rauschsignalanteile oder streng periodische Anteile, sondern sind prinzipiell mit einer deterministischen Komponente versehen, die im Detail meist unbekannt ist. Daher werden Biosignale oft als bloße Zeitreihe aufgefaßt, wobei unterstellt wird, daß das Signal s zum Zeitpunkt t_n aus den Signalwerten früherer Zeitpunkte t_{n-1}, t_{n-2}, t_{n-3},... berechnet werden kann. Man bezeichnet ein solches Modell, das sich mathematisch durch den Ausdruck

$$s(t_n) = s_n = \sum_{k=1}^{m} a_k \cdot s(t_{n-k}) = \sum_{k=1}^{m} a_k \cdot s_{n-k}. \qquad (5.6)$$

beschreiben läßt. Es stelle ein Autoregressionsmodell (AR-Modell) der Ordnung m dar, wobei die Größen a_k Konstante sind. Ein solches Modell bezeichnet man auch als parametrisches Modell, da es von den Parametern a_k bestimmt wird. Das Modell ist zunächst nur für $n > 0$ definiert, d.h. wir müssen Startwerte $s(t_n) = s_n$ für $n \leq 0$ festlegen.

Für ein AR-Modell 1. Ordnung benötigen wir nur einen Startwert s_0. Ist er festgelegt, lassen sich daraus die folgenden Signalwerte s_i ($i > 0$) nach dem folgenden Schema berechnen:

$$s_1 = a_1 \cdot s_0$$

$$s_2 = a_1 \cdot s_1 = a_1 \cdot a_1 \cdot s_0 = a_1^2 \cdot s_0$$

$$\ldots$$

$$s_n = a_1 \cdot s_{n-1} = a_1^n \cdot s_0$$

Wir wollen nun zu jedem Zeitpunkt t_n einen zusätzlichen Signal-„Anstoß" in Form einer normalverteilten Zufallszahl $z_n(\mu, \sigma)$ mit dem Mittelwert μ und der Standardabweichung σ, also eine zusätzliche statistische Komponente, zulassen. Die normalverteilte Zufallszahl wird noch mit dem Faktor a_z multipliziert (Skalierung). Der autoregressive Prozeß m-ter Ordnung läßt sich nun folgendermaßen beschreiben:

$$s_n = \sum_{k=1}^{m} a_k \cdot s_{n-k} + a_z \cdot z_n(\mu, \sigma). \qquad (5.7)$$

Man bezeichnet ein solches Modell auch als **AutoRegressives Moving Averaging** (ARMA)-Modell. Das zugehörige Schema eines solchen Modells erster Ordnung nimmt dann die Form

$$s_1 = a_1 \cdot s_0 + a_z \cdot z_1$$

$$s_2 = a_1 \cdot s_1 + a_z \cdot z_2 = a_1^2 \cdot s0 + a_1 \cdot a_z \cdot z_1 + a_z \cdot z_2$$

...

$$s_n = a_1 \cdot s_{n-1} + a_z \cdot z_n = a_1^n \cdot s_0 \cdot \sum_{j=1}^{n} a_1^{n-j} \cdot a_z \cdot z_j$$

an. Damit können wir ein Signal simulieren, das eine zusätzliche stochastische Komponente aufweist. Die folgende Prozedur *ARMA1* ermöglicht die Simulation eines Signals auf der Basis dieses ARMA-Modells. Dazu wird das Signal in das Array S abgelegt. Zu Beginn der Berechnungen werden alle Elemente von S auf Null gesetzt. Außerdem ist noch ein Wert für a_1 bzw. für a_z anzugeben:

```
PROCEDURE ARMA1 (IN: A1,AZ; OUT: S)
BEGIN
        ARRAY S(0:N)
        FOR K=1 TO N DO
                S(K)=0
        END DO
        FOR K=1 TO N DO
                Z=ND_RANDOM(0,1)*AZ
                S(K)=S(K)+A1*S(K-1)+Z
        END DO
RETURN
END
```

Für viele Anwendungen reicht ein AR-Modell 1. Ordnung nicht aus. Man kann es leicht auf ein Modell m-ter Ordnung erweitern, wenn man die m Koeffizienten a_k ($k=1,...,m$) in ein Array A ablegt und darauf achtet, daß die Anzahl der Elemente N des Signal-Array S größer ist als die Ordnungszahl m des AR-Modells. Allerdings müssen dann auch die ersten m Signalwerte bekannt sein. Man kann diese z.B. durch normalverteilte Zufallszahlen festlegen. Analog zur Prozedur für die Berechnung des AR-Modells 1. Ordnung können wir dann für das Modell m-ter Ordnung die Prozedur *ARMA_SIGNAL* verwenden:

```
PROCEDURE ARMA_SIGNAL (IN: A,AZ,M,N; OUT: S)
BEGIN
        ARRAY S(0:N), A(1:N)
```

```
FOR K=1 TO M DO
        S(K)=ND_RANDOM(0,1)*AZ
END DO
FOR K=M+1 TO N DO
        FOR J=1 TO M DO
                S(K)=S(K)+A(J)*S(K-J)
        END DO
        Z=ND_RANDOM(0,1)*AZ
        S(K)=S(K)+Z
END DO
RETURN
END
```

Mit Hilfe eines solchen AR-Modells lassen sich Biosignale modellieren und simulieren, wie die folgenden Anwendungsbeispiele zeigen.

5.3.4   EEG und EKG als Autoregressionsmodell

Ein bekanntes parametrisches EEG-Modell stellt der Ansatz

$$x(n) = a \cdot x(n-1) + b \cdot x(n-2) + c \cdot x(n-3) + g_n(0,1)$$

dar. Die Parameter a, b und c bestimmen das Modell zusammen mit der standardnormalverteilten Zufallszahl g_n. Für die unterschiedlichen EEG-Wellen lassen sich entsprechende Parameterwerte angeben (siehe Tabelle 5.1).

Tabelle 5.1: Parameter eines AR-Modells des EEG.

Parameter	α-Welle	β-Welle	ϑ-Welle
a	1.60	1.10	0.80
b	1.25	1.00	0.82
c	0.35	0.35	0.40

Mit Hilfe der Prozedur *ARM_SIGNAL* können wir unter Berücksichtigung dieser Parameter die Simulation eines EEG-Signals durchführen. Das Ergebnis zeigt das Bild 5.17

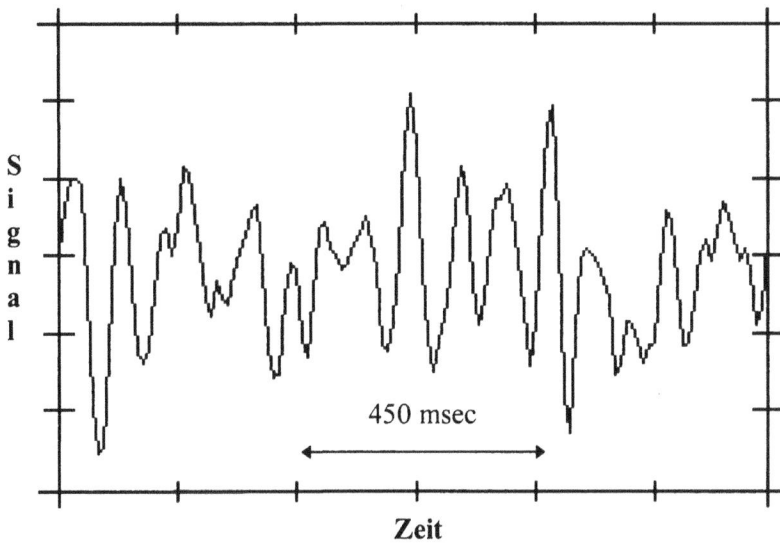

Bild 5.17: Simuliertes EEG-Signal (Alpha-Rhythmus)

Aber nicht nur EEG-ähnliche Signale lassen sich durch ein AR-Modell simulieren, sondern auch der typische Verlauf eines EKG-Signals. Betrachten wir im folgenden das Autoregressionsmodell 1. Ordnung für streng determinstische Vorgänge, so daß EKG≡$x(n)=a \cdot x(n\text{-}1)$ mit $a=e^{j\vartheta}$ ist. Wir wollen nun diesen Ansatz nutzen, um ein EKG-Signal zu modellieren. Dazu möge ab einem Zeitpunkt $n \geq n_0$ eine Amplitudenmodulation $d(n)$ des Signals mit der Modulationsfrequenz λ einsetzen, so daß das Autoregressionsmodell den Ausdruck

$$x(n) = a \cdot d(n) \cdot x(n-1)$$

annimmt, wobei

$$d(n) = \exp\{b \cdot \sin(\lambda \cdot n)\}$$

ist. Wir wollen nun Zeitpunkte $n= n_0+m$ betrachten, für die $x(n_0+i)$ mit $i=1,2,...,m$ dann folgendermaßen berechnet werden kann:

$$x(n_0 + 1) = a \ \cdot d(1) \cdot x(n_0)$$

$$x(n_0 + 2) = a^2 \cdot d(1) \cdot d(2) \cdot x(n_0)$$

$$\dots$$

$$x(n_0 + m) = a^m \cdot \prod_{i=1}^{m} d(i) \cdot x(n_0) = a^m \cdot D(m) \cdot x(n_0)$$

Für den Ausdruck $D(m)$ kann man auch schreiben

$$D(m) = \prod_{i=1}^{m} \exp\{b \cdot \sin(\lambda \cdot i)\} = \exp\{\sum_{i=0}^{m} b \cdot \sin(\lambda \cdot i)\} = \exp\{s(m)\}$$

Der Term $s(m)$ läßt sich näherungsweise berechnen, indem man die Summe durch das Integral ersetzt:

$$s(m) = \int_{0}^{m} b \cdot \sin(\lambda \cdot i) \cdot di = -\frac{b}{\lambda} \cdot [\cos(\lambda \cdot m) - 1]$$

Somit erhalten wir für $D(m)$ den Ausdruck

$$D(m) = \exp\{\frac{b}{\lambda} \cdot [1 - \cos(\lambda \cdot m)]\}$$

Insgesamt lautet das AR-Modell des EKG-Signals

$$x(n_0 + m) = 1.0 \cdot \exp\{j \cdot \vartheta \cdot m\} \cdot \exp\{\frac{b}{\lambda} \cdot [1 - \cos(\lambda \cdot m)]\} \cdot x(n_0)$$

Wir setzen nun $x(n_0) = A \cdot \exp\{j \cdot \varphi\}$ und $\vartheta = k \cdot \lambda$ und betrachten nur den Realanteil $y = Re(x)$ des (komplexen) Signals x:

$$y(m) = Re\{x(n_0 + m)\}$$

also

$$y(m) = A \cdot \exp\{\frac{b}{\lambda} \cdot [1 - \cos(\lambda \cdot m)]\} \cdot \cos(k \cdot \lambda \cdot m + \varphi)$$

Die für das EKG-Signal charakteristischen Signalanteile (P-Welle, QRS-Komplex und T-Welle) lassen sich einzeln mit Hilfe bestimmer Parameterwerte (siehe Tabelle 5.2) berechnen. Will man das gesamte Signal simulieren, so sind die Signalanteile $y_i(m)$ additiv zu einem Gesamtsignal $z(m)$ wie folgt zusammenzufassen:

$$z(m) = \sum_{i} c_i \cdot y_i(m + m_{0i})$$

Tabelle 5.2: Parameterwerte für die Komponenten eines EKG-Signals.

Parameter	T-Welle	QRS	P-Welle
λ	0.03808	0.03808	0.03808
b	0.19	1.1	0.1
k	2.	7.	1.
φ	$0.25 \cdot \pi$	$1.15 \cdot \pi$	π
m_0	5.	54.	85.
c	0.7856	$4.778 \ 10^{-21}$	15.
A	$7.258 \cdot 10^{-2}$	$6.917 \cdot 10^{-2}$	$2.505 \cdot 10^{-2}$

Unter Berücksichtigung dieser Parameterdaten wurde ein EKG-Signal simuliert. Das Bild 5.18 zeigt das Ergebnis der Simulation. Insgesamt sind zwei Zyklen dargestellt.

Die Berechnung der Signaldaten erfolgt bei dieser Art der Simulation kontinuierlich. Werden die Daten eines solchen simulierten EKG-Signals über einen DA-Konverter ausgegeben, so lassen sich auf diese Weise einfache Realtime-EKG-Simulatoren verwirklichen.

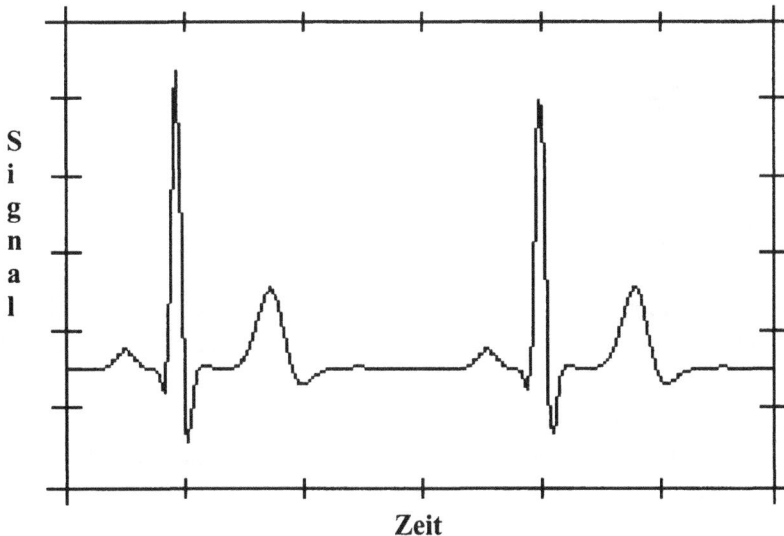

Bild 5.18: Simuliertes EKG-Signal auf der Basis eines AR-Modells.

Ein solches Modell läßt sich aber auch als Datenkompressionsmodell nutzen. Dazu wird das Modell y so an ein gemessenes EKG-Signal S_{EKG} angepaßt, daß die Summe der Abstandsquadrate $(y(m)- S_{EKG}(m))^2$ minimal wird. Dann läßt sich das gemessene EKG allein durch die Angabe der Parameter zumindest für einen Zyklus eindeutig festlegen. Man muß in diesem Falle nicht das gesamte diskrete Signal abspeichern, sondern lediglich die sieben an das EKG angepaßten Parameter, die das Modell charakterisieren.

5.4   Korrelationsanalyse

5.4.1   Korrelation kontinuierlicher Signale

Nicht nur die diskreten Merkmalsausprägungen zweier verschiedener Größen lassen sich, wie im Kapitel 4 geschildert, miteinander korrelieren, sondern prinzipiell auch Signale. Wir gehen zunächst von zwei kontinuierlichen periodischen Signalen $s_1(t)$ und $s_2(t)$ aus. Ein Maß für die Korrelation der beiden Signale ist die Kreuzkorrelationsfunktion φ_{12}. Sie ist definiert durch

$$\varphi_{12}(\tau) = \lim_{T \to \infty} \frac{1}{2T} \int_{-T}^{+T} s_1(t) \cdot s_2(t + \tau)dt \,. \qquad (5.8a)$$

Damit die Integrale existieren, also endlich sind, dürfen die periodischen Signale keine Gleichstromkomponente haben. Analog zur Kreuzkorrelationsfunktion können wir die Autokorrelationsfunktionen durch

$$\varphi_{11}(\tau) = \lim_{T \to \infty} \frac{1}{2T} \int_{-T}^{+T} s_1(t) \cdot s_1(t + \tau)dt \,. \qquad (5.8b)$$

bzw.

$$\varphi_{22}(\tau) = \lim_{T \to \infty} \frac{1}{2T} \int_{-T}^{+T} s_2(t) \cdot s_2(t + \tau)dt$$

definieren. Sie unterscheiden sich von der Kreuzkorrelationsfunktion dadurch, daß nicht zwei verschiedene Signale, sondern die Signale mit sich selbst korreliert werden.

Die Eigenschaften einer Autokorrelationsfunktion werden wir anhand einer sinusförmigen Signalfunktion untersuchen. Dazu verwenden wir eine einfache um ξ phasenverschobene Sinusfunktion mit der Periodendauer T

$$s_1(t) = A \cdot \sin(\frac{2\pi}{T} \cdot t + \xi) = A \cdot \sin(\omega \cdot t + \xi) \,.$$

Die zugehörige Autokorrelationsfunktion lautet

$$\varphi_{11}(\tau) = \lim_{T \to \infty} \frac{A^2}{2T} \int\limits_{-T}^{+T} \sin(\omega \cdot t + \xi) \cdot \sin(\omega(t + \tau) + \xi) \, dt$$

Wir substituieren $\omega \cdot t + \xi = \alpha$ und $\omega \cdot (t + \tau) + \xi = \beta$ und berücksichtigen die trigonometrische Beziehung $\sin(\alpha) \cdot \sin(\beta) = \frac{1}{2} [\cos(\alpha - \beta) - \cos(\alpha + \beta)]$. Damit ergibt sich für die Autokorrelationsfunktion

$$\varphi_{11}(\tau) = \lim_{T \to \infty} \frac{A^2}{2T} \int\limits_{-T}^{+T} 0.5 \cdot [\cos(\omega \cdot \tau) - \cos(\omega(2t + \tau) + 2\xi)] \, dt \, .$$

Das Integral läßt sich analytisch lösen, und wir erhalten mit

$$\varphi_{11}(\tau) = \lim_{T \to \infty} \frac{A^2}{2T} \cdot T \cdot \cos(\omega \cdot \tau) = \frac{A^2}{2} \cos(\omega \cdot \tau) \, ,$$

eine Korrelationsfunktion, die wiederum eine periodische Funktion ist. Sie hat die gleiche Frequenz wie die Zeitfunktion. Zudem ist die Autokorrelationsfunktion unabhängig von einer Phasenverschiebung ξ. Generell ist sie eine gerade Funktion mit der Eigenschaft $\varphi_{kk}(\tau) = \varphi_{kk}(-\tau)$. Im Falle einer harmonischen Schwingung, also eines nur aus Sinus- und Cosinustermen bestehenden Signals, ist die Autokorrelationsfunktion immer eine Cosinusfunktion.

Die Autokorrelationsfunktion ist für $\tau = 0$ immer maximal, wobei sich das Maximum bei periodischen Funktionen periodisch wiederholt. In unserem Beispiel ist das Maximum der Autokorrelationsfunktion $\varphi_{11}(\tau=0) = \frac{1}{2} A^2$. Es wiederholt sich periodisch mit der Frequenz ω. Der Ausdruck $\varphi_{11}(0)$ läßt auch noch eine andere Interpretation zu. Wegen der Definitionsgleichung erhalten wir nämlich

$$\varphi_{11}(\tau = 0) = \lim_{T \to \infty} \frac{1}{2T} \int\limits_{-T}^{+T} s_1(t)^2 \, dt = \overline{s_1^2} \, .$$

Daher ist $\varphi_{11}(0)$ auch gleich dem Mittelwert des Quadrates der Signalfunktion.

Abschließend wollen wir noch den Fall betrachten, daß das betrachtete kontinuierliche Signal endlich ist. Ein einfaches Beispiel dafür ist die rechteckige Sprungfunktion

$$s_{imp}(t) = \begin{cases} a \ falls -T \leq t \leq +T \\ \\ 0 \qquad \quad sonst \end{cases}$$

Hier ist das Integral nur im Intervall $-T \leq t \leq +T$ auszuwerten. Es lautet

$$\varphi_{11}(\tau) = a^2 \cdot (2 \cdot T - |\tau|) \,.$$

Wenden wir uns nun wieder der Kreuzkorrelationsfunktion φ_{12} zu. Zunächst berechnen wir sie für zwei periodische Signale gleicher Frequenz

$$s_1(t) = A \cdot \cos(\omega \cdot t)$$

und

$$s_2(t) = B \cdot \sin(\omega \cdot t) \,.$$

Für die Kreuzkorrelationsfunktion φ_{12} gilt dann:

$$\varphi_{12}(\tau) = \lim_{T \to \infty} \frac{A \cdot B}{2T} \int_{-T}^{+T} \cos(\omega \cdot t) \cdot \sin(\omega \cdot (t + \tau)) dt$$

Substituieren wir $\alpha = \omega \cdot (t+\tau)$ und $\beta = \omega \cdot t$ und berücksichtigen, daß $\sin(\alpha) \cdot \cos(\beta) = \frac{1}{2} (\sin(\alpha - \beta) + \sin(\alpha + \beta))$ und die Funktion $|\cos(x)| \le 1$ ist, dann erhalten wir für die Kreuzkorrelationsfunktion den Ausdruck

$$\varphi_{12} = \frac{A \cdot B}{2} \cdot \sin(\omega \cdot \tau) \,.$$

Für $\tau = 0$ ist die Kreuzkorrelationsfunktion gleich Null. Die Sinus- und die Cosinusfunktion sind hier völlig unkorreliert, sie sind sich also hier extrem unähnlich. Da Sinus- und Cosinusfunktion orthogonale Funktionen sind, ist das Ergebnis verständlich. Erhöhen wir den Wert für τ auf $\tau = \pi/2\omega$, verschieben wir die beiden Funktionen um den Wert $\pi/2$. Dann liegt eine maximale Korrelation vor, weil beide Funktionen identisch sind. Hieran erkennt man deutlich, daß die Kreuzkorrelationsfunktion tatsächlich ein Maß für die Ähnlichkeit zweier Signale ist.

Sind zwei Signale s_1 und s_2 stochastisch unabhängig, und sind ihre Mittelwerte gleich Null (also gleichspannungsfreie Signale), so ist generell

$$\varphi_{12}(\tau) = 0$$

Ferner hat φ_{12} die Eigenschaften

$$\varphi_{12}(\tau) = \varphi_{21}(-\tau),$$

$$\varphi_{12}(0) = \overline{s_1 \cdot s_2}$$

und

$$\overline{s_1^2} \cdot \overline{s_2^2} = \varphi_{11}(0) \cdot \varphi_{22}(0) \ge |\varphi_{12}(\tau)|^2$$

Abschließend sei noch vermerkt, daß man sowohl Auto- als auch Kreuzkorrelationsfunktionen normieren kann. Normierte Korrelationsfunktionen sind definiert durch:

$$\varphi_{12,norm}(\tau) = \frac{\varphi_{12}(\tau)}{\sqrt{\varphi_{11}(0) \cdot \varphi_{22}(0)}}. \tag{5.9a}$$

und

$$\varphi_{11,norm}(\tau) = \frac{\varphi_{11}(\tau)}{\varphi_{11}(0)}. \tag{5.9b}$$

Dabei gilt $0 \le \varphi_{11,norm}(\tau) \le 1$ bzw. $0 \le \varphi_{12,norm}(\tau) \le 1$.

Eine wichtige Anwendung der Korrelationsanalyse ist die Detektion von periodischen Anteilen in verrauschten Signalen. Dieses soll im folgenden anhand eines Beispiels erläutert werden. Ein sinusförmiges Signal $s(t)$ möge additiv durch ein stochastisch unabhängiges Rauschsignal $r(t)$ gestört sein. Für das verrauschte Gesamtsignal $g(t)$ gilt also: $g(t)=s(t)+r(t)$. Die zugehörige Autokorrelationsfunktion lautet

$$\varphi_{gg} = \lim_{T \to \infty} \frac{1}{2T} \int\limits_{-\frac{T}{2}}^{\frac{T}{2}} g(t) \cdot g(t + \tau) \cdot dt =$$

$$= \lim_{T \to \infty} \frac{1}{2T} \int\limits_{-\frac{T}{2}}^{\frac{T}{2}} (s(t) + r(t)) \cdot (s(t + \tau) + r(t + \tau)) \cdot dt.$$

Wertet man das Integral aus, ergibt sich der einfache Zusammenhang

$$\varphi_{gg} = \varphi_{ss} + \varphi_{rs} + \varphi_{sr} + \varphi_{rr}$$

Da die Kreuzkorrelationsfunktionen zwischen dem Nutzsignal $s(t)$ und dem Rauschsignal $r(t)$ wegen der stochastischen Unabhängigkeit von $r(t)$ nicht miteinander korrelieren, verbleibt nur

$$\varphi_{gg} = \varphi_{ss} + \varphi_{rr}$$

Da φ_{rr} nur für $\tau=0$ von Null verschieden ist, ergibt sich für alle $\tau > 0$, daß die Autokorrelationsfunktion des verrauschten Signals gleich der Autokorrelationsfunktion des Nutzsignals ist. Nur für $\tau = 0$ wird sie durch einen festen Wert, nämlich φ_{rr} ($\tau = 0$), additiv überlagert, welcher ein Maß für die Größe des Rauschanteils im Signal ist.

5.4.2   Diskrete Korrelationsanalyse

Bislang haben wir Korrelationsfunktionen nur für kontinuierliche Signale ermittelt. Für diskrete Signale lassen sich ebenfalls Korrelationsfunktionen berechnen. Dabei gehen wir von zwei gleichlangen diskreten Signalen, also Datensätzen $s_1(n)$ und $s_2(n)$ mit $n=0,...$, $N-1$ aus. Die diskrete Kreuzkorrelation zwischen den beiden Signalen ist definiert durch

$$\Phi_{12}(k) = \frac{1}{N} \cdot \sum_{n=0}^{N-1} s_1(n) \cdot s_2(n+k).$$ (5.10a)

wobei k die sogenannte Verschiebungszahl ist. Analog dazu lassen sich auch die Autokorrelationsfunktionen für beide Signale angeben:

$$\Phi_{11}(k) = \frac{1}{N} \cdot \sum_{n=0}^{N-1} s_1(n) \cdot s_1(n+k).$$ (5.10b)

bzw.

$$\Phi_{22}(k) = \frac{1}{N} \cdot \sum_{n=0}^{N-1} s_2(n) \cdot s_2(n+k)$$

Bei der praktischen Ausführung der diskreten Korrelationsanalyse wird der Datensatz s_2 über den Datensatz s_1 geschoben. Die jeweils korrespondierenden Werte werden paarweise multipliziert und addiert, bevor die Datensätze wieder um eine weitere Stufe verschoben werden. Die Prozedur *SIGNAL_CORRELATION* beinhaltet einen Algorithmus für die diskrete Korrelation. Die diskreten Signale sind in den Arrays S1 und S2 gespeichert, die berechneten Werte der Kreuzkorrelationsfunktion befinden sich im Array COR.

```
PROCEDURE SIGNAL_CORRELATION
          (IN: S1, S2, N; OUT: COR)
BEGIN
     ARRAY S1(0:N-1), S2(0:N-1), COR(0:N-1)
     FOR K=0 TO N-1 DO
          COR(K)=0
          FOR J=0 TO N-1 DO
               IF K + J < N THEN
                    COR(K)=COR(K)+S1(J)*S2(J+K)
               ELSE
                    COR(K)=COR(K)+S1(J)*S2(J+K-N)
               END IF
          END DO
```

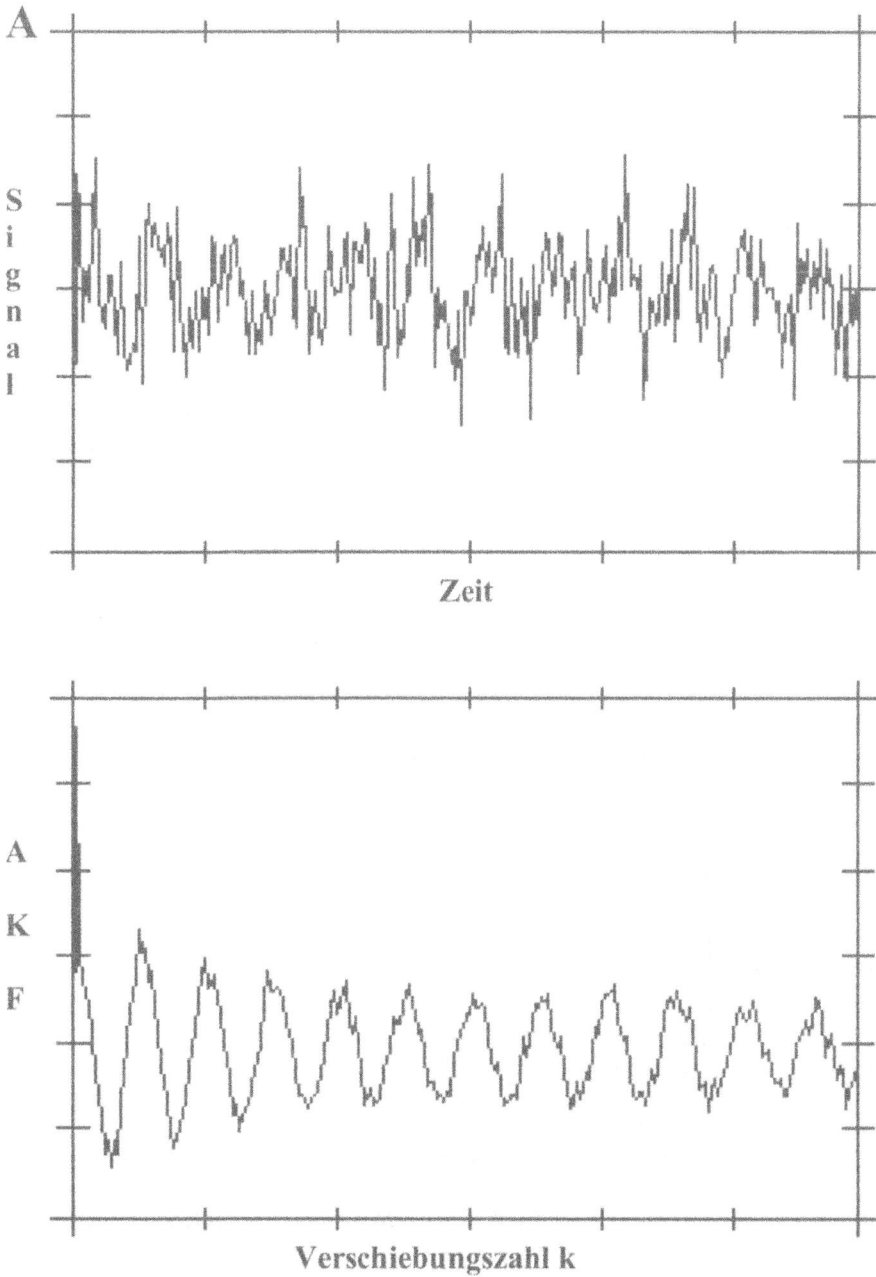

Bild 5.19 Diskrete Korrelationsanalyse. **A:** Verrauschtes sinusförmiges Signal. **B:** zugehörige diskrete Autokorrelationsfunktion (AKF).

```
                    COR(K)=COR(K)/N
              END DO
        RETURN
        END
```

Mit dieser Prozedur läßt sich auch die Autokorrelation durchführen. Dazu müssen nur gleiche Datensätze $s_1 = s_2 = s$ übergeben werden. Das Array COR beinhaltet dann die diskreten Werte der Autokorrelationsfunktion.

Das Bild 5.19 zeigt die Anwendung einer diskreten Autokorrelation. Gegeben ist ein verrauschtes Signal (Bild 5.19A). Es soll nach versteckten periodischen Anteilen untersucht werden. Das Ergebnis der Autokorrelation zeigt Bild 5.19 B. Zunächst enthält es ein ausgeprägtes erstes Maximum bei k=0. Es repräsentiert den stochastischen Anteil im Signal. Mit zunehmender Verschiebungszahl k stellt sich deutlich ein periodischer Signalanteil heraus. Offensichtlich verbirgt sich im verrauschten Signal eine ausgeprägte periodische Komponente, die dem Signal auf den ersten Blick nicht anzusehen ist. Die Autokorrelationsfunktion des diskreten verrauschten Signals entspricht, wie oben bereits theoretisch abgeleitet, im wesentlichen der Autokorrelationsfunktion des ungestörten Signals. Die Abnahme der Amplitude der Autokorrelationsfunktion mit zunehmendem Wert k ist auf den beschränkten Signaldaten-Umfang zurückzuführen.

An diesem Beispiel wird die Bedeutung der diskreten Kreuzkorrelation für die Signalanalyse offenkundig; denn es zeigt, daß es mit einfachen numerischen Mitteln möglich ist, periodische Anteile in einem verrauschten Signal zu detektieren.

5.5 Signalanalyse im Frequenzbereich

Periodische Signale sind durch ihre Amplituden und die im Signal enthaltenen Frequenzen charakterisierbar. Die Analyse der Amplitudenverteilung eines Signals haben wir schon kennengelernt. Die Frequenzzusammensetzung eines Signales kann mit Hilfe der sogenannten Fourier-Transformation ermittelt werden. Diese Methode betrachten wir zunächst für kontinuierliche Signale.

5.5.1   Die Fourier-Transformation kontinuierlicher Signale

Für kontinuierliche Signale $s(t)$ ist die Fouriertransformation durch die Gleichung

$$F(j\omega_k) = \int_{-\infty}^{\infty} s(t) \cdot \exp\{-j \cdot \omega_k \cdot t\} \cdot dt \, . \qquad (5.11a)$$

definiert. Die Größe $F(j\omega_k)$ heißt Spektralfunktion oder Fouriertransformierte des Signals $s(t)$ und ist eine diskrete komplexe Funktion, wenn $s(t)$ aus nur endlich vielen Frequenzen zusammengesetzt und damit zeitlich unbegrenzt ist. Ist $s(t)$ zeitlich begrenzt, besteht sie aus unendlich vielen Freqenzanteilen. In diesem Falle lautet die Fouriertransformierte

$$F(j\omega) = \int_{-\infty}^{\infty} s(t) \cdot \exp\{-j \cdot \omega \cdot t\} \cdot dt . \qquad (5.11b)$$

Die Fouriertransformation ist eine lineare Transformation. Sie kann als Rücktransformation ausgeführt werden, wobei die Spektralfunktion F wieder in die ursprüngliche Signalfunktion s überführt wird:

$$s(t) = \int_{-\infty}^{\infty} F(j\omega) \cdot \exp\{j \cdot \omega \cdot t\} \cdot df . \qquad (5.11c)$$

Da F komplex ist, also in der Form

$$F(j\omega_k)=\text{Re}\{ F(j\omega_k) \}+j\cdot\text{Im}\{ F(j\omega_k) \}$$

geschrieben werden kann, lassen sich zwei wichtige durch reelle Zahlen darstellbare Spektrenarten definieren. Unter dem Amplitudenspektrum $A(\omega_k)$ versteht man den Zusammenhang

$$A(\omega) = \sqrt{\text{Re}\{F(j\omega_k)\}^2 + \text{Im}\{F(j\omega_k)\}^2} . \qquad (5.12a)$$

Es ist gleich dem Betrag der komplexen Spektralfunktion F. Das Phasenspektrum, welches das Phasenverhalten der komplexen Funktion F widerspiegelt, lautet

$$\Phi(\omega_k) = \arctan\{\frac{\text{Im}(F(j\omega_k))}{\text{Re}(F(j\omega_k))}\} . \qquad (5.12b)$$

Betrachten wir als Beispiel für die Berechnung der Spektralfunktion und der Spektrenarten folgendes kontinuierliche zeitabhängige Signal

$$s(t) = \sin(\beta \cdot t) \cdot e^{-\alpha \cdot t}$$

Es handelt sich um eine gedämpfte sinusförmige Schwingung mit der Kreisfrequenz β und der Dämpfung α. Die zugehörige Spektralfunktion $F(j\omega)$ läßt sich mit Hilfe der Definitionsgleichung berechnen. Sie lautet

$$F(j\omega) = \int_{0}^{\infty} \sin(\beta \cdot t) \cdot e^{-\alpha \cdot t} \cdot e^{-j\omega \cdot t} \cdot dt = \int_{0}^{\infty} \sin(\beta \cdot t) \cdot e^{-(\alpha + j\omega) \cdot t} \cdot dt$$

Das darin enthaltene Integral ist analytisch lösbar, es hat die Lösung

$$F(j\omega) = \frac{\beta}{(\alpha + j\omega)^2 + \beta^2} = \frac{\beta}{\alpha^2 + \beta^2 + \omega^2 + 2 \cdot j \cdot \alpha \cdot \omega}$$

Um die Spektralfunktion F in die Form $F = a + j \cdot b$ zu bringen, verwenden wir folgende Identität

$$\frac{1}{a + j \cdot b} = \frac{1}{a^2 + b^2} \cdot (a - j \cdot b)$$

Damit ergeben sich für Betragsquadrat und Phase der Spektralfunktion einer gedämpften Schwingung

$$A(\omega)^2 = |F(j\omega)|^2 = \frac{\beta^2}{(\alpha^2 + \beta^2)^2 + (\alpha^2 - \beta^2) \cdot \omega^2 + \omega^4}$$

bzw.

$$\Phi(\omega) = -\arctan(\frac{2 \cdot \alpha \cdot \omega}{\alpha^2 + \beta^2 - \omega^2})$$

5.5.2   Die Fourier-Transformation diskreter Signale

Auch für diskrete Signale lassen sich die zugehörigen (diskreten) Spektralfunktionen oder Fouriertransformierten berechnen. Wir betrachten ein Signal $s(t)$ über eine Gesamtmeßdauer von T_g. Die Zeit zwischen zwei Messungen bezeichnen wir wiederum mit T_a. Insgesamt sollen N Meßwerte erfaßt werden. Für die jeweiligen Meßzeiten t gilt dann:

$$t \equiv t_n = n \cdot T_a$$

mit $n = 0, 1, 2, ..., N - 1$ und $T_g = N \cdot T_a$. Wir setzen nun diese Größen in die Gleichung für die Spektralfunktion F ein und ersetzen das Integral durch die korrespondierende Summe, wobei der Term dt den Wert T_a erhält; dann ergibt sich folgender Ausdruck für die diskrete Spektralfunktion F^d:

$$F^d = \sum_{n=0}^{N-1} s(n \cdot T_a) \cdot e^{-j \cdot \omega \cdot n \cdot T_a} \cdot T_a$$

Die diskrete Fouriertransformation kann nur für diskrete Frequenzen f_k berechnet werden. Dementsprechend lauten diese

$$f_k = \frac{1}{N \cdot T_a} \cdot k$$

bzw. die zugehörigen diskreten Kreisfrequenzen

$$\omega_k = \frac{2\pi}{N \cdot T_a} \cdot k$$

Berücksichtigen wir ferner, daß $T_a = T_g / N$ ist; dann lautet die Formel für die diskrete Spektralfunktion

$$F_k^d = \frac{T_g}{N} \cdot \sum_{n=0}^{N-1} f(n \cdot T_a) \cdot e^{-2\pi \cdot j \cdot k \cdot n / N} . \qquad (5.13)$$

Die diskrete Fouriertransformierte F_k^d stimmt (bis auf den Skalierungsfaktor T_g) übrigens mit den komplexen Fourierkoeffizienten überein (siehe Abschnitt 5.3.2), wenn die betrachteten Kreisfrequenzen ω_k dem ganzzahligen Vielfachen der Grundfrequenz entsprechen, also $\omega_k = k \cdot \omega_0$ ist. Dieses trifft zu, wenn das Signal genau eine Periodendauer lang abgetastet wurde.

Für die praktische Berechnung der diskreten Spektralfunktion ist es oft nützlich, wenn die komplexe Funktion in ihre reellen und imaginären Anteile zerlegt werden kann. Dazu verwenden wir den bekannten Zusammenhang zwischen der Exponentialfunktion und den trigonometrischen Funktionen im Komplexen, $e^{\pm\varphi} = \cos(\varphi) \pm \sin(\varphi)$, und erhalten damit eine Schreibweise der diskreten Spektralfunktion, die eine Berechnung mit reellen Zahlengrößen ermöglicht:

$$F_k^d = \mathrm{Re}(F_k^d) + j \cdot \mathrm{Im}(F_k^d)$$

mit

$$\mathrm{Re}(F_k^d) = \frac{T_g}{N} \cdot \sum_{n=0}^{N-1} f(n \cdot T_a) \cdot \cos(2\pi \cdot k \cdot n / N)$$

und

$$\mathrm{Im}(F_k^d) = \frac{T_g}{N} \cdot \sum_{n=0}^{N-1} f(n \cdot T_a) \cdot \sin(2\pi \cdot k \cdot n / N).$$

Mit Hilfe dieser Darstellung der Spektralfunktion lassen sich zwei wichtige Eigenschaften der Fouriertransformation periodischer Signale ableiten: Ist die Zeitfunktion $s(t)$ gerade, gilt also $s(t)=s(-t)$, so ist die Spektralfunktion ebenfalls gerade und ausschließlich reell. Ist die Zeitfunktion hingegen ungerade, als $s(t)=-s(-t)$, so ist auch die Spektralfunktion ungerade und rein imaginär. Für $k=0$ erhalten wir übrigens den mit der Gesamtmeßzeit skalierten Mittelwert des Signals.

A

B

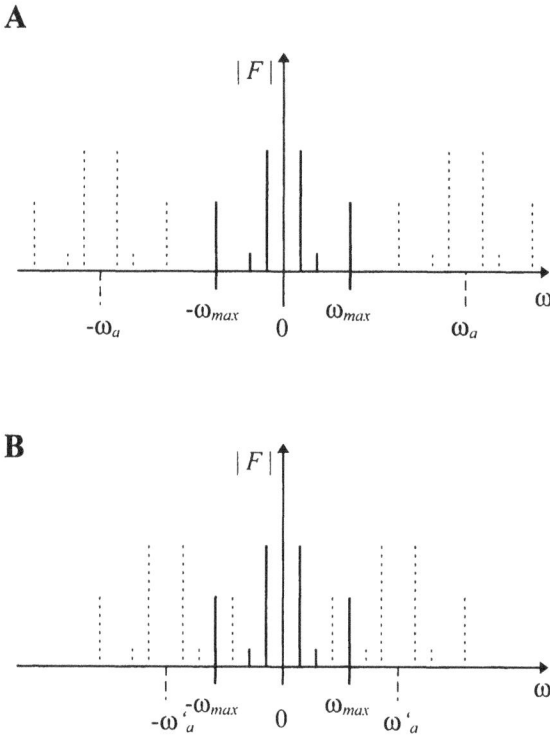

Bild 5.20: Spektrum eines frequenzbeschränkten Signales (größte vorkommende Frequenz ist ω_{max}) mit unterschiedlichen Abtastfrequenzen ω_a und ω'_a. **A:** Ist $\omega'_a > 2 \cdot \omega_{max}$, lassen sich Originalspektrum und seine periodische Wiederholung getrennt voneinander darstellen. **B:** Hier ist $\omega'_a < 2 \cdot \omega_{max}$. Daher überlappen sich das Originalspektrum und seine erste periodische Wiederholung, weil das Abtasttheorem nicht erfüllt ist.

Darüber hinaus ist die diskrete Spektralfunktion bezüglich ω periodisch, wobei die Periode gleich $2\pi/T_a$ ist. Dieses läßt sich leicht zeigen. Da

$$e^{-2\pi \cdot j \cdot n \cdot \omega \cdot T_a} = e^{-2\pi \cdot j \cdot n(\omega \cdot T_a + 2\pi)} = e^{-2\pi \cdot j \cdot n \cdot T_a(\omega + 2\pi/T_a)}$$

ist

$$F^d(j\omega) = F^d(j \cdot [\omega + 2\pi / T_a]).$$

Anhand dieser Formel können wir nachvollziehen, daß sich das Spektrum der Zeitfunktion periodisch wiederholt, und zwar mit $\omega_a = 2\pi/T_a \cdot m$ ($m = 0, 1, 2, 3, ...$). Diese sich wiederholenden Spektren dürfen sich nicht überlappen, da hierdurch die

$|F(f)|$

0   f_{AFF} f

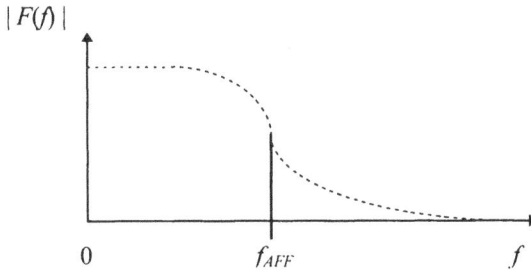

Bild 5.21: Frequenzcharakteristik eines Antialiasing-Filters mit der Grenzfrequenz f_{AAF}.

Spektralfunktion verfälscht wird (siehe Bild 5.20). Da $|F^d(\omega)|=|F^d(-\omega)|$, läßt sich diese Überlappung genau dann vermeiden, wenn die größte im Signale vorkommende Frequenz f_{max} kleiner als die halbe Abtastfrequenz ist, also

$$f_{max} < \tfrac{1}{2} f_a = \tfrac{1}{2}\, T_a^{-1} \quad \text{bzw.} \quad \omega_{max} < \tfrac{1}{2}\, \omega_a = \pi \cdot T_a^{-1}$$

Dieser Zusammenhang stellt ebenfalls das (aus dem Abschitt 5.3.2 bekannte) Abtasttheorem dar. Es besagt, daß ein diskretes periodisches Signal mit einer Abtastfrequenz f_a digitalisiert werden muß, welche mehr als doppelt so groß ist wie die maximale im Signal vorkommende Frequenz f_{max}.

Die Bestimmung der maximalen Frequenz kann problematisch sein. Aus diesem Grunde ist es üblich, das gemessene (und möglicherweise verstärkte) Signal einer speziellen Tiefpaßfilterung mit dem sogenannten *Anti-Aliasing-Filter* (AAF) zu unterziehen. Die obere Grenzfrequenz f_{AAF} dieses Filters entspricht der größtmöglichen Frequenz, die im gefilterten Signal noch vorkommen kann. Leider ist die obere Grenzfrequenz des AAF nur ein theoretischer Wert, weil die Frequenzcharakteristik eines solchen Filters nicht ideal sprungförmig bezüglich der Grenzfrequenz ist, wie Abbildung 5.21 zeigt. In der Praxis wird diese Grenzfrequenz daher noch mit einem Faktor $a_f \approx 4 - 10$ multipliziert, um sich sicher zu sein, daß keine höheren Frequenzanteile als $f_{max} = a_f \cdot f_{AAF}$ im Signal vorkommen.

Für die spektrale Auflösung, also die Trennschärfe des diskreten Signals bezüglich der darin enthaltenen Frequenzen, gilt eine überraschend einfache Beziehung. Da die Frequenzen ebenfalls nur diskret vorliegen, können wir zwei beliebige aber benachbarte, f_k und f_{k+1}, auswählen. Für sie gilt, daß $f_k = k / N T_a$ bzw. $f_{k+1} = (k+1) / N T_a$ ist. Damit erhalten wir für die spektrale Auflösung Δf den Zusammenhang

$$\Delta f = f_{k+1} - f_k = (k+1) / N T_a - k / N T_a = 1/NT_a = 1 / T_g$$

Die spektrale Auflösung, die man bisweilen auch Trennschärfe nennt, ist also reziprok proportional zur Gesamtmeßzeit T_g, d.h. je länger ein Signal gemessen wird, desto genauer können die Frequenzen im Signal detektiert werden.

Die diskrete Fouriertransformation läßt sich mit der folgenden Prozedur *DFT* ausführen. Die *N* Signalwerte befinden sich im Array S. Daraus werden der Real- und
der Imaginäranteil der Spektralfunktion getrennt berechnet und in das zweidimensionale Array FD abgelegt. Die Spektralfunktionswerte sind nicht skaliert, denn es
ist in der Praxis durchaus üblich, die transformierten Werte nicht mehr mit der
Abtastrate zu multiplizieren.

```
PROCEDURE DFT (In: S, N; OUT: FD)
BEGIN
        REAL ARRAY S(0:N-1), FD(0:N/2-1,0:1)
        FACTOR=2*PI/N
        FOR K=0 TO N/2-1 DO
            FOR I=0 TO N-1 DO
                FD(K,0)=FD(K,0)+S(I)*(COS(FACTOR*I*K)
                FD(K,1)=FD(K,1)-S(I)*SIN(FACTOR*I*K)
            END DO
        END DO
    RETURN
    END
```

Prinzipiell läßt sich mit dieser Prozedur auch eine diskrete Fourier-
Rücktransformation ausführen. Die Berechnung der diskreten komplexen Spektralfunktion mit der DFT ist sehr zeitaufwendig. Insgesamt müssen $N(N-1)$ komplexe
Additionen und N^2 komplexe Multiplikationen durchgeführt werden. Mit Hilfe eines Rechentricks gelingt es aber, die Anzahl der Rechenoperationen erheblich zu
reduzieren. Wir wollen uns diesen Rechenweg an einem einfachen Beispiel verdeutlichen. Dazu gehen wir von einem Signal aus, das aus $2^3=8$ diskreten Werten
$s(0)$, $s(2)$, ... , $s(7)$ besteht. Diese acht Signalwerte wollen wir nach geraden und
ungeraden Zeitindices zerlegen; dann erhalten wir für die

      geraden Zeitindices: $s(0)$, $s(2)$, $s(4)$, $s(6)$

und für die

      ungeraden Zeitindices: $s(1)$, $s(3)$, $s(5)$, $s(7)$.

In einem weiteren Schritt erfolgt eine alternierende Zerlegung:

      gerade Zeitindices: $s(0)$, $s(4)$ und $s(2)$, $s(6)$ bzw.

      ungerade Zeitindices: $s(1)$, $s(5)$ und $s(3)$, $s(7)$.

Damit können wir die diskrete Fouriertransformation von s folgendermaßen schreiben:

$$F_k^d = F^d(k) = \sum_{n=0}^{1} s(4n+0) \cdot e^{-2\pi \cdot j \cdot (4n+0) \cdot k / 8} +$$

$$\sum_{n=0}^{1} s(4n+2) \cdot e^{-2\pi \cdot j \cdot (4n+2) \cdot k / 8} +$$

$$\sum_{n=0}^{1} s(4n+1) \cdot e^{-2\pi \cdot j \cdot (4n+1) \cdot k / 8} +$$

$$\sum_{n=0}^{1} s(4n+3) \cdot e^{-2\pi \cdot j \cdot (4n+3) \cdot k / 8} .$$

Benutzen wir die übliche Kurzschreibweise für den sogenannten Ordnungsfaktor (auch „Twiddle-Factor" genannt),

$$W_N^{m \cdot k} = e^{-2\pi \cdot j \cdot m \cdot k / 8},$$

dann läßt sich $F^d(k)$ durch den folgenden Ausdruck angeben:

$$F^d(k) = (f(0) + f(4) \cdot W_8^{4k}) \cdot W_8^{0k} +$$

$$(f(2) + f(6) \cdot W_8^{4k}) \cdot W_8^{2k} +$$

$$(f(1) + f(5) \cdot W_8^{4k}) \cdot W_8^{1k} +$$

$$(f(3) + f(7) \cdot W_8^{4k}) \cdot W_8^{3k} .$$

Da außerdem $W_8^{4k} = \pm W_8^0$ für alle k, wird im ersten Schritt das Wertepaar $s(a) \pm s(b) W_8^0$ berechnet usw., so daß sich der Rechenweg insgesamt durch ein einfaches Signalflußdiagramm darstellen läßt (siehe Bild 5.22).

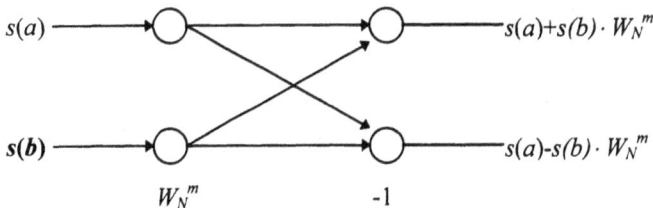

Bild 5.22: Elementare „Butterfly"-Operation als Signalflußdiagramm für die schnelle Fouriertransformation (FFT).

Es beinhaltet die Basisstruktur der Rechenoperation, den sogenannten Butterfly-Algorithmus. Die Ergebnisse dieses ersten Rechenschrittes werden nun wiederum mit dem Butterfly-Algorithmus verknüpft, bis schließlich alle Spektralwerte berechnet sind.

Tabelle 5.3: Bitumkehr der Indices für 8 Signalwerte.

alter Index	Dualzahl	inverse Dualzahl	neuer Index
0	000	000	0
1	001	100	4
2	010	010	2
3	011	110	6
4	100	001	1
5	101	101	5
6	110	011	3
7	111	111	7

Bei der Ausführung der Rechnungen sind also zwei Dinge zu beachten. Einmal müssen die Signalwerte in einer bestimmten Reihenfolge vorliegen. Dabei ist es zweckmäßig, wenn sich die Anzahl der Meßwerte in der Form 2^m ($m=2,3,4,...$) darstellen läßt (dieses ist zwar nicht prinzipiell erforderlich, reduziert aber die Rechenzeit auf ein Minimum). Bei den im Beispiel gewählten $2^3=8$ Meßwerten war es die Zahlenfolge 0, 4, 2, 6, 1, 5, 3, 7. Durch Anwendung eines einfachen Sortierverfahrens gelingt es, die Signalwerte in diese Reihenfolge zu bringen. Man wendet die sogenannte Bit-Umkehr („bit reverse") an, die in der Tabelle 5.3 aufgeführt ist. Die jeweiligen Indices werden als Dualzahl geschrieben, und die duale Ziffernfolge wird umgekehrt. Die zugehörigen Dezimalzahlen ergeben dann die neuen Indices in der gewünschten Reihenfolge.

Die auf diese Weise umsortierten Signalwerte werden dann den „Butterfly-Berechnungen" unterworfen. Durch die Anwendung dieses von Cooley und Tookey entwickelten Algorithmus reduziert sich die Anzahl der komplexen Multiplikationen von ursprünglich $N^2=2^{2m}$ komplexen Multiplikationen und $N\cdot(N-1)$ komplexen Additionen auf $m\cdot N/2$ komplexe Multiplikationen und $m\cdot N$ komplexe Additionen. Da insbesondere die Multiplikationen sehr zeitraubend sind, kann man diese Operation dazu benutzen einen Faktor Q_m zu definieren, der die Beschleunigung der Rechenzeit repräsentiert:

$$Q_m = \frac{N^2}{m \cdot N / 2} = \frac{2N}{m} = \frac{2^{m+1}}{m}. \tag{5.14}$$

Für $m=3$ beträgt der Faktor $Q_m = Q_3$ lediglich 5.333. In der Praxis hat man es i.a. aber oft mit $2^8 = 256$ (oder auch mehr) Meßwerten zu tun; dann beträgt Q_8 immerhin schon 64, bei 2048 Meßwerten sind es bereits 372,4. Diese Reduzierung der Anzahl der komplexen Multiplikationen (neben der der Additionen) führt zu einer erheblichen Rechenzeitcrsparnis. Daher bezeichnet man den diesem Rechenweg zugrunde liegenden Algorithmus auch als Schnelle Fourier-Transformation (engl.: Fast Fourier Transformation, FFT).

Das Bild 5.23 zeigt ein Beispiel für die Anwendung einer diskreten Fouriertransformation auf ein Signal. Im Bildteil 5.23 A ist das aus Bild 5.19 bekannte verrauschte periodische Signal noch einmal dargestellt. Auf dieses Signal wurde eine diskrete Fouriertransformation angewendet. Der Bildteil 5.23 B zeigt das Ergebnis in Form des zugehörigen Amplitudenspektrums. Die Gleichspannungskomponente des Signals ist durch den Peak *a* (Frequenz =0) gegeben, während sich die dominierende Signalfrequenz im Peak *b* widerspiegelt. Darüber hinaus zeigt sich durch die Vielzahl kleiner Peaks im Amplitudenspektrum der Rauschanteil des Signals.

Das Bild 5.24 zeigt im Bildteil A ein diskretes Signal, das einer gedämpften Schwingung entspricht. Das zugehörige Amplitudenspektrum wird im Teil B gezeigt. Es weist im Prinzip das gleiche Verhalten auf wie die analytische Ableitung des Amplitudenspektrums einer kontinuierlichen gedämpften Schwingung, obwohl die Signalwerte nur diskret vorliegen.

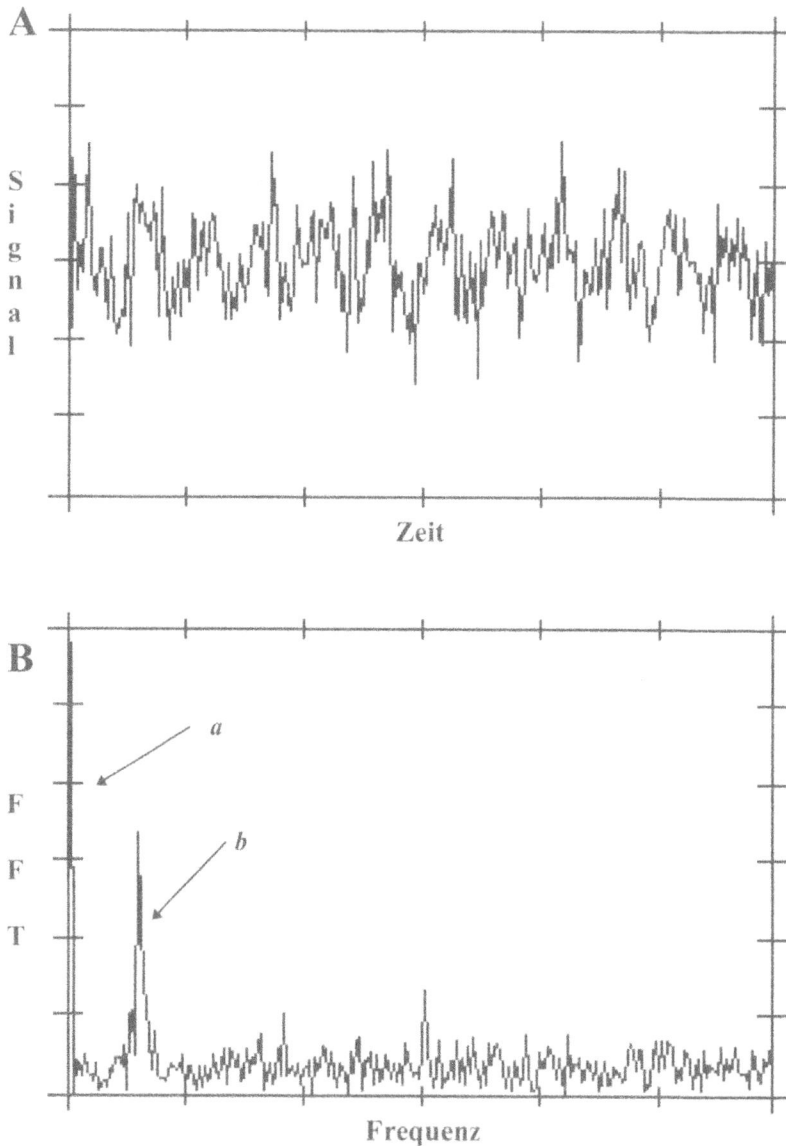

Bild 5.23 Diskrete Fourier-Analyse. **A:** Verrauschtes sinusförmiges Signal. **B:** Amplituden-spektrum der Fouriertransformierten des verrauschten Signals. Es zeigt sich deutlich der Gleichspannungsanteil im Signal (*a*) sowie die dominierende Frequenz (*b*). Der Rauschcha-rakter des Signals zeigt sich in den zahlreich auftretenden Peaks, die sich über den gesam-ten betrachteten Frequenzbereich verteilen.

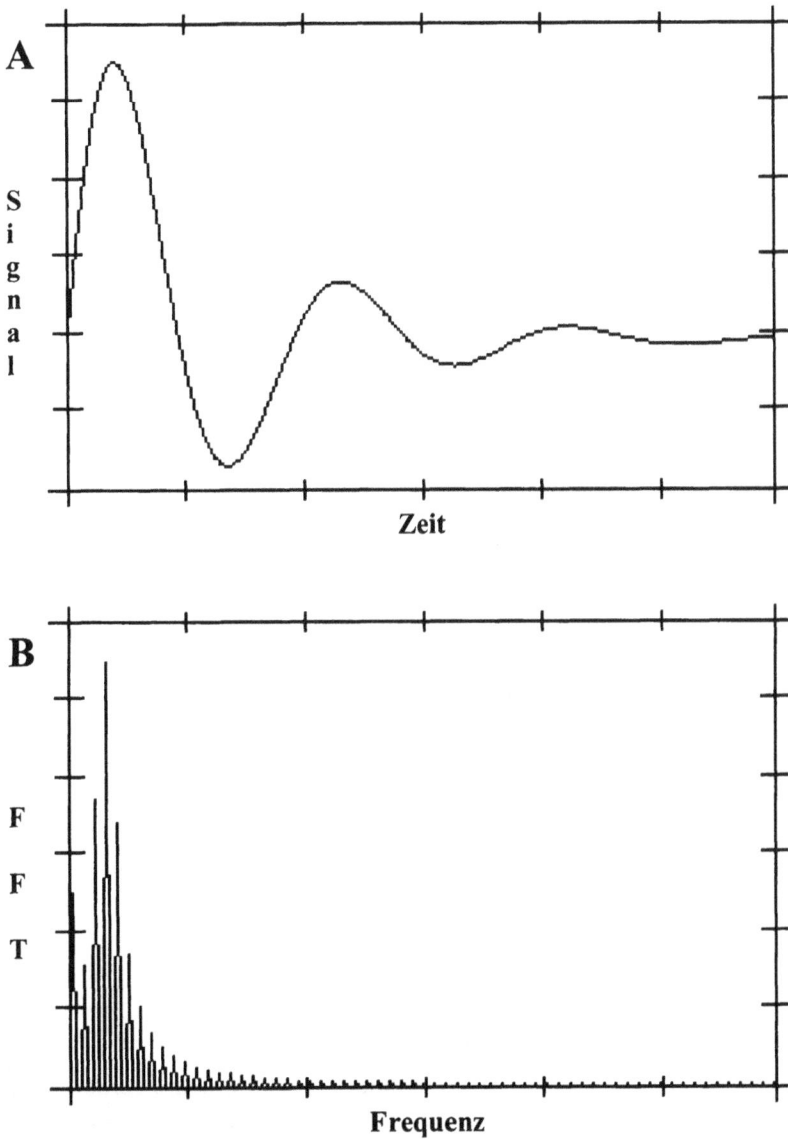

Bild 5.24: Diskrete Fouriertansformation. **A:** Signal in Form einer gedämpften Schwingung. **B:** Amplitudenspektrum der zugehörigen diskreten Fouriertransformierten.

5.5.3   Die Fourier-Analyse periodischer Signale

Mit Hilfe der Fouriertransformation eines periodischen Signals $s(t)$ läßt sich seine Frequenzzusammensetzung ermitteln. Die Informationen darüber befinden sich sowohl im Real- als auch im Imaginärteil der Spektralfunktion. Durch Manipulation an der Spektralfunktion läßt sich die Frequenzzusammensetzung von s beeinflussen. So lassen sich z.B. hohe Frequenzanteile abschneiden, indem man die entsprechenden Anteile der Spektralfunktion gleich Null setzt. Analog dazu kann man auch niedrige Frequenzanteile abschneiden. Daraus resultiert die modifizierte Spektralfunktion $F'(j \cdot \omega)$. Mit Hilfe der Fourier-Rücktransformation

$$s'(t) = \int_{-\infty}^{\infty} F'(j\omega) \cdot \exp\{j \cdot \omega \cdot t\} \cdot df . \qquad (5.15)$$

läßt sich die modifizierte Spektralfunktion $F'(j \cdot \omega)$ wieder in den Zeitbereich rücktransformieren. Dort liegt nun die Funktion $s'(t)$ als reelles gefiltes Signal von $s(t)$ vor. Dieses Vorgehen ist prinzipiell bei kontinuierlichen und diskreten Signalen möglich. Man spricht vom Filtern eines Signals im Frequenzbereich. Liegen die Signale digital vor, bezeichnet man den Prozeß auch als digitales Filtern.

Die Anwendung der Fouriertransformation auf Biosignale ist nicht unproblematisch. Insbesondere bei kurzen Beobachtungszeiten sind die Signale oft nicht mehr stationär. Dennoch interessiert man sich gerade bei den Kurzzeitsignalen für die zugehörigen Spektralwerte, weil die zeitliche Veränderung der Spektralwerte möglicherweise Informationen über den zugrunde liegenden physiologischen bzw. pathologischen Prozeß liefern können. Um dieser Schwierigkeit zu begegnen, wird das diskretisierte Biosignal mit einer sich zeitlich überlappenden Fensterfunktion $h(t)$ gewichtet. Daraus ergibt sich die sogenannte Short-Time-Fourier Transformation (F_{ST}). Sie enthält Aussagen über das Frequenz- und Zeitverhalten des Signals und läßt sich durch das Integral

$$F_{ST}(t,f) = \int_{-\infty}^{\infty} s(t') \cdot h(t'-t) \cdot e^{-j \cdot 2\pi \cdot f \cdot t'} \cdot dt' . \qquad (5.16)$$

berechnen. Der Betrag von F_{ST} wird häufig als Spektrogramm bezeichnet.

Der zeitlichen Auflösung der Spektralfunktion sind Grenzen gesetzt, denn die diskreten Signalwerte, welche die Grundlage der Spektralfunktion bilden, liegen nur in einer endlichen Anzahl vor. Man kann diese Schwierigkeit jedoch umgehen, wenn man anstelle des Originalsignals mit seiner begrenzten Anzahl von Signalwerten ein Signalmodell (z.B. ARMA-Modell) entwickelt, anhand dessen beliebig viele Signalwerte berechnet werden können.

Mit Hilfe eines anderen Analyseansatzes, der sogenannten Zeit-Frequenztransformationen, ist es in neuer Zeit gelungen, eine hohe Zeitauflösung auch bei nichtstationären hochfrequenten diskreten Signalen zu erreichen. Ein solches Zeit-Frequenztransformationsverfahren ist die sogenannten Wavelet-Transformation, auf die wir aber an dieser Stelle nicht weiter eingehen können.

5.6 Übungsaufgaben

Aufgabe 5.1

Gegeben sei folgendes (kontinuierliche) zeitabhängige Signal $s(t) = 2.5 \cdot \sin(0.4 \cdot t) - 2 \cos(0.1 \cdot t) + 1.5 \cos(0.02 \cdot t)$ für $0 \leq t \leq 100$ s. Bestimmen Sie die

a) die Nulldurchgänge des Signals $s(t)$

b) die Extremwerte von $s(t)$ nach den Spitzenwertverfahren 1–3.

Aufgabe 5.2

Skizzieren Sie das Amplitudenhistogramm des zeitabhängigen kontinuierlichen Signals $s(t) = | \sin (8 \cdot t) |$ für $0 \leq t \leq \pi$.

Aufgabe 5.3

Das Elektroencephalogramm (8 Kanäle) eines Epilepsiepatienten wird 12 Stunden lang kontinuierlich registriert. Die Daten werden mit Hilfe eines Analog-Digital-Konverters (16 Kanäle, Abtastrate beträgt 500 Hz pro Kanal, 12 Bit Wortbreite pro Kanal) digitalisiert. Welche Datenmenge M fällt nach 12 Stunden an? Wie ließen sich diese Daten mit minimalem Speicherbedarf speichern, ohne spezielle Komprimierungsverfahren anzuwenden?

Aufgabe 5.4

Gegeben sei ein diskretes periodisches Signal $S(n) = S_n$ mit $0 \leq n \leq 10$.

n	0	1	2	3	4	5	6	7	8	9	10
S_n	-4	-0.19	1.97	3.14	-1.51	0	-3.73	0.68	1.78	3.88	-2.02

a) Approximieren Sie das Signal durch eine Fourier-Reihe. Berechnen Sie dazu die zugehörigen Fourier-Koeffizienten .

b) Wie lautet die Fourier-Reihe?

c) Stellen Sie das Signal mit Hilfe der Fourier-Reihe graphisch dar. Tragen Sie die diskreten Werte $S(n)$ in die berechnete Kurve ein.

d) Ermitteln Sie nun die diskrete Fouriertransformation $F(k)=\text{DFT}(S_n)$ und vergleichen Sie die diskreten Spektralwerte $F(k)$ mit den Fourier-Koeffizienten aus Teil a).

□

Aufgabe 5.5

a) Schreiben Sie ein Programm, das Ihnen von einer gegebenen diskreten Signalfunktion die Berechnung von Amplitudenhistogramm, diskreter Korrelationsfunktion und diskreter Fouriertransformation erlaubt.

b) Erweitern Sie die Funktionalität Ihres Programms, so daß Sie sowohl die Signalfunktion als auch die berechneten Größen graphisch darstellen können.

c) Erzeugen Sie folgende Beispiel-Signaldateien

    1. monofrequentes, sinusförmiges und cosinusförmiges Signal

    2. pseudo-weißes Rauschsignal

    3. pseudo-Gaußsches Rauschsignal

    4. Signaladdition von 1 + 2 bzw. 1 + 3

    5. EKG-Signal auf der Grundlage des AR-Modells

    6. EEG-Signal auf der Grundlage des ARMA-Modells.

d) Wenden Sie die Signalverarbeitungsalgorithmen aus Aufgabenteil a) auf die Beispielsignale 1–6 an. Untersuchen Sie, welches Amplitudenhistogramm sich aus den Signalfunktionen ergibt und welche Eigenschaften die Korrelationsfunktionen und die Fouriertransformierte der Signale haben. Vergleichen Sie Ihr Ergebnis mit den Ausführungen in diesem Kapitel.

□

5.7   Weiterführendes Studium

Die genannen Lehrbücher erlauben es, den hier vorgestellten Stoff zu vertiefen. Die zudem genannten Zeitschriftartikel ermöglichen einen Einstieg in die aktuelle Forschung auf dem Gebiet der Biosignalverarbeitung. Dazu gehören die Modellierung von Biosignalen durch AR- bzw. ARMA-Modelle, die Anwendung von zeitlich hochauflösenden Spektralfunktionen zur Analyse von Biosignalen, wie etwa die Wavelet-Transformation, sowie die Anwendung von Algorithmen, die das nicht-lineare, sogenannten fraktale oder chaotische Verhalten von Biosignalen analysieren.

Lehrbuchauswahl:

Archilles D.: Die Fourier-Transformation in der Signalverarbeitung. Springer, Berlin, Heidelberg, New York, 1978.

Best R.: Digitale Meßwertverarbeitung. Oldenbourg, München, Wien, 1991.

Brigham E.O.: Schnelle Fouriertransformation. Oldenbourg, München, Wien, 1995.

Bronzino J.D.: The Biomedical Engineering Handbook, CRC-IEEE, Piscataway, N.J., 1995.

Eichmeier, J.: Medizinische Elektronik. Springer, Berlin, Heidelberg, New York, 1997.

European Prestandard Medical Informatics – standard communications protocol – computer assisted electrocardiography. European Committee for Standardization. Brussels. Ref. No. prENV 1064:1993 E.

Fischer F.A.: Einführung in die statistische Übertragungstheorie. Bibliographisches Institut, Mannheim, Zürich, 1969.

Göldner K.: Mathematische Grundlagen der Systemanalyse. Harri Deutsch, Thun, Frankfurt, 1981.

Hutten H. (Hrsg.): Biomedizinische Technik. Band 3. Springer, Berlin, Heidelberg, New York, Budapest, 1992.

Kreß D., Irmer R.: Angewandte Systemtheorie. Oldenbourg, München, Wien, 1990.

Meyer-Waarden K.: Einführung in die biologische und medizinische Meßtechnik. F.K. Schattauer, Stuttgart, New York, 1975.

Müller R., Piotrowski A.: Einführung in die Elektrotechnik und Elektronik, Teil I. Oldenbourg, München, Wien, 1996.

Müller R., Piotrowski A.: Einführung in die Elektrotechnik und Elektronik, Teil II. Oldenbourg, München, Wien, 1996.

Neher E.: Elektronische Meßtechnik in der Physiologie. Springer, Berlin, Heidelberg, New York, 1974.

Niebuhr J., Lindner G.: Physikalische Meßtechnik mit Sensoren. Oldenbourg, München, Wien, 1996.

Oppenheim A.V., Schafer R.W.: Zeitdiskrete Signalverarbeitung. Oldenbourg, München, Wien, 1995.

Profos P., Pfeifer T.: Grundlagen der Meßtechnik. Oldenbourg, München, Wien, 1997.

Remond A. (ed.): Handbook of electroencephalography and clinical neurophysiology. Elsevier, Amsterdam, 1976.

Rohe K.-H.: Elektronik für Physiker. Teubner, Stuttgart, 1983.

Seelos H.-J. (Hrsg.): Medizinische Informatik, Biometrie und Epidemiologie. W. de Gruyter, Berlin, New York, 1997.

Schrüfer E.: Digitale Signalverarbeitung. Hanser, München, Wien, 1992.

Weitkunat R. (Ed.): Digital biosignal processing. Elsevier, Amsterdam, 1991

Zeitschriftenartikel:

Barlas G.D., Skordalakis E.S.: A novel family of compression algorithms for ECG and other semiperiodical, one dimensional, biomedical signals. IEEE Transact. Biomed. Eng. 43(1996), 820-828.

Benlamri R., Batouche M., Rami S., Bouanaka C.: An automated system for analysis and interpretation of epileptiform activitiy in the EEG. Comput. Biol. Med. 27(1997), 129-139.

Dickhaus H., Khadra L., Brachmann, J.: Quantification of ECG late potentials by wavelet transformation. Comput. Meth. Progr. Biomed. 43 (1994), 185-192.

Dotsinsky I.A., Daskalov I.K.: Accuracy of 50Hz interference substraction from an electrocardiogram. Med.&Biol. Eng. & Comput. 34(1996), 489-494.

Ferdjallah M., Barr R.E.: Frequency domain digital filtering techniques for the removal of powerline noise with application to the electrocardiogram. Comput. Biomed. Res. 23 (1990), 473-489.

Figini M.M., Fabrro M: A simulation model for the study of EMG signals in normal and pathological conditions. Electroenceph.Clin.Neurophysiol. 52(1981), 378-381.

Giard M.H., Peronnet F., Pernier J., Mauguiere F., Bertrand O.: Sequential colour mapping system of brain potentials. Comput.Meth.Progr.Biomed. 20(1985), 9-16.

Grenier Y.: Time dependent ARMA modeling of nonstationary signals. IEEE Transact. Acoustics, Speech, Signal Proc. 31(1983), 899-911.

Hähnel J. (Hrsg.): Medizinische Gerätekunde für klinische Anwender. Enke, Stuttgart, 1991.

Jalaleddine S.M.S., Hutchens C.G., Strattan R.S., Coberly W.A.: ECG date compression – a unified approach. IEEE Transact. Biomed. Eng. 37(1990), 329-343.

Kelly E.F., Lenz J.E., Franaszczuk P.J., Truong Y.K.: A general statistical framework for frequency domain analysis of EEG topographic structure. Comput. Biomed. Res. 30(1997), 129-164.

Keselbrener L., Askelrod S.: Selective discrete Fourier transform algorithm for time frequency analysis – method and application of simulated and cardiovascular signals. IEEE Transact.Biomed. Eng. 43(1996),789-802.

Korkohnen I., Mainard L, Louda P., Carrault G., Baselli G. Bianchi A.: Linear multivariate models for physiological signal analysis: Theory. Comput. Meth. Progr. Biomed. 51(1996), 85-94.

Korkohnen I., Mainard L, Louda P., Carrault G., Baselli G. Bianchi A.: Linear multivariate models for physiological signal analysis: applications. Comput. Meth. Progr. Biomed. 51(1996), 121-130.

Kosi A.: Lossless ECG Coding. Comput.Meth.Progr.Biomed. 52(1997), 23-33.

Lehmenkühler A., Caspers H., Speckmann E.-J.: A method for simultaneous measurement of bioelectrical activity and local tissue PO2 in the CNS. In: Grote J., Renaeau R.P. and Thews (eds.), Oxygen transport to tissue II, Plenum Press, New York, 1972.

Lehtinen R., Vänttinen H., Sievänen H., Malmivuo J.: A computer program for comprehensive ST-segment depression/heart rate analysis of the exercise ECG test. Comput.Meth.Progr.Biomed. 50(1996), 63-71.

Lensing J., Sasse L.: Gleichzeitiges Messen des Sauerstoffpartialdrucks und bioelektrischer Potentiale in lebendem Gewebe. Elektronik 4(1978), 91-94.

Liberati D., DiCorrado S., Mandelli S.: Topographic mapping of single sweep evoked potentials in the brain. IEEE Transact.Biomed.Eng. 39(1992), 943-951.

Liberati D., Cursi M, Locatelli T., Comi G., Cerutti S.: Total and partial coherence analysis of spontaneous and evoked EE by means of multi-variable autoregressive processing. Med.&Biol.Eng.&Comput. 35(1997), 124-130.

Merletti R., Lo Conte L.R.: Advances in processing of surface myoelectric signals. Med.&Biol.Eng.&Comput. 33(1995), 362-372.

Mukhopadhyay S., Sircar P.: Parametric modelling of ECG signal. Med. & Biol. Eng. & Comput. 34(1996), 171-174.

Murthy I.S.N., Rangaraj M.R., Udupa K.J., Goyal A.K.: Homomorphic analysis and modeling of ECG signals. IEEE Transact.Biomed. Eng. 26 (1979), 330-344.

Neher E., Sakmann B., Steinbach J.H.: The extracellular patch clamp – a method for resolving currents through individual open channels in biological membranes. Pflügers Arch. 375(1978), 219-228.

Nishida S., Nakamura M., Shibasaki H.: Method for predicting an EEG waveform as an aid to the accurate recording of evoked potentials. J. Biomed. Eng. 13(1991), 433-438.

Parday J., Roberts S., Tarassenko L.: A review of parametric modelling techniques for EEG analysis. Med.Eng.Phys. 1(1996), 2-11

Perrot M.H., Cohen R.J.: An efficient approach to ARMA Modeling ob biological systems with multiple inputs and delays. IEEE Transact.Biomed.Eng. 43(1996), 1-13

Philips W., DeJonghe G.: Data compression of ECG's by high-degree polynomial approximation.

Schack B., Bareshova E., Grießbach G., Witte H.: Methods of dynamic spectral analysis by self-exciting autoregressive moving average models and their application to analysing biosignals. Med.&Biol. Eng. & Comput. 33(1995), 492-498.

Wang D.C.C., Vagnucci A.H.:A package for time series analysis. Comput. Progr. Biomed. 11(1980), 132-144.

Willems J.L., Arnaud P., van Bemmel J.H., Degani R., Macfarlane P.W., Zywietz C.: Common standards for quantitative electrocardiography – goals and main result. Meth. Inform. Med. 29(1990), 263-271.

Zywietz C., van Bemmel J.H., Degani R.: Evaluation of ECG interpretation systems: signal analysis. Meth. Inform. Med. 29 (1990), 298-312.

6 Erzeugung und Verarbeitung medizinischer Bilder

In der Medizin spielen Bilder als Informationsträger eine besonders wichtige Rolle. In der Diagnostik benötigt man sie zur Darstellung von Organen und Organsystemen (insbesondere das Skelet), um krankhafte Veränderungen sichtbar machen zu können. In der Chirurgie dienen sie insbesondere der OP-Planung und der Kontrolle von Operationsverläufen. Noch werden in der Medizin weitgehend analoge Bilder verwendet, die mit Hilfe spezieller Abbildungstechniken als makroskopische oder mikroskopische Bilder auf physikalische Bildträger abgebildet werden. Zunehmend größere Bedeutung haben jedoch solche bildgebenden Verfahren, mit denen digitale Bilder erzeugt werden, welche mit einem Computer weiter verarbeitet werden können. Diese modernen Verfahren haben einen wesentlichen Fortschritt sowohl für die medizinische Grundlagenforschung als auch für die klinische Medizin gebracht. In diesem Kapitel wollen wir auf die Erzeugung der Verarbeitung sowohl analoger als auch digitaler Bilder näher eingehen.

6.1 Erzeugung medizinischer Bilder

Nach wie vor hat die Erzeugung analoger Bilder mit Hilfe konventioneller Techniken, wie z.B. Fotoapparat, Videokamera und insbesondere die Röntgentechnik, eine große praktische Bedeutung für die Medizin. Anhand des analogen Röntgenbildes wollen wir zunächst die wesentlichen Vorgänge bei der Erzeugung analoger medizinischer Bilder nachvollziehen.

6.1.1 Konventionelle Röntgenbilder

Röntgenstrahlen sind elektromagnetische Strahlen sehr kurzer Wellenlänge bzw. sehr hoher Frequenz (10^{13}-10^{16} Hz.). Sie gehören zu den sogenannten ionisierenden und damit prinzipiell gesundheitsschädlichen Strahlen. Dennoch haben sie, richtig angewendet, eine große Bedeutung für die medizinische Diagostik.

Röntgenstrahlen entstehen dort, wo schnelle Elektronen durch ein „Hindernis" plötzlich abgebremst werden. Die dabei freiwerdende Energie wird in elektroma-

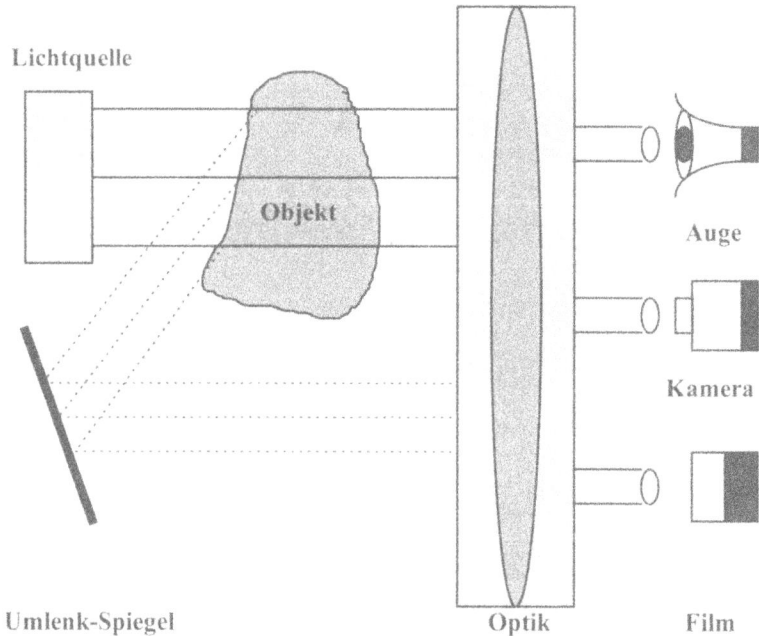

Bild 6.1: Erzeugung analoger Bilder. Mit Hilfe einer Strahlenquelle wird ein Objekt durchleuchtet, ein Teil der Strahlung wird an der Oberfläche des Objektes reflektiert. Sowohl reflektierte als auch transmittierte Strahlen können zur Bilderzeugung verwendet werden. Dabei werden sie über eine geeignete Optik aufbereitet und dem Bildträger (z.B. Film, elektronische Kamera) oder dem Auge des Betrachters zugeleitet. Als Lichtquelle eignet sich prinzipiell jede elektromagnetische Strahlung, insbesondere Strahlen im Frequenzbereich des sichtbaren, des infraroten (IR) und des ultravioletten (UV) Lichtes sowie Röntgenstrahlen. Alle genannten Strahlenquellen werden in der Medizin für die Bilderzeugung verwendet, z.B. Durchlicht- und Auflichtmikroskopie, IR- und UV-Mikroskopie; makroskopische Körperoberflächen (Haut)-Analyse, Röntgenbilder.

gnetische Strahlung umgewandelt. Ist die Energie genügend groß, entsteht die kurzwellige Röntgenstrahlung.

Technisch erzeugt man Röntgenstrahlen mit speziellen Röntgenröhren. Sie bestehen, ähnlich wie die Verstärkerröhren, die man früher z. B. in Rundfunkempfängern verwendet hat, aus einem Glaskolben, einer elektrisch beheizten Kathode und einer Metallanode. Zwischen Anode und Kathode wird eine elektrische Spannung von 30–180 kV angelegt, abhängig von der gewünschten Art des zu erzeugenden Röntgenbildes. Für die Röntgendarstellung der weiblichen Brust, Mammographie genannt, werden i.a. nur Spannungen von etwa 30 kV verwendet, während die Thoraxaufnahme eine Röhrenspannung ca. 120 kV erfordert.

Durch die Anodenspannung werden im Röhrenvakuum Elektronen von der geheizten Kathodenoberfläche entfernt und im elektrischen Feld, das durch die angelegte Spannung erzeugt wird, beschleunigt. Die Elektronen erreichen sehr große Geschwindigkeiten und damit eine entsprechend große kinetische Energie. Am Ende der Beschleunigungsstrecke werden sie durch die Metallanode abrupt abgebremst. Dabei wird ihre kinetische Energie in die gewünschte Röntgenstrahlung, die sog. Röntgenbremsstrahlung, und in Wärme umgewandelt. Da die Anode durch diese Wärmeentwicklung beim Abbremsvorgang sehr stark erhitzt wird, bedarf sie einer entsprechenden Kühlung, welche z.B. durch eine sehr schnelle Rotation der Anode erreicht wird (bei modernen Drehanoden werden Umdrehungszahlen von ca. 20000 pro Minute erreicht).

Die medizinische Röntgentechnik verdankt ihren Ursprung der bahnbrechenden Entdeckung des Würzburger Physikers Wilhelm Conrad Röntgen. Er beobachtete, daß extrem kurzwellige ultraviolette Strahlen, eben die nach ihm benannten Röntgenstrahlen (im angelsächsischen Raum werden die Strahlen übrigens als X-Ray bezeichnet), ungehindert Weichteile des menschlichen Körpers durchdringen, während dichtere Materie, wie etwa Knochen, die Intensität der Röntgenstrahlen erheblich schwächen.

Diesem Effekt zugrunde liegt das unterschiedliche Absorptionsverhalten der verschiedenen „Materialien", aus denen der menschliche Körper aufgebaut ist. Dringt ein Röntgenstrahl mit der Intensität I_0 in den Körper ein, wird eben diese Intensität während des Durchdringens fortlaufend geschwächt. Diese Schwächung ist sowohl materialabhängig als auch abhängig von der Energie der Strahlung. Bei Weichteilen ist die Absorption geringer als bei Knochen oder ähnlichen „harten" Geweben. Verantwortlich hierfür sind drei physikalische Prozesse: der Fotoeffekt, der Compton-Effekt und die Paarbildung.

Beim Photoeffekt überträgt das Röntgen-Photon, das Teilchenäquivalent der Röntgenstrahlung, seine gesamte Energie auf das Atom, auf das es auftrifft. Dabei werden aus diesem Atom Elektronen ausgelöst, die ungerichtet abgestrahlt werden. Beim Compton-Effekt überträgt das Photon hingegen nur einen Teil seiner Energie auf das Atom. Die verbliebene Energie des Photons führt zu einer Verringerung seiner Wellenlänge. Man spricht in diesem Zusammenhang von Compton-Streustrahlung. Durch wiederholte Compton-Streuung wird die Photonenenergie immer geringer, die Strahlung wird quasi „aufgeweicht". Bei der Paarbildung entsteht aus einem Photon spontan ein Teilchenpaar, welches aus einem Elektron und einem Positron (positiv geladenes „Elektron") besteht. Dieser Prozeß kann jedoch nur bei Röntgenstrahlen auftreten, deren Photonen eine Energie von mehr als 1.02 MeV haben.

Neben diesen energieübertragenden Wechselwirkungen zwischen Röntgenphoton und Atom können auch klassische Streuungen vorkommen, bei denen das Photon lediglich seine Richtung ändert, jedoch keine Energie verliert. Zwar geht die

Richtungsverteilung nach erfolgter Streuung bevorzugt in Richtung der Primärstrahlung oder entgegengesetzt ihrer Richtung. Durch diesen Prozeß erfolgt eine
zusätzliche Schwächung der Primärstrahlung.

Um die Absorptionsprozesse makroskopisch zu quantifizieren, gehen wir von einer
planparallelen Schichtung eines Materialvolumens aus, das senkrecht vom Röntgenstrahl durchdrungen wird. Dabei sollen insgesamt $i=1$ bis n Materialschichten
unterschiedlicher Dicke x_1 bis x_n berücksichtigt werden. Die Intensität des Röntgenstrahls reduziert sich von anfänglich I_0 nach dem Durchdringen der ersten
Schicht mit der Weglänge x_1 auf I_1, nach dem Durchdringen der zweiten Schicht
mit der Weglänge x_2 auf I_2, usw. Für die i-te Schicht gilt dann der Zusammenhang

$$\frac{I_n - I_{n+1}}{I_n} = \mu_n \cdot (x_n - x_{n+1}) = -\mu_n \cdot (x_{n+1} - x_n)$$

bzw.

$$\frac{\Delta I_n}{I_n} = -\mu_n \cdot \Delta x_n .$$

Der Ausdruck μ_n ist ein Faktor, der die Absorption in der n-ten Schicht charakterisiert. Er wird als Absorptionskoeffizient bezeichnet.

Betrachten wir „unendlich dünne" Schichten, dann gehen die Differenzenquotienten in die korrespondierenden Differentialquotienten über, also

$$\frac{dI(x')'}{I'} = -\mu(x') \cdot dx' .$$

Für jede der infinitesimal dünnen Schichten gibt es einen charakteristischen Absorptionskoeffizienten; betrachtet man ihn entlang der Wegstrecke x, dann stellt er
in diesem Zusammenhang eine Funktion $\mu(x)$ dar, die als „Absorptionsfunktion"
bezeichnet werden könnte. Damit erhalten wir eine einfache Differentialgleichung,
die durch Integrieren gelöst werden kann. Wegen der Randbedingung $I(x{=}0){=}I_0$ ergibt sich der Zusammenhang

$$\int_{I_0}^{I} \frac{dI(x)'}{I'} = -\int_{0}^{x} \mu(x') \cdot dx' .$$

Wir erhalten als Lösung der Differentialgleichung den Ausdruck

$$\ln\left(\frac{I}{I_0}\right) = -\int_{0}^{x} \mu(x') \cdot dx' ,$$

bzw. nach *I(x)* aufgelöst

$$I(x) = I_0 \cdot \exp\{-\int_0^x \mu(x') \cdot dx'\}\,. \tag{6.1a}$$

Diese Formel vereinfacht sich, wenn die Absorptionsfunktion $\mu(x)$ innerhalb des durchstrahlten Volumens konstant ist, μ also als Absorptionskoeffizient $\mu(x) = \mu_0$ vorliegt. Dann ergibt sich ein einfacher exponentieller Zusammenhang zwischen der Intensität I des (fortlaufend geschwächten) Röntgenstrahls und der Weglänge x, die er in der durchstrahlten Materie durchlaufen hat (transmittierter Strahl):

$$I(x) = I_0 \cdot e^{-\mu_0 \cdot x}\,. \tag{6.1b}$$

Hat der Röntgenstrahl die Materie vollständig durchdrungen, verbleibt von der anfänglichen Intensität I_0 nur noch eine Restintensität I_r (transmittierte Strahlung). Sie läßt sich mit der abgeleiteten Formel berechnen, wenn die Absorptionsfunktion bekannt ist. Dann gilt

$$\ln \frac{I_r}{I_0} = -\int_0^{x_0} \mu(x') \cdot dx'$$

bzw., wenn $\mu(x) = \mathrm{const.} = \mu_0$

$$\ln \frac{I_r}{I_0} = -\int_0^{x_0} \mu_0 \cdot dx' = -\mu_0 \cdot x_0\,.$$

Mit dieser verbleibenden Reststrahlungsintensiät I_r kann durch Filmschwärzung ein Bild erzeugt werden, wobei der Grad der Schwärzung abhängig von I_r ist. Durchdringt ein Röntgenstrahl ein Gebiet mit geringer Absorption, ist die verbliebene Restintensität hoch und entsprechend ausgeprägt ist die Filmschwärzung. Wird hingegen sehr viel Röntgenstrahlung absorbiert, erfolgt eine entsprechend geringe Filmschwärzung. Das Röntgenbild ist somit primär eine Projektion summierter Röntgenstrahlabsorption, also prinzipiell ein „Schattenbild".

Konventionelle Röntgenfilme sind relativ strahlenunempfindlich. Um Bilder ausreichender Güte erzeugen zu können, muß die Strahlendosis daher relativ hoch sein. Mit Hilfe eines Tricks läßt sich jedoch ein Röntgenfilm empfindlicher machen. Dazu wird er mit einer Verstärkerfolie kombiniert. Die Röntgenstrahlen durchdringen zunächst die oberhalb des Films gelegene Folie. Dabei wird Fluoreszenzlicht frei, das dann seinerseits den darunterliegenden Röntgenfilm schwärzt. Meist wird der Film zwischen zwei Folien gelegt. Dadurch reduziert sich bei gleicher Bildschwärzung die benötigte Röntgenstrahlmenge auf die Hälfte. Allerdings wird diese Reduzierung mit einer schlechteren Bildauflösung erkauft, was jedoch mit der damit verbundenen Verringerung der Strahlungsmenge akzeptiert wird.

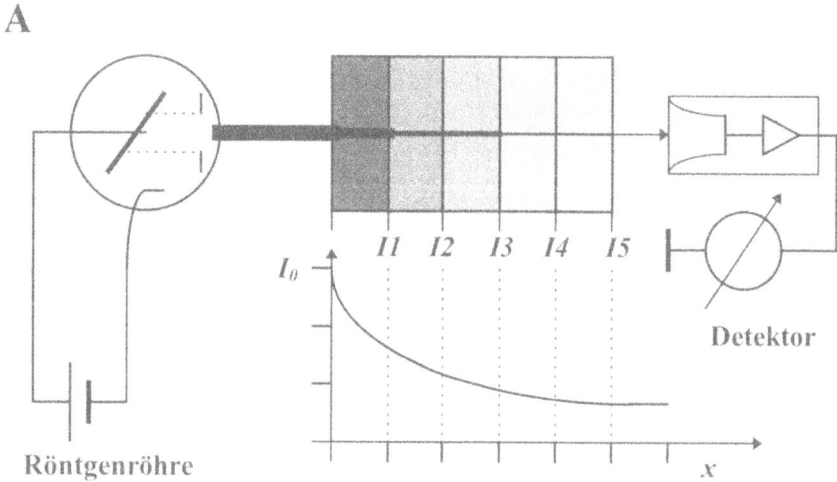

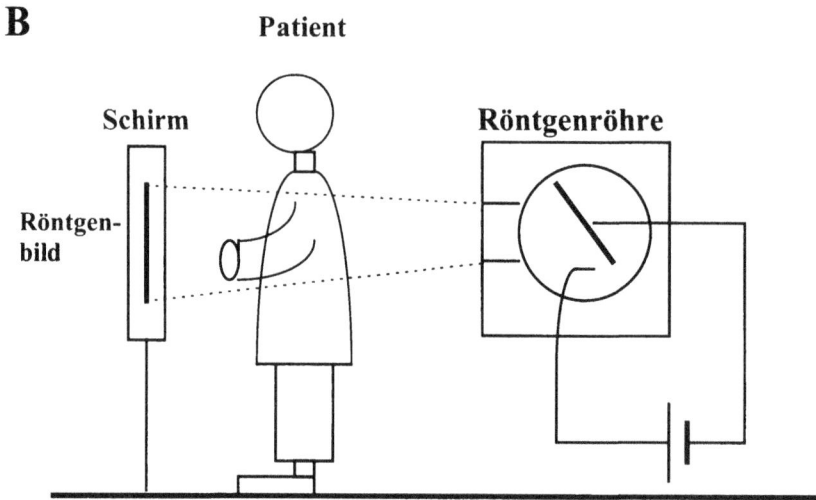

Bild 6.2: Schematische Darstellung des Röntgenverfahrens. **A:** Prinzip der Schwächung des Röntgenstrahls durch Materie. Die Anfangsintensität I_0 reduziert sich beim Durchtritt durch das Material entlang der Wegstrecke x auf den Endwert von I_5. **B:** Prinzip der Röntgenbilderzeugung in der Medizin. Dargestellt ist eine Aufnahme des Brustraumes (Thoraxaufnahme).

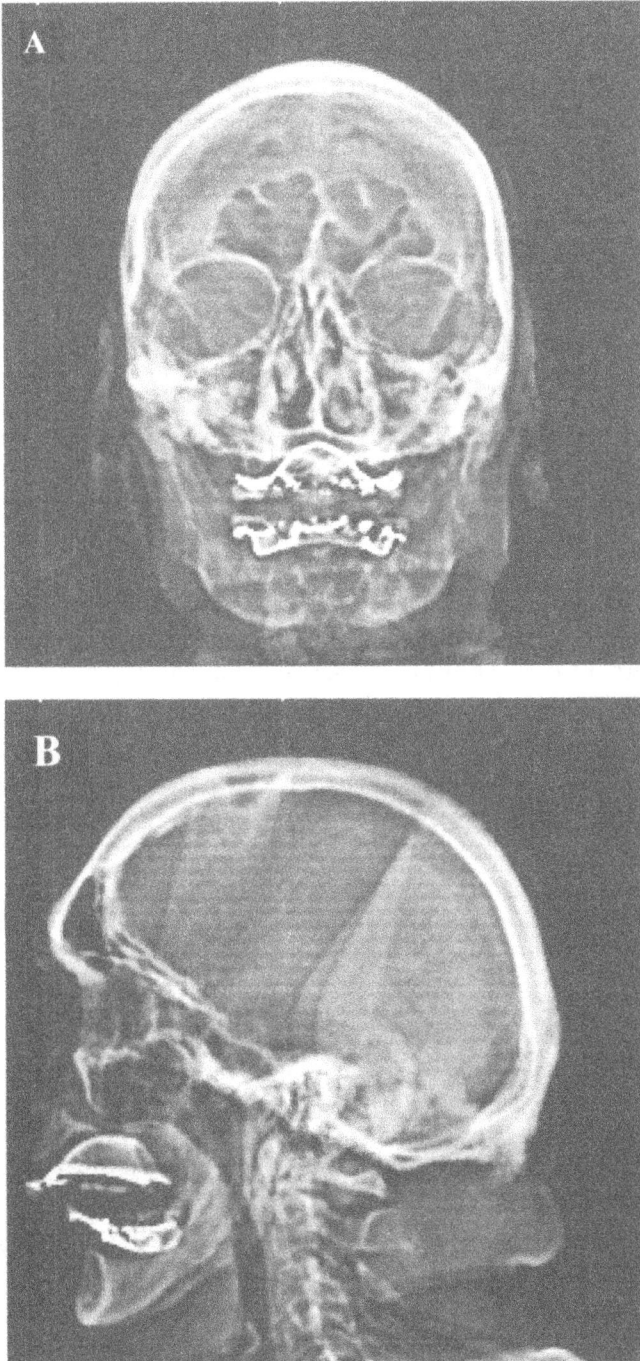

Bild 6.3: Röntgenbild eines menschlichen Kopfes. **A:** frontale Ansicht. **B:** seitliche Ansicht.

Die analogen physikalischen Träger der Röntgenbilder sind in erster Linie die Röntgenfilme. Für spezielle Untersuchungen kann man anstelle der Filme auch fluoreszierende Schirme als bildgebende Flächen verwenden. Wegen der geringen Lichtausbeute solcher Leuchtbildschirme verwendet man zusätzlich Bildverstärker, die optoelektronisch die Leuchtdichten in Elektronenstrahlbeschleunigungen umwandeln, die mit einer Kamera erfaßt werden. Die elektronischen Bildsignale werden dann auf einem Monitor ausgegeben, was eine konventionelle Fernsehübertragung von Röntgenbildern ermöglicht.

6.1.2 Die Computertomographie

Klassische Röntgenbilder stellen im Prinzip Schattenbilder dar. Sie haben nur eine geringe Differenzierungsmöglichkeit gegenüber den Weichteilgeweben und eignen sich deshalb nur für wenige Gewebearten (Lungenschatten, Herzschatten usw.). Darüber hinaus dient sie vor allem der Knochendiagnostik. Zwar kann man durch Gabe von Kontrastmitteln in Körperhöhlen oder Gefäßen eine Kontrasterhöhung und damit eine bessere Darstellung bestimmter Organe erreichen, z.B. Darstellungen von Arterien (sogenannte Angiographie), des Herzes und des Magen- und Darmtraktes, eine umfassende räumliche Weichteildifferenzierung einer Körperregion (z.B. Gehirn, Oberbauch) ist damit aber nicht möglich.

Erst die Computertomographie, kurz CT genannt, ermöglicht mit Hilfe von Röntgenstrahlen die Erzeugung solcher Bilder, die eine komplette Übersicht über die Weichteile des menschlichen Körpers und ihre Lage zueinander *in vivo*, also vom lebenden Menschen, ohne einen direkten operativen Eingriff erlauben. Diese Bilder werden als Computertomogramme oder CT-Bilder bezeichnet. Sie stellen primär horizontal orientierte, sogenannte axiale Schnittbilder des menschlichen Körpers dar. Insbesondere die Schädel-Computertomographie und die des Rumpfes sind von besonderer diagnostischer Bedeutung. In bestimmten Fällen werden auch CT-Bilder der Körperperipherie (Arme, Beine) angefertigt, um z.B. Schädigungen der Muskulatur sichtbar zu machen.

Um den verschiedenen Aufgabenstellungen gerecht zu werden, bieten diverse Hersteller unterschiedliche Typen von Computertomographen an. Für die Schädeluntersuchungen gibt es spezielle Schädeltomographen, für eine Untersuchung des gesamten Körpers (einschließlich des Kopfes und des Rumpfes) stehen Ganzkörper-Computertomographen zur Verfügung.

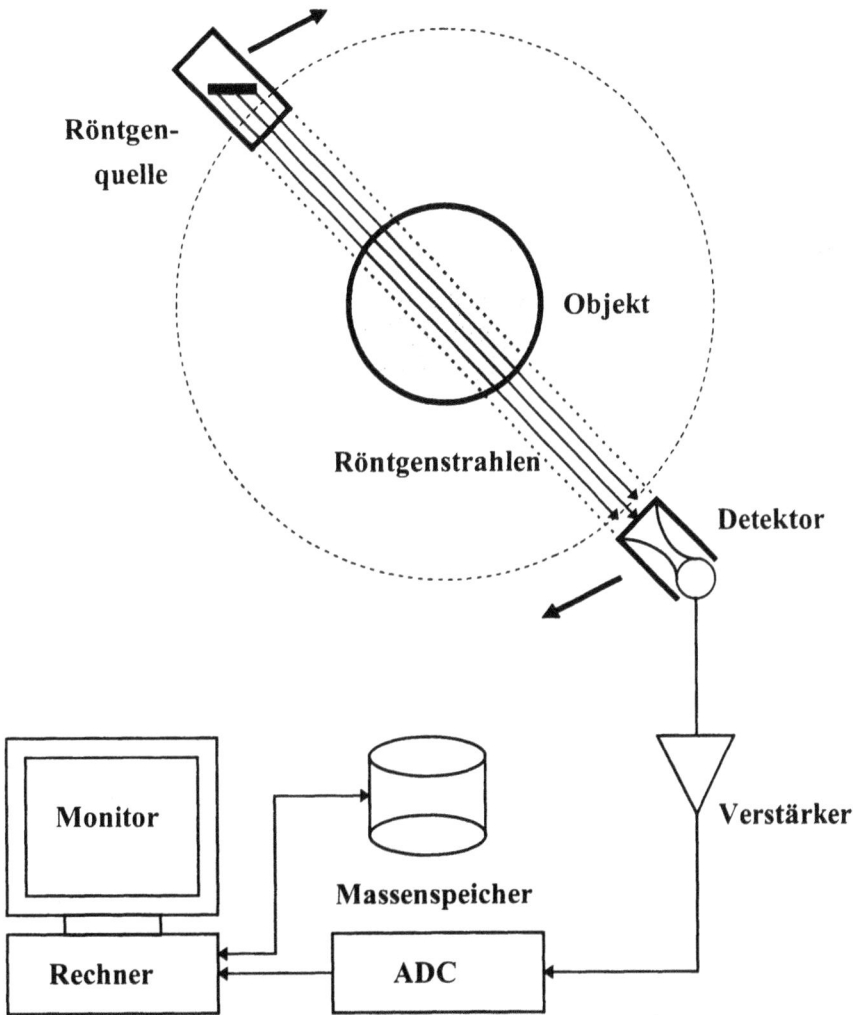

Bild 6.4: Prinzip der Computertomographie. Eine starre Röntgen-Detektor-Anordnung, bestehend aus einer Röntgenröhre und einem Röntgendetektor, umkreist ein zu tomographierendes Objekt (z.B. Patient). Röhre und Detektor stehen sich in einem Winkel von 180° gegenüber. Das von der Röntgenröhre ausgestrahlte Strahlenbündel durchdringt das Objekt. Je nach Materialeigenschaft wird die Intensität der Strahlen gemindert. Die verbleibende Intensität wird vom Detektor gemessen, anschließend digitalisiert und einem Rechner zugeführt. Dieser erzeugt die Bildmatrix aus den gemessenen Restintensitäten der Röntgenstrahlen.

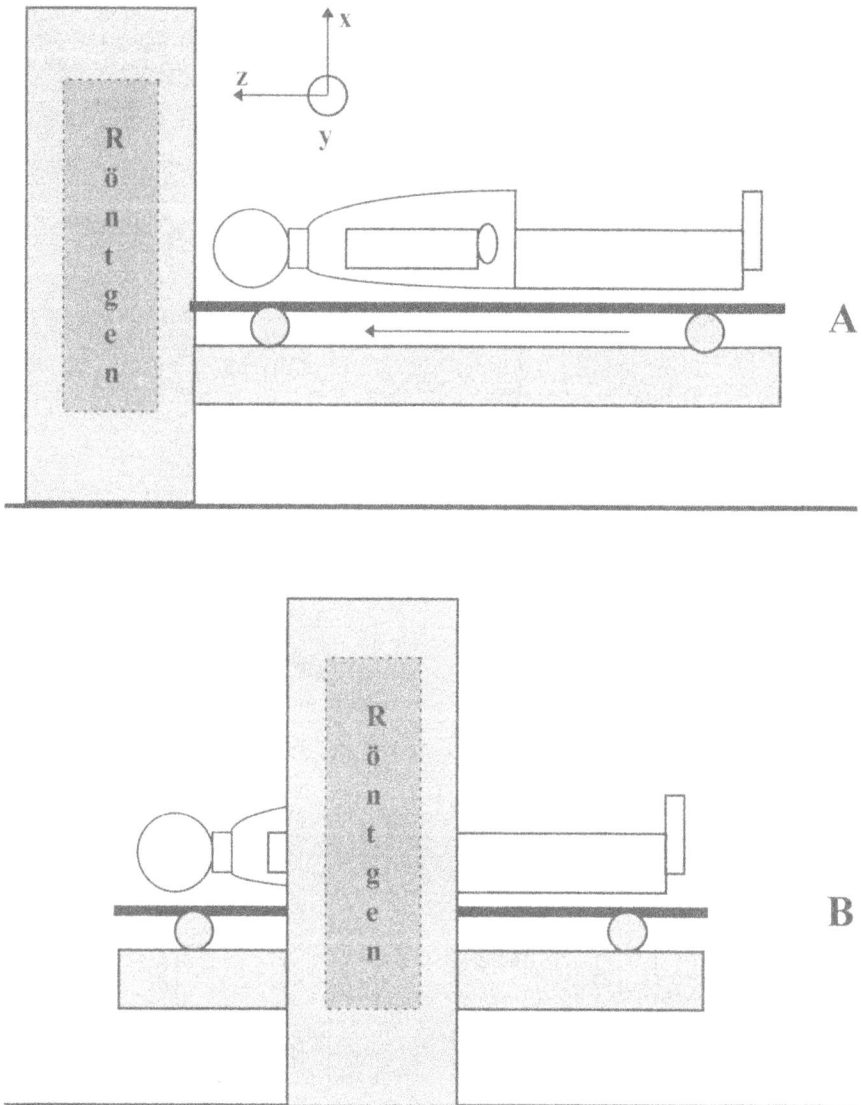

Bild 6.5: Prinzip eines Computertomographen. Der Patient wird senkrecht zur körperaxialen (x,y-)Ebene durch die Röntgenröhren-Detektoranordnung parallel zur Körperachse bewegt (z-Richtung). Dabei wird die Position (z-Koordinate) während der Aufnahme konstant gehalten und registriert; danach wird der Patient um eine Schrittweite in z-Richtung weiter transportiert. **A:** Der Patient befindet sich mit seinem Körper noch außerhalb des Tomographen. **B:** Der Patient liegt mit seinem Rumpf in Höhe des Bauchraumes im Tomographen.

Um das der Computertomographie zugrunde liegende Prinzip verstehen zu können, diskutieren wir es anhand eines einfachen inhomogenen zweidimensionalen Modellkörpers. Er sei quadratisch und bestehe aus vier gleichgroßen Teilquadraten. Die Teilquadrate bezeichnen wir mit A_{11}, A_{12}, A_{21} und A_{22}. Die korrespondierenden Absorptionskoeffizienten nennen wir μ_{11}, μ_{12}, μ_{21} und μ_{22}. Da die Distanzen zwischen den Zentren der vier Teilquadrate jeweils gleich groß sind, ist der Logarithmus der Intensität I_{ij} eines die Quadrate durchdringenden fiktiven Röntgenstrahls mit der Anfangsintensität I_0 nach Durchtritt proportional zur Summe der korrespondierenden Absorptionskoeffizienten μ_{ij}:

$$\ln\left(\frac{I_{ij}}{I_0}\right) \propto \Sigma\mu_{ij} \, ;$$

Als eigentliche Bildinformation nutzen wir die numerischen Werte der Absorptionskoeffizienten μ_{ij}. Diese müssen wir ermitteln und in eine Bildform bringen. Wie dieses prinzipiell gelingt, wird im folgenden gezeigt.

Bezeichnen wir den Proportionalitätsfaktor mit a, so gilt die einfache Beziehung

$$\ln\left(\frac{I_{ij}}{I_0}\right) = -a \cdot \Sigma\mu_{ij} = \Sigma Q_{ij}$$

und damit folgt

$$I_{ij} = I_0 \cdot \exp\{-a \cdot \Sigma\mu_{ij}\} = I_0 \cdot \exp\{-\Sigma Q_{ij}\} \, .$$

Die Aufgabe besteht nun darin, die Zahlenwerte dieser Koeffizienten Q_{ij} zu bestimmen. Dieses gelingt, indem man einen gedachten Röntgenstrahl (i) horizontal, (ii) schräg und (iii) senkrecht durch den Modellkörper schickt und die am Rande übrigbleibende (transmittierte) Strahlungsintensität bestimmt. Im Prinzip umkreisen wir, wie beim Computertomographen, unser Objekt mit einer (virtuellen) Röntgenstrahlquelle. Da unser ebener Modellkörper lediglich aus 4 Bereichen mit unterschiedlichen Absorptionskoeffizienten besteht, reichen dazu 3 fiktive Strahlenbündel mit insgesamt 5 Strahlen aus: zwei horizontal, zwei vertikal und ein diagonal verlaufender Strahl. Für die beiden horizontal ausgerichteten Strahlen ergibt sich ein Gesamt-Schwächungskoeffizient von

$$H_i = Q_{i1} + Q_{i2} \, ,$$

für die vertikal verlaufenden entsprechend

$$V_i = Q_{1i} + Q_{2i}$$

(i=1, 2). Für den Diagonalstrahl beträgt der Gesamtschwächungskoeffizient

$$D_1 = Q_{11} + Q_{22} \, .$$

Um den nun durchzuführenden Rechenweg anschaulich zu machen, ordnen wir den Koeffizienten Q_{ij} konkrete Zahlenwerte zu, z.B.

$$Q_{11} = 4 \qquad Q_{12} = 6 \qquad Q_{21} = 2 \quad Q_{22} = 8$$

Ein horizontal ausgerichteter Modellstrahl mindert nach Durchtritt durch die Quadrate A_{11} und A_{12} die Anfangsintensität, die wir auf $I_0=1$ setzen wollen, auf

$$I_{H1} = e^{-H1} \text{ mit } H_1 = Q_{11} + Q_{12} = 10.$$

Analog gilt

$$I_{H2} = e^{-H2} \text{ mit } H_2 = Q_{21} + Q_{22} = 10,$$

$$I_{D1} = e^{-D1} \text{ mit } D_1 = Q_{11} + Q_{22} = 12,$$

$$I_{V1} = e^{-V1} \text{ mit } V_1 = Q_{11} + Q_{21} = 6,$$

und

$$I_{V2} = e^{-V2} \text{ mit } V_2 = Q_{12} + Q_{22} = 14.$$

Die meßbaren Strahlenintensitäten am Rand des Modellkörpers, also die Größen I_{kj} (mit $k=H$, V oder D und $j = 1,2$), können demnach durch Logarithmierung in die Werte für H_j, V_j bzw. D_1 überführt werden. Man kann nun versuchen, über diese „Randwerte" die Koeffizienten Q_{ij} iterativ zu bestimmen. Dabei hat sich folgendes Vorgehen bei der Schätzung der $Q_{ij}*$ bewährt (wir wollen die geschätzen Koeffizienten mit einem „*" kennzeichnen, um sie von den „wahren" Q_{ij} unterscheiden zu können).

In einem ersten Schritt werden anfangs alle Koeffizienten $Q_{ij}*$ auf Null gesetzt und danach die durch horizontale Durchstrahlung gewonnenen Randwerte gleichmäßig auf die vier Koeffizienten verteilt. Dabei ergeben sich für die erste Schätzung der Koeffizienen (welche in Form eines zusätzlichen hochgestellten Index vermerkt ist) folgende Werte:

$$Q*^1_{11} = Q*^1_{12} = \tfrac{1}{2} H_1 = 5 \text{ und } Q*^1_{21} = Q*^1_{22} = \tfrac{1}{2} H_2 = 5.$$

Nun wird der durch diagnonale Durchstrahlung gewonnene Randwert D_1 mit den bereits geschätzten Koeffizienten verglichen, indem die Differenz zwischen D_1 und der Summe der geschätzten Diagonalwerte gebildet wird. Diese Differenz wird wieder gleichmäßig auf die Diagonal-Koeffizienten verteilt. Es gilt daher in zweiter Näherung $Q*^2_{ii} = Q*^1_{ii} + \tfrac{1}{2} (D_1 - \Sigma Q*^1_{ii})$. Im einzelnen erhalten wir

$$Q*^2_{11} = 5 + \tfrac{1}{2} (12 - (5 + 5)) = 6$$

bzw. $Q*^2_{22} = 6.$

Der erste Schritt wird abgeschlossen, indem die Ergebnisse der vertikalen Durchstrahlung in analoger Weise berücksichtigt werden. Die Iteration ergibt dann in der dritten Näherung für die Koeffizienten:

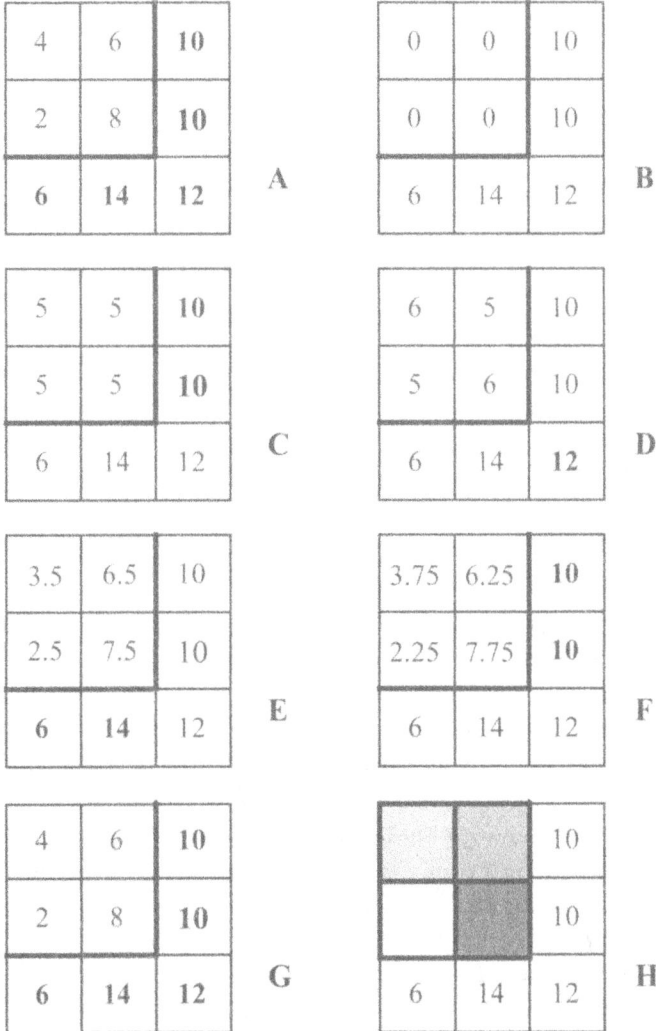

Bild 6.6: Berechnung einer tomographischen 4x4-Bildmatrix mit dem algebraischen Rekonstruktionsverfahren. **A:** Ursprungskoeffizienten Q_{ij} und Projektionswerte (Randwerte). **B-E**: 1. Iterationsschritt mit 0-ter bis 3. Näherung der Koeffizienten $Q_{ij}*^{0,1,2,3}$. **F:** Ergebnis der 2. Iteration in der 3. Näherung. **G:** Rundung der iterierten Koeffizienten. **H:** Darstellung der Bildmatrix durch unterschiedliche Grauwerte.

$$Q*^3_{ij} = Q*^2_{ij} + \frac{1}{2} (V_j - \sum_i Q*^2_{ij})$$

mit folgenden Zahlenwerten:

$$Q*^3_{11} = 3.5, \quad Q*^3_{12} = 6.5, \quad Q*^3_{21} = 2.5 \quad \text{und} \quad Q*^3_{22} = 7.5.$$

In einem zweiten Schritt wird dieser Iterationszyklus erneut vollständig durchlaufen. Am Ende des Zyklus erhalten wir das Resultat

$$Q*^{3'}_{11} = 3.75, \quad Q*^{3'}_{12} = 6.25, \quad Q*^{3'}_{21} = 2.25 \quad \text{und} \quad Q*^{3'}_{22} = 7.75.$$

Runden wir dieses Ergebnis, dann stimmen bereits nach zwei Iterationszyklen die Schätzwerte $Q*_{ij}$ mit den tatsächlichen Koeffizienten Q_{ij} überein.

Der Computertomograph setzt genau diesen Vorgang technisch um. Dabei umkreist eine Röntgenquelle senkrecht die Körperachse des auf einem beweglichen Untersuchungstisch liegenden Patienten. Die Röntgenstrahlen durchdringen den Patienten und werden dabei in Abhängigkeit von den Absorptioskoeffizienten des durchstrahlten Gewebes geschwächt. Die Intensität der transmittierten Röntgenstrahlen wird mit einem Röntgendetektor auf der der Röntgenquelle gegenüberliegenden Seite gemessen, logarithmiert und mit Hilfe eines AD-Wandlers digitalisiert. Auf diese Weise gewinnt man die notwendigen Randdaten, mit denen dann die Absorptionskoeffizienten berechnet werden können.

Um eine hohe räumliche Auflösung des Körperinneren für die Abbildung zu erreichen, müssen möglichst viele Absorptionskoeffizienten bestimmt werden. Daher wird in der Praxis nicht mit einem sehr schmalen Röntgenstrahl, sondern mit einer parallel oder fächerförmig verlaufenden Strahlenanordnung gearbeitet. Damit erzielt man eine große Anzahl von Randdaten, die zur Berechnung der Koeffizienten benötigt werden.

Das dargestellte Verfahren zur Berechnung dieser Koeffizienten stellt im Prinzip ein Iterationsverfahren zur Lösung eines linearen Gleichungssystems dar. Bei relativ wenigen Koeffizienten ist dieses noch praktikabel. Moderne Computertomographen hingegen ermöglichen eine so große räumliche Auflösung, daß dieses algebraische Verfahren wegen des großen Rechenaufwandes und der damit verbundenen langen Rechenzeiten nicht mehr praktikabel ist. Häufig verwendet man stattdessen die sogenannte Methode der gefilterten Rückprojektion, auf die wir hier aber nicht näher eingehen können.

In der Computertomographie werden Absorptionskoeffizienten relativ zum Absorptionskoeffizienen für Wasser definiert. Auf diese Weise ist die Vergleichbarkeit unterschiedlicher Aufnahmen auch mit verschiedenen Geräten möglich. Diese relativen Absorptionskoeffizienten μ_{rel} können mit Hilfe der Beziehung

$$\mu_{rel} = k \cdot \frac{\mu_{Obj} - \mu_W}{\mu_W} \quad . \tag{6.2}$$

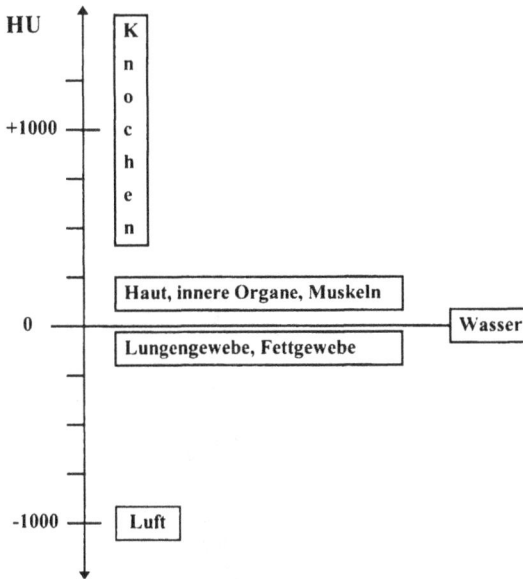

Bild 6.7: Beziehung zwischen morphologischen Geweben und den Hounsfield-Einheiten.

berechnet werden. Hierbei ist μ_{Obj} der absolute Absorptionskoeffizient des jeweiligen Materials bzw. Gewebes, μ_W der Absorptionskoeffizient von Wasser und k eine Konstante. Setzen wir $k=1000$, dann erreicht μ_{rel} sein Minimun bei -1000; dieses trifft für Luft zu, da ihr Röntgen-Absorptionskoeffizient praktisch gleich Null ist. Besteht das Objekt aus Wasser, beträgt $\mu_{Obj} = 0$; für dichtere Materie ist $\mu_{Obj} > 0$, z.B. beträgt er für dichtes Knochengewebe etwa +1000. Die auf diese Weise definierte Skala für die relativen Absorptionskoeffizienten wird als Hounsfield-Skala bezeichnet. Bild 6.7 zeigt die Beziehung zwischen unterschiedlichen Gewebearten und den Hounsfield-Einheiten (HU).

Durch geringfügige Modifikation der Gleichung 6.2 für den relativen Absorptionskoeffizienten, können wir sie für $0 \leq \mu'_{rel}$ transformieren:

$$\mu'_{rel} = k \cdot (\frac{\mu_{Obj} - \mu_W}{\mu_W} + 1) = k \cdot \frac{\mu_{Obj}}{\mu_W} .$$

Die Abhängigkeit des Faktors k von der Wortbreite des AD-Wandlers des Tomographen wird durch folgendes Beispiel klar. Hat der Wandler eine Wortbreite von z.B. 12 Bit, dann können 4096 diskrete Werte realisiert werden. Ordnen wir dem Faktor k den Wert 1000 zu, so nimmt μ'_{rel} für Luft den Wert Null, für Wasser den Wert 1000 und für dichtes Knochengewebe den Wert 2000 an. Verdoppeln wir hingegen den Wert für k, dann ist jede Diskretisierungsstufe nahzu gleich einer (modifizierten) Hounsfieldeinheit.

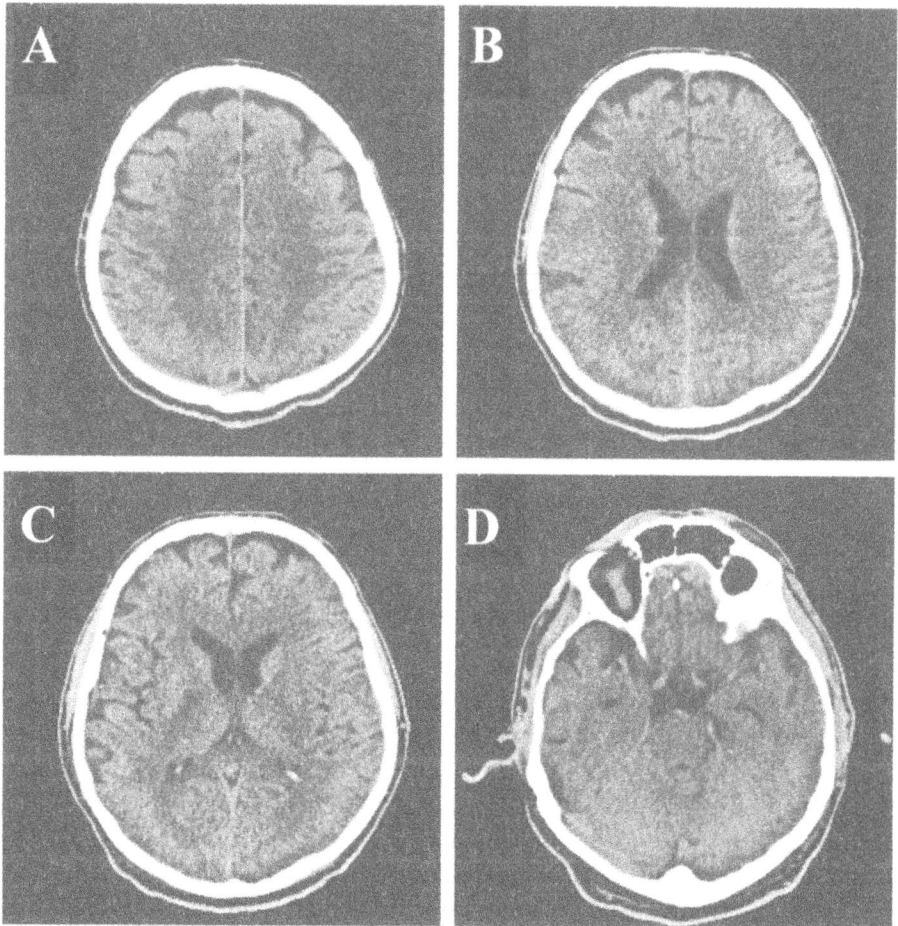

Bild 6.8: Axiale Computertomogramme des Schädels eines Menschen in unterschiedlichen Tiefen. **A:** Rindenareal; **B:** Dastellung der Seitenventrikel; **C:** Zwischenhirn mit Innerer Kapsel und Thalamus; **D:** Schädelgrube.

Die gewebedifferenzierende Eigenschaft der Röntgenabsorption in unterschiedlichen biologischen Materalien, die bei der Computertomographie als Bildinformation verwendet wird, läßt sich auch hier durch die Gabe von Röntgenkontrastmitteln noch steigern. Damit können Gewebe noch besser differenziert dargestellt werden, was z.B. für die Tumordiagnostik von Bedeutung ist.

Wir können die (wie auch immer) ermittelten Koeffizienten, die Träger der Bildinformation, in Form kleiner Quadrate graphisch darstellen und durch unterschiedliche Grautöne (Graustufen) einfärben, wobei jede dargestellte Graustufe dem Zahlenwert des betreffenden Koeffizienten zugeordnet ist. Damit erhalten wir ein Bild des tomographisch analysierten Objektes.

Die geometrische, in unserem Falle quadratische Anordnung der Koeffizienten bezeichnet man als Bildmatrix *B*. Sie besteht im allgemeinen aus 2^m Zeilen und 2^n Spalten (*m*, *n*=1,2,3,...). Jedes Element *b* dieser Matrix, welches durch die Koeffizienten gebildet wird, nennt man Pixel (ein Kunstwort, gebildet aus der englischen Bezeichnung für Bildelement, **Pic(x)**ture **el**ement).

Die Bildmatrix *B* ist gleich der Menge aller Bildelemente b_{ij}, wobei jedes Bildelement einer eindeutigen Zeilenzahl *i* bzw. Spaltenzahl *j* zugeordnet werden kann. Ein Bildelement kann (Grau-)Werte zwischen 1 und 2^k annehmen. Jeder Grauwert repräsentiert dabei den zugehörigen Koeffizientenwert in Form einer ganzen Zahl. Die graphische Darstellung der Bildmatrix, auch Visualisierung genannt, wird als digitales Bild bezeichnet. Die Zahlenwerte der Bildelemente werden für die Visualisierung in Grauwerte (Grautöne) umgewandelt und dargestellt. Im allgemeinen wird dem Grauwert 1 der Grauton „schwarz" zugeordnet, der maximal mögliche Grauwert 2^k wird dem Grauton „weiß" zu geordnet. Alle dazwischen liegenden Grauwerte werden bei der Visualisierung linear in „Zwischengrautöne" umgewandelt. Im allgemeinen hat *k* den Wert 8. Für die Visualisierung stehen in diesem Fall 256 verschiedene Grautöne oder Graustufen zur Verfügung.

Der Speicherbedarf *M(B)* eines solchen Bildes läßt sich leicht berechnen, da nur die Pixelwerte und nicht ihre Lage in der Bildmatrix explizit angegeben, sondern die Bildelemente sequentiell Spalte für Spalte zeilenweise gespeichert werden. Daher kann das Bild auch leicht rekonstruiert werden. Der Speicherbedarf beläuft sich mit den angegebenen Parametern allgemein auf $M(B)= 2^m \cdot 2^n \cdot k$ Bit. Damit können wir auch den Speicherbedarf für ein CT-Bild berechnen. Die Bildmatrizen, die durch einen Computertomographen erzeugt werden, sind quadratisch. Ihre Zeilenzahl und Spaltenzahl ist also gleich (*m*=*n*). Sie liegen als 256-er Matrizen (*n*=8) oder 512-er Matrizen (*n*=9) vor. Die Wortbreite des verwendeten AD-Wandlers beträgt im allgemeinen 12 Bit. Somit folgt für den Speicherbedarf eines CT-Bildes mit 256er Matrix: $M(B_{CT})$=96 kByte; für eine 512er Matrix sind es schon 4·96 kByte = 384 kByte. Der Speicherplatz erhöht sich, wenn jedes Pixel nicht mit 12 Bit, sondern mit 2 Byte abzuspeichern ist, was bei älteren Tomographen durchaus vorkommt. Dann beträgt der Speicherbedarf für eine 256er Matrix 128 kByte und für eine 512er Matrix schon 512 kByte. In jedem Falle werden Zusatzinformationen in Form von alphanumerischem Text als sogenannter Header dem digitalen Bild beigefügt. Hierin sind u.a. Patientendaten und gerätespezifische Daten sowie die Aufnahmezeiten gespeichert. Damit erhöht sich, abhängig vom Gerätetyp, der Speicherbedarf um einige weitere Kilobyte.

6.1.3 Spezielle digitale Tomographie-Verfahren

Neben der Computertomographie haben sich in den vergangenen Jahren weitere computergestützte bildgebende Verfahren etabliert. Zu den wichtigsten gehören die

Magnet-Resonanz-Tomographie (MRT; sie wird bisweilen auch als Kernspin-Resonanz-Tomographie bezeichnet) und die Ultraschall-Tomographie (UST). Beide Verfahren basieren auf nicht-ionisierender Strahlung und sind daher in der Anwendung am Menschen weniger problematisch als die Computertomographie.

Die Magnet-Resonanz-Tomographie basiert auf dem Prinzip der kernmagnetischen Resonanz, ein physikalischer Effekt, der bereits 1946 von den amerikanischen Physikern Bloch und Purcell entdeckt wurde. Atomkerne, die eine ungerade Kernladungszahl aufweisen, haben magnetische Momente (auch Kernspin genannt), die regellos gerichtet sind. Daher geht von diesen Atomen kein makroskopisch erkennbares Magnetfeld aus. Zur Erzeugung des Resonanzeffektes werden diese Atome in ein starkes magnetisches Gleichfeld verbracht. Dort richten sich ihre magnetischen Kernmomente parallel bzw. antiparallel zum angelegten Gleichfeld aus. Strahlt man nun zusätzlich über eine Sendespule einen Hochfrequenzimpuls (HF-Impuls, der sowohl eine elektrische als auch magnetische Komponente hat) ein, werden die magnetischen Kernmomente aus ihrer gleichfeldbedingten Richtung gelenkt. Sie präzidieren um die Feldachse und pendeln mit der Zeit wieder in die Richtung des Gleichfeldes. Unmittelbar nach Einstrahlung des HF-Impulses wird der Sender abgeschaltet und die Sendespule dient als Empfangsspule. Die präzidierenden Kernspinmomente stellen ein zeitlich veränderliches Magnetfeld dar, welches in der Empfangsspule ein Signal induziert. Die Stärke dieses induzierten Magnetfeldes nimmt monoexponentiell mit der Zeit ab. Die zugehörige Zeitkonstante (auch Relaxationszeit genannt), die abhängig von der verwendeten Einstrahltechnik mit T_1 oder T_2 bezeichnet wird, ist dabei charakteristisch für die vorhandene Konzentration (Dichte) der beobachteten Atomsorte. Der Resonanzeffekt tritt jedoch nur bei bestimmten HF-Frequenzen auf, die wiederum abhängig sind von der vorliegenden Feldstärke des magnetischen Gleichfeldes.

Diesen physikalischen Effekt der Kernspinresonanz verwendet man zur Gewebedifferenzierung und ihrer bildlichen Darstellung, den Magnet-Resonanz-Tomogrammen. Dazu benötigt man einmal die Relaxationszeit (T_1 oder T_2) für die Gewebedifferenzierung und zum zweiten eine Information über die räumliche Lage der mit der Relaxationszeit verknüpften Atomdichte. Darüber hinaus ist zu bedenken, daß nicht alle Atome die Grundvoraussetzung der Kernspinresonanz erfüllen, denn sie haben nicht alle eine ungerade Kernladungszahl. Für biologisch-medizinische Anwendungen ist der Wasserstoffkern (Proton) von besonderer Bedeutung, denn er gehört zu denjenigen Atomen mit ungerader Ladungszahl (wie auch z.B. Natrium und Phosphor), die in biologischen Geweben besonders häufig vorkommen. Leider gehören die ebenfalls sehr häufig vorkommenden Atome Sauerstoff und Kohlenstoff nicht zu den „resonanzfähigen" Atomen. Zu den in der Praxis am meisten verwendeten MRT-Verfahren zählt daher die Protonen-Resonanz-Tomographie.

Die räumliche Zuordnung der Relaxationszeiten gelingt über definierte inhomogene Zusatz-Magnetfelder. Zum Grundmagnetfeld wird ein sich mit der Entfernung linear änderndes zusätzliches Magnetfeld gegeben. Damit ändert sich linear mit der Entfernung die Resonanzfrequenz der betrachteten Atomkerne. Die gemessene Signalintensität ist also frequenzabhängig und liefert daher ein typisches Spektrum. Die Relaxationszeit einer bestimmten Frequenz aus diesem Spektrum läßt sich entlang eines Profiles des Zusatzmagnetfeldes genau einer bestimmten Position entlang des Profiles zuordnen. Damit werden die Resonanzfrequenz des Atomkerns und sein Ort miteinander verknüpft. Dieses bildet die Grundlage der Kernspin-Tomographie, denn auf diese Weise lassen sich gewebecharakteristische Relaxationszeiten räumlichen Koordinaten zuordnen. Die Signalwerte werden digitalisiert und, z.B. mit Hilfe des Verfahrens der gefilterten Rückprojektion, daraus die zugehörigen Bildmatrizen berechnet. MRT-Bilddaten werden, ähnlich wie Computertomogramme, in 256er oder in 512er Matrizen erfaßt, die digitalisierten Signalwerte besitzen i.a. eine Grauwerttiefe von 12 Bit. Reichen die gemessenen Relaxationszeiten für eine Gewebedifferenzierung nicht aus, kann man (ähnlich wie bei den Computertomogrammen) durch Gabe von Kontrastmitteln die Gewebedifferenzierung verbessern. Zusätzlich besteht bei der MRT die Möglichkeit, nicht nur die statische Anatomie aufgrund der gewebedifferenzierenden Eigenschaften der gemessenen Signale zu bestimmen, sondern durch Messungen bewegter Flüssigkeiten (Blut) oder Organe (Herzmechanik) auch eine Funktionsdiagnostik zu betreiben.

Neben der Magnet-Resonanz-Tomographie spielt die Ultraschall-Tomographie (UST) eine zunehmend bedeutende Rolle in der Medizin. Dieses tomographische Verfahren ist technisch ist nicht ganz so aufwendig wie CT oder MRT. Die Geräte sind kleiner und einfacher zu handhaben.

UST basiert auf den Gesetzen der Wechselwirkung von Ultraschall mit Materie (Reflexion, Streuung, Brechung und Beugung der Schallwellen). Die Gewebedifferenzierung entlang einer Scanlinie ermöglicht das unterschiedliche Verhalten biologischer Gewebe und Organe hinsichtlich Laufzeit, Reflexion und Brechung der Schallwellen. Neue Geräte kommen ohne mechanisch bewegte Schallköpfe aus (sog. Array-Scanner). Die entlang einer Scanlinie gemessenen reflektierten Schallintensitäten können dann zusammen mit den korrespondierenden Laufzeitmessungen zu einem zweidimensionalen Bild zusammengesetzt werden. Dabei stehen sowohl die Schallintensitäten als auch die Laufzeiten in digitaler Form zur Verfügung. Der gewebedifferenzierende physikalische Parameter ist hier die Schallreflexion, während die Laufzeit die Tiefe und damit den Ort der gemessenen Gewebegrenze angibt. Aus diesen Parametern lassen sich wiederum zweidimensionale digitale Bilder konstruieren, indem die digitalen Schallreflexionsdaten in eine Bildmatrix überführt werden.

6.1.4 Digitale Radiographie

Trotz der großen Bedeutung der modernen digitalen bildgebenden Verfahren spielt das konventionelle analoge Röntgenbild nach wie vor eine besonders große Rolle in der Radiologie. Derzeit sind mehr als 80% aller erzeugten medizinischen Bilddaten analoge Röntgenbilder, die Mehrzahl davon Thoraxaufnahmen. Da der Trend der medizinischen Datenverarbeitung mehr und mehr in Richtung der Computeranwendung geht, gibt es schon seit längerem Bestrebungen, auch Röntgenbilder digital zu erzeugen. Dazu sind verschiedene Techniken entwickelt worden, die anstelle der Beleuchtung des Röntgenfilmes direkt eine röntgenlicht-empfindliche Diskretisierungseinheit ansteuern. Die Intensitäten der transmittierten Röntgenstrahlen werden also direkt digitalisiert, woraus sich dann durch einfaches Umrechnen wiederum die eben projizierte Verteilung der Absorptionskoeffizienten ergibt. Um eine ähnlich gute räumliche Auflösung wie beim konventionellen Röntgen zu erreichen, sind relativ große Bildmatrizen notwendig (2048er und 4096er Matrizen). Dadurch erhöht sich der Speicherbedarf solcher digitalen Röntgenaufnahmen gegenüber einem CT-Bild enorm, auch wenn die Grauwerttiefe wiederum bei 12 Bit liegt und die Bildmatrizen nicht unbedingt quadratisch sein müssen. Ein digitales Röntgenbild von 2048 x 4096 Bildpunkten und 12 Bit Grauwerttiefe benötigt immerhin einen Speicherplatz von 12 MByte.

Dafür ergeben sich jedoch gegenüber dem konventionellen Röntgen erhebliche Vorteile. Einmal können nun auch Röntgenbilder digital gespeichert und verteilt werden. Zudem lassen sich solche Röntgenbilder softwaremäßig bearbeiten. Die digitale Subtraktionsangiographie (DSA) ist dafür ein typisches Beispiel.

Angiographien sind Röntgendarstellungen bestimmter Arterien. Die Angiographien werden zur Herz- und Gefäßdiagnostik benötigt. Bei der digitalen Subtraktionsangiographie werden Röntgenbilder aus dem Gebiet der interessierenden Gefäße angefertigt, wobei zunächst eine Standard-Aufnahme ohne Kontrastmittel (sog. Leeraufnahme) und anschließend eine Aufnahme (ggf. auch Aufnahmeserie) nach Gabe eines Röntgenkontrastmittels (z.B. intravenös mittels eines Katheters) erfolgt. Die Röntgenbilder werden digitalisiert und die zugehörigen Bildmatrizen erzeugt. Abschließend wird das Kontrastmittelbild (bzw. -bilder) von der Leeraufnahme subtrahiert, indem z.B. Bildpunkt für Bildpunkt die korrespondierenden Grauwerte voncinander abgezogen werden. Dadurch entsteht eine (Subtraktions-)Bildmatrix, die visualisierbar ist. Das damit verbundene neue (Subtraktions-)Bild zeigt die Gefäße frei von störender Umgebung, wie etwa Skelettstrukturen oder Organschatten. Dadurch wird die Menge der Kontrastmittelgabe auf ein notwendiges Minimum reduziert. Darüber hinaus können durch nachfolgende digitale Bildbearbeitungen zusätzliche Informationen, z.B. das Ausmaß von Gefäßstenosen, durch Quantifizierung gewonnen werden.

Neben der elektronischen Speicherung und Wiedergabe besteht bei digitalen medizinischen Bilden die Möglichkeit der nachträglichen Bearbeitung und Analyse. Im folgenden werden einfache Verfahren vorgestellt, die eine solche Bearbeitung im Hinblick auf spezielle Bildanalysen erlauben.

6.2 Verfahren der digitalen Bildbearbeitung

Bildbearbeitung beinhaltet die Analyse und ggf. Veränderung der Bildmatrix mit dem Ziel einer wie auch immer gearteten Verbesserung der Bildeigenschaften. Sei B die Matrix des betrachteten Bildes, das aus 2^n Zeilen und 2^m Spalten bestehen möge. Dann kann ein diskretes Bildelement der Matrix B durch Angabe der Zeilenzahl I und der Spaltenzahl J bestimmt werden. Das entsprechende Bildelement lautet $B(I, J)$. Es repräsentiert den diskreten Grauwert, der zwischen 1 und 2^k ($k = 8, 9, ...$) liegt.

In einem ersten Schritt werden solche Verfahren vorgestellt, die Parameter liefern, welche ein Bild als Ganzes charakterisieren.

6.2.1 Globale Bildcharakteristik

Die Grauwerte der Elemente einer Bildmatrix sind i.a. unterschiedlich groß. Eine bestimmende Größe des Bildes ist sein mittlerer Grauwert B_Q. Er kann als das arithmetische Mittel aller Grauwerte des Bildes definiert werden:

$$B_Q = \frac{1}{2^{m+n}} \cdot \sum_{I,J} B(I, J).$$

Es liegt nahe, neben dem mittleren Grauwert auch die mittlere quadratische Abweichung B_S als charakteristische Größe einer Bildmatrix anzugeben. Sie lautet

$$B_S = \frac{1}{2^{m+n}} \cdot \sum_{I,J} (B(I, J) - B_S)^2 = \frac{1}{2^{m+n}} \cdot \sum_{I,J} B(I, J)^2 - B_Q^2.$$

Mit Hilfe der Prozedur MEAN-PIXELVALUE lassen sich diese beiden bildcharakterisierenden Parameter für eine vorgegebene Bildmatrix berechnen. Der Prozedur werden die Bildmatrix B und ihre Zeilen- und Spaltenzahl (N, M) übergeben. Berechnet werden mittlerer Grauwert BQ und die zugehörige mittlere quadratische Abweichung BS:

PROCEDURE *MEAN_PIXELVALUE*
        (IN: B, N, M; **OUT:** BQ, BS)
BEGIN

```
INTEGER ARRAY B(1:2**N, 1:2**M)
BQ=0; BS=0
F=1.0 / 2**(N+M)
FOR I=1 TO 2**N DO
        FOR J=1 TO 2**M DO
                BQ=BQ+B(I,J)
                BS=BS+B(I,J)**2
        END DO
END DO
BQ=BQ*F; BS=BS*F
BS=BS-BQ**2
RETURN
END
```

6.2.2   Grauwerteverteilung und Grauwertematrix

Die Bildinformationen stecken in den Grauwerten der Bildelemente. Daher ist die Verteilung dieser Grauwerte, das Grauwerthistogramm, ein typisches Bildmerkmal. Wir können es analog zum im Kapitel 4 definierten Begriff des Histogramms durch die Prozedur *GRAYTONE_HISTOGRAM* für eine gegebene Bildmatrix B ermitteln. Die Matrix B habe wiederum 2^n Zeilen und 2^m Spalten. Die absoluten Häufigkeiten des Auftretens der Grauwerte im Bild werden im Array HISTO gespeichert. Da einzelne Grauwerte u. U. sehr häufig im Bild enthalten sein können, sollte ein geeigneter Variablentyp für das Ausgabearray gewählt werden, z.B. der Typ Longinteger.

```
PROCEDURE GRAYTONE_HISTOGRAM
            (IN: B, N, M, K; OUT: HISTO)
BEGIN
        INTEGER ARRAY B(1:2**N, 1:2**M)
        LONG_INTEGER ARRAY HISTO(1:2**K)
        FOR I=1 TO 2**N DO
                FOR J=1 TO 2**M DO
                        HISTO(B(I,J))=HISTO(B(I,J))+1
                END DO
```

```
        END DO
    RETURN
    END
```

Sollen anstelle der absoluten die relativen Häufigkeiten angegeben werden, muß jedes Element des Arrays HISTO noch durch die Anzahl der Bildpunkte dividiert werden, welches z.B. durch den Zusatz

```
        ...
        FOR I=1 TO 2**N
            FOR J=1 TO 2**M
                HISTO(I,J)=HISTO(I,J)/2**(N+M)
            END DO
        END DO
        ...
```

möglich ist.

Die Grauwertematrix *C*, die auch als Co-Occurencematrix bezeichnet wird, kann aus der Bildmatrix *B* abgeleitet werden. Dazu muß zunächst eine Beziehung (Relation) zwischen Paaren von Bildelement-Koordinaten definiert werden. Typische Relationen sind „rechter Nachbar", „unterer Nachbar", „übernächster linker Nachbar", usw., deren jeweiliger Grauwert bekannt sein muß. Die Matrix *C* selbst ist immer eine quadratische Matrix, deren Spalten- bzw. Zeilenzahl gleich dem größten im Bild vorkommenden Grauwert entspricht. Die Zeilen werden durch die Grauwerte des ersten Teils des Bildelementepaares gebildet, die Spalten durch die Grauwerte des zweiten Teiles des Paares. Die Grauwertematrix kann sehr groß werden; hat die Bildmatrix bis zu 256 Grauwerte, besitzt *C* immerhin 2^{16} Elemente.

Jedes Element *C(i,j)* der Grauwertematrix gibt die Anzahl der Fälle wieder, bei denen das erste der beiden Bildelemente den Grauwert *i* und das zweite den Grauwert *j* hat. Dazu ein einfaches Beispiel. Gegeben sei folgende kleine Bildmatrix B_c:

$$B_c = \begin{bmatrix} 1 & 2 & 1 & 2 \\ 1 & 1 & 2 & 1 \\ 1 & 2 & 1 & 2 \\ 1 & 1 & 1 & 2 \end{bmatrix}$$

Hier ist *m=n=2* und *k=1*. Als Relation werde „rechter Nachbar" festgelegt. Die Grauwertmatrix ist aufgrund der gegebenen Bildmatrix eine 2x2-Matrix, da hier

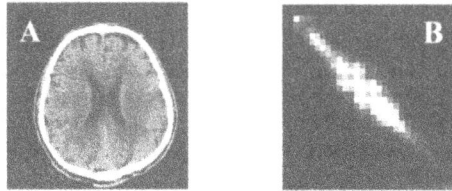

Bild 6.9: Co-Occurencematrix (B) eines Computertomogramms. **A:** Original-Bildmatrix. **B:** Korrespondierende Co-Occurencematrix bezüglich der Relation „rechter Nachbar".

nur zwei verschiedene Grauwerte vorkommen. Wir wollen nun ihre Elemente bestimmen. Beginnen wir mit dem ersten Bildelementepaar $B_C(1,1)$ und $B_C(1,2)$. Es erzeugt einen Zuwachs des Grauwertematrix-Elementes $C(1,2)$ um den Wert eins. Das nächste Bildelementepaar $B_C(2,1)$ und $B_C(2,2)$ erhöht das Matrixelement $C(1,1)$ um eins, usw. Insgesamt erhalten wir für die Co-Occurencematrix folgende Elemente

$$C = \begin{bmatrix} 3 & 5 \\ 4 & 0 \end{bmatrix}.$$

In diesem Beispiel hatte in insgesamt drei Fällen ein Bildelement den Grauwert 1 und sein rechter Nachbar ebenfalls den Grauwert 1; in 5 Fällen trat die Grauwertkombination Bildelement gleich 1 und und rechter Nachbar gleich 2 ein, und in vier Fällen gab es die Grauwertkombination Bildelement gleich 2 und rechter Nachbar gleich 1. In keinem Fall wurde die Grauwertkombination 2 und 2 gefunden, d.h. es stehen keine zwei Grauwerte der Größe zwei nebeneinander.

Das Bild 6.9 zeigt die Cooccurence-Matrix eines CT-Bildes. Typisch für Computertomogramme ist eine Grauwertmatrix mit stark besetzter Hauptdiagonale.

Bislang haben wir Eigenschaften von Bildmatrizen durch Parameter, Verteilungen und andere Matrizen kennengelernt. Nun wollen wir untersuchen, welche Veränderungen der Bildmatrix möglich sind und was diese bewirken.

6.2.3   Fouriertransformation von Bilddaten

Bilddaten lassen sich als diskrete zweidimensionale ortsabhängige Signale auffassen. Analog zu den diskreten eindimensionalen zeitabhängigen Signalen (vergleiche Kapitel 5) lassen sich auch Bilddaten nach der Methode von Fourier transformieren. Mit Hilfe der (ggf. schnellen) diskreten Fouriertransformation *dft* werden die Bilddaten aus dem Ortsbereich in den Ortsfrequenzbereich überführt Dabei wird die reelle Bildmatrix in ein komplexes Array B^c gespeichert, wobei die Bildelemente den Realanteil bilden, während der Imaginäranteil von B^c zunächst gleich Null gesetzt wird. Dann wird diese Bildmatrix zeilenweise nach dem bekannten Verfahren transformiert (vergl. Abschnitt 5.5). Das Ergebnis, welches bereits komplexe Daten enthält, wird in ein Hilfs-Array $B^{c'}$ abgelegt. Abschließend wird dieses Hilfsarray $B^{c'}$ nun spaltenweise nach dem gleichen Verfahren transformiert. Das Ergebnis dieser Transformation wird dann in das Array F abgelegt. Die zweidimensionale Transformation besteht damit aus zwei Schritten:

1. $B^{c'} = dft_{\text{zeilen}}(B^c)$

2. $F = dft_{\text{spalten}}(B^{c'})$

Im Prinzip kann man die Transformation aber auch zuerst spaltenweise und danach zeilenweise durchführen. Dieses ist wegen der Linearität der Fouriertransformation möglich:

1'. $B^{c'} = dft_{\text{spalten}}(B^c)$

2'. $F = dft_{\text{zeilen}}(B^{c'})$

Eine zweidimensionale schnelle Fouriertransformation läßt sich durch die folgende Prozedur *2D_FFT* realisieren. Übergeben wird das komplexe Array BC, in dessen Realteil die zu transformierende Bildmatrix mit 2^n Zeilen und 2^n Spalten enthalten ist. Berechnet und ausgegeben wird die komplexe Fouriertransformierte F des Bildes:

```
PROCEDURE 2D_FFT (IN: BC,N; OUT: F)
BEGIN
        COMPLEX ARRAY BC(1:2**N,1:2**N)
        COMPLEX ARRAY HILF(1:2**N,1:2**N)
        COMPLEX ARRAY F(1:2**N,1:2**N); A(1:2**N)
        FOR I=1 TO 2**N DO
            FOR J=1TO 2**N DO
                A(J)=BC(I,J)
            END DO
            CALL FFT(A,N,A)
            FOR J=1 TO 2**N DO
                HILF(I,J)=A(J)
            END DO
        END DO
```

```
FOR J=1 TO 2**N DO
        FOR I=1TO 2**N DO
        A(I)=HILF(I,J)
        END DO
        CALL FFT(A,N,A)
        FOR I=1 TO 2**N DO
        F(I,J)=A(I)
        END DO
    END DO
  RETURN
  END
```

Die komplexe Spektralfunktion F läßt sich in einen Real- und in einen Imaginärteil zerlegen. Aus beiden lassen sich, wie im eindimensionalen Fall, das Amplitudenspektrum und das Phasenspektrum gewinnen. Die gesamte Bildinformation ist in der Spektralfunktion enthalten, wobei die wichtigsten Bildinformationen im Phasenspektrum enthalten sind. Kleine Änderungen im Bereich der Amplituden und anschließende Rücktransformation bewirken keine wesentlichen Änderungen der Bildinhalte, während eine nur geringfügige Modifikation der Phase das gesamte Bild vollständig verändert.

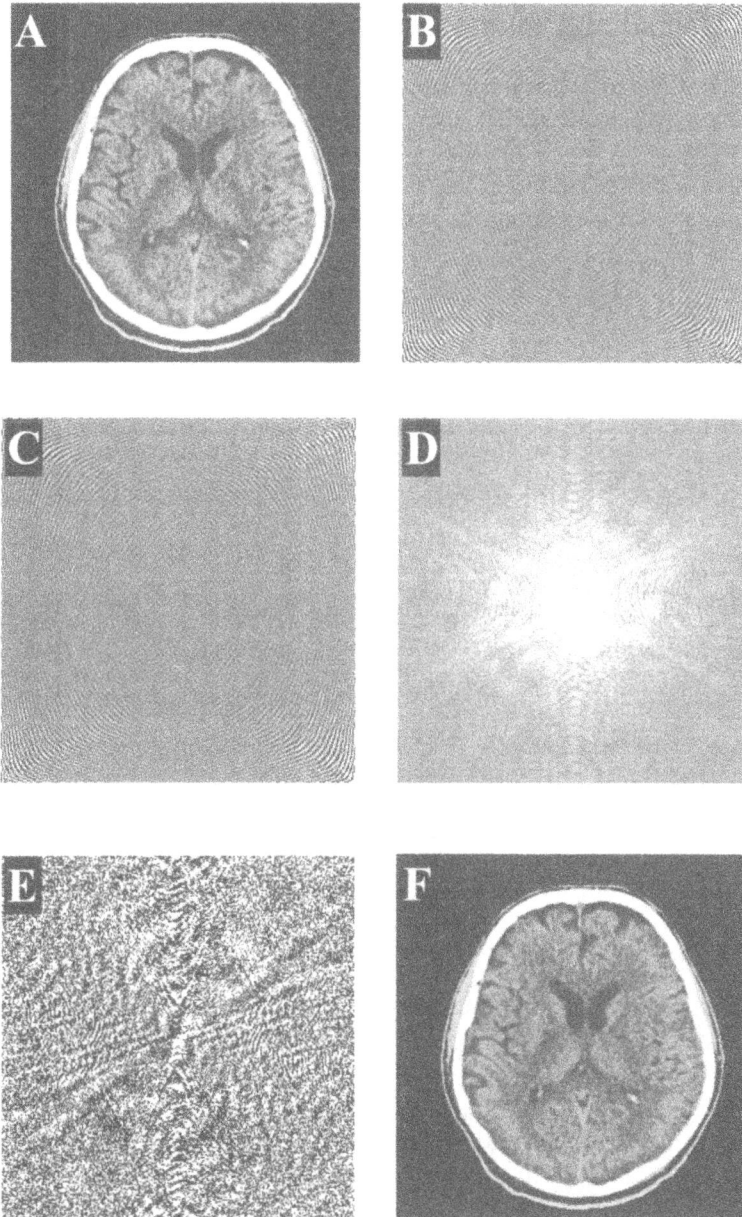

Bild 6.10: Fouriertransformierte eines Computertomogramms. **A:** Originalbild, **B:** Realteil der Fouriertransformierten, **C:** Imaginärteil der Fouriertransformierten, **D:** Amplitudenspektrum, **E:** Phasenspektrum, **F:** Rücktransformiertes CT-Bild.

6.2.4   Bildelemente und Grauwert-Histogramm

Wir wollen mit einfachen arithmetischen Operationen auf Bildmatrizen beginnen.
Dazu benötigen wir wenigstens zwei verschiedene, im folgenden mit B_1 und B_2 bezeichnete gleichgroße Bildmatrizen mit der Zeilenzahl 2^n und der Spaltenzahl 2^m.
Die Addition dieser Bildmatrizen wird durch die Summe der jeweiligen Elemente
der beteiligen Matrizen definiert, also z.B. durch den Algorithmus

```
...
FOR I=1 TO 2**N DO
        FOR J=1 TO 2**M DO
                A(I,J)= B1(I,J)+B2(I,J)
        END DO
END DO
...
```

wobei A die resultierende Bildmatrix ist.

Analog läßt sich auch eine Subtraktion zweier Bildmatrizen B_1 und B_2 durchführen.
Sei S das Ergebnis der Subtraktion, gilt der Algorithmus

```
...
FOR I=1 TO 2**N DO
        FOR J=1 TO 2**M DO
                S(I,J)= B1(I,J)-B2(I,J)
        END DO
END DO
...
```

Dieser letztgenannte Algorithmus repräsentiert das Prinzip der Digitalen Subtraktionsangiographie. B_1 stellt das Röntgenbild nach Kontrastmittelgabe, B_2 das Leer-
bild dar.

Die resultierenden Bildmatrizen A bzw. S sollten visualisierbar sein. Im Falle der
Addition der Bildmatrizen könnte als Ergebnis ein Grauwert entstehen, der größer
ist als der maximal darstellbare. Dieses Problem umgeht man durch folgende Modifikation:

```
...
FOR I=1 TO 2**N DO
        FOR J=1 TO 2**M DO
                D(I,J)= (A(I,J)+B(I,J))/2
```

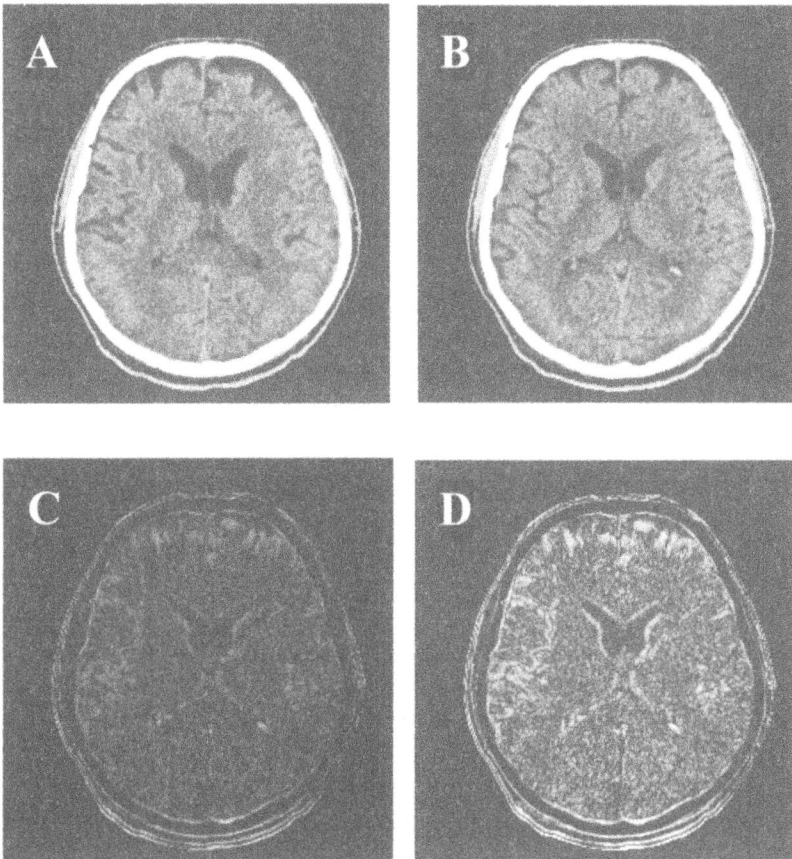

Bild 6.11: Subtraktion zweier CT-Bildmatrizen. **A, B:** Zu subtrahierende Computertomogramme. **C:** Visualisierung der Original-Differenzmatrix. **D:** Visualsierung der Differenzmatrix nach Grauwertspreizung.

```
        END DO
    END DO
        ...
```

Bei der Subtraktion kann die Darstellbarkeit der resultierenden Matrix S problematisch werden, weil negative Grauwerte berechnet werden können, die nicht darstellbar sind. Dieses Problem läßt sich z.B. durch die Variation

```
        ...
    FOR I=1 TO 2**N DO
        FOR J=1 TO 2**M DO
```

$$D(I,J)=ABS(\ B1(I,J)-B2(I,J))$$
   END DO
  END DO

  ...

umgehen. Dennoch kann das Ergebnis oft nicht befriedigen, da die resultierenden Bildmatrizen entweder zu kontrastarm sind oder der darstellbare Grauwertbereich überschritten wird.

Um eine möglichst gute Anpassung der tatsächlich vorhandenen Grauwerte an die darstellbaren Grauwerte zu erreichen, ermitteln wir den größten Grauwert B_{max} und den kleinsten Grauwert B_{min} der Bildmatrix B. Der verfügbare Grauwertbereich liege zwischen 1 und 2^k. Durch eine einfache Skalierung wird die Ausgangs-Bildmatrix B in die „optimal darstellbare" Matrix B' überführt; ein Bildelement B_{ij} erhält den Wert

$$B_{ij}' = \frac{B_{ij} - B_{min}}{B_{min} - B_{max}} \cdot (2^k - 1) + 1. \tag{6.3}$$

Mit dieser Skalierung oder Spreizung der Grauwerte wird für B' der kleinste Grauwert gleich 1 und der größte Grauwert gleich 2^k gesetzt. Die folgende Prozedur *SCALE_GRAYTONE* erlaubt die Anpassung von B an die vorhandenen Graustufen für eine optimale Visualisierung. Übergeben werden die Bildmatrix B und ihre bestimmenden Parameter (die Zeilen- bzw. Spaltenexponenten N, M und der maximaler Graustufenexponent K); berechnet wird die „skalierte" Bildmatrix BS (=B').

```
PROCEDURE SCALE_GRAYTONE
        (IN: B, N, M, K; OUT: BMAX,BMIN,BS)
BEGIN
        INTEGER ARRAY B(1:2**N,1:2**M),
        INTEGER ARRAY BS(1:2**N,1:2**M)
        BMAX=0; BMIN=2**K
        FOR J=1 TO M DO
                FOR I=1 TO N DO
                        IF BMAX<B(I,J) THEN BMAX=B(I,J)
                        IF BMIN>B(I,J) THEN BMAX=B(I,J)
                END DO
```

```
END DO
FACTOR=1.0/(BMAX-BMIN)*(2**K-1)
FOR J=1 TO 2**M DO
    FOR I=1 TO 2**N DO
        BS(I,J)=INT((B(I,J)-BMIN)*FACTOR)+1
    END DO
END DO
RETURN
END
```

6.2.5 Lokale Bildoperatoren

Lokale Manipulationen der Bildmatrix lassen sich durch Bildoperatoren durchführen. Hierbei handelt es sich prinzipiell um Filtervorgänge, deren Auswirkungen wir uns am Beispiel von Tiefpaß- und Hochpaßfiltern anschauen wollen. Die praktische Durchführung einer Bildoperation gelingt mit Hilfe von Filtermasken. Ihre Handhabung wollen wir uns am Beispiel folgender kleiner Bildmatrix B verdeutlichen; sie habe folgende Elemente:

$$B = \begin{bmatrix} b_{11} & b_{12} & b_{13} & b_{14} & b_{15} \\ b_{21} & b_{22} & b_{23} & b_{24} & b_{25} \\ b_{31} & b_{32} & b_{33} & b_{34} & b_{35} \\ b_{41} & b_{42} & b_{43} & b_{44} & b_{45} \\ b_{51} & b_{52} & b_{53} & b_{54} & b_{55} \end{bmatrix}$$

Operator-Masken (kurz *Masken* genannt) ähneln Bildmatrizen, sind quadratisch und haben immer eine ungerade Zeilen- und Spaltenzahl. Die kleinstmögliche Maske besteht aus je drei Zeilen und Spalten. Wir können sie in folgender Form schreiben:

$$M = \begin{bmatrix} m_{11} & m_{12} & m_{13} \\ m_{21} & m_{22} & m_{22} \\ m_{31} & m_{32} & m_{33} \end{bmatrix}$$

Wir verknüpfen die Bildmatrix B mit der Maske M, indem wir die Maske über die Bildmatrix hinweg schieben und Bildpunkte und Maskenelemente miteinander ver-

rechnen. Dabei legen wir die Maske anfänglich auf die linke obere Ecke der Bildmatrix:

$$
\begin{array}{ccccc}
b_{11} & b_{12} & b_{13} & b_{14} & b_{15} \\
b_{21} & b_{22} & b_{23} & b_{24} & b_{25} \\
b_{31} & b_{32} & b_{33} & b_{34} & b_{35} \\
b_{41} & b_{42} & b_{43} & b_{44} & b_{45} \\
b_{51} & b_{52} & b_{53} & b_{54} & b_{55}
\end{array}
$$

Dann ersetzen wir das durch den Maskenrahmen festgelegte mittlere Bildelement
(b_{22}) durch das neu berechnete Bildelement b'_{22}. Dazu werden alle innerhalb dieses
Rahmen vorkommenden Bildelemente mit den korrespondierenen Maskenelemen-
ten multipliziert und die Produkte aufsummiert, also:

$$
b'_{22} = \sum_{i,j=1}^{3} m_{ij} \cdot b_{ij}
$$

Dann schieben wir die Maske um eine Position weiter nach rechts, so daß sie die
Bildelemente von b_{12} bis b_{34} bedeckt (gestrichelter Rahmen). Nun wird das Bildelement b_{23} analog zu b_{22} neu berechnet:

$$
b'_{ij} = \sum_{i,j=1}^{3} m_{ij} \cdot b_{i+1,j}
$$

Dieses wird schrittweise so lange fortgesetzt, bis die Maske über die gesamte
Bildmatrix hinweg geschoben wurde. Allgemein gilt dann für ein Bildelement $b'_{k,l}$,
das sich im Zentrum der Maske befindet:

$$
b'_{k,l} = \sum_{i,j=1}^{3} m_{ij} \cdot b_{i+k-1,j+l-1}
$$

wobei für die Indices gilt: $1 < k < z$; $1 < l < s$., wenn die Ursprungs-Bildmatrix z
Zeilen und s Spalten hat. Die neue Bildmatrix hat demnach je zwei Spalten und
Zeilen weniger als die Originalbildmatrix. Die fehlenden Bildelemente kann man
der Orginalmatrix entnehmen oder ihnen einen willkürlichen Wert zuweisen.

Mit Hilfe der folgende Prozedur läßt sich die beschriebene Maskenoperation realisieren. Die Maskenelemente werden mit dem Array MASQ übergeben, die Bilddaten befinden sich im Array B; 2^n und 2^m stellen wiederum die Zeilen- bzw.
Spaltenzahl dar. Berechnet wird die modifizierte Bildmatrix, die in das Array BM
abgelegt wird.

```
PROCEDURE MASK_OPERATOR
            (IN: MASQ,B,N,M; OUT: BM)
BEGIN
        INTEGER ARRAY B(1:2**N,1:2**M),
        INTEGER ARRAY BM(1:2**N;1:2**M)
        INTEGER ARRAY MASQ(1:3,1:3)
        FOR K=2 TO 2**M-1 DO
            FOR L=2 TO 2**N-1 DO
                BS(K,L)=0
                FOR J=1 TO 3 DO
                    FOR I=1 TO 3 DO
                        BS(K,L)=BS(K,L)+MASQ(I,J)*
                                    B(K+I-2,L+J-2)
                    END DO
                END DO
            END DO
        END DO
        FOR K=1 TO 2**N DO
            FOR L=0 TO 1 DO
                J=1+L*(2**M-1)
                BS(K,J)=B(K,J)
            END DO
        END DO
        FOR L=1 TO 2**M DO
            FOR K=0 TO 1 DO
                I=1+K*(N-1)
                BS(I,L)=B(I,L)
            END DO
        END DO
    RETURN
    END
```

Wir wollen nun jedem Maskenelement m_{ij} den Wert 1/9 zuordnen. Dann wird dem jeweiligen durch die Maskenmitte angegebenen Grauwert $b_{k,l}$ der arithmetische Mittelwert aller innerhalb der Maske befindlichen Grauwerte zugeordnet. Überdeckt man mit der Maske die gesamte Bildmatrix, ergibt sich eine neue Bildmatrix, die mittelwert-gefilterte Grauwerte enthält. Dieses Vorgehen entspricht einer Tiefpaßfilterung.

Tiefpaßfilter werden dazu verwendet, um Störungen in einem Bild zu reduzieren. Solche Störungen lassen sich leicht simulieren, indem man die Grauwerte zufällig ausgewählter Bildpunkte willkürlich verändert. Dieses gelingt mit Hilfe eines Zufallszahlengenerators. Zunächst legen wir die Wahrscheinlichkeit fest, mit der ein Bildelement gestört sein möge; sie sei p_s. Danach wird bei jedem Bildelement entschieden, ob der Bildpunkt gestört ist. Dieses kann durch Erzeugen gleichverteilter Zufallszahlen erfolgen. Soll der Bildpunkt gestört sein, wird der neue Grauwert bestimmt. Dieses kann durch die einen konstanten Grauwert (z.B. schwarz oder weiß, in diesem Fall spricht man vom „Pfeffer- und Salz"-Bild) oder mit einem beliebigen zulässigen Grauwert erfolgen. Letzterer kann durch das Ziehen einer weiteren Zufallszahl erzeugt werden.

Die folgende Prozedur generiert ein solches gestörtes („verrauschtes") Bild B_N aus einer ungestörten Bildmatrix B_0. Die Originalbildmatrix repräsentiert das Array B0, das „gestörte" Bild wird im Array BN abgelegt. N, M und K sind die Bildparameter (Zeilenzahl- bzw. Spaltenzahl- und Grauwertexponent), P ist die Wahrscheinlichkeit für das Eintreten einer Störung ($0 \leq P < 1$):

```
PROCEDURE IMAGE_NOISE
            (IN: B0,N,M,K,P; OUT: BN)
BEGIN
        INTEGER ARRAY B0(1:2**N; 1:2**M)
        INTEGER ARRAY BN(1:2**N,1:2**M)
        FOR J=1 TO 2**M DO
            FOR I=1 TO 2**N DO
                Z1=RANDOM
                IF Z1>P THEN
                    Z2=RANDOM
                    BN(I,J)=INT(Z2*2**K)+1
                ELSE
                    BN(I,J)=B0(I,J)
                END IF
            END DO
        END DO
    RETURN
    END
```

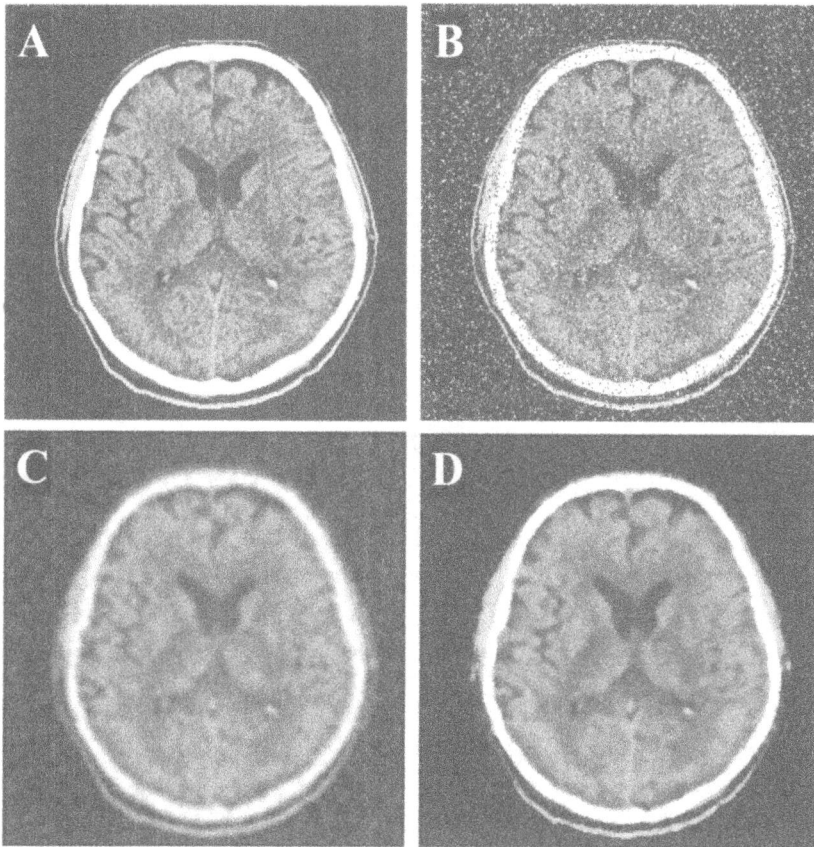

Bild 6.12: Störung eines intaken Computertomogramms. **A:** ungestörtes CT-Bild, **B:** Störung realisiert durch ein gleichverteiltes Rauschsignal. **C:** Behebung der Störung durch Mittelwertfilterung. **D:** Bildrestauration durch Anwendung des Medianoperators. Verwendet wurden jeweils 3x3-Filtermasken.

Das Bild 6.12 B zeigt eine auf diese Weise künstlich erzeugte Bildstörung.

Masken können nicht nur lineare, sondern auch auch nicht-lineare Filter-Operatoren repräsentieren. Ein klassisches nicht-lineares Tiefpaßfilter ist das Medianfilter. Hier werden die von der Maske erfaßten Grauwerte nicht in das arithmetische Mittel umgewandelt, sondern es wird der Median bestimmt. Dieser Medianwert wird dann wieder dem Bildpunkt zugeordnet, der im Zentrum des Maskenareals steht. Die nicht-linearen Medianfilter eignen sich besonders gut als Tiefpaßfilter, da sie sehr effektiv sind und mit relativ geringem Rechenaufwand einen ausgezeichneten Glättungseffekt erzeugen.

Die Bilder 6.12 C und D zeigen die Auswirkung einer Tiefpaßfilterung am Beispiel einer künstlich gestörten CT-Bildmatrix. C zeigt die Mittelwertfilterung, D repräsentiert die Medianfilterung. Daß die Medianfilterung der Mittelwertfilterung im Ergebnis überlegen ist, wird aus den Bildern deutlich.

 Neben den Tiefpaßfiltern, die Bilddaten glätten können, kommen auch Hochpaßfilter zum Einsatz. Sie ermöglichen die Detektion von Kanten in einem Bild, erfassen also steile Graustufen-Veränderungen. Dieses erfolgt durch Differenzieren der Bildmatrix nach dem Ort. Bezeichnen wir formal die Richtung parallel zu den Spalten (Spaltenrichtung) mit y und die Zeilenrichtung mit x, dann können wir die Bildmatrix formal als eine (diskrete), zweidimensionale Funktion $B(x,y)$ auffassen, die partiell differenzierbar sein möge. Es exisitieren also die Ableitungen $\partial B(x,y)/\partial x$ und $\partial B(x,y)/\partial y$. Im diskreten Fall gehen die partiellen Differentialquotienten in die entsprechenden Differenzenquotienten über, also $\partial B(x,y)/\partial x \rightarrow \Delta B/\Delta x$ bzw. $\partial B(x,y)/\partial y \rightarrow \Delta B/\Delta x$. Generell gilt für die Differenzenquotienten

$$\frac{\partial B}{\partial x} \approx \frac{\Delta B(x,y)}{\Delta x} = \frac{B(x+\Delta x, y) - B(x,y)}{\Delta x}$$

bzw.

$$\frac{\partial B}{\partial y} \approx \frac{\Delta B(x,y)}{\Delta y} = \frac{B(x, y+\Delta y) - B(x,y)}{\Delta y}.$$

Für ein digitales Bild gilt beträgt die kleinstmögliche Ortsdifferenz $\Delta x = \Delta y = 1$. Dementsprechend lauten die diskreten Ableitungen eines Bildpunktes in der I-ten Zeile und der J-ten Spalte nach dem Ort in Zeilenrichtung

$$\frac{\Delta B(I,J)}{\Delta x} = \frac{B(I+1,J) - B(I,J)}{1} = B(I+1,J) - B(I,J)$$

und in Spaltenrichtung

$$\frac{\Delta B(I,J)}{\Delta y} = \frac{B(I,J+1) - B(I,J)}{1} = B(I,J+1) - B(I,J).$$

Die Differenzierung läßt sich auch als Operator mit Hilfe einer Maske definieren. Er lautet als 3x3-Maske geschrieben

$$\frac{\Delta B}{\Delta x} = \begin{bmatrix} 0 & 0 & 0 \\ 0 & -1 & 1 \\ 0 & 0 & 0 \end{bmatrix} = D_x \tag{6.4a}$$

bzw.

$$\frac{\Delta B}{\Delta y} = \begin{bmatrix} 0 & 0 & 0 \\ 0 & -1 & 0 \\ 0 & 1 & 0 \end{bmatrix} = D_y \qquad (6.4b)$$

Wie unschwer zu erkennen ist, sind die Differenzoperatoren D_{xy} richtungsabhängig. Hinzu kommt, daß diese Differenzoperatoren sehr störanfällig gegenüber Bildrauschen sind, da sie faktisch jede noch so geringe Änderung der Grauwerte detektieren können. Aus diesem Grunde werden für viele praktische Anwendungen weitere Bildpunkte zur Differenzbildung hinzugezogen. Brauchbare Ergebnisse liefert z.B. der Sobeloperator S_{xy}. Er lautet

$$S_x = \begin{bmatrix} -1 & 0 & 1 \\ -2 & 0 & 2 \\ -1 & 0 & 1 \end{bmatrix} \qquad (6.5a)$$

bzw.

$$S_y = \begin{bmatrix} -1 & -2 & -1 \\ 0 & 0 & 0 \\ 1 & 2 & 1 \end{bmatrix} \qquad (6.5b)$$

Hier gehen kleine Störungen direkt benachbarter Bildpunkte nicht unmittelbar in die Berechnungen ein, weil die eigentliche Differenz über zwei Spalten bzw. Zeilen hinweg gebildet wird.

Nachteilig kann jedoch die Richtungsabhängigkeit der vorgestellten Differenz-Operatoren sein. Dieses können wir umgehen, indem wir anstelle der ersten Ableitung der Bildmatrix die zweite Ableitung nach x bzw. y bestimmen und die beiden zweiten Ableitungen addieren. Dadurch erhalten wir als Differenzoperator den sogenannten Laplace-Operator, der richtungsunabhängig ist. Näherungsweise gilt für ihn

$$\frac{\partial^2 B(x,y)}{\partial x^2} \approx \frac{\Delta(\Delta B(x,y))}{\Delta x^2} = \frac{B(x+\Delta x, y) - 2 \cdot B(x,y) + B(x-\Delta x, y)}{\Delta x^2}$$

$$= B(I, J+1) - 2 \cdot B(I, J) + B(I, J-1).$$

Analog gilt für die zweite Ableitung in y-Richtung

$$\frac{\partial^2 B(x,y)}{\partial y^2} \approx \frac{\Delta(\Delta B(x,y))}{\Delta y^2} = \frac{B(x, y+\Delta y) - 2 \cdot B(x,y) + B(x, y-\Delta y)}{\Delta y^2}$$

$$= B(I+1, J) - 2 \cdot B(I, J) + B(I-1, J).$$

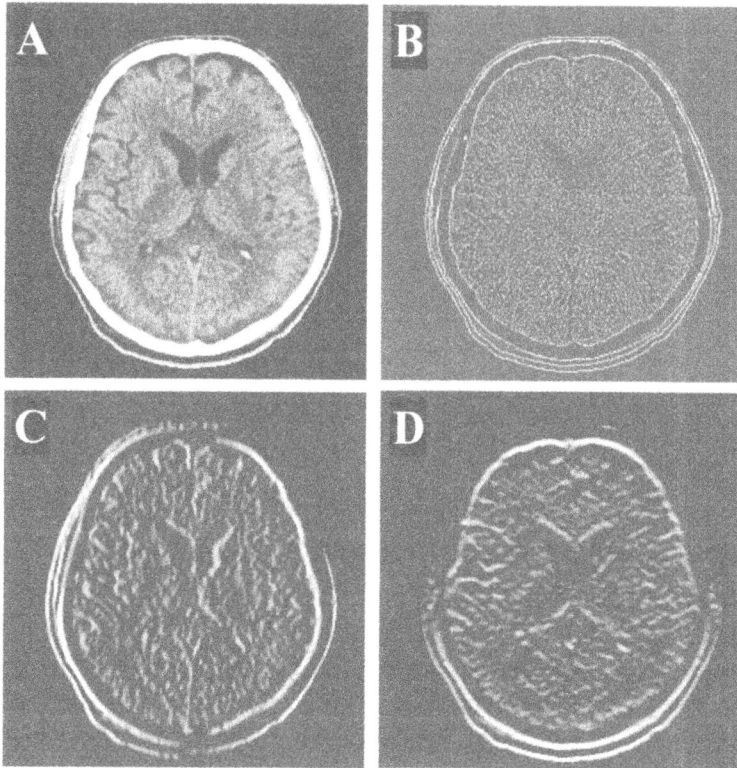

Bild 6.13: Detektion und Visualisierung von Kanten in einem cranialen Computertomogramm. **A:** Originalbild. **B:** Kantendetektion mit Hilfe des Laplace-Operators L. **C, D:** Berechnung der Kanten mit den Sobeloperatoren S_x und S_y .

Den Laplace-Operator L erhalten wir als Summe der beiden partiellen zweiten Ableitungen, also $L = \partial^2 B(x,y)/\partial x^2 + \partial^2 B(x,y)/\partial y^2$. Die dem Laplace-Operator zugeordnete Maske lautet:

$$L = \begin{bmatrix} 0 & 1 & 0 \\ 1 & -4 & 1 \\ 0 & 1 & 0 \end{bmatrix} \tag{6.6a}$$

Im Gegesatz zum einfachen Differenzoperator und zum Sobeloperator ist der Laplace-Operator in der Maskenform bezüglich des zentralen Elementes ($m_{22}=-4$) symmetrisch. Hierin drückt sich die Richtungsunabhängigkeit des Operators aus. Wie die anderen Differenzoperatoren auch, ist die Summe der Elemente der Laplaceoperator-Maske gleich Null und die Maskenelemente symmetrisch angeordnet sind. Dieses sind typische Eigenschaft von linearen richtungsunabhängigen Differenzoperatoren. Bleiben diese Eigenschaften erhalten, behält der Differenzoperator seine Linearität und Richtungsunabhängigkeit auch dann, wenn die Maskenelemente modifiziert werden. So repräsentiert die folgende Maske ebenfalls einen Laplace-Operator:

$$L = \begin{bmatrix} 1 & 1 & 1 \\ 1 & -8 & 1 \\ 1 & 1 & 1 \end{bmatrix} \tag{6.6b}$$

Das Bild 6.13 zeigt die Anwendung des Laplacefilters sowie des Sobeloperators auf ein craniales CT-Bild des Menschen. Deutlich tritt die Richtungsabhängigkeit des Sobeloperators in Erscheinung, während der Laplaceoperator richtungsunabhängig Kanten detektieren kann.

6.3 Segmentierung von digitalen Bildern

6.3.1 Binärbilder

Reduziert man den Grauwertumfang einer Bildmatrix B auf genau zwei Werte, so spricht man von einem Binärbild B_d. Hier wird jedes Bildelement mit 1 Bit kodiert. Aus Grauwertbildern, die mit k Bit kodiert sind, lassen sich durch Schwellwertbildung binäre Bilder erzeugen. Dazu muß ein Grauwert B_s definiert werden, so daß alle Grauwerte, die kleiner oder gleich dem Wert B_s sind, den logischen Wert „0", alle anderen den logischen Wert „1" erhalten. Den Wert B_s bezeichnet man als Schwellwert.

Die folgende Prozedur zeigt die Umwandlung der Ausgangsbildmatrix B in die binäre Bildmatrix BD bezüglich des Schwellwertes BS:

```
PROCEDURE BINARY_IMAGE (IN: B,N,M,BS; OUT: BD)
BEGIN
        INTEGER ARRAY B(1:2**N, 1:2**M)
        LOGICAL ARRAY BD(1:2**N, 1:2**M)
        FOR J=1 TO 2**M DO
                FOR =1 TO 2**N DO
                        IF B(I,J)<=BS THEN
                                BD(I,J)=„0"
                        ELSE
                                BD(I,J)=„1"
```

```
                    END IF
            END DO
        END DO
    RETURN
    END
```

Die Visualisierung der binären Bildmatrix ließe sich durch die folgende Prozedur erreichen, wobei die darzustellende binäre Bildmatrix durch BV gegeben sein soll. Die beiden „binären" Grauwerte sind K0 und K1, wobei in der Praxis meistens K0=1 („schwarz") und K1=256 („weiß") gesetzt wird.

```
    PROCEDURE VISUAL_BINARY_IMAGE
                (IN: BD,N,M,K0,K1; OUT: BV)
    BEGIN
            INTEGER ARRAY BV(1:2**N, 1:2**M)
            LOGICAL ARRAY BD(1:2**N, 1:2**M)
            FOR J=1 TO 2**M DO
                FOR =1 TO 2**N DO
                    IF BS(I,J)=„0" THEN
                            BV(I,J)=K0
                    ELSE
                            BV(I,J)=K1
                    END IF
                END DO
            END DO
    RETURN
    END
```

Die Festlegung eines sinnvollen Schwellwertes kann schwierig sein, wie der nächste Abschnitt zeigt.

6.3.2   Segmentationsverfahren

Gegeben sei ein digitales Bild, dessen Bildmatrix wiederum aus 2^n Zeilen und 2^m Spalten bestehe sowie 2^k Grauwerte besitze. Das Bild möge sich aus l verschiedenen Objekten sowie einem Hintergrund zusammensetzen. Die Menge der Objekte zusammen mit dem Bildhintergrund wollen wir als Bildszene bezeichnen. Sowohl der Hintergrund als auch die Objekte zeichnen sich durch ihre räumliche Lage und

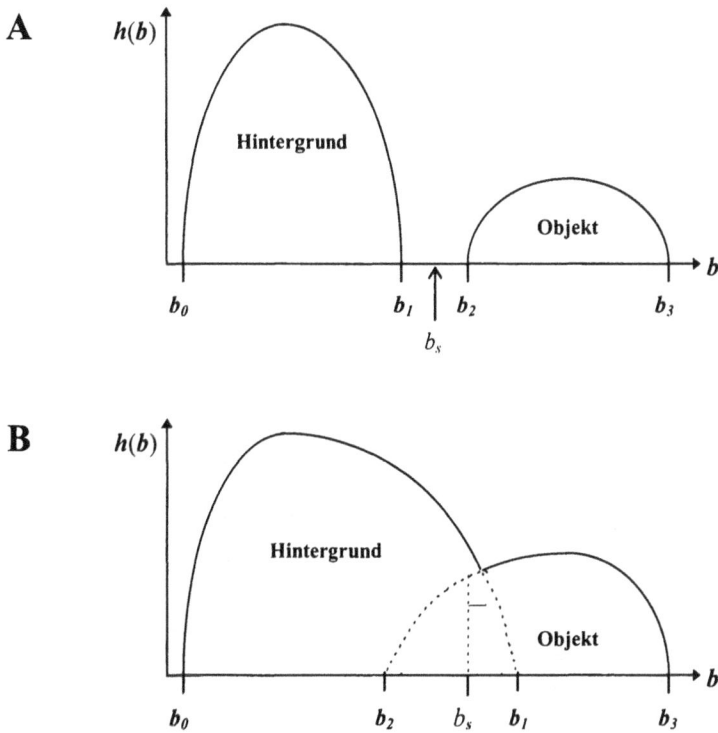

Bild 6.14: Grauwerthistogramme verschiedener Bildszenen. **A:** Objekt und Hintergrund sind deutlich voneinander getrennt. **B:** Grauwerte von Objekt und Hintergrund gehen ineinander über.

durch ihre Grauwerte aus. Bei der Bildsegmentation wird im idealen Fall jedem Objekt ein einheitlicher Grauwert zugeordnet. Damit besteht das segmentierte Bild aus genau $l+1$ verschiedenen Grauwerten. Die Segmentation kann entweder interaktiv, also unter direkter Mitwirkung eines Beoachters, oder automatisch erfolgen. Wir wollen uns den Segmentationsvorgang anhand eines einfachen Beispiels verdeutlichen.

Das Bild 6.14 zeigt typische Grauwerthistogramm-Verläufe für Bildszenen, die aus einem Objekt und dem Hintergrund bestehen. Das Teilhistogramm der Grauwerte des Objektes umfaßt die Gauwerte b_0 bis b_1, der Grauwertbereich von b_2 bis b_3 repräsentiert das Objekt. Für den Schwellwert b_s gilt im Falle getrennt darstellbarer Objekt- und Hintergrundhistogramme (siehe Bild 6.14, A): $b_1 < b_s < b_2$. Jeder Grauwert, der diese Bedingung erfüllt, ist ein Schwellwert, der das Bild in ein Objekt und in den Hintergrund aufteilt („segmentiert"). Überlappen sich die Teilhisto-

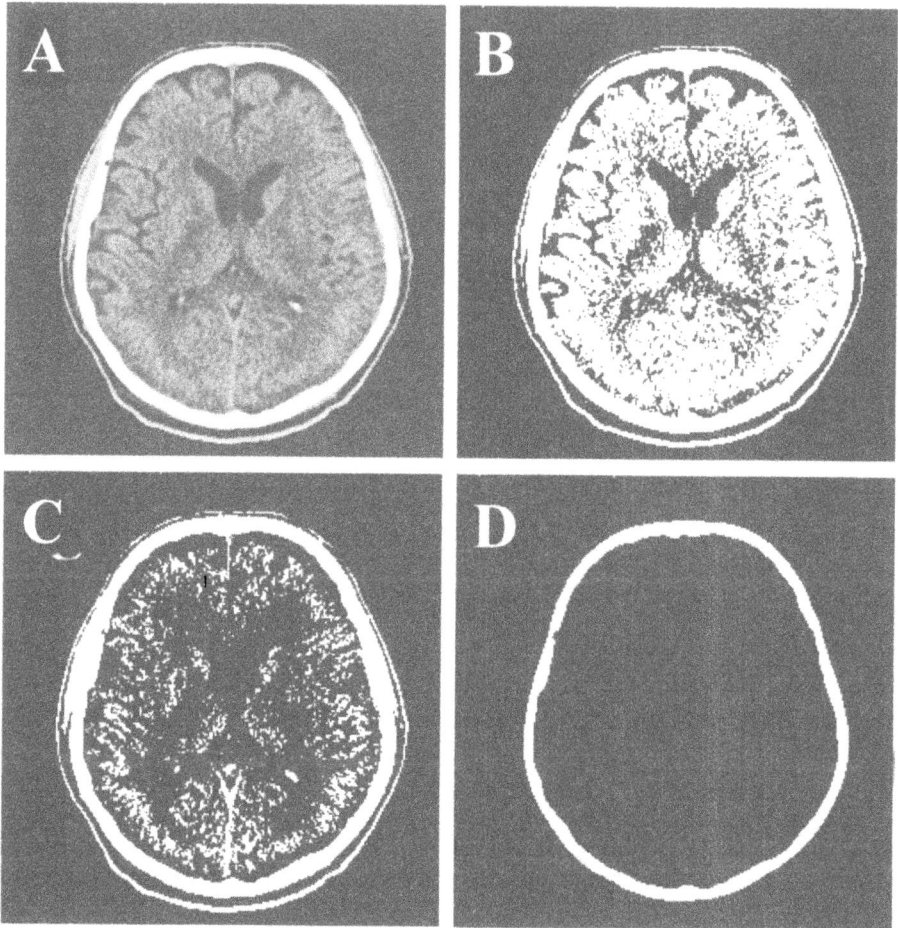

Bild 6.15: Binärisierung eines Computertomogramms mit Grauwerten zwischen 1 und 256 durch unterschiedliche Schwellwerte. **A:** Originalbild.. **B:** Schwellwert=100, **C:** Schwellwert=150, **D:** Schwellwert=250.

gramme, wie das Bild 6.14, B zeigt, dann liegt der Schwellwert „irgendwo" zwischen den geschätzten Endpunkten der Teilhistogramme, b_2 bzw. b_1. Gelingt es, die Teilhistogramme durch Funktionen anzunähern, läßt sich der Schwellwert möglicherweise bestimmen, weil die Werte für b_2 und b_1 berechnet werden können. Dann wählt man b_s z.B. so, daß die Fläche, die zwischen b_s und b_2 bzw. zwischen b_s und b_1 unter dem Histogramm aufgespannt wird, gleich groß ist. Diese kann recht schwierig sein. Häufig muß man daher den optimalen Wert für b_s durch Ausprobieren (interaktiv) ermitteln.

Gegeben sei ein Computertomogramm des Kopfes eines Menschen. Das CT-Bild besteht aus dem Hintergrund, also aus der den Kopf umgebenden Luft, und den anatomischen Objekten, u.a. der Schädelhaut, dem Schädelknochen, der grauen und weißen Substanz sowie den Hirnkammern. Wir wollen eine Segmentation des Schädelknochens erreichen. Alle anderen Objekte im CT-Bild (Hirnkammern, weiße und graue Substanz) ordnen wir dem Hintergrund zu. Wir wollen also aus dem Original-Grauwertbild ein spezielles Binärbild erzeugen, das aus dem Objekt „Knochen" und einem „Hintergrund" besteht. Da Knochensubstanzen im CT-Bild sehr hohe Grauwerte besitzen, läßt sich durch die Angabe eines entsprechenden Schwellwertes das Binärbild leicht erzeugen. Das Bild 6.15 zeigt das Ergebnis einer Binärisierung für unterschiedliche Schwellwerte. Eine Trennung in die Objekte „Knochen" und „Hintergrund" gelingt in diesem Beispiel am besten mit dem Schwellwert 250.

Anders verhält es sich, wenn wir auf diese Weise Weichteilstrukturen (z.B. weiße und graue Substanz) segmentieren wollen. Da unterschiedliche Weichteil-Objekte partiell durchaus gleiche Grauwerte haben können, kommt es häufig zu keiner eindeutigen Zuweisung von Grauwert und Objekt. Wir erhalten eine unvollständige Segmentierung, die interaktiv „nachgebessert" werden muß.

6.4   3D-Rekonstruktionen

Die meisten der digitalen bildgebenden Verfahren in der Medizin liefern nicht nur zweidimensionale Bilder, sondern beinhalten auch räumliche Informationen. Beim CT-Bild steckt die dritte Dimension in der Schichtebene. Computertomogramme werden im allgemeinen in Form einer Bildserie erzeugt, dem sog. CT-Bildstack. Dabei schließen sich die einzelnen axialen Schichtaufnahmen nahtlos aneinander an. Die jeweilige Position der einzelnen Schichten sowie die Schichtdicke werden im Header vermerkt. Daher liefert der Computertomograph genaugenommen dreidimensionale Bilddaten. Man spricht in diesem Zusammenhang auch von einem Bilddatenwürfel. Da die Abstände der Bildpunkte in der (axialen) Ebene im allgemeinen 1 oder ½ mm, die Abstände von Schichtebene zu Schichtebene im Routinefall bestenfalls 2 mm betragen, sind die einzelnen dreidimensionalen Bildpunkte, die man in Anlehnung an das Kunstwort Pixel für ein dreidimensionales Bildelement auch Voxel (VOlume ELement) nennt, hier quaderförmig. Bei der Magnetresonanz-Tomographie hingegen sind „würfelförmige" Bilddaten üblich, da hier die Abstände zwischen den Bildelementen in allen drei Raumrichtungen gleichmäßig ca. 1 mm betragen.

Aufgrund der dreidimensionalen Struktur der Bilddaten von Computertomographen können nicht nur die primär axialen Bilder visualisiert werden, sondern auch frontale oder seitliche Schnitte rekonstruiert werden. Dazu wird aus jeder einzelnen Bildmatrix ein bestimmtes Profil gelesen und dieses zu einem frontalen oder seitlichen (sagittalen) Bild zusammengefaßt. Man spricht in diesem Zusammenhang auch von frontaler oder seitlicher Bildrekonstruktion. Die folgende Prozedur zeigt

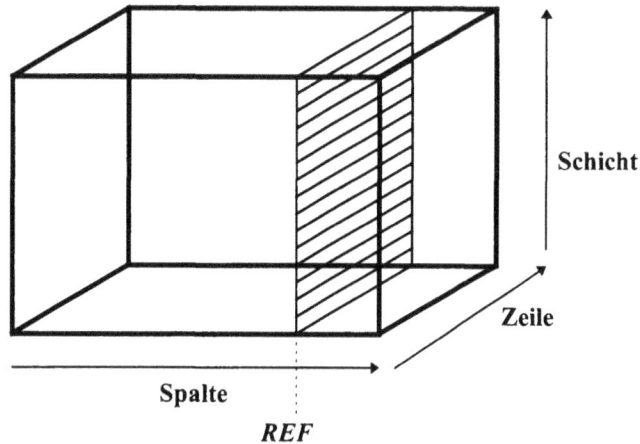

Bild 6.16: Modell eines aus einem CT-Bildstapel generierten Datenwürfels. Eine sagittale Rekonstruktion erfolgt aus den Zeilen- und Schichtbilddaten bei fester Spaltenzahl *REF*.

die Berechnung einer seitlichen Rekonstruktion. Eine CT-Bildserie sei in einer dreidimensionalen Matrix B_0 gespeichert. Sie bestehe wieder aus je 2^n Zeilen und Spalten sowie aus insgesamt M Bildern. Diese werden zusammen mit der Bezugskoordinate *REF* (seitliche Koordinate, für die die Rekonstruktion durchgeführt werden soll) der Prozedur übergeben. Die bezüglich REF berechnete sagittale Rekonstruktion wird im Array B_RECO abgelegt.

```
            PROCEDURE SAGITTAL_RECONSTRUCTION
                (IN: B0, N, M, REF; OUT: B_RECO)
    BEGIN
            INTEGER ARRAY B0(1:2**N,1:2**N,1:M)
            INTEGER ARRAY B_RECO(1:2**N, 1:M)
            FOR K=1 TO M DO
                FOR J=1 TO 2**N DO
                    FOR I=1 TO 2**N DO
                        IF I=REF THEN
                            B_RECO(I,K)=B0(I,J,K)
                    END DO
                END DO
            END DO
```

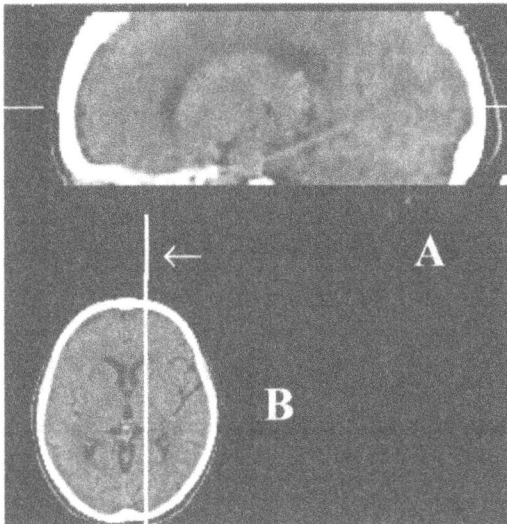

Bild 6.17: Beispiel einer seitlichen Rekonstruktion aus einem CT-Bildstapel des Kopfes eines Menschen. **A:** Visualisierung der seitlichen Rekonstruktion. **B:** Verlauf der Rekonstruktionsebene im Original-Computertomogramm. Visualisiert wurde die senkrecht zum im axialen CT-Bild durch ← markierte seitliche Bildebene.

RETURN

END

Wir gehen von einem Computertomogramm aus, das eine Bildauflösung von 1 mm in der Axialen und 2 mm in der Vertikalen haben möge. Um die ungleichen Abstände zwischen den axialen und vertikalen Bildkoordinaten für die Visualisierung auszugleichen, reicht es in vielen Fällen aus, wenn die vertikalen Bildzeilen verdoppelt werden. Anderenfalls sind die fehlenden Bildzeilen durch geeignete Verfahren zu interpolieren.

Neben dieser Form der dreidimensionalen Rekonstruktion von tomographischen Bilddaten, die aber nur ebene Bildrekonstruktionen erzeugt, haben sich in letzter Zeit auch Verfahren etabliert, die eine plastische pseudodreidimensionale Visualisierung (3D-Darstellung) von medizinischen Objekten ermöglichen. Im wesentlichen stehen dafür zwei Verfahrensweisen zur Verfügung.

Zum einen sind es die volumenorientierten Verfahren, vor allem die Ray-Tracing-Methode. Hierbei werden die dreidimensionalen Bilddaten als Datenwürfel aufgefaßt. Mittels eines fiktiven Suchstrahls, der von einem Beobachter ausgeht (Ray tracing), werden diejenigen Bild-Volumenelemente (Voxel) erfaßt, die direkt dem Beobachter zugewandt sind (vergleiche Bild 6.18). Wir bezeichnen diese Voxel als sichtbare Oberflächen-Voxel. In Bezug zu dem Voxel, welcher dem Betrachter am nächsten liegt, werden die Abstände aller anderen sichtbaren Oberflächenvoxel markiert und im sogenannten Tiefenspeicher (auch z-Buffer genannt) gespeichert. Genau diese Oberflächenvoxel werden nun in die Betrachterebene projiziert, wobei sie, durch unterschiedliche Helligkeiten markiert, einen räumlichen Eindruck des Objektes erzeugen. Die unterschiedliche Helligkeit der Oberflächenvoxel kann einmal durch die Distanz zum Betrachter berechnet werden. Je näher ein Oberflächenvoxel dem Betrachter ist, desto heller ist es und umgekehrt. Dazu wird zunächst der kleinste und der größe Abstand (d_{min}, d_{max}) von allen sichtbaren Oberflächenelementen bestimmt. Daraus läßt sich dann ein Distanzmaß Θ gewinnen, z.B.

$$\Theta = \frac{d - d_{min}}{d_{max} - d_{min}} \cdot \qquad (6.7a)$$

Der Grauwert g eines projizierten Oberflächenelementes P_{Obj} kann dann über die Beziehung

$$g(P_{Obj}) = 255 \cdot \cos(\frac{\pi}{2} \cdot \Theta) \qquad (6.7b)$$

berechnet werden. Damit erhält dasjenige Oberflächenelement, welches der Projektionsebene am nächsten liegt, den Grauwert 255 („hell"), während das am weitesten entfernte Objekt der Grauwert 0 („dunkel") erhält.

Man kann aber auch mit fiktiven Lichtquellen arbeiten. Je besser ein Oberflächenvoxel ausgeleuchtet ist, desto heller erscheint es. Darüber hinaus gibt es zahlreiche weitere graphische Verfahren, die eine besonders realistische pseudo-dreidimensionale Abbildung von Objekten ermöglichen. Das Bild 6.19 zeigt beispielhaft eine Anwendung solcher volumenorientierter Verfahren in der Medizin. Aus MR-Tomogrammen wurde der Kopf eines lebenden Menschen rekonstruiert und (im oberen Teil der Abbildung) als dreidimensionales Bild dargestellt. Zusätzlich hat der Betrachter die Möglichkeit, einen Einblick in die Weichteilstrukturen des Kopfes zu nehmen. Die entsprechenden Bildinformationen über die morphologischen Eigenschaften sind hier für eine 3D-Darstellung aufbereitet worden.

Diese Verfahren erlauben in besonderer Weise, die individuellen anatomischen Strukturen eines Patienten sichtbar zu machen. Dadurch ermöglichen sie u. U. eine verbesserte Diagnose sowie Therapieplanung bzw. Therapieverlaufskontrolle.

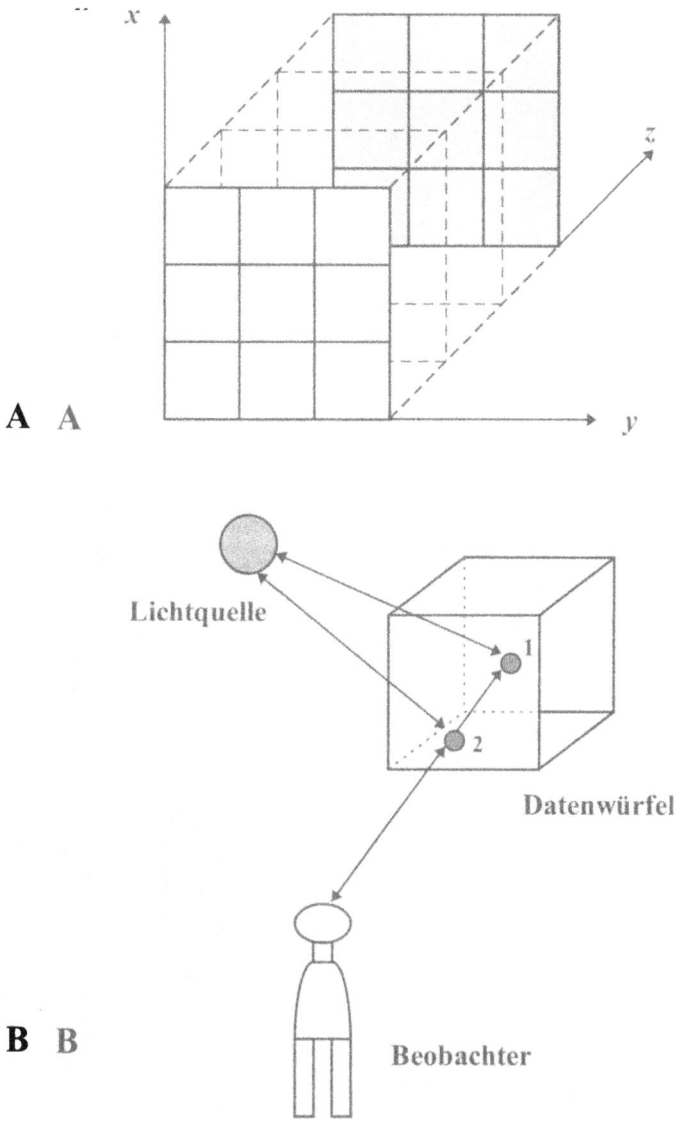

Bild 6.18: Volumenbasierte 3D-Rekonstruktion. **A:** Datenwürfel. **B:** Prinzip des Ray-Tracing.

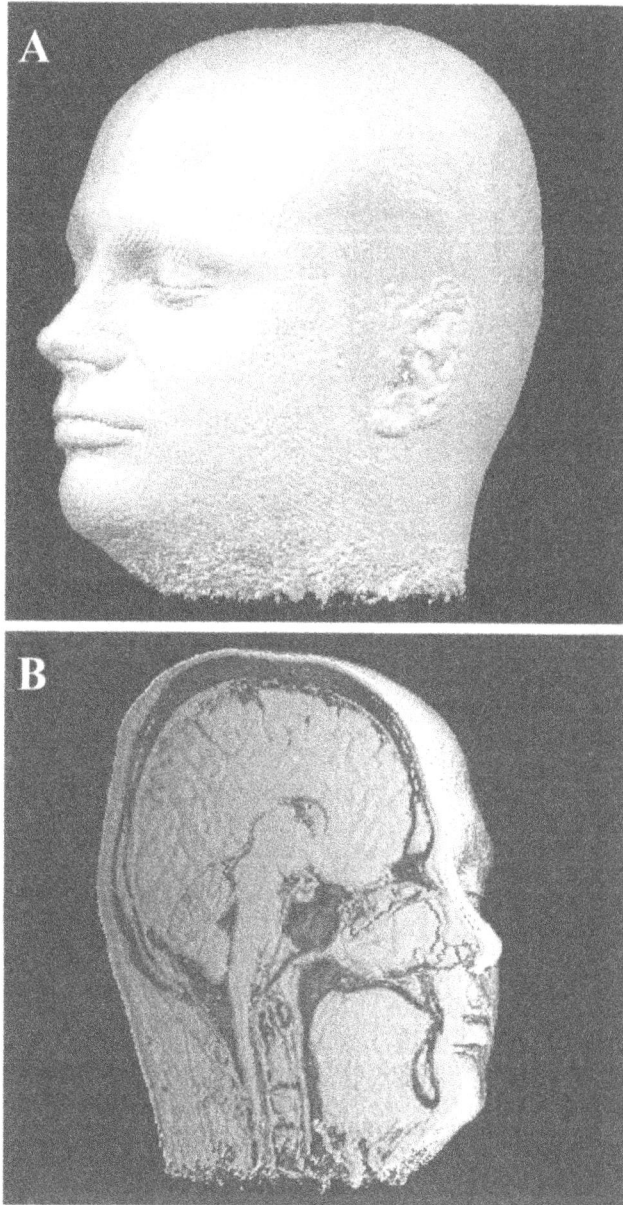

Bild 6.19: Pseudo-3D-Darstellung des Kopfes eines Menschen, berechnet anhand von MRT-Schichtbildern. **A:** Kopfoberfläche. **B:** Pseudo-3D-Einblick in das Gehirn eines lebenden Menschen (nach *Breuer*, 1995).

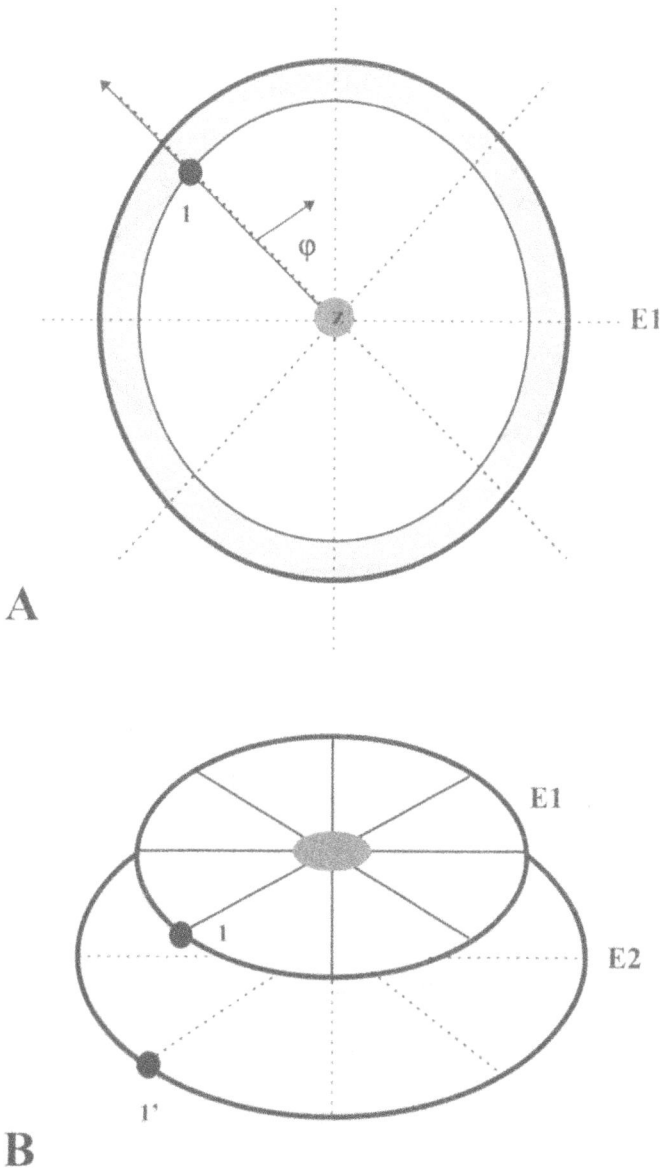

Bild 6.20: Drahtgittermodell I. **A:** Ein rotationssymmetrischer dreidimensionaler Gegenstand werde, ähnlich wie ein Computertomogramm, durch parallel ausgerichtete axiale ebene Schichten repräsentiert. Durch Suchstrahlen, die vom Zentrum (z) ausgehen, werden die Knotenpunkte mit dem inneren bzw. äußeren Rand (1) in äquidistanten Schritten (Winkel φ) ermittelt. **B:** In zwei benachbarten Ebenen (E1, E2) werden gleichsinnig verlaufende Suchstrahlen definiert, die korrespondierende Knoten , z.B. 1 und 1', detektieren.

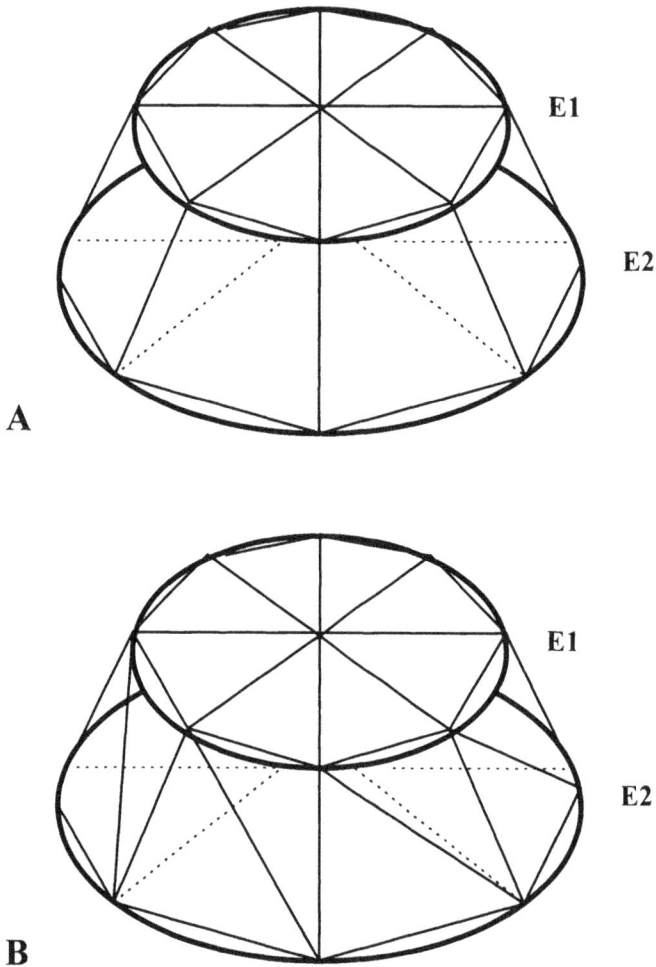

Bild 6.21: Drahtgittermodell II. **A:** Korrespondierende Knoten zweier axialer Ebenen (E1, E2) werden mit Linien verbunden. Dabei entstehen Dreiecke und Vierecke. **B:** Durch zusätzliche Halbierung der Vierecke, werden alle vom Polygonzug aufgespannten Flächen zu Dreiecken (vollständige Triangulation).

Neben den volumenorientierten Verfahren der 3D-Rekonstruktion haben sich auch Methoden der Polygonapproximation von Oberflächen in der Medizin bewährt. Dabei geht man beispielsweise wie folgt vor. Aus der Originalbildsequenz (z.B. Computertomogramm-Sequenz des Kopfes), werden durch Segmentierung Binärbild-Sequenzen gewonnen und gespeichert. Von der gesamten Sequenz werden die globalen ebenen Schwerpunktkoordinaten, das Zentrum $z \equiv (x_s, y_s)$, bestimmt. Von diesem Zentrum ausgehend, werden für jedes Binärbild Suchstrahlen zum Rand des rotationssymmetrischen Objektes gesendet. Sie schneiden das Objekt am inneren bzw. äußeren Rand und bilden dort den zugehörigen Knotenpunkt. Dieses wird für alle Schichten durchgeführt. Abschließend werden die korrespondierenden Knotenpunkte durch Linien miteinander verbunden. Daraus entstehen Polygonzüge, die dreieckige, überwiegend aber viereckige Flächen einschließen. Durch diagonale Teilung werden die Vierecke in dreieckige Flächenelemente umgewandelt (vollständige Triangulation). Der dadurch erzeugte dreidimensionale komplette Polygonzug wird als Drahtgitter-Modell bezeichnet.

Die Knoten und die von ihnen aufgespannten Dreiecke dieses Drahtgittermodells bilden die Grundlage für eine moderne Prothetik. Digitale Bilder erkrankter oder defekter Knochen eines Patienten können mit dem Computertomographen erzeugt und als Drahtgittermodell dreidimensional rekonstruiert werden. Die Daten der Knoten der durch die Triangulation ermittelten Dreiecke werden einer numerischen Fräsmaschine übergeben, die aus einem Rohling, der aus knochenähnlichem Matrial besteht, eine paßgenaue Prothese als Ersatz für den erkrankten oder defekten Knochen herstellt.

Man kann das Drahtgittermodell aber auch für eine 3D-Visualisierung verwenden. Dazu ist es erforderlich, die einzelnen Oberflächenelemente (Dreiecke) mit einer fiktiven Lichtquelle zu beleuchten. Kennt man die Flächennormale jedes der Dreiecke und den Eintrittswinkel γ des Lichtstrahls bezüglich der Normalen, kann man das Dreieck mit einem Grauwert g unterlegen, der von γ abhängt. Die Berechnung dieses Grauwertes ermöglicht z.B. das Lambertsche Gesetz, welches besagt, daß der Grauwert g proportional zum Cosinus des Eintrittswinkels ist, also $g = A \cdot \cos(\gamma)$. Werden alle sichtbaren Dreiecke so eingefärbt, entsteht ebenfalls ein plastischer räumlicher Eindruck des dreidimensionalen Objektes.

6.5 Übungsaufgaben

Aufgabe 6.1

Eine Bildmatrix B mit 256 Zeilen und Spalten möge durch folgende Gleichung beschreibbar sein

$$B(x,y) = 32 \cdot (\sin(a \cdot x) + \sin(a \cdot y) + \sin(b \cdot x) + \sin(b \cdot y) + 4)$$

mit $x, y = 0, 1, ..., 255$, $a = 5 \cdot \pi / 255$ und $b = 5 \cdot a$.

a) Skizzieren Sie das zugehörige digitale Bild.

b) Skizzieren Sie das Binärbild, welches mit dem Schwellwert 128 aus B erzeugt werden kann.

c) Bestimmen Sie die zweidimensionale Fouriertransformierte des Bildes.

Aufgabe 6.2

Gegeben sei eine Bildmatrix

$$B = \{\, b(i,j) \mid 1 \le i \le 2^n;\ 1 \le j \le 2^m;\ 1 \le b \le 2^k \,\},\ \text{wobei}$$

b(i, j) der Grauwert des Bildes in der i-ten Zeile und der j-ten Spalten ist.

a) Es seien n=8, m=9 und k=12. Wie groß ist der Speicherbedarf für eine solche Bildmatrix ?

b) Wie groß ist die Speicherplatzeinsparung gegenüber a), wenn lediglich die „visualisierbare" Bildmatrix (k=8) gespeichert wird?

c) Durch eine Schwellwertoperation wird B in eine Binärbildmatrix B^* überführt. Wie groß ist ihr Speicherbedarf?

d) Es liege eine Sequenz quadratischer Binärbildmarizen in folgender Form vor:

$$B_k = \{\, b(i,j) \mid 1 \le i, j \le 2^{\,n/k} \,\}$$

mit k=1,2,...,8 (k sei Zweierpotenz). Wie groß ist der Speicherbedarf für die Gesamt-Bildsequenz?

□

Aufgabe 6.3

Gegeben sei eine Bildmatrix $B = \{\, b(i,j) \mid 1 \le i \le N;\ 1 \le j \le M;\ 1 \le b \le 2^k \,\}$. Ein Maß für den mittleren Informationsgehalt dieses Bildes ist die Entropie

$$H = -\sum_{b} p(b) \cdot ld(p(b))$$

wobei p(b) die Wahrscheinlichkeit für das Auftreten des Grauwertes b im Bild ist. Zu betrachten sind folgende Bilder:

(i)   vollständig homogenes Bild ($\forall\, b(i, j) \in B$ gilt $b(i, j) = $ const.)

(ii) binäres Bild

(iii) gleichverteiltes Grauwertbild (d.h, alle 2^k Grauwerte treten mit gleicher Wahrscheinlichkeit im Bild auf).

a) Wie groß ist der Wert k für die Bildmatrizen (i) – (iii)?

b) Wie groß ist die Entropie H für die Bildmatrizen (i) – (iii)?

c) Welche Bedeutung hat die Entropie für die Grauwert-Kodierung der Bildermatrizen (i) – (iii)?

□

Aufgabe 6.4

Gegeben sei folgendes Grauwerthistogramm $h(b)$:

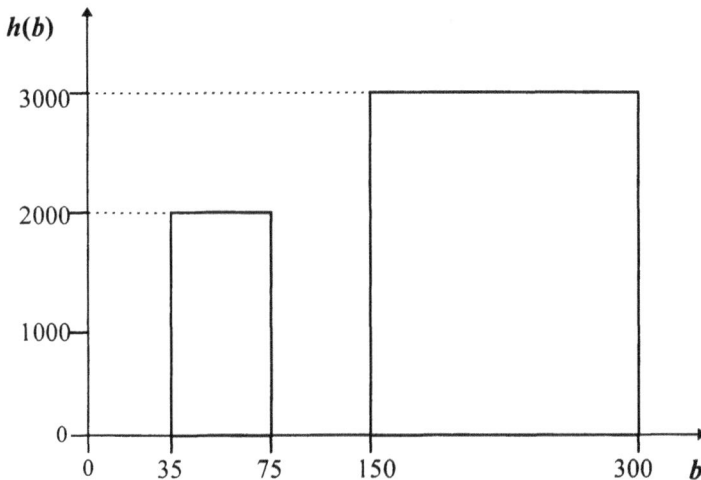

a) Aus wievielen Bildpunkten besteht die Bildmatrix?

b) Berechnen Sie den mittleren Grauwert $\bar{b}$ des Bildes.

c) Für die Visualisierung stehen 2^8 Grauwerte zur Verfügung. Wie könnten die Grauwerte b der Bildmatrix modifiziert werden, damit der gesamte verfügbare Grauwertbereich ausgeschöpft wird?

d) Wie könnte das zugehörige Bild aussehen?

Das Bild soll auf der Basis der <u>Original</u>-Grauwerte binärisiert werden.

e) Wo würden Sie den Schwellwert legen?

f) Skizzieren Sie das zugehörige (binäre) Grauwerthistogramm.   ⊔

Aufgabe 6.5

Ein kugelförmiger Körper mit einem Durchmesser von 200 Pixel soll so auf eine Ebene (256x256 Bildpunkte) projiziert werden, daß die Mittelpunkte von projiziertem Körper und Projektionebene zusammenfallen. Der 3D-Effekt soll durch eine tiefenorientierte Grauwertzuordnung erzeugt werden. Wie lautet diejenige Bildmatrix, die sich durch die Projektion und die zugehörige Grauwertzuordnung ergibt. Geben Sie dazu ein (allgemeines) repräsentatives Oberflächenelement P_{obj} (i,j) an, das zur Projektionsmatrix gehört.   □

6.6   Weiterführendes Studium

Eine Auswahl von Lehrbüchern zum Thema dieses Kapitels möge das Vertiefen des dargebotenen Stoffes erleichtern. Die sich daran anschließende Liste ausgewählter Publikationen ermöglicht einen Einstieg in die aktuelle Forschung auf dem Gebiet der medizinischen Bilddatenverarbeitung. Heutige Forschungsschwerpunkte sind die Segmentierung medizinischer Bilder sowie die Merkmalsextraktion und die Bildmustererkennung. Daneben spielen für viele praktische medizinische Anwendungen die 3D-Rekonstruktionstechniken eine wichtige Rolle. Auch darauf nimmt die Literaturliste bezug.

Lehrbuchauswahl:

Bässmann H., Besslich Ph.W.: Bildverarbeitung OdOculos. Springer, Berlin, Heidelberg, NewYork, 1993.

Bösiger P.: Kernspin-Tomographie für die medizinische Diagnostik. Teubner, Stuttgart, 1985.

Encarnacao J., Straßer W., Klein R.: Graphische Datenverarbeitung. Oldenbourg, München, Wien, 1995.

Ehricke H.H.: Medical imaging – digitale Bildanalyse und -kommunikation in der Medizin. Vieweg, Braunschweig, Wiesbaden, 1997.

Gambarelli J., Guérinel G., Chevrot L., Mattèi M.: Computerized axial tomography. Spinger, Berlin, Heidelberg, New York, 1977.

Gonzales R.C., Wintz P.: Digital Image Processing. Addison Wesley, Reading, 1987.

Haberäcker P.: Digitale Bildverarbeitung. Hanser Verlag, München, Wien, 1985.

Haberäcker P.: Praxis der Digitalen Bildverarbeitung und Mustererkennung. Hanser, München, Wien, 1995.

Haenselmann T.: Raytracing. Addison-Wesley, Bonn, 1996.

Heinrich G.: Bildverarbeitung von Computertomogrammen zur Unterstützung der neuroradiologischen Diagnostik. Springer, Berlin, Heidelberg, New York, 1983.

Jähne B.: Digitale Bildverarbeitung. Springer, Berlin, Heidelberg, New Yok, 1989.

Kazmierczak H. (Hrsg.): Erfassung und maschinelle Verarbeitung von Bilddaten. Springer, Wien, New York, 1980.

Krestel E. (Hrsg.): Bildgebende Systeme in der medizinischen Diagnostik. Siemens AG, Berlin, München, 1980.

Lehmann T., Oberschelp W., Pelikan E., Repges R.: Bildverarbeitung in der Medizin. Springer, Berlin, Heidelberg, New York, 1997.

Natterer F.: The mathematics of computerized tomography. John Wiley, Chichester and Teubner, Stuttgart, 1986.

Radig B. (Hrsg.): Verarbeiten und Verstehen von Bildern. Oldenbourg, München, Wien, 1993.

Roth K.: NMR-Tomographie und -spektroskopie in der Medizin. Springer, Berlin, Heidelberg, New York, Tokyo, 1984.

Serra J.: Image analysis and mathematical morphology. Academic Press, London, 1988.

Steinbrecher R.: Bildverarbeitung in der Praxis. Oldenbourg, München, Wien, 1993.

Tönnis K.D., Lemke U.: 3D-Computergraphische Darstellungen. Oldenbourg, München, Wien, 1994.

Vanselow K., Proppe D.: Grundlagen der quantitativen Röntgenbildauswertung. Springer, Berlin, Heidelberg, New York, 1984.

Watt A.: Fundamentals of three-dimensional computer graphics. Addison Wesley, New York, 1989.

Zamperoni P.: Methoden der digitalen Bildverabeitung. Vieweg, Braunschweig, Wiesbaden, 1989.

Zavodik R., Kopp H.: Graphische Datenverarbeitung. Hanser, München, Wien, 1995.

Zimmer W.D., Bonz E.: Objektorientierte Bildverarbeitung. Hanser, München, Wien, 1996.

Zeitschriftenartikel:

Azhari A., Stolarski S.: Hybrid ultrasonic computed tomography. Comput. Biomed. Res. 30(1997), 35-48.

Bartolini A., Gasparetto B., Roncallo F., Sullo L.: Assessmen of regional cerebral blood flow images with non-diffusible contrast media and angio-CT. Comput. Imag. Graphics 20(1996), 19-29.

Breuer U., Handels H., Pöppl S.J.: 3D-volume visualization in medical imaging using parallel algorithms. 5th Eurographics Workshop on Visualization in Scientific Computing. Rostock, 1994.

Budinger T.F., Derenzo S.E., Gullberg G.T., Greenberg W.L., Huesman R.H.: Emission computer assisted tomography with single photon and positron annihilation photon emitters. J. Comput.Ass. Tomogr. 1(1977), 131-145.

Colin A., Boire J.Y.: A novel tool for rapid prototyping and development of simple 3D medical image processing applications on Pcs. Comput. Meth. Progr. Biomed. 53(1997), 87-92.

Deklerck R., Cornelis J., Bister M.: Segmentation of medical images. Image Vision Comput. 11(1993), 486-503.

Englmeier K.H., Wieber A., Milachowski K.A., Hamburger C., Mittlmeier T.: Methods and applications of three-dimensional imaging in orthopedics. Arch. Orthop. Trauma Surg. 109(1990), 186-190.

Gerke M., Vogt H., Fiekert W., Kretschmann H.-J.: 3D reconstructions of neurofunctional structures for neuroimaging. Comput. Med. Imag. Graphics 20(1996), 1-13.

Herman G.T.: 3D-Display: A survey from theory to applications. Comp. Med. Imag. Graph. 17 (1993), 231-242.

Hibbard L.S., Hawkins R.A.: Objective image alignment for threedimensional reconstruction of digital autoradiograms. J. Neurosci. Meth. 23 (1988), 55-74.

Höhne K.-H.: 3D-Bildverarbeitung und Computergraphik in der Medizin. Informatik-Spektrum 10(1987), 192-204.

Höhne K.H., Bernstein R.: Shading 3D-images from CT using gray level gradients. IEEE Transact.Med.Imag. 5(1986), 45-47.

Höhne K.-H., Pflessner B., Pommert A., Riemer M., Schiemann T., Schubert R., Tiede U.: A new representation of knowledge concerning human anatomy and function. Nat.Med. 1(1995), 506-511.

Keppel E.: Approximating complex surfaces by triangulation of contour lines. IBM J. Res. Dev. 19(1975), 2-11.

Meinzer H.-P., Meetz K., Scheppelmann D., Engelmann U., Baur H.J.: The Heidelberg ray tracing model. IEEE Comput.Graphs.Appl. 5(1991), 34-43.

Pfeiler M.: Röntgen-Computertomographie; Einführung und Überblick über den Stand der Technik. Biomed. Technik 25(1980), 123-133.

Smith T.G., Marks W.B., Lange G.D., Sheriff W.H., Neale E.A.: Edge detection in images using Marr-Hildreth filtering techniques. J. Neurosci. Meth. 26(1988), 75-82.

7 Anwendungssysteme

Bislang haben wir wichtige Methoden der rechnergestützten Verarbeitung medizintechnischer Informationen kennengelernt. Abschließend wollen wir uns wichtigen Anwendungsmöglichkeiten dieser Methoden in einem größeren medizinischen Zusammenhang zuwenden. Im ersten Abschnitt dieses Kapitels werden Verfahren zur Überwachung von Signalen, die bei Patienten zu diagnostischen Zwecken erhoben werden, vorgestellt. In einem weiteren Abschnitt werden wir rechnergestützte Verfahren kennenlernen, die im Rahmen chirurgischer Eingriffe eingesetzt werden. Im letzten Abschnitt wollen wir uns einen einführenden Überblick über den Aufbau und den Einsatz von Informationssystemen in der Medizin und ihre Bedeutung für die medizinische bzw. medizinisch-technische Informationsverarbeitung verschaffen.

7.1 Patientenmonitoring und Mapping

Die Überwachung von Patienten mit Hilfe von technischen Geräten (Überwachungsgeräte) zur Kontrolle von Therapieerfolgen und zur Abwehr möglicher Komplikationen infolge von diagnostischen Eingriffen oder Therapiemaßnahmen bezeichnet man als Patientenmonitoring. Dazu zählen insbesondere die Kontrolle von lebenswichtigen Funktionen des Körpers bei schwerkranken Patienten auf den Intensivstationen der Krankenhäuser. Patientenmonitoring finden wir aber auch in der Notfallmedizin, der (Langzeit-)-Funktionsdiagnostik und der Geburtshilfe.

Wir wollen aus medizin-informatischer Sicht einerseits zwischen der Erfassung der zur Überwachung von Vitalfunktionen notwendigen Informationen, dem sogenannten Monitoring, und andererseits der graphischen Darstellung von räumlich-zeitlichen Veränderungen medizinischer Informationen, dem sogenannten Mapping, unterscheiden. Beim Monitoring werden die Daten bevorzugt im *online*-Verfahren erfaßt, analysiert und visualsiert, während dieses beim Mapping nicht unbedingt erforderlich ist.

Wenden wir uns zunächst der Meßdatenerfassung von Vitalfunktionsparametern, dem Monitoring, zu.

7.1.1   Patienten-Monitoring

Mit Hilfe von Sonden (z. B. Elektroden, Sauerstoffsensoren) werden die für die Überwachung wichtigen Biosignale erfaßt, danach verstärkt, digitalisiert, analysiert, graphisch aufbereitet und anschließend auf einem Bildschirm präsentiert, so daß sie vom pflegerischen und ärztlichen Personal „auf einen Blick" erfaßt und bewertet werden können. Man bezeichnet diesen Vorgang als „Monitoring". Zu den am häufigsten verwendeten Biosignalen für das Patientenmonitoring gehören (vergl. Bild 7.1):

- das Elektrokardiogramm („on line")

- das Elektroenzephalogramm („on line")

- der arterielle Blutdruck („on line")

- die Pulsfrequenz („on line")

- die Atemfrequenz („on line")

- die Blutgase (pO_2, pCO_2; „on line")

- die Körperkerntemperatur („on line")

- die Elektrolytwerte (weitgehend „off line").

Die Signale werden dabei zeitgleich parallel oder geringfügig zeitverschoben (per Multiplexverfahren) seriell erfaßt und digitalisiert. Danach lassen sich die Daten prinzipiell in ein Array ablegen Wegen der Beschränktheit von Arraygrößen werden meist nur so viele Werte abgelegt, wie für die Darstellung auf der verfügbaren Bildschirmbreite benötigt werden. Danach wird der gesamte Speicherinhalt in eine Datei, ggf. auch in eine Datenbank geschrieben und der nächste Datensatz wird angezeigt.

Wir können die für das Monitoring gemessenen Signale prinzipiell in zwei Gruppen einteilen:

1. Signale, die eine mehr oder weniger periodische Veränderung erfahren; zu ihnen gehören das EKG, das EEG und der arterielle Blutdruck.

2. Signale, die im Normalfall (nahezu) konstant im Laufe der Zeit sind; zu ihnen gehören die Elektrolytkonzentration, die Atemfrequenz, die Blutgaswerte, die Pulsfrequenz und die Körperkerntemperatur.

Die Signale werden in der Regel fortlaufend registriert, digitalisiert und anschließend auf einem Bildschirm graphisch dargestellt (z.B. in Form von Zeitreihen, Kurven und Säulendiagrammen). Die hierfür verwendeten Programme sollten darüber hinaus wesentliche Abweichungen der gemessenen Werte von ihren Normalwerten erkennen, wobei sie in einem solchen Fall durch optische oder akustische Warnsignale das ärztliche und/oder Pflegepersonal auf einen kritischen Zustand des Patienten hinweisen können.

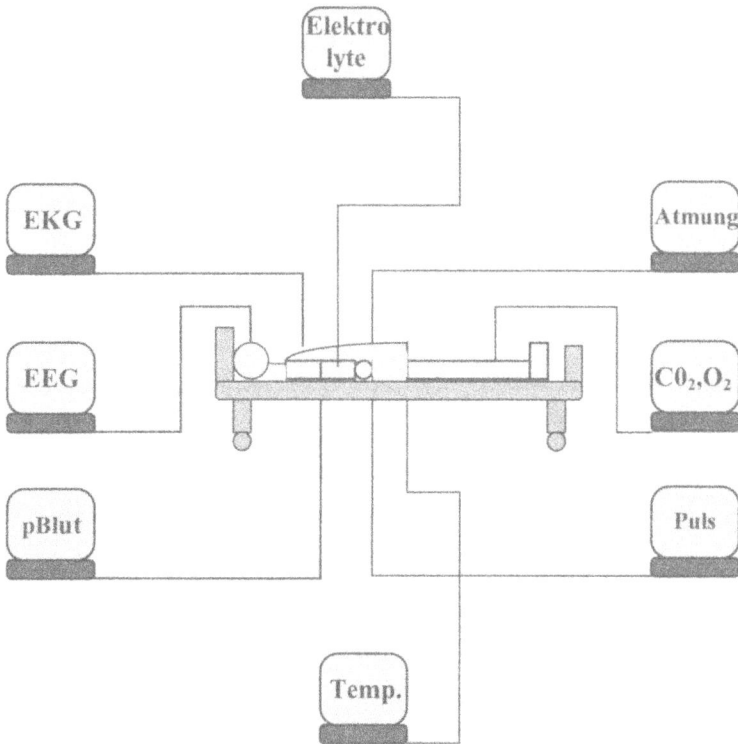

Bild 7.1: Schematische Darstellung der Überwachung von Vitalfunktionen eines Patienten auf der Intensivstation (Patientenmonitoring). Registriert werden das Elektrokardiogramm (EKG), das Elektroencephalogramm (EEG), der arterielle Blutdruck (pBlut), die Körperkerntemperatur (Temp.), die Pulsfrequenz (Puls), die Blutgase (CO_2, O_2), die Atemfrequenz (Atmung) und die Elektrolytwerte (Elektrolyte). Diese Vitalparameter ermöglichen eine Beurteilung des Status des Patienten, indem die fortlaufend registrierten Parameterwerte mit den Normalwerten verglichen werden. Abweichungen unterhalb oder oberhalb der Toleranzgrenze werden dem pflegerischen und/oder ärztlichen Personal durch optische oder akustische Warnsignale angezeigt.

Die automatische, d. h mit Hilfe des Computers durchgeführte Erkennung einer kritischen Änderung eines Signales der ersten Gruppe ist häufig nicht trivial. So müssen z.B. mit Hilfe von Mustererkennungsverfahren typische Veränderungen in den Signalabläufen von EKG und EEG erkannt und einer pathologischen Situation zugeordnet werden. Während dieses für das EKG auch im Routinefall bereits möglich ist, befinden sich die entsprechenden Verfahren für die EEG-Analyse heute zumeist noch in einer experimentellen Phase.

Die Erkennung eines kritischen Zustandes anhand einer bedeutenden Abweichung des aktuellen Wertes von einem Normwert, wie sie z.B. bei den Signalen der zweiten Gruppe möglich ist, läßt sich hingegen algorithmisch ohne große Schwierigkeiten formulieren, wie die Prozedur *MONITOR* zeigt. Zunächst wird nach Setzen eines Triggers fortlaufend der aktuelle Signalwert erfaßt, digitalisiert und von der Prozedur als S_WERT gelesen (INPUT S_WERT). Weicht S_WERT vom unteren oder oberen Normalwert (NORMIN, NORMAX) ab, dann wird eine logische Variable (ALARM) geschaltet, welches zur Auslösung eines akustischen oder optischen Alarms führt.

```
PROCEDURE MONITOR
BEGIN
        DO
                INPUT S_WERT
                IF S_WERT > NORMAX OR
                 S_WERT < NORMIN THEN
                        ALARM=„ON"
                ELSE
                        ALARM=„OFF"
                END IF
        WHILE TRIGGER=„ON"
RETURN
END
```

Ein Alarm wird genau dann ausgelöst, wenn die logische Variable ALARM den Zustand „ON" angenommen hat. Um zu verhindern, daß ein einzelner Ausreißer einen Alarm auslöst, kann z.B. durch eine weitere Schleifenanweisung geprüft werden, ob der kritische Zustand über einen längeren, vorher festzulegenden Zeitraum besteht. Erst wenn diese Bedingung erfüllt ist, wird der Alarm ausgelöst.

Die automatische Bewertung des Patientenstatus anhand der gemessenen Signalwerte kann mit Hilfe der verschiedenen Methoden der Künstlichen Intelligenz allerdings noch verfeinert werden.

7.1.2   Funktionelles Mapping

Signale, die am Patienten gemessen werden, können sowohl kurzzeitigen als auch längerfristigen Veränderungen unterworfen sein. Kommt zur zeitlichen noch eine räumliche Komponente hinzu, lassen sich die Informationen graphisch durch Karten, sogenannte Maps, darstellen. Diese erlauben eine rasche Übersicht über die

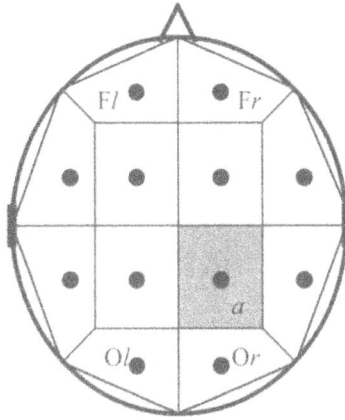

Bild 7.2: Schema eines (geebneten) Polyeders, welcher die Zuordnung von EEG-Signaleigenschaften relativ zu den Positionen, an denen sich die signalregistrierenden Elektroden (•) befinden, ermöglicht. Unterschiedliche Signaleigenschaften werden durch Farben oder Grautöne markiert (*a*). Als Orientierungshilfe sind der linke und der rechte Frontalhirn- bzw. Occipitalhirnbereich besonders gekennzeichnet (F*l,r* und O*l,r*).

räumlich-zeitlichen Veränderungen von Signalen. Solche Signale müssen dabei nicht unbedingt Biosignale im engeren Sinne sein, sondern können irgendwelche zeitlich-räumlich veränderliche Zustände bestimmter anatomischer Objekte widerspiegeln. Wir wollen uns das Mapping an zwei Beispielen verdeutlichen. Das Elektroenzephalogramm ist ein Signal, das sich in bestimmten pathologischen Situationen (z.B. Krampfanfall) sowohl zeitlich als auch räumlich rasch verändern kann. Da ein EEG in der Regel mehrkanalig registriert wird, ist die Überwachung seiner räumlich-zeitlichen Variationen in seiner Gesamtheit oft schwierig. Aus diesem Grund wird eine Karte der EEG-Aktivität für eine Serie fester Zeitpunkte angefertigt und nebeneinander auf einem Bildschirm angeordnet, so daß die räumlich-zeitliche Entwicklung des zugehörigen neuronalen Prozesses leicht überblickt werden kann. Man bezeichnet dieses Verfahren als Brainmapping.

Das EEG-Signal wird durch Elektroden, die auf der Kopfhaut an definierten Stellen befestigt sind, abgenommen. Die Elektrodenpositionen und die von ihnen gemessenen elektrischen Hirnaktivitäten lassen sich dann in die erwähnten Karten umsetzen. Zu diesem Zweck wird von der Schädeloberfläche eines Menschen eine vereinfachtes Modell konstruiert. Dabei wird die sphärische Kopfoberfläche als Polyeder modelliert und anschließend auf eine Ebene projiziert (ähnlich den kartographischen Verfahren in der Geographie bei der Darstellung der Erdoberfläche). Die Abbildung 7.2 zeigt einen solchen Polyeder mit gleichmäßig auf der Kopfoberfläche verteilten Elektrodenpositionen. Jedes Flächenelement des Polyeders wird einem Meßort zugeordnet. Aus dem dort gemessenen Signal wird ein bestimmtes

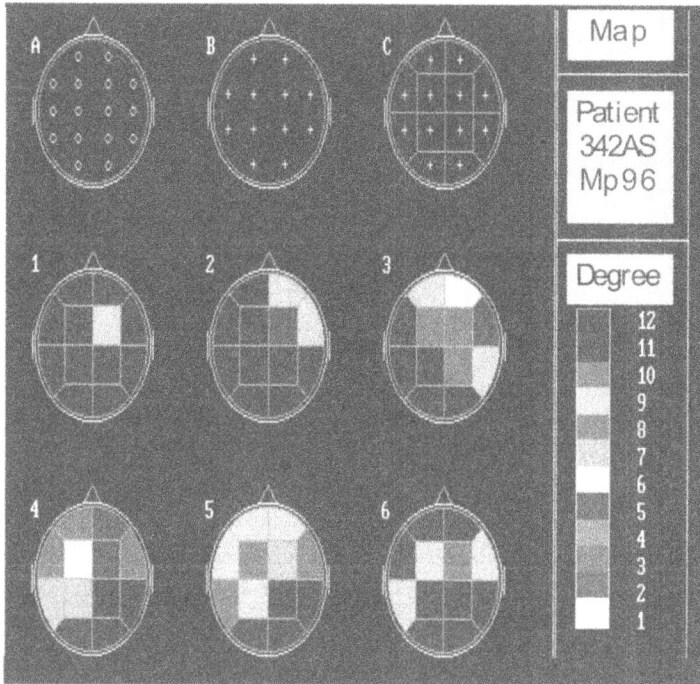

Bild 7.3: Funktionelles Brainmapping (Map 96 des Patienten 342AS). **A:** Positionen der Oberflächen-EEG-Elektroden. **B:** Räumliche Zuordnung der gemessenen EEG-Potential-differenzen, die in anteriorer-posteriorer Richtung gebildet wurden. **C:** Flächen gleicher Potentialdifferenz, die zu unterschiedlichen Zeiten (1-6) unterschiedliche Aktiviäten auf-weisen, sind durch bestimmte Farben (Graustufen) gekennzeichnet (Degree: 1-12). Eine fronto-medial beginnende Aktivitätssteigerung (1) breitet sich zunächst fronto-lateral aus (2), um dann auch auf die kontralaterale Hemisphärenhälfte zu gelangen (3). Danach setzt eine Generalisierung ein, fast das gesamte Gehirn ist von einer Zunahme der Aktivität be-troffen (4-5), bevor sie wieder abnimmt (6). Das Mapping zeigt in übersichtlicher Form die zeitliche und räumliche Ausbreitung einer Aktivitätsänderung des EEG „auf einen Blick".

Merkmal extrahiert (z.B. ein bestimmter Amplitudenwert, ein Frequenzvorkommen usw.). Jeder Merkmalsausprägung wird entsprechend einer vorab zu definierenden Skala ein Grauwert oder Farbton zugeordnet, wobei das jeweilige Flächenelement markiert, d.h. mit dem entsprechenden Farb- oder Grauwert versehen wird. Die zeitliche Abfolge der auf diese Weise erfaßten Signal-Merkmale läßt sich durch Aneinanderreihen von Karten darstellen (siehe Bild 7.3)

Anstelle der Konstruktion eines ebenen Polyeders und des Farbcodierens seiner mit dem jeweiligen Meßort korrespondierenden Flächenelemente lassen sich auch Karten entwerfen, die ähnlich den Wetterkarten konzipiert sind. Dort werden Örter

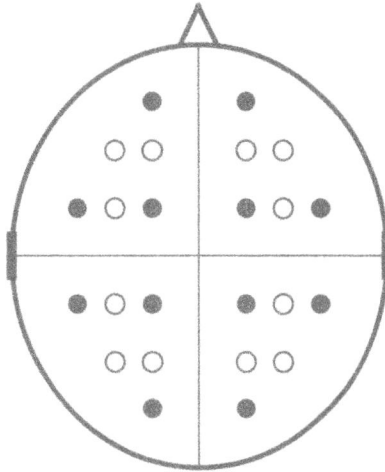

Bild 7.4: Schema der Elektrodenanordnung (•) und einiger interpolierter Stützstellen (o), welches als Basis eines durch Spline-Approximation gebildeten Brainmappings dient.

gleichen Luftdrucks mit Hilfe von Interpolationsverfahren durch „glatte" Linien, z.B. mit Hilfe von Catmull-Rom-Splines, miteinander verknüpft. Dadurch entstehen die Graphen der Isobaren. Analog dazu lassen sich auch Hirnkarten erstellen. In einem ersten Schritt werden die Stützstellen, die durch die Elektrodenanordnung bestimmt werden, durch geeignete Interpolationen „vermehrt". Die Abbildung 7.4 zeigt das Prinzip. Anschließend werden die Örter gleicher Aktivität durch Ausgleichskurven miteinander verknüpft.

Dieser Vorgang wird in bestimmten zeitlichen Abständen durchgeführt; die dadurch entstehenden Karten werden ebenfalls systematisch aneinandergereiht und ermöglichen dadurch einen Überblick über die räumliche und zeitliche Entwicklung des beobachteten Prozesses. Die Abbildung 7.5 zeigt ein typisches Beispiel für ein solches Mapping. Zu sechs verschiedenen Zeiten wurde die Hirnaktivität durch je eine Karte repräsentiert. Das komplette Mapping zeigt die zeitlich-räumliche Entwicklung eines ausgeprägten neuronalen Prozesses.

Nicht nur die räumlichen und zeitlichen Veränderungen von Biosignalen lassen sich durch Karten visualisieren, sondern prinzipiell alle Merkmalsausprägungen eines biomedizinischen Prozesses, welche einer zeitlich-räumlichen Änderung unterliegen. Wie bereits beim Brainmapping gezeigt, müssen wir in jedem Falle zunächst ein semianatomisches Schema konstruieren, das sich durch einen ebenen Polyeder darstellen läßt. Seine einzelnen Flächenelemente repräsentieren dabei ein bestimmtes anatomisches Areal. Die Färbung dieser Flächenelemente repräsentiert dann die Merkmalsausprägung in diesem anatomischen Gebiet.

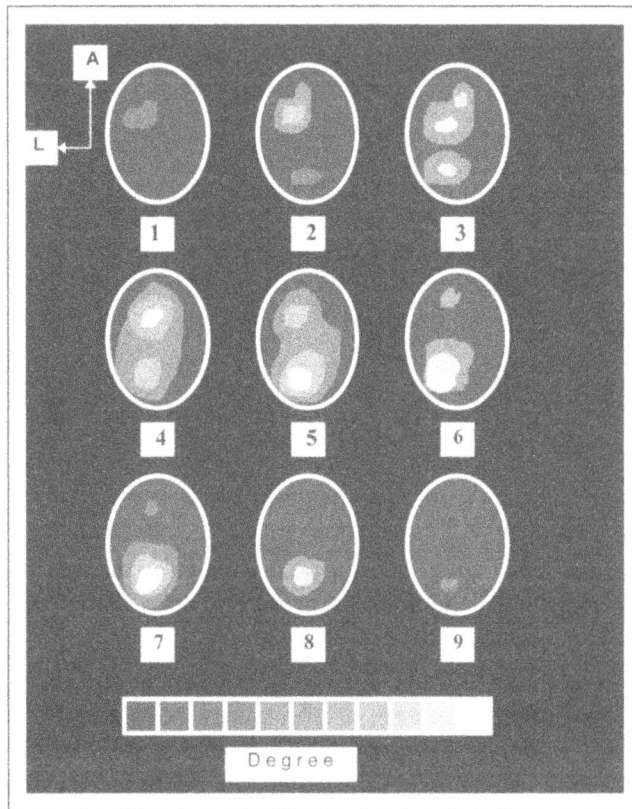

Bild 7.5: Funktionelles Brainmapping. Darstellung der Aktivität des EEG-Signals in Abhängigkeit von der Zeit (1-9) in räumlich hochauflösender Darstellung (A: anteriore Richtung; L: linke Körperhälfte). Ein epileptischer Herd beginnt monofokal in fronto-medialer Position (1), breitet sich in occipitaler und lateraler Richtung aus und zerfällt in zwei Teilherde (2-6). Dabei verschiebt sich die Aktivität aus dem frontalen in das occipitale Gebiet. Während die frontale Aktivität gänzlich verschwindet (8), nimmt auch die occipitale Aktivität mit einer zeitlichen Verzögerung ab (9). Die Koordinaten gleicher EEG-Aktivität werden hier durch Catmull-Rom-Splines miteinander verbunden. Sie bilden Isolinien gleicher EEG-Aktivität.

Allgemein läßt sich der Vorgang des Mappings durch die folgende Prozedur *MAPPING* realisieren. Insgesamt sollen dabei M verschiedene anatomische Objekte oder Areale, die zu einer Karte zusammengefaßt sind, zu N verschiedenen Zeitpunkten betrachtet werden. Für jeden Zeitpunkt wird zunächst eine Karte dargestellt, welche aber einen von den bereits vorher präsentierten Karten abweichenden Platz auf dem Bildschirm zugewiesen bekommt. Dieses könnte formal durch den Aufruf CREATE_MAP bei gleichzeitiger Übergabe eines die Zeit repräsentierenden Parameters erfolgen. Dann wird die Merkmalsausprägung der M Objekte durch Einfärben der Elementarflächen des Polyeders mit einem entsprechenden Grau- oder Farbton dargestellt. Dieser Vorgang könnte formal durch den Aufruf FILL_MAP und die Übergabe des Parameterwertes für betrachtete Merkmalsausprägung erfolgen, welcher vorher im zweidimensionalen Array STATUS für jeden darzustellenden Zeitpunkt abgelegt wurde. Im einzelen könnte die Prozedur folgenden Aufbau besitzen:

```
PROCEDURE MAPPING (IN: STATUS, N, M)
BEGIN
        INTEGER ARRAY STATUS(1:N; 1:M)
        FOR I=1 TO N DO
            CREATE_MAP(I)
            FOR J=1TO M DO
                FILL_MAP(STATUS,J)
            END DO
        END DO
    RETURN
    END
```

Abschließend wollen wir am Beispiel der Kartierung der vorhandenen Muskelkraft eines Patienten das Mapping-Prinzip noch einmal konkret anwenden. Dargestellt werden soll die räumliche und zeitliche Abnahme der Muskelkraft in den Extremitäten aufgrund einer Erkrankung der Skeletmuskulatur. In einem ersten Schritt ist ein semianatomisches Schema zu konstruieren, das die anatomischen Details in der gewünschten Genauigkeit repräsentiert.

Dieses Schema besteht hier wiederum aus einer Anzahl von Flächenelementen, wobei jedes Flächenelement eine bestimmte Muskelgruppe repräsentiert. Die Kraft, welche die einzelnen Muskelgruppen zu bestimmten Zeiten entwickeln können, wird in Form eines vorher definierten Grauwertes kodiert. Das Bild 7.6 zeigt ein solches semianatomisches Schema. Die Darstellung der zeitliche Entwicklung des Kraftabfalls in den beobachteten Muskelgruppen wird durch ein entsprechendes Mapping möglich, wie das Bild 7.7 verdeutlicht. Man bezeichnet ein solches, die Veränderung der Muskelkraft im Laufe der Zeit betreffendes Mapping als Muscle Force Mapping. Mit Hilfe einer solchen Kartierung ist die aufgrund einer Erkrankung über längere Zeiträume abnehmende Kraft in den verschiedenen Muskelgruppen „auf einen Blick" erkennbar. Angewendet werden solche Mappingverfahren insbesondere. bei Erkrankungen, die die Skelettmuskulatur betreffen (Muskeldystrophien oder spinale Motoneurondegenerationen wie etwa die Poliomyelitis

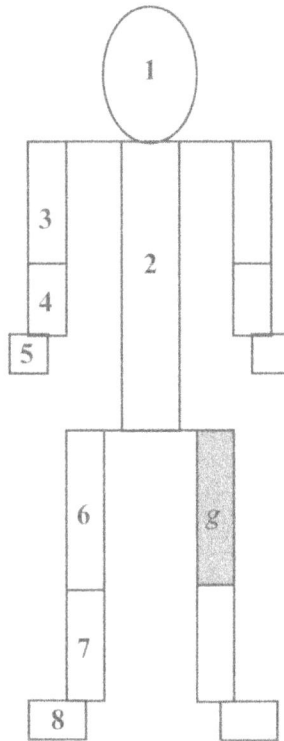

Bild 7.6: Semianatomisches Schema der Muskulatur eines Menschen, dargestellt durch eine Konstruktion von Rechtecken, deren Grauwert (oder Farbe) die Kraftentfaltung der Muskulatur angibt. In diesem stark vereinfachten Schema sind die Muskeln zu großen Muskelgruppen zusammengefaßt: Kopfmuskulatur (1), Rumpfmuskulatur (2), Oberarmmuskulatur (3), Unterarmmuskulatur (4), Handmuskulatur (5), Oberschenkelmuskulatur (6), Unterschenkelmuskulatur (7) und Fußmuskulatur (8). Jede Muskelgruppe wird durch ein Rechteck symbolisiert. Der jeweilige Muskelstatus, z.B. der Grad einer Muskelschwächung, kann durch Füllen des die Muskelgruppe repräsentierenden Rechtecks mit einem dem Status der Kraftentfaltung entsprechenden Grauwert (g) kodiert werden. Das semianatomische Schema kann nach Bedarf feiner differenziert werden, so daß auch der funktionelle Zustand noch kleinerer, anatomisch zusammengehörender Muskelgruppen oder auch einzelner Muskeln dargestellt werden kann.

und die Amyotrophe Lateralsklerose). Sie können darüber hinaus grundsätzlich für alle solche Krankheitsbilder verwendet werden, bei denen räumlich-zeitlich veränderliche biomedizinische Merkmale auftreten.

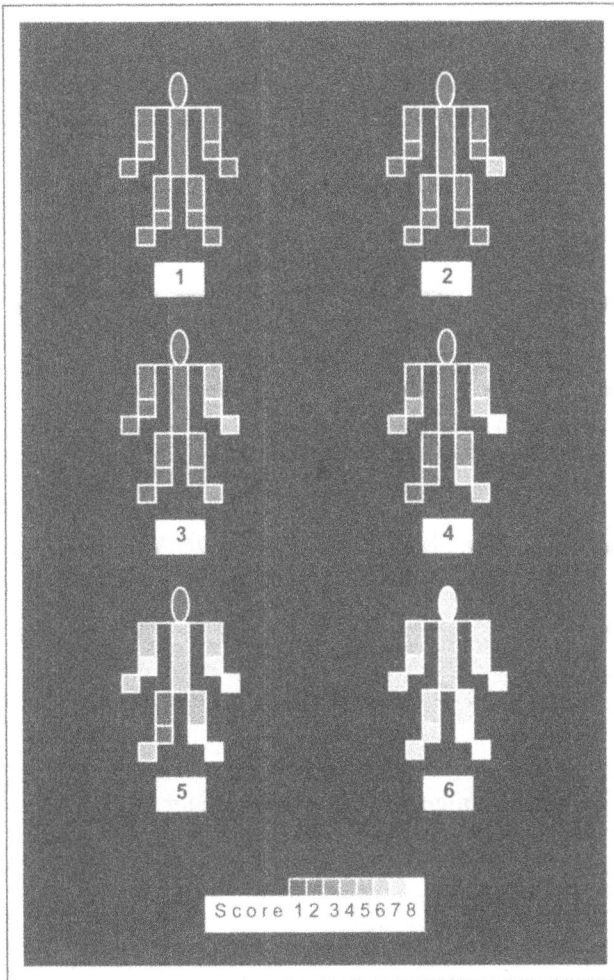

Bild 7.7: Darstellung der Kraftabnahme in definierten Muskelgruppen (Muscle Force Mapping) zu sechs verschiedenen Zeitpunkten (1-6). Die maximal entwickelbare Kraft ist hier in acht Stufen (Score) unterteilt (1: normal – 8: keine Kraftentfaltung möglich).

7.2   Rechnergestütztes Operieren

Operationen sind Eingriffe in den lebenden Organismus des Menschen, die zu diagnostischen oder therapeutischen Zwecken von Ärzten durchgeführt werden. Sowohl für die Planung als auch während der Durchführung solcher Eingriffe ist eine Vielzahl von Informationen, welche z.B. in Bilddaten und Signaldaten enthalten sind, zu erfassen und zu berücksichtigen. Je komplizierter der operative Eingriff ist, umso umfangreicher sind die zu verarbeitenden Informationen. Hinzu kommt, daß sie in möglichst kurzer Zeit verfügbar sein sollten und so zu präsentieren sind, daß sie den Arzt optimal unterstützen. Dieses ermöglichen Computer mit spezieller Software, welche in zunehmendem Umfang zur Unterstützung operativer Eingriffe verwendet werden. Wir wollen uns die prinzipiellen Einsatzmöglichkeiten eines Rechners am Beispiel der Neurochirurgie verdeutlichen. Sie war mit die erste chirurgische Disziplin, die Rechenmaschinen zur Durchführung von Operationen erfolgreich eingesetzt hat.

Eines der Hauptprobleme neurochirurgischer Operationen ist der Zugang zu speziellen Hirnarealen. Dazu werden verschiedene Koordinatensysteme benötigt, die die Lage dieser Hirnareale beschreiben. Solchen Koordinatensystemen und ihren Eigenschaften wollen wir im nächsten Abschnitt betrachten.

7.2.1   Koordinaten und Koordinatensysteme

Mit Hilfe eines rechtwinkligen dreidimensionalen kartesischen Koordinatensystems mit den drei Raumkoordinaten X, Y und Z, läßt sich die Lage eines beliebigen Punktes P im Raum durch ein Zahlentripel $P \equiv (x, y, z)$ beschreiben (vergl. Bild 7.8). In vektorieller Schreibweise entspricht dieses Zahlentripel dem Ausdruck

$$\mathrm{P} \equiv [x \, y \, z]^{\mathrm{T}} = \begin{bmatrix} x \\ y \\ z \end{bmatrix} = \underline{P}.$$

Für die folgenden Betrachtungen ist es sinnvoll, Koordinaten als homogene Koordinaten darzustellen. Dann läßt sich $\underline{P}$ durch

$$\underline{P} = \begin{bmatrix} x \\ y \\ z \\ 1 \end{bmatrix} = [x \, y \, z \, 1]^{\mathrm{T}}$$

beschreiben. Die Lage des Punktes P relativ zum Koordinatensystem kann durch verschiedene Koordinatentransformationen verändert werden, die im folgenden vorgestellt werden.

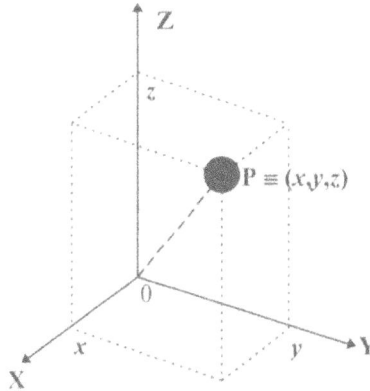

Bild 7.8: Lage eines Punktes P ≡ (x, y, z) relativ zum räumlichen kartesischen Koordinaten-system mit den Achsen X, Y und Z.

Mit Hilfe der Translation wird das Koordinatensystem und damit die Lage eines Punktes P parallel zur x-Achse um den Betrag t_x, parallel zur y-Achse um den Betrag t_y und parallel zur z-Achse um den Betrag t_z verschoben. Aus dem Vektor $\underline{P}$ entsteht der neue Vektor $\underline{P_t}$. Die Transformation ermöglicht die Translationsmatrix $\underline{\underline{T}}$:

$$\underline{P_t} = \underline{\underline{T}} \cdot \underline{P}$$

mit

$$\underline{P_t} = \begin{bmatrix} x_t \\ y_t \\ z_t \\ 1 \end{bmatrix} = \begin{bmatrix} 1 & 0 & 0 & t_x \\ 0 & 1 & 0 & t_y \\ 0 & 0 & 1 & t_z \\ 0 & 0 & 0 & 1 \end{bmatrix} \cdot \begin{bmatrix} x \\ y \\ z \\ 1 \end{bmatrix}.$$

Eine weitere Form der Koordinatentransformation ist die Skalierung. Dabei werden die jeweiligen Koordinatenwerte mit einem Faktor multipliziert. Aus dem Vektor $\underline{P}$ wird mit Hilfe der Skalierungsmatrix $\underline{\underline{S}}$ der Vektor $\underline{P_S}$:

$$\underline{P_s} = \underline{\underline{S}} \cdot \underline{P}$$

mit

$$\underline{P_s} = \begin{bmatrix} x_s \\ y_s \\ z_s \\ 1 \end{bmatrix} = \begin{bmatrix} s_x & 0 & 0 & 0 \\ 0 & s_y & 0 & 0 \\ 0 & 0 & s_z & 0 \\ 0 & 0 & 0 & 1 \end{bmatrix} \cdot \begin{bmatrix} x \\ y \\ z \\ 1 \end{bmatrix}.$$

Die Scherungsmatrix $\underline{\underline{\Sigma}}$ ermöglicht eine Scherung, die durch folgenden Ausdruck definiert ist:

$$\underline{P_\sigma} = \underline{\underline{\Sigma}} \cdot \underline{P}$$

mit

$$\underline{P_\sigma} = \begin{bmatrix} x_\sigma \\ y_\sigma \\ z_\sigma \\ 1 \end{bmatrix} = \begin{bmatrix} 1 & \sigma_y & \sigma_z & 0 \\ \sigma_x & 1 & \sigma_z & 0 \\ \sigma_x & \sigma_y & 1 & 0 \\ 0 & 0 & 0 & 1 \end{bmatrix} \cdot \begin{bmatrix} x \\ y \\ z \\ 1 \end{bmatrix}.$$

Das kartesische Koordinatensystem läßt sich um jede der drei Achsen drehen. Sei ς der Rotationswinkel; dann wird bei einer Drehung des Koordinatensystems um die X-Achse aus dem Vektor $\underline{P}$ der Vektor $\underline{P_{xr}}$, wobei $\underline{\underline{R_x}}$ die zugehörige Transformationsmatrix darstellt. Im einzelnen gilt:

$$\underline{P_{xr}} = \underline{\underline{R_x}} \cdot \underline{P}$$

mit

$$\underline{P_{xr}} = \begin{bmatrix} x_{xr} \\ y_{xr} \\ z_{xr} \\ 1 \end{bmatrix} = \begin{bmatrix} 1 & 0 & 0 & 0 \\ 0 & \cos(\varsigma) & -\sin(\varsigma) & 0 \\ 0 & \sin(\varsigma) & \cos(\varsigma) & 0 \\ 0 & 0 & 0 & 1 \end{bmatrix} \cdot \begin{bmatrix} x \\ y \\ z \\ 1 \end{bmatrix}.$$

Analog gilt für die Drehung um die Y-Achse

$$\underline{P_{yr}} = \underline{\underline{R_y}} \cdot \underline{P}$$

mit

$$P_{yr} = \begin{bmatrix} x_{yr} \\ y_{yr} \\ z_{yr} \\ 1 \end{bmatrix} = \begin{bmatrix} \cos(\varsigma) & 0 & \sin(\varsigma) & 0 \\ 0 & 1 & 0 & 0 \\ -\sin(\varsigma) & 0 & \cos(\varsigma) & 0 \\ 0 & 0 & 0 & 1 \end{bmatrix} \cdot \begin{bmatrix} x \\ y \\ z \\ 1 \end{bmatrix},$$

und für die Drehung um die Z-Achse gilt:

$$\underline{P_{zr}} = \underline{\underline{R_z}} \cdot \underline{P}$$

mit

$$P_{zr} = \begin{bmatrix} x_{zr} \\ y_{zr} \\ z_{zr} \end{bmatrix} = \begin{bmatrix} \cos(\varsigma) & -\sin(\varsigma) & 0 & 0 \\ \sin(\varsigma) & \cos(\varsigma) & 0 & 0 \\ 0 & 0 & 1 & 0 \\ 0 & 0 & 0 & 1 \end{bmatrix} \cdot \begin{bmatrix} x \\ y \\ z \\ 1 \end{bmatrix}.$$

Allgemein lassen sich Translation, Skalierung, Scherung und Rotation beliebig durch hintereinander durchgeführte Matrizenmultiplikationen ausführen. Sie bilden die resultierende Gesamttransformationsmatrix $\underline{\underline{M}}$. Dabei wird der Vektor $\underline{P}$ mit Hilfe der Transformationsmatrix in den Vektor $\underline{P'}$ überführt. Es gilt also:

$$\underline{P'} = \underline{\underline{M}} \cdot \underline{P}$$

mit

$$\underline{P'} = \begin{bmatrix} x' \\ y' \\ z' \\ 1 \end{bmatrix} = \begin{bmatrix} m_{xx} & m_{xy} & m_{xz} & t_x \\ m_{yx} & m_{yy} & m_{yz} & t_y \\ m_{zx} & m_{zy} & m_{zz} & t_z \\ 0 & 0 & 0 & 1 \end{bmatrix} \cdot \begin{bmatrix} x \\ y \\ z \\ 1 \end{bmatrix}.$$

Neben dem kartesischen Koordinatensystem ist das sphärische oder Kugel-koordinatensystem in der Neurochirurgie von besonderer Bedeutung, da es die Kopfanatomie am besten beschreibt. Daher wollen wir uns seine Eigenschaften näher ansehen.

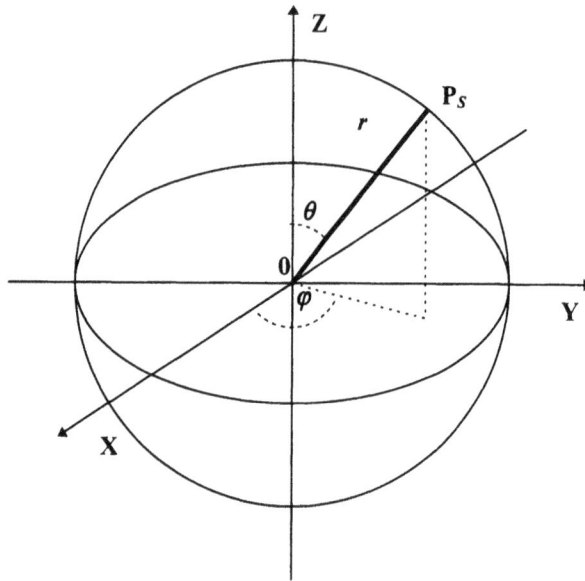

Bild 7.9: Lage eines Punktes P_s relativ zum sphärischen Koordinatenystem. Seine Lage ist durch die Distanz r vom Koordinatenursprung, dem Azimutwinkel φ und dem Höhendistanzwinkel θ eindeutig beschrieben. Zusätzlich eingezeichnet ist das korrespondierende kartesische Koordinatensystem mit den Achsen X, Y und Z.

Die Lage eines Punktes P im sphärischen Koordinatensystem (P_s) läßt sich eindeutig durch seinen Abstand r vom Koordinatenursprung, durch den Azimutwinkel φ und den Höhendistanzwinkel θ beschreiben, so daß $P = P_s \equiv (r, \varphi, \theta)$ ist (vergl. Bild 7.9).

Die korrespondierenden kartesischen Koordinaten von P lassen sich aus diesem Tripel berechnen; es gilt

$$P = P_K \equiv \begin{bmatrix} x \\ y \\ z \end{bmatrix} = r \cdot \begin{bmatrix} \sin(\theta) \cdot \cos(\varphi) \\ \sin(\theta) \cdot \sin(\varphi) \\ \cos(\theta) \end{bmatrix}.$$

Andererseits lassen sich r, φ, und θ aus den kartesischen Koordinaten von P durch den Ausdruck

$$P = P_S \equiv \begin{bmatrix} r \\ \varphi \\ \theta \end{bmatrix} = \begin{bmatrix} \sqrt{x^2 + y^2 + z^2} \\ \arctan\dfrac{y}{x} \\ \arctan\dfrac{\sqrt{x^2 + y^2}}{z} \end{bmatrix}$$

berechnen. Mit Hilfe der beiden Formeln ist es also möglich, die Lage eines Punktes von einem sphärischen in das korrespondierende kartesische Koordinatensystem oder umgekehrt zu transformieren.

Kehren wir nun zum Ausgangspunkt unserer Überlegungen zurück, den neurochirurgischen Eingriffen.

7.2.2 Stereotaktische Systeme

Neurochirurgische Eingriffe dienen der operativen Behandlung verschiedener Erkrankungen des Nervensystems des Menschen, z.B. Tumore, Gefäßerkrankungen, Schmerzsymptome sowie Störungen des sonsorischen und motorischen Nervensystems als Folge eines veränderten Neurotransmitterhaushaltes. Dazu werden Operationen im Bereich des peripheren Nervensystems, insbesondere jedoch Operationen des zentralen Nervensystems, also an Gehirn und Rückenmark, durchgeführt.

Seit der Verfügbarkeit von Prozeßrechnern, etwa ab Ende der sechziger Jahre, werden Computer zur Unterstützung insbesondere von stereotaktischen neurochirurgischen Operationen routinemäßig eingesetzt. Mittlerweile sind es vor allem Workstations und Personal Computer, die hierfür verwendet werden.

Zweck einer stereotaktischen Hirnoperation ist das Erreichen einer bestimmten Hirnregion mit Hilfe von Sonden und mikrochirurgischen Schneidewerkzeugen („Mikroskalpelle"). Bildgebende Verfahren stellen die relevanten Hirnregionen dar, so daß das sogenannte Zielgebiet im Gehirn, in dem der operative Eingriff durchzuführen ist, bestimmt werden kann. Ein Referenz-Rahmensystem ermöglicht die Festlegung der Lage des Zielgebietes relativ zum Koordinatensystem des Rahmens. Damit läßt sich das Zielgebiet eindeutig durch die Angabe von Koordinatenwerten beschreiben.

Üblicherweise werden hierfür sphärische Rahmensysteme, sogenannte Stereoenzephalotome, die am Kopf des Patienten befestigt werden, verwendet. Sie bestehen aus einem horizontalen (oder azimutalen) Referenzkreis, auf dem zusätzlich ein dazu senkrecht verlaufender sagittaler und ein frontaler Teilkreis montiert werden kann (häufig besteht das Rahmensystem auch nur aus dem Horizontal- und einem Vertikalkreis). Am Rahmen wird ein beweglicher Schlitten montiert, an welchem sich Sonden verschiedener Art (z.B. Elektroden für die Ableitung der neuronalen Aktivität und die elektrophysiologische Stimulation, Koagulationselektroden für die thermische Ausschaltung neuronalen Gewebes, Mikrogreifer und Mikroscheren für die Gewebeentnahme und die Gewebepräparation) befestigen lassen. Mit Hilfe eines elektrischen Antriebes, der mit dem mechanischen Schlitten verbunden ist, lassen sich die Sonden entlang eines Trajektes auf das Zielgebiet hin bewegen. Das Zielgebiet selbst wird durch die Lage des Zielpunktes (quasi das Zentrum des Zielgebietes, auf das die Sonde hingeführt wird) definiert. Dieser Zielpunkt wird durch einen frontalen und einen seitlichen (sagittalen) Winkel, um welche die Sonde geneigt wird, sowie durch einen festen Abstand in den drei Raumrichtungen festgelegt.

Die Abbildung 7.10 zeigt schematisch den Aufbau eines stereotaktischen, sphärischen Referenzrahmensystems mit der mechanischen Befestigung der Sonde am Rahmen, sowie die Lage der Sonde und ihr Trajekt, entlang dessen sie das Objekt, z.B. einen Tumor, erreicht. Zusätzlich ist das korrespondierende kartesische Stereotaxie-Koordinatensystem mit der S-Achse, welche die frontale (sagittale) Richtung, der L-Achse, welche die seitliche (laterale) Richtung) und der H-Achse, die die kopfwärtige (caudale) Richtung angibt, eingezeichnet. Beide Koordinatensysteme haben den gleichen Ursprungsort und können ineinander überführt werden, wie weiter unten gezeigt wird. Die Abbildung 7.11 zeigt ergänzend dazu eine seitliche und eine frontale Röntgenübersichtsaufnahme des Schädels eines Patienten an dem ein solcher stereotaktischer Rahmen befestigt ist (nur der Horizontalkreis ist vorhanden, die Vertikalkreise sind in diesem Bildbeispiel demontiert). Die Aufnahme ist mit einem Computertomographen erstellt worden. Am Rahmen lassen sich Referenzmarken angeben, so daß auch eine Umrechnung von Rahmenkoordinaten und Bildkoordinaten möglich ist.

Für die Durchführung der Operation sind also folgende Schritte zu unternehmen:

1. Festlegung des Zielpunktes;

2. Festlegung der zugehörigen sphärischen Koordinaten;

3. Umrechnung von sphärischen Koordinaten auf die korrespondierenden kartesischen Rahmenkoordinaten;

4. Umrechnung der kartesischen Rahmenkoordinaten auf die korrespondierenden Bildkoordinaten.

Diese Schritte wollen wir im einzelenen nachvollziehen. Die Festlegung des Zielpunktes kann mit Hilfe eines Phantoms erfolgen. Dazu wird zunächst der Eintrittsort P_d einer Probesonde in den Schädel festgelegt und danach die Sonde auf den Zielpunkt im Phantom gerichtet. Dabei werden die auftretenden Neigungswinkel der Sonde in der frontalen und seitlichen Ebene (α, ϕ) sowie die kartesischen Zielpunktkoordinaten in der sagittalen (s_z) und lateralen Richtung (l_z) sowie in der Höhe (h_z) am Rahmensystem abgelesen. Der Zielpunkt P_z läßt sich also durch

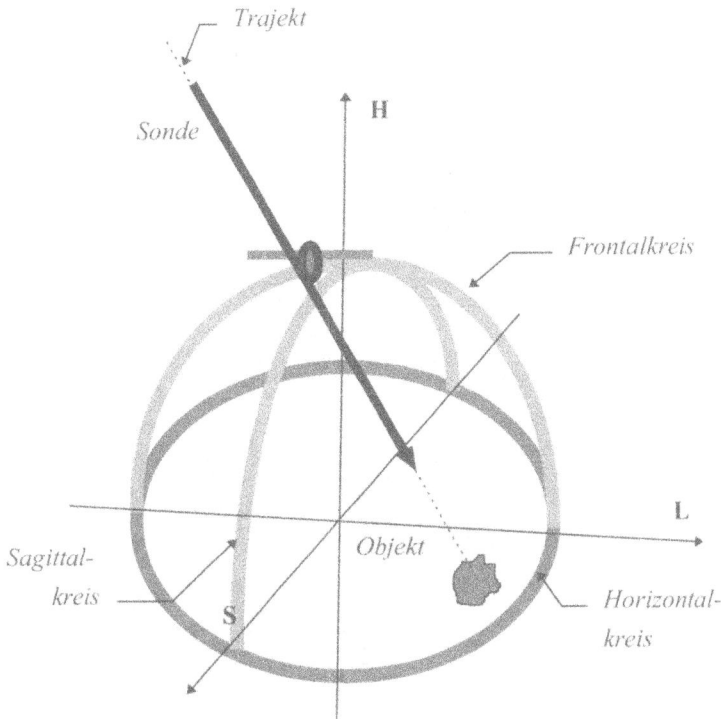

Bild 7.10: Prinzip des stereotaktischen Rahmensystems. Der Azimutal- oder Horizontal-kreis und die Teilkreise der Frontal- und der Sagittalebene (Frontalkreis und Sagittalkreis) ermöglichen die Festlegung der Koordinaten des Zielgebietes, in dem sich das Objekt (z.B. Tumor) befindet. Die Sonde, die mechanisch beweglich am Rahmensystem befestigt ist, läßt sich sowohl in der Frontal- und in der Sagittalebene drehen als auch seitlich, in der an-terior-posterioren Richtung und in der Höhe verschieben. Diese Größen bleiben während des Eingriffs konstant, so daß die Sonde nur durch eine Bewegung entlang des Trajektes zum Objekt geführt wird.

das Zahlentripel (s_z, l_z, h_z) angeben und hat, als Vektor geschrieben, die homoge-nen kartesischen Koordinaten

$$\underline{P_z} = \begin{bmatrix} s_z \\ l_z \\ h_z \\ 1 \end{bmatrix}.$$

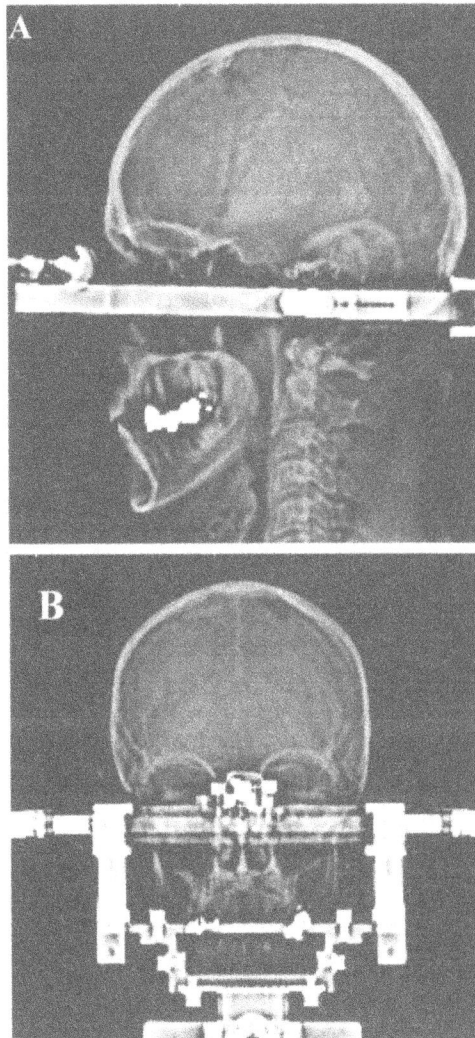

Bild 7.11: Röntgen-Übersichtsaufnahme des Schädels eines Patienten mit stereotaktischem Referenzrahmensystem ohne Vertikalkreise, erzeugt mit Hilfe eines Computertomographen. **A:** Seitliche Aufnahme. **B:** Aufnahme in a-p-Richtung.

Um die Sonde entlang des Trajektes vom Eintrittsort P_0 zum Zielpunkt P_z zu führen, wird sie bei konstant gehaltenen Eintrittswinkeln α und ϕ nur entlang der Verbindungslinie $P_0 \rightarrow P_z$ geführt. Dabei ist der Abstand d der Sondenspitze zum Zielpunkt der zu überwachende Parameter. Er kann am Rahmensystem abgelesen werden. Die geometrischen Zusammenhänge zwischen den Eintrittswinkeln der Sonde, dem Eintrittsort P$_0$ und dem Zielpunkt P$_z$ zeigt das Bild 7.12.

Die momentane Lage P$_d$ der Sondenspitze läßt sich in Bezug zum korrespondierenden kartesischen Rahmenkoordinatensystem durch den Vektor $\underline{P}_d$ angeben; für ihn gilt der Ausdruck

$$\underline{P}_d = \begin{bmatrix} s \\ l \\ h \\ 1 \end{bmatrix} = \frac{d}{\sqrt{1 + \tan^2(\phi) + \tan^2(\alpha)}} \cdot \begin{bmatrix} \tan(\phi) \\ \tan(\alpha) \\ 1 \\ 0 \end{bmatrix} + \begin{bmatrix} s_z \\ l_z \\ h_z \\ 1 \end{bmatrix} . \tag{7.1}$$

Durch eine einfache Koordinatentransformation kann $\underline{P}_d$ auch auf das Koordinatensystem des verwendeten bildgebenden Verfahrens (z.B. Computertomographie), kurz tomographisches Koordinatensystem genannt, übertragen werden. Sind die CT-Bilder parallel zur Horizontalebene des Rahmensystems ausgerichtet, gelingt die Übertragung durch Translation und Skalierung. Dabei wird der Punkt P$_d$, der durch den Vektor $\underline{P}_d$ beschrieben werden kann, aus dem sphärischen Koordinatensystem mit Hilfe der Transformationsmatrix $\underline{\underline{M}}_c$ in den Punkt P$_c$ des tomographischen Koordinatensystem überführt, wo er dann durch den Vektor $\underline{P}_c$ angegeben wird:

$$\underline{P}_c = \underline{\underline{M}}_c \cdot \underline{P}_d . \tag{7.2a}$$

mit

$$\underline{P}_c = \begin{bmatrix} x_c \\ y_c \\ z_c \\ 1 \end{bmatrix} = \begin{bmatrix} s_s & 0 & 0 & t_s \\ 0 & s_l & 0 & t_l \\ 0 & 0 & s_h & t_h \\ 0 & 0 & 0 & 1 \end{bmatrix} \cdot \begin{bmatrix} s \\ l \\ h \\ 1 \end{bmatrix} . \tag{7.2b}$$

Die Elemente der Transformationsmatrix $\underline{\underline{M}}_c$ lassen sich durch die am Rahmen gesetzten Referenzmarkierungen ermitteln. Es seien (x_c', y_c', z_c') und (s', l', h') die korrespondierenden Koordinaten eines Referenzpunktes im tomograpischen Koordinatensystem bzw. im Rahmenkoordinatensystem. Ferner habe der Ursprung des Rahmenkoordinatensystems die tomographischen Koordinaten (x_{c0}, y_{c0}, z_{c0}). Dann folgt für die Elemente der Transformationsmatrix $\underline{\underline{M}}_c$:

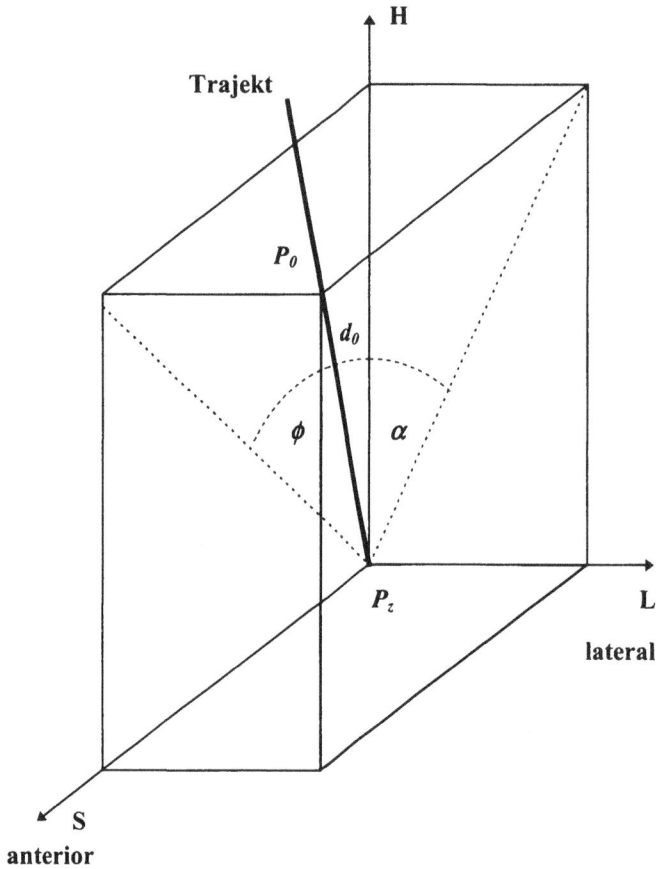

Bild 7.12: Lage des Sondentrajektes in Bezug zum kartesischen Rahmenkoordinatensystem (Eintrittsort P_0 ; Zielpunkt P_z). Das Trajekt wird definiert durch den frontalen (α) und den sagittalen (ϕ) Neigungswinkel sowie den Abstand d_0 der Sonde vom Eintrittsort zum Zielpunkt.

$$
\begin{bmatrix} t_s \\ t_l \\ t_h \end{bmatrix} = \begin{bmatrix} x_{c0} \\ y_{c0} \\ z_{c0} \end{bmatrix} . \text{ bzw. } \begin{bmatrix} s_s \\ s_l \\ s_h \end{bmatrix} = \begin{bmatrix} \dfrac{x'_c - x_{c0}}{s'} \\ \dfrac{y'_c - y_{c0}}{l'} \\ \dfrac{z'_c - z_{c0}}{h'} \end{bmatrix} , \tag{7.2c}
$$

so daß

$$
\underline{\underline{M}}_c =
\begin{bmatrix}
\dfrac{x'_c - x_{c0}}{s'} & 0 & 0 & x_{c0} \\[2mm]
0 & \dfrac{y'_c - y_{c0}}{l'} & 0 & y_{c0} \\[2mm]
0 & 0 & \dfrac{z'_c - z_{c0}}{h'} & z_{c0} \\[2mm]
0 & 0 & 0 & 1
\end{bmatrix}
\tag{7.2d}
$$

ist.

Die durchgeführten Rechnungen gelten nur für solche Fälle, in denen Bildebene und Rahmenebene parallel zueinander verlaufen. Trifft dieses nicht zu, sind also Bildebene und Rahmenebene gegeneinander geneigt, ist ein erheblicher Interpolationsaufwand für die Transformation wegen der durchzuführenden Rotationen der Koordinatensysteme erforderlich. In der Praxis wird man jedoch darauf achten, daß die Parallelität gewährleistet ist, wie auch die Abbildung 7.11 zeigt. Hier ist der Rahmen parallel zur Bildebene ausgerichtet.

Die geschilderte Vorgehensweise beim stereotaktischen Eingriff setzt die Festlegung des Zielpunktes anhand eines Phantoms voraus. Häufig werden die Zielpunkte aber auch mit Hilfe bildgebender Verfahren ermittelt. Dieses ist beispielsweise bei der Tumorbiopsie der Fall. Ist der Tumor im CT bzw. MRT darstellbar, werden seine tomographischen Koordinaten auf das Rahmensystem als Zielpunkt übertragen. Eine Biopsie-Sonde wird entlang des Trajekts zum Zielpunkt geführt, wo eine Gewebeprobe für die histologische Feingewebsanalyse entnommen wird.

Der Zielpunkt hat also zunächst tomographische Koordinaten, z.B. (x_{cz}, y_{cz}, z_{cz}). Die korrespondierenden Rahmenkoordinaten lassen sich dann durch die Inverse der Matrix $\underline{\underline{M}}_c$, die wir mit $\underline{\underline{M}}_c^{-1}$ bezeichnen wollen, ermitteln, so daß

$$
\begin{bmatrix}
s_z \\
l_z \\
h_z \\
1
\end{bmatrix}
= \underline{\underline{M}}_c^{-1} \cdot
\begin{bmatrix}
x_{cz} \\
y_{cz} \\
z_{cz} \\
1
\end{bmatrix}
\tag{7.3}
$$

ist. Sind die Zielpunktkoordinaten bezüglich des Rahmensystems bekannt, läßt sich das Trajekt festlegen, wenn die Koordinaten des Bohrlochs P_0, über das die Sonde eingeführt werden soll, bekannt sind. Diese sind nach hirnchirurgischen Kriterien auszuwählen. Mit den bekannten Transformationsformeln ist es nunmehr kein Problem, die aktuelle Lage der Sonde in die vor der Operation erzeugten CT- oder MR-Bilder einzublenden. Auf diese Weise ist eine Kontrolle des Trajektverlaufs und damit des Eingriffs möglich.

7.2.3   Referenzatlanten

Die bekannten bildgebenden Verfahren ermöglichen nur bedingt die Darstellung neuroanatomischer Strukturen, nicht zuletzt wegen ihrer begrenzten räumlichen Auflösung und ihrer eingeschränkten feingeweblichen Differenzierungsmöglichkeit. Daher werden häufig Hirnatlanten hinzugezogen, die auf histologischen Daten basieren, welche durch Untersuchungen von Gehirnen Verstorbener gewonnen werden. Diese ermöglichen eine relativ große räumliche Auflösung bestimmter Hirnareale, die zusätzlich zu den bildgebenden Verfahren insbesondere bei den funktionellen neurochirurgischen Eingriffen Verwendung finden. Bei solchen Eingriffen werden, vereinfacht ausgedrückt, motorische Störungen durch gezieltes Ausschalten neuronaler Strukturen behoben bzw. mittels Sonden Neurotransmitter in solche Hirnareale verbracht, in denen ein entsprechender Mangel besteht. Ein klassisches Beispiel hierfür ist die Thalamotomie. Sie wird zur stereotaktisch-neurochirurgischen Behandlung von zentralmotorischen Störungen, wie sie z.B. als Arm- oder Beintremor bei der Parkinsonschen Krankeit auftreten können, eingesetzt.

Die zur Behandlung verwendeten Hirnatlanten repräsentieren aber nicht das Gehirn eines individuellen Patienten, sondern stellen lediglich ein Referenzgehirn dar, welches durch eine bestimmte Koordinatentransformation an ein individuelles Patientenhirn angepaßt werden muß. Dafür sind eine Reihe spezieller Verfahren entwickelt worden, die entweder für größere Hirngebiete mit nur mäßiger Genauigkeit den Hirnatlas an das Patientenhirn anpassen („matchen") oder dieses mit sehr großer Genauigkeit aber nur für einen sehr kleinen Ausschnitt des Gehirns erlauben.

Wir gehen davon aus, daß eine lineare Transformation, repärsentiert durch die Matrix $\underline{M}$, diese Umrechnung von Örtern $P_i \equiv \underline{P}_i = (s,\, l,\, h)^{\mathrm{T}}$ aus einem indiviudellen Patientenhirn auf ein Referenzgehirn in der Form

$$\underline{P}_a = \underline{M} \cdot \underline{P}_i \qquad\qquad\qquad (7.4a)$$

ermöglicht, wobei die beiden Vektoren $\underline{P}_a$ und $\underline{P}_i$ den jeweils gleichen Hirn-Ort (mit gleichen funktionellen und morphologischen Eigenschaften) in den beiden Koordinatensystemen angeben. In der Praxis wird man durch empirische Untersuchungen die Matrixelemente von $\underline{M}$ ermitteln. Dabei geht man oft folgendermaßen vor. Für eine bestimmte Operation ist derjenige Ort im Gehirn bekannt, an dem sie optimal ausgeführt werden kann (maximaler Therapieeffekt bei minimalen Nebenwirkungen). Ist aus Plausibilitätsgründen zu erwarten, daß dieser Eingriff in einem eng umschriebenen Hirngebiet auszuführen ist, müssen die Elemente der Matrix so gewählt werden, daß die von den individuellen Patientengehirnen auf den Atlas transformierten Örter dort ein ebenfalls minimales Areal umschreiben. Dazu werden häufig bestimmte geometrische Größen (z.B. Ausdehnungen von hirnanatomischen Referenzstrukturen, wie etwa die Lage der hinteren und vorderen Kommissur) verwendet. Sind für eine ausgewählte Zahl erfolgreich verlaufener Operatio-

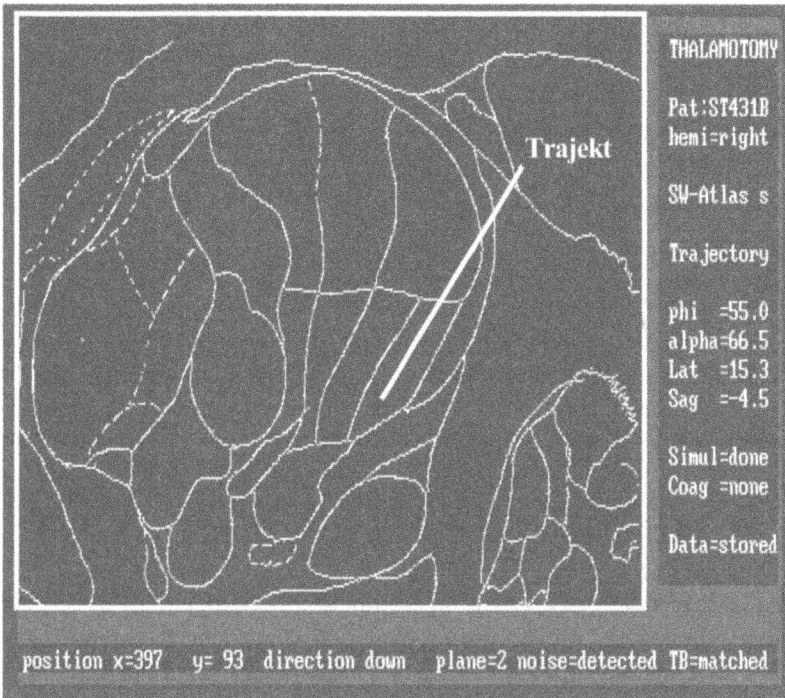

Bild 7.13: Lage eines Sondentrajektes in Bezug zu einem stereotaktischen Hirnatlas (Schaltenbrand-Wahren Atlas; Sagittalebene 12.0). Angegeben sind die Position des Zielpunktes (Lat und Sag), die Neigungswinkel der Sonde (Alpha und Phi) und weitere Informationen über die durchgeführte Operation (es handelt sich um eine sogenannte Thalamotomie, bei der durch gezieltes Ausschalten von neuronalem Gewebe im Bereich des ventrolateralen Thalamusgebietes der für die Parkinsonsche Krankheit typische Tremor von Armen oder Beinen behoben wird).

nen die Elemente einer solchen Transformationsmatrix gefunden, ist also auf diese Weise der optimale Operationsort im Gehirn detektiert, kann man durch die Bildung der Inversen der Transformationsmatrix, die wir mit $\underline{M}^{-1}$ bezeichnen wollen, den optimalen Operationsort vom Referenzgehirn (Atlas) prinzipiell auf jedes individuelle Gehirn übertragen, also:

$$\underline{P}_i = \underline{M}^{-1} \cdot \underline{P}_a. \tag{7.4b}$$

Aber auch die Lage eines „optimalen" Sondentrajektes beim Patienten läßt sich mit dieser Transformation ermitteln. Das Bild 7.13 zeigt ein solches optimales Trajekt in Bezug zum Hirnatlas von Schaltenbrand und Wahren. Dargestellt ist eine digitalisierte Karte des Thalamus des Menschen in der seitlichen Ebene aus diesem Atlas, durch dessen ventrolateralen Bereich das Trajekt verläuft. Neben seiner Projektion in der Sagittalebene läßt sich auch eine Projektion des optimalen Trajektverlaufes in der Frontalebene angeben. Damit können wir die räumlichen Koordinaten von wenigstens zwei Punkten relativ zum Atlas angeben, nämlich die des optimalen Zielpunktes $\underline{P}_{az}=(s_{az}, l_{az}, h_{az})^T$ und die eines beliebigen Punktes $\underline{P}_a' = (s_a', l_a', h_a')^T$ entlang des Trajektes.

Die Koordinaten beider Punkte lassen sich mit der Transformationsmatrix $\underline{M}^{-1}$ auf das korrespondierende Koordinatensystem des Patienten übertragen, so daß wir die Koordinaten $\underline{P}_{iz}=(s_{iz}, l_{iz}, h_{iz})^T$ bzw. $\underline{P}_i'=(s_i', l_i', h_i')^T$ erhalten. Es gilt dann

$$\underline{P}_{iz} = \underline{M}^{-1} \cdot \underline{P}_{az}$$
bzw. $$\underline{P}_i'= \underline{M}^{-1} \cdot \underline{P}_a'.$$

Aus diesen Koordinaten wiederum lassen sich die Neigungswinkel ϕ und θ in der sagittalen bzw. frontalen Ebene sowie der Eintrittsort P_0 bestimmen, so daß sich auf diese Weise der Verlauf des Trajektes für den neurochirurgischen Eingriff festlegen läßt.

7.3   Medizinische Informationssysteme

Medizinische Informationsverarbeitung beinhaltet die Erhebung, Speicherung und Wiedergabe von Daten, die aufgrund diagnostischer oder therapeutischer Maßnahmen erhoben wurden und ggf. mit den persönlichen Daten des Patienten, unter Berücksichtigung der gesetzlichen Regelungen des Datenschutzes, verknüpfbar sind. Im folgenden Abschnitt werden die persönlichen Daten eines Patienten und weitere Daten, die mit Hilfe von Informationssystemen erfaßt werden, vorgestellt.

7.3.1   Patientenstammdaten

Die persönlichen und die den Erkrankungen zuzurechnenden Daten eines Patienten finden wir in seiner Krankengeschichte. Sie stellt eine Sammlung von medizinisch relevanten Fakten dar, die von einem Patienten im Laufe seines Lebens oder während eines Lebensabschnittes auf dauerhaften Datenträgern (z.B. Papierakten, elektronischen Datenträgern) gesammelt werden. Man bezeichnet diese Datensammlung auch als Krankenblatt. Das Führen eines solchen Krankenblattes bietet dem Arzt bzw. dem Pflegepersonal eine Gedächtnisunterstützung und dient dabei allgemein der Kommunikation zwischen den an Diagnose bzw. Therapie Beteiligten. Darüber hinaus hat es eine rechtliche Komponente, denn es stellt ein Dokument dar, welches zur Rechtfertigung der Ausführung oder Unterlassung von diagnostischen und/oder therapeutischen Maßnahmen im Laufe eines Krankheitsprozesses verwendet werden kann. Zudem dient es bestimmten administrativen Aufgaben, etwa der Abrechnung der entstandenen Kosten für die Heilbehandlung mit der zuständigen Krankenkasse oder dem Privatpatienten. Auch im Bereich medizinischer Forschung, z.B. für Studien, und in der Ausbildung ist das Krankenblatt ei ne wichtige Informationsquelle. Aufgrund seiner strukturierten Form bildet es für medizinische Informatik die Grundlage eines allgemeines Patientenmodells.

Die erwähnte Strukturierung des Krankenblattes findet seine erste Anwendung im sogenannten Krankenblattkopf. In ihm werden u.a. die folgenden Merkmale erfaßt:

- lfd. Krankenblatt-Nr.;
- Name, Vorname und Geburtsdatum des Patienten;
- Geschlecht, Familienstand, Mehrlingseigenschaft des Patienten;
- Adresse, Nationalität des Patienten;
- Kostenträger (z.B. Krankenkasse, Privatpatient);
- Aufnahmedatum, Einweisungsdiagnose und Pflegeklasse;
- Entlassungsdatum, Entlassungsart, Entlassungsarzt;
- Aufnahme- und Entlaßdiagnosen in gesetzlich geregelter kodierter Form.

Weitere Inhalte eines Krankenblattes sind die Anamnese und die Epikrise. Die Anamnese umfaßt die allgemeine, somatische, soziale und psychische Vorgeschichte eines Patienten. Sie wird in der Regel durch ein Gespräch mit dem behandelnden Arzt zu Beginn der Behandlung erhoben. Die Epikrise stellt eine zusammenfassende Bewertung des Krankheitsverlaufes dar. Daher beinhaltet sie neben der Patientenidentifikation und dem Behandlungszeitraum insbesondere die gestellten Diagnosen, den Therapieverlauf (unter Berücksichtigung von Komplikationen und Nebenwirkungen), das Behandlungsergebnis, die Art der Entlassung und die Prognose.

Die Patientenidentifikation erfolgt meist durch einen numerischen Code. Hierbei kann es sich um eine fortlaufende Nummer (z.B. die Aufnahmenummer) oder eine systematische Kodierung in Form einer persönlichen Indentifikationsnummer (PIN) handeln. Ein typisches Beispiel für die systematische Kodierung in der Medizin ist die sogenannte I-Zahl. Sie läßt sich als selbstgenierbarer Code 9-stellig oder auch 15-stellig beschreiben (siehe Bild 7.14). Sie besteht in ihrer 9-stelligen Form aus drei je 2-stelligen Geburtsdatumsangaben (TT,MM,JJ), eine weitere Stelle ist für die Geschlechtsangabe vorgesehen und zwei weitere für einen numerischen Code, der sich aus dem Namen des Patienten ableiten läßt. Theoretisch müßte die 9-stellige I-Zahl (unter der Voraussetzung der Unabhängigkeit und Gleichverteilung der Merkmale) ca. 7 Millionen verschiedene Kombinationen erlauben, was sich leicht zeigen läßt:

Unter den genannten Voraussetzungen gibt es 365 verschiedene und gleichwahrscheinliche Geburtstage pro Jahr, 100 verschiedene und gleichwahrscheinliche Geburtsjahre pro Jahrhundert, 2 verschiedene gleichwahrscheinliche Geschlechtsangaben und 100 verschiedene gleichwahrscheinliche 2stellige numerische Namenscodes. Das Produkt dieser Werte ergibt die maximal mögliche Zahl unterschiedlicher I-Zahlen: $365 \cdot 100 \cdot 2 \cdot 100 \approx 7 \cdot 10^6$.

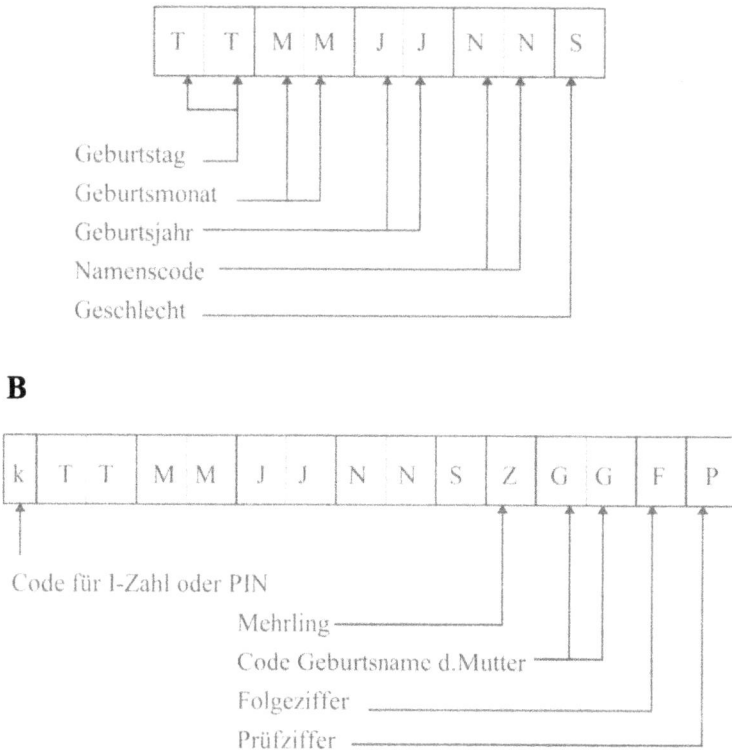

Bild 7.14: Aufbau der I-Zahl. **A:** 9-stellige Form; **B:** 15-stellige Form.

Die genannte Voraussetzung für diese Berechnung, nämlich insbesondere die Gleichwahrscheinlichkeit des Auftretens der Geburtsdaten, des Geschlechts und der Ziffern für den Namenscode, treffen aber offensichtlich nicht zu; denn man hat beobachtet, daß unter 20 000 Patienten etwa 70 Doppelnummern auftreten können. Um die Wahrscheinlichkeit für das Auftreten von Doppelnummern erheblich zu reduzieren, ist die 9stellige I-Zahl durch zusätzliche Merkmale auf insgesamt 15 Stellen erweitert worden. Zu diesen Merkmalen gehören die Mehrlingsangabe, ein Code des Geburtsnamen der Mutter sowie je ein Folge- und Prüfzeichen. Die erste Stelle des 15-stelligen Codes gibt ferner an, ob es sich um eine I-Zahl oder ggf. um eine andere Personenkennziffer-Art handelt.

Personenkennziffern dienen der Identifikation von Patienten. Daher müssen gerade sie fehlerfrei sein. Ein häufig angewendetes Verfahren zur Vermeidung von Schreibfehlern bei Identifikationszahlen ist die Angabe eines Prüfzeichens. Für das

Erstellen eines Prüfzeichens benötigt man neben der Identifikationszahl (z.B. I-Zahl oder PIN), für die das Prüfzeichen bestimmt werden soll, eine geordnete Zeichenmenge, aus der das Prüfzeichen genommen wird, und einen Algorithmus, der die Berechnung zuläßt. Die Menge der zulässigen Prüfzeichen Z bestehe aus n verschiedenen geordneten Elementen $Z=\{z_1, z_2,... z_n\}$. Die Identifikationszahl q sei m-stellig ($m < n$) und kann daher in der Form $q \equiv q_1\ q_2...\ q_m$ geschrieben werden. Dann erhalten wir ein Prüfzeichen $z_p \in Z$, indem wir den Index p ($1 \leq p \leq n$) mit Hilfe der folgenden Formel berechnen:

$$p = \sum_{j=1}^{m} j \cdot q_j \bmod n$$

Die Prüfzeichenbestimmung soll folgendes Beispiel verdeutlichen. Als Zeichenmenge wählen wir die geordnete Menge der arabischen Ziffern $\{0, 1, 2, ..., 9\}$. Damit erhalten wir als Prüfzeichen eine Prüfziffer. Die Identifikationszahl sei die vierstellige Zahl 7529. Dann lautet der Index p der Prüfziffer:

$$p = (1 \cdot 9 + 2 \cdot 2 + 3 \cdot 5 + 4 \cdot 7) \bmod 10 = 56 \bmod 10 = 6,$$

und damit erhalten wir die Prüfziffer $z_6 = 5$.

Die folgende Prozedur erlaubt die Bestimmung eines Prüfzeichens PZ aus einer aus M geordneten Elementen bestehenden Menge von Prüfzeichen PZ_MENGE für eine vorgegebene N-stellige Identifikationszahl IZAHL. Dabei wird die Identifikationszahl zunächst in ihre dezimalen Stellenwerte zerlegt, welche in das Array ZIFFERN abgelegt werden. Danach erfolgt die Berechnung des Index P, aus welchem abschließend PZ ermittelt wird.

```
PROCEDURE PRÜFZEICHEN
        (IN: IZAHL, N, PZ_MENGE, M; OUT: PZ)
BEGIN
        CHARACTER ARRAY PZ_MENGE(1:M)
        INTEGER ARRAY ZIFFERN(1:N)
        IO=IZAHL
        FOR I=N TO 2 STEP -1 DO
                EI=10**(I-1)
                ZIFFERN(I)=INT(IO/EI)
                IO=IO- ZIFFERN(I)*EI
        END DO
        ZIFFER(1)=IO
```

```
            P=0
            FOR J=1 TO M DO
                    P=P+J*ZIFFERN(J)
            END DO
            PZ=PZ_MENGE(P MOD M)
      RETURN
      END
```

Grundsätzlich hängt die Güte einer Codierung von der Anzahl der zu codierenden Stellen ab, wobei aber auch die jeweilig Besetzungsdichte einer solchen Stelle von Bedeutung ist. Beides sind Merkmale für die Redundanz eines Codes. Grundsätzlich kann man sagen, daß die Güte eines Codes umso größer wird, je geringer seine Redundanz ist. Ein weiteres Gütekriterium ist die Wahrscheinlichkeit dafür, daß zwei verschiedene Personen nicht den gleichen Code erhalten. Diese Eigenschaft bezeichnet man als Selektivität eines Codes. Auch die Wahrscheinlichkeit dafür, daß die gleiche Person zu verschiedenen Zeitpunkten den gleichen Code erhält, ist ein Maß für seine Güte. Man bezeichnet diese Eigenschaft als die Spezifität eines Codes. Generell kann man sagen, daß die Güte eines Codes umso größer ist, je größer seine Sensitivität und seine Spezifität sind. Zudem fördert es die Güte eines Codes, wenn er aus persönlichen Merkmalen abgeleitet werden kann. Man spricht in diesem Zusammenhang auch von seiner Selbstgenerierbarkeit.

Die Dokumentation und die Auswertung der Daten des Krankenblattkopfes wird als Basisdokumentation bezeichnet. Anhand des Krankenblattes wird die „klassische" Basisdokumentation meist retrospektiv durchgeführt. Damit kommt es zu zeitlichen Verzögerungen zwischen der Merkmalsbeobachtung und ihrer Dokumentation. Zusätzlich tritt das Problem auf, daß eine ausreichende Kontrolle auf Datenkonsistenz und -vollständigkeit nicht stattfindet, da die die Basisdokumentation durchführenden Personen zumeist aus dem administrativen Bereich stammen und nicht über alle Informationen bezüglich des jeweiligen Krankengeschehens unterrichtet sind.

Mit modernen Datenbanktechnologien und den darauf basierenden Krankenhausinformationssystemen will man diesem Problem begegnen, indem die Dokumentation vor Ort in den Abteilungen der Kliniken mit ärztlicher Unterstützung erfolgt. Dabei spielen die Krankenhausinformationssysteme eine bedeutende Rolle, denn sie ermöglichen mit spezieller Software die Erfassung und Speicherung dieser sensiblen medizinischen Daten.

7.3.2 Krankenhausinformationssysteme (KIS)

Da die auf einer Station oder Abteilung eines Krankenhauses gewonnenen Daten nicht nur innerhalb dieser organisatorischen Einheit verwendet werden, sondern wenigstens ein Teil der Informationen auch auf anderen Stationen oder für administrative Aufgaben benötigt werden, müssen die Datenerhebung, die Dateneingabe, die Datenspeicherung und die Datenübermittlung mit informatischen Methoden organisiert werden. Dazu dienen die KrankenhausInformationsSysteme (KIS). Ihre wichtigsten Ziele sind:

• rasche Bereitstellung gesicherter Information;

• Hilfe bei medizinischen Entscheidungsprozessen;

• Entlastung von Routinetätigkeiten;

• Erfüllung gesetzlicher Regelungen und adminstrative Vorgaben.

Durch diese Ziele sind die wichtigsten Funktionen eines KIS festgelegt. Sie unterstützen die Organisition der Patientenaufnahme sowie die Bettenbelegung und erstellen den Einbestellungsplan. Sie erfassen die Leistungsanforderungen und stellen Planungsdaten für die Leistungsstellen bereit. Zudem ermöglichen sie die Leistungserfassung und -abrechnung (einschließlich Buchhaltung, Abrechnung, Finanzen). Neben den administrativen Aufgaben unterstützt ein KIS auch die ärztliche Tätigkeit von der Befunderfassung und -auswertung über die Dokumentation und Archivverwaltung bis zur automatischen Arztbriefschreibung. Zudem wird der Pflegebereich durch die Bereitstellung von Funktionalitäten, die eine Erfassung pflegerischer Leistungen ermöglichen, unterstützt. Auch die Lagerhaltung und das Bestellwesen können vom KIS mit verwaltet werden.

Die genannten Ziele lassen sich jedoch nur erreichen, wenn gleichzeitig die Betriebsabläufe innerhalb eines Krankenhauses optimiert, d.h. entsprechend rationalisiert und auf die Erfordernisse des KIS zugeschnitten werden.

Heute lassen sich zwei prinzipiell verschiedene Ansätze bei der Realisierung von KIS erkennen (die weitgehend auf einer Client-Server Architektur basieren). Einmal sind es die dezentralen, heterogenen Abteilungssysteme, die zu einem Gesamt-KIS über ein entsprechendes Daten-Netz zusammengefaßt sind (siehe Bild 7.16). Die Datenhaltung bleibt auf die jeweilige Abteilung beschränkt; sie ist für alles, was mit den Daten geschieht, verantwortlich. Jede Abteilung kann eine von ihr festgelegte Anzahl ihrer Daten für bestimmte, z.B. administrative Aufgaben (Leistungserfassung und -abrechnung) zur Verfügung stellen, ansonsten hat sie alleiniges Verfügungsrecht. Die Vorteile eines solchen Systems sind:

• individuelle Anpassung an die Abteilungsaufgaben

• Datenhaltung und -verantwortung verbleiben in der Abteilung

• rasche Anpassung an veränderte Bedingungen in der Abteilung.

Allerdings gibt es auch Nachteile einer solchen KIS-Lösung:

• es gibt i.a. keinen einheitlichen Datenstamm

• es gibt keine übergreifende Sichtweise auf die Daten

• die Anpassung an klinikumsweite Veränderungen ist schwierig

• heterogene Struktur (Technologie) der Abteilungssysteme.

KIS mit einer zentralen Datenbank haben diese Nachteile nicht. Es gibt in diesen Systemen nur eine zentral verwaltete Datenbank mit einem einheitlichen Datenstamm (siehe Bild 7.17). Daher ist hier eine übergreifende Sichtweise auf die Daten möglich. Darüber hinaus erlaubt dieses System eine sehr einheitliche homogene Struktur, d.h., auf allen Stationen finden sich die gleichen Rechnertypen, und es wird überall das gleiche Programm verwendet.

Um zu verhindern, daß Personen unbefugterweise auf Patientendaten zugreifen können, muß über die Vergabe von Berechtigungen sichergestellt sein, daß jeder Nutzer einen Zugriff nur auf solche Daten hat, die für seine persönliche Tätigkeit unbedingt notwendig sind. Durch die Vergabe einer Benutzerkennung (Passwort; Datenkarte) ist gleichzeitig diese Zugangsberechtigung zu erteilen, so daß der Vorteil der Abteilungssysteme (nicht jeder kann auf alle Daten innerhalb des Krankenhauses Einfluß nehmen bzw. sie einsehen) auch hier gewährleistet ist. Das Hauptproblem eines solchen KIS ist allerdings die Sicherheit der Daten. Da sie alle in einer gemeinsamen Datenbank gehalten werden, müssen technologisch besonders hochwertige Systeme eingesetzt werden, so daß weder Datenverluste noch Probleme der Datensicherheit auftreten.

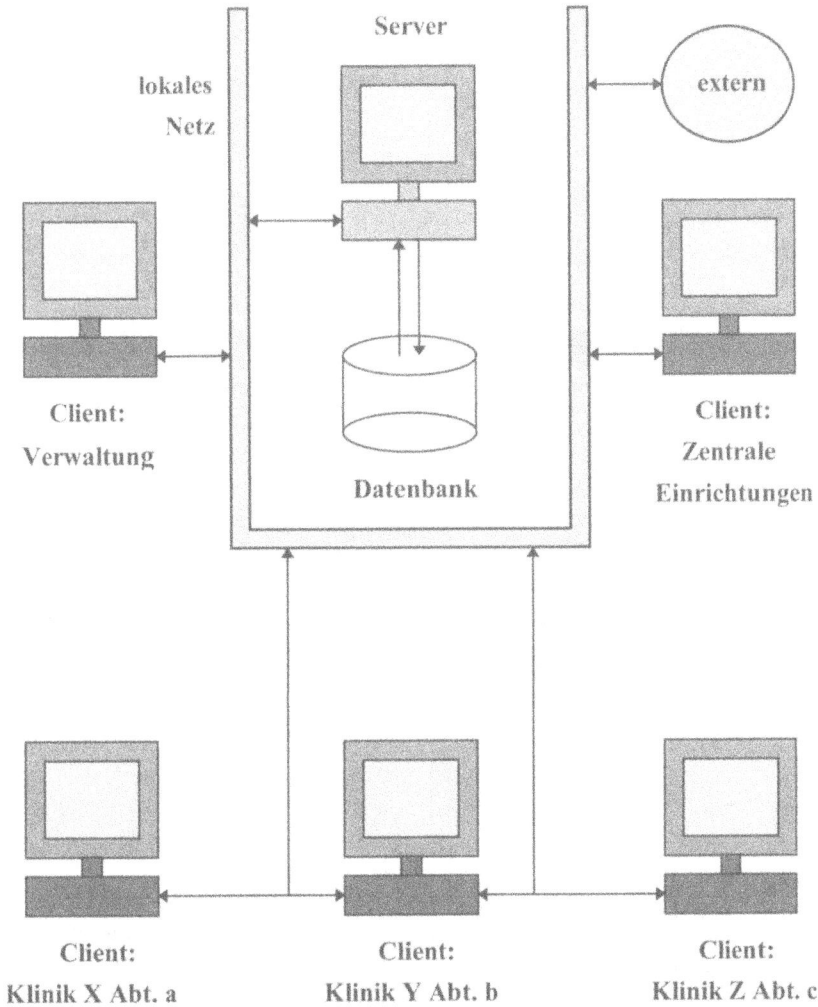

Bild 7.15: Struktur eines zentralen Krankenhausinformationssystems. Die Datenhaltung erfolgt in einer zentralen Datenbank. Von jeder Abteilung des Krankenhauses aus kann ein Zugangsberechtigter Zugriff auf die Patientendaten nehmen, sofern er über die notwendige Zugriffsberechtigung verfügt.

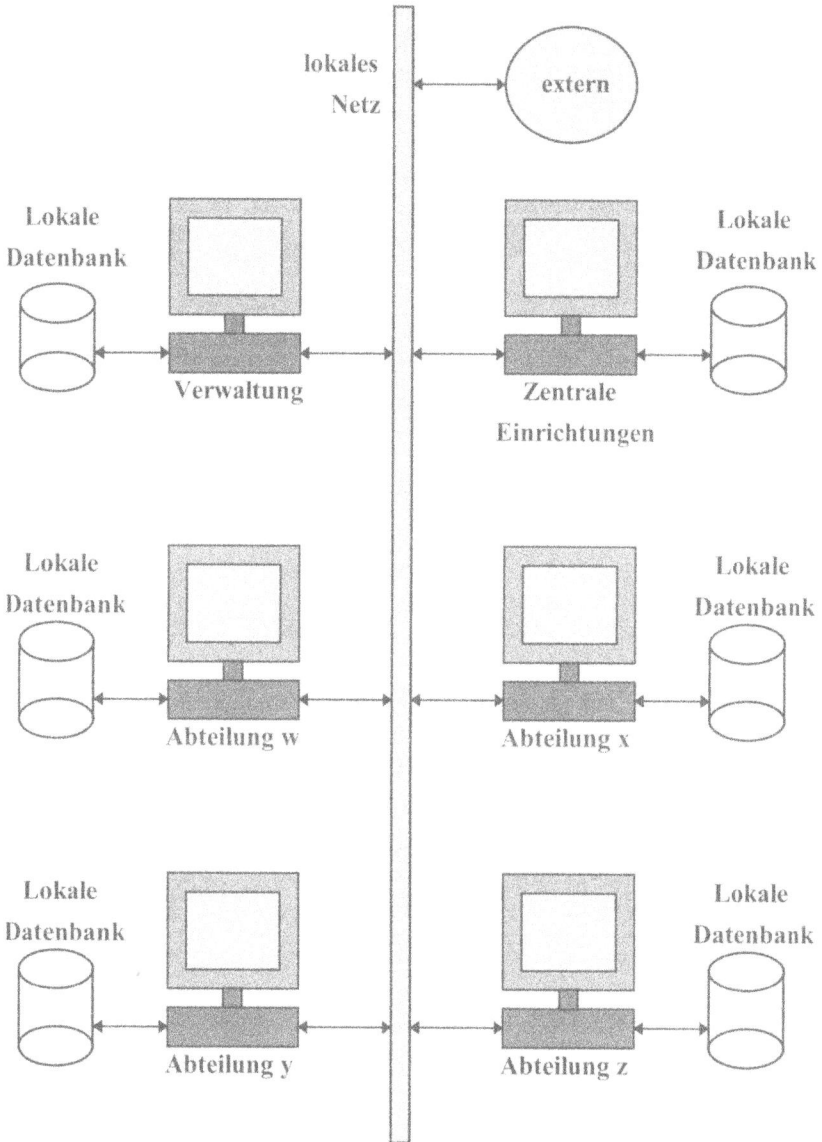

Bild 7.16: Struktur eines dezentralen Krankenhausinformationssystems. Die Datenhaltung erfolgt dezentral in den verschiedenen Abteilungen eines Krankenhauses mit speziellen Abteilungssystemen. Dort wird auch die jeweilige Anwendungssoftware bereitgehalten.

7.3.3   Radiologische Informationssysteme (RIS/PACS)

Radiologische Informationssysteme gliedern sich in das RIS (Radiologisches Informations-System) und in das PACS (Picture Archiving and Communication System). Das erste Teilsystem (RIS) verwaltet alphanumerische Daten in Zusammenhang mit radiologischen Daten, das PACS hingegen die eigentlichen (digitalen) Bilddaten. Zusätzlich hat ein modernes RIS die Aufgabe, Patienten- und Aufnahmedaten sowie radiologische Daten (Befunde, keine Bilddaten) mit dem KIS zu verbinden (siehe Bild 7.17). Somit ist ein RIS/PACS ein Subsystem bezüglich des KIS.

Zudem gehört zur Aufgabe des RIS ein patientenspezifisches Speichern und Verwalten von untersuchungsbezogenen alphanumerischen Daten (einschl. Befundberichte im Klartext). Außerdem hat das RIS die Aufgabe, den Arbeitsfluß, den Patientenfluß (z.B. Vergabe und Verwaltung von Untersuchungsterminen) und den alphanumerischen Informationsfluß innerhalb radiologischer Abteilungen zu steuern. Auch für die Verwaltung von analogen Röntgenfilmarchiven sowie die Übermittlung von radiologischen Leistungsdaten an das KIS für die interne Kosten- und Leistungsrechnung ist das RIS zuständig.

Zukünftig wird das RIS die Steuerung des Bildinformationsflusses sowohl in radiologischen Abteilungen und auch außerhalb radiologischer Abteilungen übernehmen. Darüber hinaus sollte es die Kommunikation medizinischer Daten mit diversen Subsystemen im Krankenhausverbund ermöglichen.

Das PACS ermöglicht die Kommunikation radiologischer digitaler Bilder von digitalen Modalitäten (z.B. CT-Geräten, AD-Wandlersystemen, Archiven) an diagnostische Workstations oder besonders leistungsfähige Personalcomputer. Dabei spielen die sogenannten Softcopies eine besondere Rolle. Digitale Bilddaten lassen sich elektronisch beliebig oft kopieren, d.h. gleichzeitig auf Bildschirmen in unterschiedlichen Abteilungen eines Krankenhauses darstellen. Dieses ermöglicht eine softcopy-orientierte Befundung (klinik-intern, aber auch, etwa in Form von telemedizinischen Konferenzen, über große Distanzen hinweg). Digitale Bilddaten können in digitalen Langzeitarchiven gespeichert werden. Zudem lassen sich von relevanten Bildern auch Hardcopies auf Laserfilm für Untersuchungsanforderer herstellen.

Ziel eines modernen PACS ist daher die vollständige Verfügbarkeit aller medizinischen Bilddaten eines Patienten überall und an mehreren Orten gleichzeitig rund um die Uhr. Zukünftig werden PACS auch RIS-Funktionen an allen PACS-Workstations ermöglichen (d.h., die Realisierung der Verbindung zwischen RIS und PACS sollte möglich sein). Darüber hinaus ist die Einbindung von RIS und PACS in das KIS von großer Bedeutung. Das setzt allerdings umfassende digitale Bildarchive voraus.

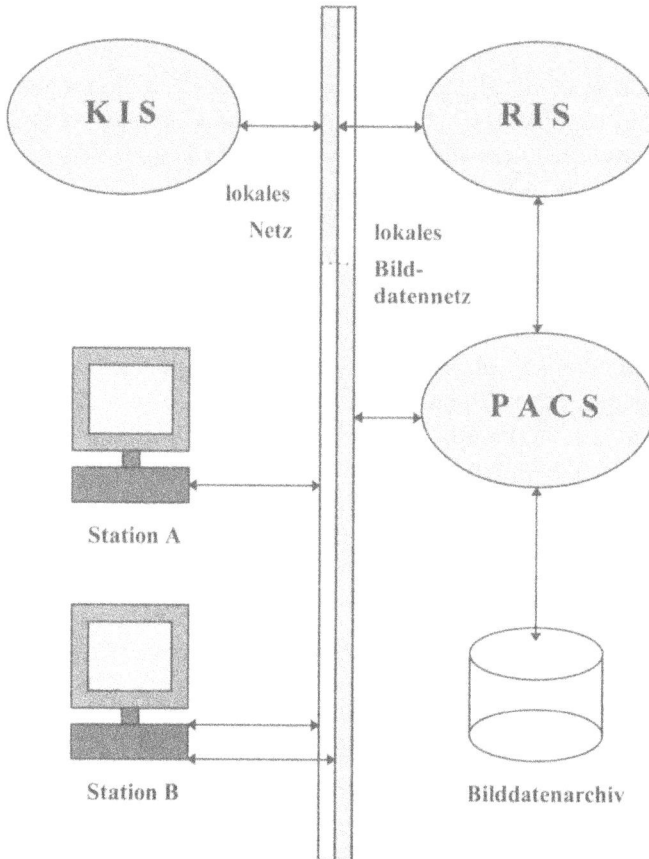

Bild 7.17: Zusammenwirken eines Krankenhausinformationssystems (KIS) und eines Radiologischen Informationssystems (RIS) in Verbindung mit einem Bilddaten-Informationssystem (PACS). Die digitalen Bilddaten befinden sich im Bilddatenarchiv und werden von PACS verwaltet. Die alpha-numerischen Informationen werden im RIS verwaltet. Es bildet auch die Schnittstelle zum KIS. Während ein Teil der Stationsrechner nur innerhalb des KIS miteinander verbunden ist (Station A), ermöglichen andere Stationsrechner (Station B) sowohl die Kommunikation über das KIS als auch einen Zugriff auf das spezielle Bilddatennetz und bieten damit die Möglichkeit von Softcopies digitaler medizinischer Bilddaten an.

Die Verwendung sehr leistungsfähiger Hardware ist gerade im RIS/PACS unerlässlich. Das liegt an der großen Datenmenge, die insbesondere vom PACS zu verwalten ist. In einem Klinikum der Maximalversorgung erzeugen etwa 2 MR-Tomographen und 2 Computertomographen bei 7000 bzw. 15000 Untersuchungen pro Jahr (das entspricht 28 bzw. 60 Untersuchungen pro Tag) bei Verwendung der 512-er Bildmatrix ca. 500 GByte Bilddaten pro Jahr. Die digitale Radiographie (auch digitales Röntgen genannt) würde im gleichen Zeitraum eine Datenmenge von etwa 5000 GByte ≈ 5 TByte liefern. Da eine digitale Röntgenabteilung nur sinnvoll ist, wenn auch die analogen Röntgenbilder digital vorliegen (was technologisch heute kein Problem mehr darstellt, denn die analogen Bilder lassen sich nachträglich digitalisieren), muß man mit derart großen Datenmengen rechnen.

Das bedeutet aber, daß sehr große Datenmengen verwaltet werden müssen. Dieses gilt inbesondere für die Bildarchive, bei denen WORM (**W**rite **O**nce **R**ead **M**any)-Speichermedien zum Einsatz kommen. Hierbei handelt es sich um Plattensysteme (Jukeboxes) mit einer Speicherkapazität von mehreren GByte pro Platte. Im Archiv der digitalen Radiologie übernehmen Roboter die Verwaltung der WORM-Speichermedien. Diese können schon heute bis zu 1000 Tbyte digitale Bilddaten online verwalten, wobei (abhängig von den tatsächlich benötigten Roboteraktionen) ein direkter Zugriff auf ein ausgewähltes Bild (bzw. Sequenz) innerhalb von 0.1 bis 30 sec möglich ist. Dabei treten Datentransferraten von bis zu 15 MB/s pro Laufwerk auf. Die Archivsysteme haben zudem eine praktisch unbegrenzte Lebensdauer. Durch Fehlererkennungsalgorithmen können bei Gefahr des Datenverlustes dieses erkannt und die Daten auf andere Träger kopiert werden, so daß auch nach (gesetzlich vorgeschriebenen) 30 Jahren prinzipiell alle Bilddaten in gleicher Qualität wie zum Zeitpunkt ihrer Erzeugung vorliegen.

Der wesentliche Vorteil eines RIS/PACS besteht darin, daß die Bilddaten aufgrund ihrer elektronischen Speicherung stets verfügbar sind (sofern eine „sichere" Technologie angewendet wird), während das manuelle Auffinden analoger Bilder in vielen Bilddatenarchiven ein großes Problem darstellt (für die heutige Praxis leider nicht ganz untypisch ist das dringend benötigte aber „nicht auffindbare" Röntgenbild). Ein weiterer Vorteil von RIS/PACS besteht darin, daß digitale Bilder ohne Qualitätsverlust beliebig oft kopierbar sind und damit die Softcopybefundung über das RIS/PACS möglich ist.

7.3.4 Labordatenverarbeitung

Unter Labordatenverarbeitung versteht man den Einsatz der elektronischen Datenverarbeitung im klinisch-chemischen Labor, in der Mikrobiologie und im hämatologischen Labor eines Krankenhauses oder einer Laborarztpraxis. Damit stellt innerhalb von Krankenhäusern das **L**abor-**D**aten**V**erarbeitungs**S**ystem (LDVS) wie das RIS/PACS ein Subsystem bezüglich des KIS dar (siehe Bild 7.17). Da gerade in den medizinischen Laboratorien ein sehr hoher Technisierungsgrad vorliegt, die Abläuf in einer solchen Abteilung meist wiederkehrende Arbeiten sind und darüber hinaus Labordiagnostik ausschließlich auf naturwissenschaftlichen Verfahren basieren, ist die Entwicklung leistungsfähiger EDV-Systeme im Laborbereich weit fortgeschritten.

Die typische Labordatenverarbeitung läßt sich prinzipiell in 5 Schritte einteilen:

1. Anforderung von Untersuchungsmaterial

2. Verteilung der Proben auf die Analysegeräte

3. Erfassung der maschinell (ggf. auch manuell) erstellten Analysen

4. Kontrolle und Auswertung der erhobenen Daten

5. Übermittlung der gewonnen Daten an die Anforderer.

Die Abläufe innerhalb des LDVS benötigen mit dem 1. und dem 5. Schritt der Labordatenverarbeitung eine Schnittstelle zum KIS. Die Untersuchungsanforderungen werden vom KIS an das LDVS weitergeleitet (bei gleichzeitiger Mitteilung über die Art und den Umfang des Untersuchungsmaterials und seines Transportweges von den Stationen zum Labor). Innerhalb des LDVS werden die Analysen durchgeführt und die entsprechenden Daten erhoben und kontrolliert. Abschließend wird das Ergebnis über das KIS an die Stationen weitergeleitet; die Leistungsabrechnung kann parallel erfolgen.

Anforderungen an ein modernes LDVS aus informatischer Sicht sind:

• Online-Analysegeräte müssen eingebunden sein

• Barcode-Unterstützung muß gewährleistet sein

• Prüfung jedes Meßwertes möglich sein

• eine übersichtliche Qualitätskontrolle ist zu fordern

• Begleitung und Unterstützung des Arbeitsablaufes durch Listen, direkte Gerätebeschickung sowie eine zentrale Probenverteilung muß möglich sein

• Abrechnungen und Statistiken sollten erstellbar sein

• relevante Datenzugriffe sind automatisch zu protokollieren

• Zugriffsrechte sind funktionsbezogen zu vergeben.

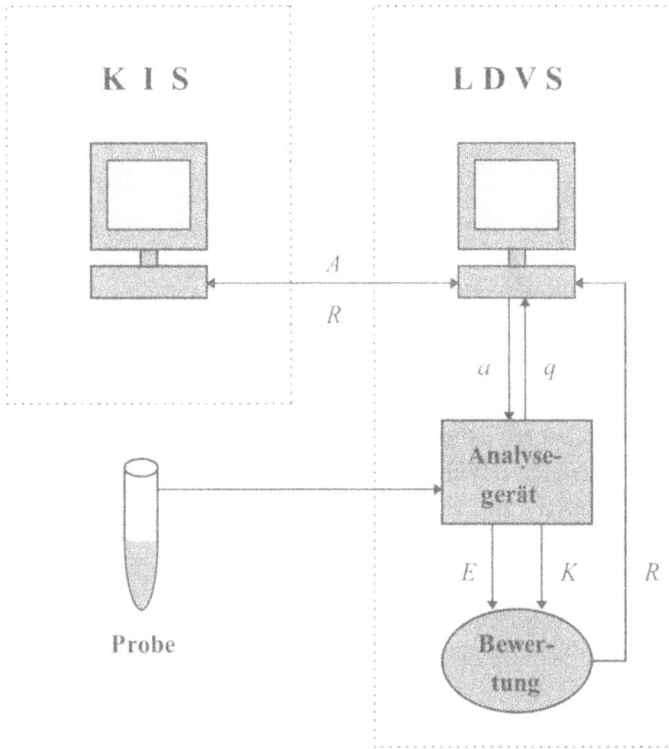

Bild 7.18: Zusammenwirken eines Krankenhausinformationssystems (KIS) mit einem Labordatenverarbeitungssystem (LDVS). Die Leistungsanforderungen (*A*) gelangen von der Station über das KIS an das LDVS, die Proben werden angefordert (*a*) und ggf. quittiert (*q*). Die Proben werden gemäß den Anforderungen analysiert. Das Ergebnis (*E*) wird zuammen mit einem Kontrollwert (*K*) einer Bewertung unterzogen. Das Resultat (*R*) wird (zusammen mit administrativen Daten) an das KIS zurückgemeldet.

Grundsätzlich können LDVS sowohl im Krankenhauslabor als auch in Laborgemeinschaften oder Laborfacharztpraxen eingesetzt werden. Allerdings unterscheiden sie sich hinsichtlich ihres Arbeitsablaufes und der Bearbeitungsabläufe (unterschiedliche gerätetechnische Ausstattung wie Barcode-Lesegeräte oder Online-Analysegeräte), unterschiedliches Analysenspektrum, wie Routinelabor, Spezialuntersuchungen etc.; unterschiedliche Bearbeitungsprioritäten wie Notfälle oder zeitunkritische Analysen).

7.3.5   Telemedizin

Der Austausch medizinischer Daten über weite Distanzen mit Hilfe elektronischer Medien wird als Telemedizin bezeichnet. Zu den wichtigsten Teildisziplinen gehören die Telemetrie und die Telekonferenzen (siehe auch Bild 7.18). Auf diese beiden Teildisziplinen wollen wir näher eingehen.

Mit Hilfe der Telemetrie werden Biosignale, wie etwa das EKG, an entfernte Auswertestationen per Funk weitergeleitet. Zweck dieses Verfahrens ist es, einen gefährdeten Patienten (z.B. Herzinfarktpatienten), eine fortlaufende Beobachtung auch außerhalb eines Krankenhauses, z.B. in seiner häuslichen Umgebung zu ermöglichen.

Dazu werden die Signale (z.B. EKG, Blutdruck etc.), die mit entsprechenden Sensoren am bzw. innerhalb des Körpers eines Patienten gemessen werden, digitalisiert und in den Zwischenspeicher eines Microcomputers, der zusammen mit den Sensoren am Körper des Patienten befestigt ist, geschrieben. In bestimmten Zeitabständen werden die Daten verschlüsselt per Funk versendet. Eine Auswertestation empfängt die Daten, identifiziert den Patienten und ordnet die Daten diesem Patienten zu. Nach Empfang und Zuordnung der Daten werden diese von einem Arzt analysiert. Im Gefahrenfalle kann dem Patienten rasch Hilfe zuteil werden.

Eine andere Form der Telemedizin ist die Telekonferenz. Mediziner können diese Technologie nutzen, um zeitgleich auch über weite Distanzen hinweg einen komplizierten medizinischen Fall gemeinsam zu besprechen. Somit kann Expertenwissen ohne große Patientenbewegung auch dann bereitgestellt werden, wenn vor Ort die notwendige Fachkompetenz fehlt.

Im Rahmen solcher Telekonferenzen werden jedem Teilnehmer alle notwendigen Daten über Ferndatennetze (WAN) zur Verfügung gestellt. Dazu gehören die Daten der Krankenakte ebenso wie digitale Signal- und Bildda-ten. Da letztgenannte sehr umfangreich sind und daher während einer Konferenz nur mit großen zeitlichen Verzögerungen verteilt werden können, werden diese Daten noch vor Konferenzbeginn per Datennetz an alle Teilnehmer verteilt und vor Ort in Form von digitalen „Konferenzakten" gespeichert. Während der eigentlichen Konferenz kann jeder Teilnehmer auf diese vorab übermittelten und gespeicherten Daten zurückgreifen. Lediglich Kommunikationsdaten (Text- und Sprachinformationen) sowie Steuerbefehle werden über Programme, die jedem Teilnehmer zur Verfügung stehen, während der eigentlichen Konferenz übermittelt. Auf diese Weise lassen sich die Dialoge ohne großen Zeitverlust bei der Datenübermittlung durchführen.

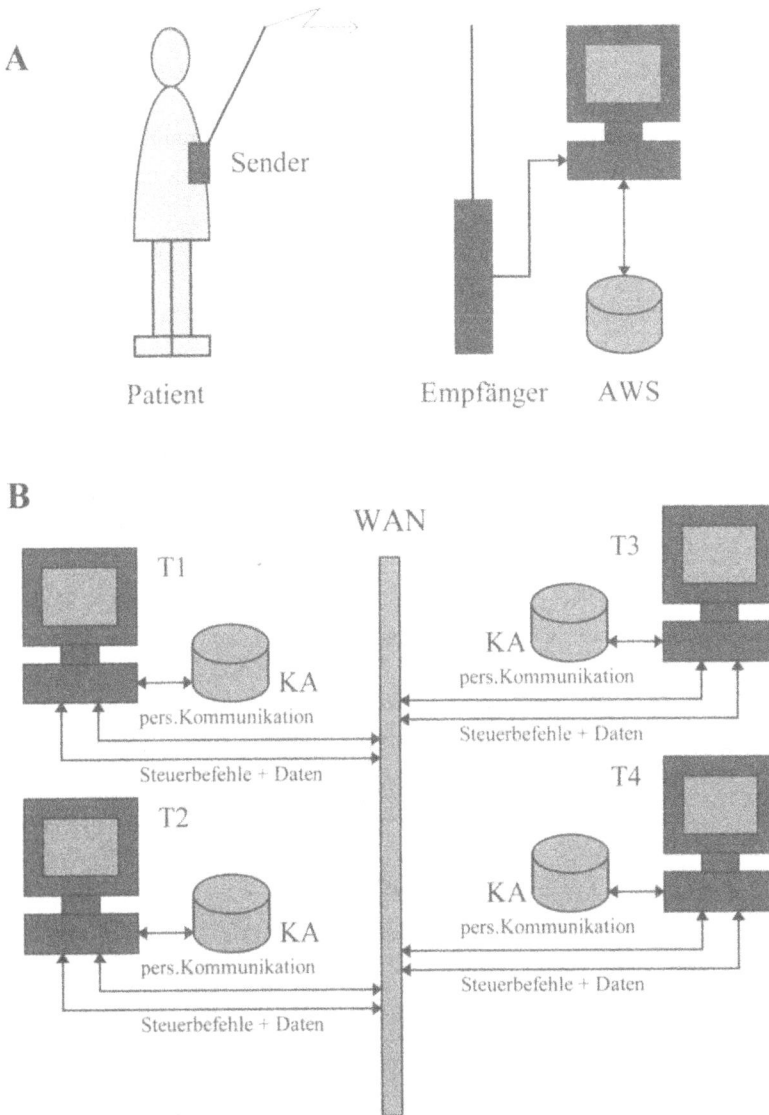

Bild 7.19: Telemedizin. **A**: Telemetrische Übermittlung von Biosignalen, die an einem Patienten gemessen werden (z.B. EKG), mittels Funksignalen an eine Auswertestation (AWS). **B**: Bildkonferenzen über Fernnetze (WAN) am Beispiel von vier räumlich voneinander getrennten Teilnehmern (T1-T4). Vor Beginn der Konferenz werden die Bilddaten über das WAN an die Konferenzteilnehmer übermittelt und dort als „Konferenzakten" (KA) gespeichert. Während der eigentlichen Konferenz werden nur Text- und Sprachinformationen sowie Steuerbefehle ausgetauscht, die eine Analyse der Bilddaten ermöglichen.

7.4   Übungsaufgaben

Aufgabe 7.1

Ein biologisches Oberflächenpotential lasse sich durch einen analytischen Ausdruck der Form $E(x,y,t)=R(x,y)\cdot T(t)$ darstellen, wobei die Beziehung

$$R(x,y) = 1.2 \cdot \cos(\frac{2\pi \cdot (x - x_0)}{2x_0}) + 4.8 \cdot \cos(\frac{2\pi \cdot (y - y_0)}{2y_0})$$

und

$$T(t) = \frac{4}{2 + e^{-0.13 \cdot (t-t_0)} + e^{0.25 \cdot (t-t_0)}}$$

gilt. Skizzieren Sie den zeitlichen und räumlichen Verlauf des Potentials in Bezug auf ein elliptisches Bezugssystem mit den Schwerpunktkoordinaten (x_0, y_0) und der maximalen Ausdehnung $2x_0$ in x-Richtung und $2y_0$ in y-Richtung („Mapping").

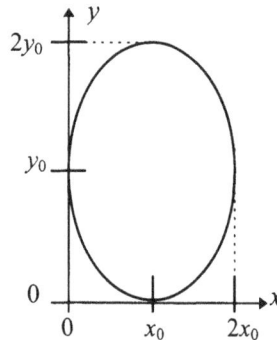

Wählen Sie geeignete t und t_0, so daß der zeitliche und räumliche Verlauf von E sinnvoll visualisiert werden kann.   □

Aufgabe 7.2

Die Kraft in den Extremitätenmuskeln eines Patienten möge im Laufe der Zeit systematisch abnehmen. Die Summen-Muskelkraft F für die bilateralen Elemente i (Muskelgruppe) und j (Körperseite; vergl. Bild 7.3) möge folgender Zeitfunktion gehorchen:

$$F_{ij} = 8 - (n(t) + i + j) / 8$$

mit $i=1,...,8$, $j=0$ (linke Körperhälfte) , $j=1$ (rechte Körperhälfte) und 16 diskrete Zeitwerte $n(t)=1,...,16$. Schreiben Sie ein Programm, das Ihnen eine graphische

Darstellung (semianatomisches Schema, Bild 7.3) des zeitkontinuierlichen Mus-
kelkraftverlustes in Form einer Animation ermöglicht.

$\Box$

Aufgabe 7.3

Eine Sonde werde stereotaktisch entlang eines definierten Trajektes zum Zielpunkt
mit den Koordinaten

$$\begin{pmatrix} S_z \\ L_z \\ H_z \end{pmatrix} = \begin{pmatrix} -4mm \\ +3mm \\ -1mm \end{pmatrix}$$

bewegt.

Die Eintrittswinkel φ und α seien gleichgroß und betragen jeweils 45°. Die Sonde
möge mit einer konstanten Vortriebsgeschwindigkeit $v = 5mm/s$ zum Zielpunkt geführt werden. Der Abstand d vom Zielpunkt bis zum Eintrittsorts in der Schädel-
kalotte betrage 80 mm. Zur Zeit t=0 passiere die Sonde den Eintrittsort (Bohrloch).

a) Wann hat die Sonde den Zielpunkt erreicht?

b) Bestimmen Sie die Koordinaten des Bohrloches.

$\Box$

Aufgabe 7.4

Ein Prüfzeichen soll der geordneten Prüfzeichenmenge {a,b,c,...,j} entnommen
werden. Wie lautet das Prüfzeichen für die Identifikationszahl $z = 431$?

$\Box$

Aufgabe 7.5

Bei einem herzinfarktgefährdeten Patienten wird ein EKG-Signal fortlaufend registriert. Die Signaldaten können sequentiell in zwei verfügbare Speicher zu je 1
MByte geschrieben werden und per Telemetrie versendet werden. In welchem maximalen zeitlichen Abstand können die Daten verschickt werden, wenn für die AD-
Konvertierung 12 Bit bereitstehen und eine Abtastfrequenz von 1kHz benutzt
wird?

$\Box$

7.5 Weiterführendes Studium

Zum weiterführenden Studium der Stoffgebiete des 7. Kapitels eignet sich die u.g. Literaturauswahl. Sie zeigt einen kleinen, aber durchaus repräsentativen Ausschnitt zu den Themenkreisen Monitoring, rechnergestütztes Operieren und medizinische Informationssysteme (KIS, RIS, PACS, LDVS). Es werden sowohl Bücher, Buchbeiträge als auch Zeitschriftenartikel aufgeführt. Diese entstammen den bekannten Zeitschriften *Artificial Intelligence in Medicine, Journal of Computer Assisted Tomography, Computer Methods and Programs in Biomedicine, Computers and Biomedical Research, IEEE Transactions on Biomedical Engingeering, IEEE Transactions on Medical Imaging, Computerized Medical Imaging and Graphics, Stereotactic and Functional Neurosurgey, Informatik, Biometrie und Epidemiologie in Medizin und Biologie, Electroencephalography and Clinical Neurophysiolgy, Medical & Biological Engineering & Computing* und *Journal of Neuroscience Methods.* Neben allgemeinen Übersichtsartikeln und Buchbeiträgen zu den genannten Themenkreisen enthält die Literaturangabe auch Hinweise auf spezielle Probleme, wie etwa das Matching von Bildern unterschiedlicher bildgebender Verfahren.

Literaturauswahl:

Bajcy R., Lieberson R., Reivich M.: A computerized system for the elastic matching of deformed radiographic images to idealized atlas images. J. Comput. Assist. Tomogr. 4(1983), 618-625.

Banks G., Vries J.K., McLinden S.: Radiologic automated diagnosis. Comput. Meth. Progr. Biomed. 25(1987), 157-168.

Brender J., McNair P.: User requirements on the future laboratory information system. Comput. Meth.Progr. Biomed. 50(1996), 87-93.

Babiloni F, Cracas S., Johnson P.B., Salinari S, Urbano A.: Computerized mapping system of cerebral evoked potentials. Comput. Biomed. Res. 23(1990), 165-178.

Cassidy S.C., Teitel D.F.: Left ventricular pressure and volume date acquisition and analysis using *LabView*™. Comput. Biol. Med. 27(1997), 141-149.

Coiera E.: Intelligent monitoring and control of dynamic physiological systems. Artif. Intell. Med. 5(1993), 1-8.

Cuffin B.N.: EEG localization accuracy improvements using realistically shaped head models. IEEE Transact. Biomed. Eng. 43(1996), 299-303.

Dann R., Hoford J., Kavicic S., Reivich M., Bajcy R: Evaluation of elastic matching system for anatomic (CT, MR) and functional (PET) cerebral images. J. Comput. Assist. Tomogr. 10(1989),603-611.

Emerson T., Prothero J., Weghorst W.: A resource guide to virtual reality in medicine. Artif. Intell. Med. 6(1994), 335-349.

Galloway R.L., Maciunas R.J., Edwards C.A.: Interactive image guided neurosurgery. IEEE Transact. Biomed. Eng. 39(1992), 1226-1231.

Giard M.H., Peronnet F., Pernier J., Mauguiere F., Bertrand O.: Sequential colour mapping system of bran potentials. Comput. Meth. Progr. Biomed. 20(1985), 9-16.

Groth T., Grimson W., Allahwerdi N., Baudin J., Duigan F., Gaffney P., Hayes R., Huhtala K., Larson O., Modén ., Stephens G.: OpenLabs advanced instrument work station services. Comput. Meth. Progr. Biomed. 50(1996), 143-159.

Güntert B.J.: Management-orientierte Informations- und Kennzahlensysteme für Krankenhäuser. Springer, Berlin, Heidelberg, New York, 1990.

Grimson W.E.L., Ettinger G.J., White S.J., Lozanoe-Pérez T., Wells W. M., Kikinis R.: An automatic registration method for frameless stereotaxy, image guided surgergy, and enhanced reality visualization. IEEE Transact. Med. Imaging 15(1996), 129-140.

Haas P., Köhler C.O., Kuhn K., Pietrzyk P.M., Prokosch H.U.: Praxis der Informationsverarbeitung im Krankenhaus. Ecomed, Landsberg, 1996.

Handels H., Busch Ch., Encarnacao J., Hahn Chr., Kühn V., Miehe J., Pöppl S.J., Rienast E., Roßmanith C., Seibert F., Will A.: KAMEDIN – a telemedicine system for computer supported cooperative work and remote image analysis in radiology. Comput. Meth. Progr. Biomedicine 52 (1997), 175-183.

Holländer I.: Cerebral cartography – a method for visualization cortical structures. Comput. Med. Imag. Graph. 19(1995), 397-415.

Hutten H. (Hrsg.): Biomedizinische Technik, Band 3. Springer, Berlin, Heidelberg, New York, 1990.

Jenny A.B., Biondetti P.R., Layton B., Knapp R.H.: The computer and stereotactic surgery in neurological surgery. Comp. Med. Imag. and Graphics 12(1988), 75-83.

Kelly P.J., Kall B.A. (eds.): Computers in stereotactic neurosurgery. Blackwell Scientific, 1992.

Knepper M., Hedwig B.: Neurolab – a pc program for the processing of neurbiological data. Comput. Meth. Progr. Biomed. 52(1997), 75-77.

Kosugi Y., Watanabe E., Goto J., Watanabe T., Yoshimoto S., Takakura K.: An articulated neurosurgical navigation system using MRI and CT images. IEEE Transact. Biomed. Eng. 235(1988), 147-152.

Kwo Y.S., Hou J., Jonckheere A., Hayati S.: A robot with improved absolute positioning accuracy for CT guided stereotactic brain surgery. IEEE Transact. Biomed. Eng. 35(1988), 153-160.

Langford R.M.: Clinical application of cerebral monitoring. Comput. Meth. Progr. Biomed. 51(1996), 29-33.

Lariza C., Moglia A., Stefanelli M.: A system for monitoring heart transplant patients. Artif. Intell. Med. 4(1992), 111-126.

Lau F., Vicent D.D.: Formalized decision suppor for cardiovascular intensive care. Comput. Biomed. Res. 26(1993), 294-309.

Law S.K., Nunez P.L., Wijensinghe R.S.: High resolution EEG using spline generated surface Laplacians on spherical and ellipsiodal surfaces. IEEE Transact. Biomed. Eng. 40(1993), 145-153.

Liberati D., DiCorrado S., Mandelli S.: Topographic mapping of single sweep evoked potentials in the brain. IEEE Transact. on Biomed. Eng. 39(1992), 943-951.

Lipinski H.-G., Struppler A.: New trends in computer graphics and computer vision to assist functional neurosugery. Stereotact. Funct. Neurosurg. 52(1989), 234-241.

Lipinski H.-G., Struppler A.: Wissensbasierte funktionelle Neurochirurgie. Inform. Biometr. Epidem. in Med. Biol. 24(1993), 50-56.

Lipinski H.-G., Küther, G.: Graphical visualisation of the pattern of muscular weakness in neuromuscular diseases. Comput. Meth. Progr. Biomed. 34(1991), 69-73.

Perrin F., Pernier J., Bertrand O., Giard M.H., Echallier J.F.: Mapping of scalp potentials by surface spline interpolation. Electroenceph. Clin. Neurophysiol. 66(1987), 75-81.

Peters T., Davey B., Munger P., Cmeau R., Evans A., Olivier A.: Three dimensional multimodel image guidance for neurosurgery. IEEE Transact. Med. Imaging 15(1996), 121-128.

Prior P.: The rationale and utility of neurophysiological investigations in clinical monitoring for brain and spinal cord ischaemia during surgery and intensive care. Comput.Meth.Progr.Biomed. 51(1996), 13-27.

Prokosch H.U., Dudeck J.: Hospital Information Systems: Design and development characteristics. Elsevier, Amsterdam, New York, 1995

Satava R.M.: Emerging medical applications of virtual reality – a surgeon's perspective. Artificial Intell. Med. 6(1994), 281-288.

Schaltenbrand G., Wahren W.: Atlas for stereotaxy of the human brain. Thieme, Stuttgart, 1977.

Sonenberg E.A., Lawrence J.A., Zelcer J.: Modeling disturbance management in anesthesia. Artificial Intell.Med. 4 (1992), 447-461.

Sorlié C., Bertrand O., Yvert B., Froment J.-C., Pernier J.: Matching of digitised brain atlas to magnetic resonance imaging. Med.&Biol. Eng.&Comput. 35(1997), 239-245.

Struppler A. Lipinski H.-G.: Computer processing and anatomical correlation of somatosensory evoked potentials in VL thalamus. In: Kelly P.J., Kall B.A. (eds.): Computers in stereotactic neurosurgery. Blackwell Scientific, 1992, pp. 165-174.

Suzuki A., Mori N., Hadeishi H., Yshioka K., Yasui N.: Computerized monitoring system in neursurgical intensive care. J. Neurosci. Meth. 26(1988), 133-139.

Wade V., Grimson W., Hederman L., Yearworth M., Groth T.: Managing the operation of open distributed laboratory information systems. Comput. Meth. Progr. Biomed. 50(1996), 123-133.

Wingert F.: Medizinische Informatik. Teubner, Stuttgart, 1979.

Register

www.ingramcontent.com/pod-product-compliance
Lightning Source LLC
Chambersburg PA
CBHW081527190326
41458CB00015B/5482